ÉCONOMIE
& RELATIONS INTERNATIONALES
EN TUNISIE

Histoire et mutations nouvelles

LES PUBLICATIONS DE L'ASSOCIATION TUNISIENNE D'HISTOIRE ÉCONOMIQUE

Sous la direction de
Mohamed Sassi

ÉCONOMIE
& RELATIONS INTERNATIONALES EN TUNISIE

Histoire et mutations nouvelles

الجمعية التونسية للتاريخ الاقتصادي
ASSOCIATION TUNISIENNE D'HISTOIRE ÉCONOMIQUE

L'Harmattan

L'Association Tunisienne d'Histoire Économique (ATHE)
E-mail : histoireco.tn@gmail.com

ISBN (Tunisie) : 978-9938-59-533-8

Distribué en Tunisie par :
Maison du livre
Rue Malaga Manar 1
2092 Tunis - Tunisie
Tel + 216 71 87 40 31 / https ://maisondulivretn. com

5-7, rue de l'Ecole-Polytechnique, 75005 Paris
http://www.editions-harmattan.fr
ISBN : 978-2-343-23337-6
EAN : 9782343233376

Remerciements

Cet ouvrage est le fruit d'une sélection d'articles issus du colloque international « Histoire économique et relations internationales en Tunisie », organisé les 8 et 9 mars par l'Université de Tunis à la Bibliothèque Nationale de Tunisie et aux Archives Nationales. Il a été réalisé avec la coordination scientifique de l'Association Tunisienne d'Histoire Économique (ATHE) et l'UMR 8596 Centre Roland Mousnier de la Sorbonne Université, Paris.

Notre gratitude est grande à l'égard du Président de l'Université de Tunis, Habib Sidhom, pour avoir apporté sa caution personnelle au colloque, envers le professeur Harm Schröter, ancien président de l'European Business History Association (EBHA), qui a apporté une pièce conséquente à l'édification d'une histoire économique en Tunisie, ainsi qu'envers deux des intervenants, Olivier Feiertag et Tahar El Qour.

Nous remercions également tous ceux qui ont présenté leur communication et ceux qui ont assisté au colloque, notamment pour la qualité des débats auxquels ils ont tous pris part. Nos remerciements s'adressent aussi à Raja ben Slama, directrice de la Bibliothèque nationale, et à Hédi Jalleb, directeur des Archives nationales de Tunisie, pour avoir mis à disposition les locaux et les moyens nécessaires à la réussite de la rencontre.

Enfin, nous remercions tout particulièrement Dominique Barjot, de la Sorbonne Université, pour s'être impliqué sans ménager ses efforts tout au long de l'élaboration de ce projet et ce, depuis sa conception même, et pour le soutien scientifique généreux apporté à l'édition de ce présent recueil.

REMERCIEMENTS

INTRODUCTION

Mohamed SASSI

Université de Tunis

Depuis la fin du XIXe siècle, les sciences humaines ont connu diverses mutations, essentiellement dues à la donne socio-économique issue des révolutions agraires et industrielles et du développement rapide du système capitaliste. La discipline historique n'a pas fait l'exception, d'abord en Allemagne à travers la pensée positiviste, ensuite en France aux États-Unis et en Grande-Bretagne.

C'est principalement la complexité du temps présent qui a poussé à la diversification des domaines de la recherche historique. La masse gigantesque de documentation, les données statistiques exponentielles, l'accroissement vertigineux de la production, de la consommation et des échanges ont rendu artificiel l'enchevêtrement des sous-catégories des disciplines classiques. C'est ainsi que, dès le début du siècle dernier, sont apparues les approches quantitativistes en histoire économique, telles celles de l'école de la Revue d'histoire économique et sociale ou les Annales, économie, société, civilisations[1]. L'on peut, par exemple, considérer que le rôle de l'histoire a été déterminant lors des études des crises économiques ou encore des mouvements de longue durée. Il en a résulté la mise en valeur de l'importance de l'histoire des techniques et des innovations, d'une part, et le rôle de l'accumulation du capital, d'autre part.

L'histoire économique est restée jusqu'à présent plutôt l'apanage des pays du Nord, entendus au sens large de pays industriellement avancés, compte tenu de l'avancée économique réalisée par ces derniers. Dans les pays du Sud, l'histoire économique en est encore à ses débuts ; elle commence à peine à s'imposer en tant que discipline à part. En Tunisie, comme un peu partout dans les pays en voie de mutation, l'histoire économique est un domaine largement ignoré par les historiens. Ce sont

[1] L'école des *Annales*, caractérisée par sa multidisciplinarité, connaitra son âge d'or avec Fernand Braudel après la Seconde Guerre mondiale à travers l'adoption des concepts des autres sciences humaines et économiques dans les limites de leurs opérationnalités. Cf. François Dosse, « À l'école des *Annales*, une règle : l'ouverture disciplinaire », In : *Hermès, La Revue* 2013/3 (n° 67), p. 106-112.

plutôt les économistes qui ont emprunté à ces derniers leur méthode et leurs sources pour se pencher sur des questions de structure à moyen et à court terme. Quelques tentatives conscientes ou accidentelles sont apparues à travers le contact avec l'école des Annales[2]. Elles ont été éphémères, à l'instar d'un effet de mode.

Il convient de noter par ailleurs que la faiblesse des économies, épuisées par un siècle de domination coloniale, n'a pas favorisé le développement économique ni celui de l'entreprise. Et pourtant, le monde économique est resté le parent pauvre de l'histoire. Les économistes se sont penchés sur les modèles de développement ; quant à l'analyse statistique, ce sont les géographes, contrairement aux historiens, qui s'y sont taillé la plus grande part.

Pourtant, l'histoire a su offrir, autant aux gestionnaires qu'aux politiciens, des enseignements que seul le long terme peut démontrer. Ainsi dans le domaine du rattrapage économique, l'histoire des révolutions industrielles, étudiée par la vague d'historiens de la deuxième moitié du XXe siècle en Europe et en France particulièrement[3], a pu démontrer que le modèle britannique n'est pas le seul modèle possible : la notion de « pays en retard » a été abandonnée[4], chaque État empruntant le chemin qui lui convient le mieux.

Les résultats des études historiques sur les pays ayant accédé à l'industrialisation au milieu et à la fin du XIXe siècle, comme la France,

---

[2] Voir en particulier les écrits de l'économiste Azzam Mahjoub (Exemple : « Analyse historique du sous-développement en Tunisie. 2e partie : Le capitalisme colonial, du protectorat à la crise des années 30 », in : *Annuaire de l'Afrique du Nord (ANN)*, Vol. 20, 1981, p. 509-522 ; « L'évolution démo-économique de la Tunisie au XXe siècle », in *La Tunisie d'un siècle à l'autre*, Carthage : Académie tunisienne Beït El Hikma, 2002, p. 175-187) ; Hassine Dimassi, « Aperçu historique sur le processus d'accumulation tunisien : 1961-1993 », in : Yassine Essid (dir.), *Lectures stratégiques*, ITES, Tunis, 1995, p. 59-73.

3 François Crouzet, *The First Industrialists. The Problem of Origins*, Cambridge University Press, 1985 ; *De la supériorité de l'Angleterre sur la France*, Perrin, Paris, 1985 ; Voir aussi : François Caron, *Les deux révoltions industrielles du XXe siècle*, Albin Michel, Paris, 1997, p 527.

[4] Jean-Pierre Poussou (dir.), « Partie I : La croissance économique de la France vue par François Crouzet », in *L'économie française au XVIIIe au XXe siècle : perspectives nationales et internationales*, Presses de l'Université de Paris-Sorbonne, 2000, p. 25 et pages suivantes.

l'Allemagne, la Russie et les États-Unis, ont pu démontrer, par exemple, des caractères communs tels que :

– les emprunts massifs à la technologie et au capital étranger, associés à
– une concentration industrielle accélérée ;
– un rôle primordial de l'État ;
– un recours au protectionnisme, pour protéger certaines industries stratégiques ;
– un engagement soutenu des banques au service du développement industriel ;
– une priorité donnée aux industries lourdes.

L'un après l'autre, tirant profit de l'expérience des pays qui les ont précédés, ils ont investi dans les technologies les plus « modernes ».

Aujourd'hui, et avec les mutations violentes qui secouent les sociétés, tout autant qu'avec le développement des technologies de l'information, le fait économique est devenu omniprésent dans la vie quotidienne. Il est surtout devenu plus intelligible pour le grand public. Raison de plus pour que les historiens tunisiens investissent ce domaine de recherche et diversifient ainsi leurs débouchés, face aux coupes sanglantes appliquées par les gouvernements dans les budgets des sciences humaines.

Il semble bien, dès lors que, pour ce qui est de notre époque, ce soit principalement aux historiens qu'il revient de comprendre ces phénomènes de mise à niveau. Une panoplie de théories économiques peut s'ajouter à l'historiographie, existante ou à établir, pour permettre de mieux définir les nouveaux enjeux de l'histoire économique pour le cas de la Tunisie. Il convient ici de souligner l'importance des théories du rattrapage économique telles que l'évolutionnisme en économie[5] ou encore le vaste domaine des théories du développement et de la croissance[6], conçus tous à partir des années 1960.

Une nouvelle historiographie liée à l'Histoire économique est à faire, à produire, à enfanter. C'est une urgence.

---

[5] Richard Arena et Nathalie Lazaric, « La théorie évolutionniste du changement économique de Nelson et Winter, Une analyse économique rétrospective », In : *Revue économique* 2/2003 (Vol. 54), p. 329-354 ; Julien Vercueil, « Institutionnalisme et évolutionnisme sont-ils complémentaires ? La transition comme mise à l'épreuve », *Économie et institutions*, 3/2003, p. 74-97.

[6] Walt W. Rostow, *Les étapes de la croissance économique*, Éditions du Seuil, 1963 - p 252. ; Celso Furtado, *Théorie du développement économique*, Paris, Presses Universitaires de France, 1970, 264 p., traduit du portugais par Abilio Diniz Silva (coll. « SUP »).

* * *

Dans la gestion de la cité, trois pôles principaux d'activité ont été fréquemment cités pour agir de concert : le politique, l'économique et le culturel. Si l'histoire a toujours été en lien étroit avec le politique[7], alors que d'autres disciplines se sont attribué l'étude et la production du culturel, l'économique a bien souvent été livré à lui-même, de sorte qu'il s'est avant tout préoccupé d'optimiser ses résultats sur le terrain. Pourtant, dans la mesure où l'observation de la réalité environnante ne requiert pas d'outils particuliers, on ne tarde guère à comprendre, de manière empirique, que c'est l'économique qui impose ses lois à la marche du monde. La nécessité s'impose donc de revenir aux techniques d'analyse et de mettre au point les outils qui permettront de mieux cerner les interactions et les enjeux actuels.

Le colloque dont cet ouvrage relaie les exposés vise à établir un nouveau paradigme historique en Tunisie, celui de l'Histoire économique ; il offre la possibilité d'intervenir et de croiser les approches et les angles d'analyse à partir d'un ensemble de thèmes d'apparence classique, mais abordés dans une double perspective de bilan historiographique et de projections d'avenir, en lien étroit avec les nouveaux contextes, tels que les réajustements des gouvernances pour une meilleure adéquation face aux nouveaux défis.

Cette démarche sert aussi à fédérer les synergies autour de ce champ de l'histoire économique et son imbrication dans les relations internationales de plus en plus complexes. En visant à développer l'histoire économique en tant que champ de recherche, elle permet de dégager des approches méthodologiques nouvelles qui permettraient de traiter les vrais problèmes en corrélation avec les nouvelles données, à la fois propres et partagées de part et d'autre de la Méditerranée.

La recherche scientifique en matière d'histoire économique et des relations internationales, par un nécessaire renouvellement méthodologique, apporte ainsi sa contribution pour une meilleure compréhension ces nouveaux contextes et semble à même de proposer des réponses aux questions et aux défis partagés auxquels se trouvent aujourd'hui confrontées les sociétés périméditerranéennes. Mais pour ce faire, il importe d'abord de dresser un état des lieux, aussi bien pour ce qui est de l'histoire économique de la Tunisie que pour des relations qu'elle entretient avec le reste du monde.

---

[7] Cf. Blandine Barret-Kriegel, « Histoire et politique, ou l'histoire science des effets », *Annales*, 1973, p. 1437-1462.

Face aux mutations que connaît aujourd'hui la Tunisie, la discipline de l'histoire économique de ce pays, et à travers elle, celle du monde, se doivent de produire un discours nouveau sur la dimension de l'économique à l'épreuve de ces mutations (priorités du développement, le rôle de l'État, la gouvernance nationale[8], locale et territoriale, etc.). En ce sens, l'histoire des politiques économiques est en effet constituée de l'ensemble des acteurs (l'État, la diplomatie économique et des relations internationales, l'entreprise, les institutions économiques et financières, etc.) et pose plusieurs problématiques liées aux stratégies politiques (des entreprises, des pouvoirs régionaux et du pouvoir central), ainsi qu'aux modèles de base dans lesquels doit évoluer le rôle de l'État.

A l'époque où l'Europe entamait sa révolution industrielle, la Tunisie était un pays essentiellement agricole. Aujourd'hui, elle l'est toujours. Pourquoi cette stagnation ?

Au temps du protectorat, l'État français, intéressé par l'exploitation des ressources naturelles et leur acheminement vers les villes où habitaient les colons ainsi que vers la métropole[9], a développé les infrastructures de transport[10]. Il a investigué dans le secteur des ressources minières et naturelles (oliveraies, palmeraies, salines, vignobles…) sans toutefois constituer un maillage industriel serré. Le capitalisme, de son côté, accorde une grande importance à l'équilibre des trois secteurs économiques, du primaire au tertiaire.

Au moment de l'indépendance, le secteur agricole tunisien, principalement pluvial, est largement dépendant du climat et ses résultats sont instables. Le secteur industriel, quant à lui, est parcellaire. Quant aux services, les gouvernements successifs de la 1re République ont tout fait pour

---

[8] En dehors des colloques et manifestations scientifiques sur l'endettement et ses causes ou sur le thème de la corruption, aucune étude comparée sur les modes de gouvernance publique ou des entreprises (dans une perspective historique) n'a été enregistrée jusque-là.

[9] Noureddine Dougui, *Histoire d'une grande entreprise coloniale : la Compagnie des phosphates et du chemin de fer de Gafsa, 1897-1930*, Publications de faculté des lettres de la Manouba, 1995.

[10] Mohamed-Lazhar Gharbi, *Impérialisme et réformisme au Maghreb. Histoire d'un chemin de fer algéro-tunisien*, Cérès, Tunis, 1994.

les développer[11], principalement avec le tourisme[12]. La période collectiviste Bourguiba-Ben Salah a bien tenté de diversifier les industries, en les répartissant dans les régions intérieures ; cela a été fait par le biais de nationalisations, non pas tant par manque d'investisseurs privés que par un choix politique en faveur des théories socialistes du développement alors plutôt répandues dans le monde arabe – et l'on peut d'ailleurs à ce sujet formuler l'hypothèse que certains de ces choix économiques répondaient à des besoins identitaires. En somme, dans les années qui ont suivi l'indépendance, les gestionnaires politiques essayèrent d'être « maîtres chez eux » et de diversifier leurs alliances[13].

La période du régime benaliste a tiré néanmoins le constat de l'échec des politiques socialistes et s'est efforcée, avec raison, d'ouvrir l'économie sur le monde extérieur, misant dès lors sur le capitalisme. Elle s'est caractérisée par de grands chantiers d'infrastructure, principalement autour de la capitale. Des vagues de privatisations, dès 1988, ont permis à de nouveaux services (par exemple, des services bancaires)[14], mais aussi à certains secteurs industriels, comme le textile[15], de se développer, surtout par le biais de l'établissement de zones franches pour les sociétés et les hommes d'affaires étrangers. Autrement dit, progressivement, des acteurs étrangers tantôt

---

[11] Abdelwahab Bouhdiba (dir.), *Le développement en question : dimension, bilan, perspectives* (Actes du colloque international du 24-29 novembre 1986), Centre d'études et de recherches économiques et sociales, Université de Tunis, 1990 ; Mongi Boughzela, « Questions clés concernant le développement en Tunisie », *Lectures stratégiques, op. cit.*, p. 77-85 ; Mahmoud Ben Romdhane, « *Développement et démocratie : l'exception tunisienne », L'Année du Maghreb*, no III, 2007, p. 427-455 .

[12] Miossec Jean-Marie, « Le tourisme en Tunisie : acteurs et enjeux (Tourism in Tunisia : who does what and what is at stake) », In : *Bulletin de l'Association de géographes français*, 74e année, 1997-1 (mars), Espaces du monde arabe, p. 56-69 ; Mohamed Ben Fatma, *Créativité et aménagement touristique en Tunisie*, Tunis, Université de Tunis, 2000.

[13] Notons à ce sujet que l'on observe, durant les années qui ont suivi l'indépendance de la Tunisie, un rapprochement significatif avec les États-Unis, alors sous la présidence de J. F. Kennedy – il semble ici légitime de rappeler la constante hostilité états-unienne envers la colonisation, davantage pour des raisons économiques d'ailleurs qu'éthiques. Le point est important en soi, et devrait être traité plus en profondeur dans d'autres travaux. Cf. Fredj Maâtoug, *John F. Kennedy, la France et le Maghreb*, Paris, L'Harmattan, 2012.

[14] Estelle Brack, *L'Économie tunisienne entre ajustement et intégration (1986-1995)*, Thèse de doctorat en Sciences économiques, Université Panthéon-Assas (Paris II), 1997.

[15] Habib Dlala, « Démographie des entreprises dans l'industrie du textile et de l'habillement en Tunisie », in *Méditerranée*, Revue géographique des pays méditerranéens, 106/2006 : Entreprises en Méditerranée : héritages, modèles, redéploiements, p. 125-133.

institutionnels, tantôt privés se sont imposés et s'imposent dans l'économie tunisienne.

Parce que, il faut bien le dire, la Tunisie est un pays en voie de développement ou en mutation selon l'expression parfois employée. Comme toutes les nations qui sont dans la même situation, elle n'a pas en main –et ne les jamais eues– toutes les clés qui lui permettraient d'être sur un plan d'égalité avec le monde occidental. Aujourd'hui, plus de dix ans après ce que l'on a qualifié de « révolution », c'est encore plus vrai. C'est là que s'impose la compréhension de l'importance des relations internationales, dans la mesure où, au stade où en sont le capitalisme et le néo-libéralisme, plus aucune économie nationale ne peut se targuer d'être autonome, même si certaines sont plus dépendantes que d'autres.

* * *

L'étude de l'histoire économique en rapport avec les relations internationales ne peut faire abstraction des lois fondamentales qui régissent les rapports entre les pays. Depuis la Seconde Guerre mondiale, le néolibéralisme s'avère être une étape incontournable dans l'évolution du système libéral donnant un avantage majeur aux États-Unis sur le reste du monde. Ainsi, par exemple, l'État providence en Europe n'est plus à l'ordre du jour et devrait progressivement disparaitre[16]. Certains problèmes qui touchent aux économies des pays en développement, tels l'absence d'un cadre réglementaire axé sur la croissance économique[17], la fuite des capitaux et/ou des compétences[18], l'échec de la classe politique (problème de gouvernance) ou le conflit d'objectif dans la politique économique[19] résultent le plus souvent de la difficile prise en considération, lors de la

[16] Régine Perron, *Histoire du multilatéralisme : l'utopie du siècle américain de 1918 à nos jours*, Paris, PUPS, 2014, p. 94.

[17] Cf. OCDE, Études économiques de l'OCDE : Tunisie 2018, Éditions OCDE, Paris, 2018.

[18] Kaies Samet, « La fuite des cerveaux en Tunisie », *Hommes & migrations* [En ligne], 1307 | 2014, mis en ligne le 01 juillet 2017, consulté le 29 décembre 2019. URL : http://journals.openedition.org/ hommesmigrations/2891

[19] Deux objectifs poursuivis simultanément peuvent s'encourager mutuellement et s'accorder. En essayant d'atteindre un des deux objectifs, on contribue automatiquement à l'accomplissement de l'autre. Il arrive néanmoins que les différents objectifs, poursuivis par la politique économique, s'opposent. Dans ce cas, la poursuite d'un des objectifs signifie qu'on doit renoncer, en totalité ou en partie, à l'autre. Cf. Rolf H. Hass, Hermann Schneider, Claus Weigelt (éd.), *Lexique de l'économie sociale de marché : la politique économique de A à Z*, traduit de l'allemand par Gudrun Meddeb et Susanne Friedrich, Konrad Adenauer Stiftung, 2007, p. 130.

définition du modèle économique, des contraintes liées aux règles du commerce international et le jeu des rapports politiques multilatéraux.

Depuis 1944, la vision de la nouvelle communauté internationale n'est plus fondée sur la seule coopération politique, mais par l'intégration de toutes les nations dans des structures régissant la monnaie, le commerce et le développement. La Conférence de Bretton Woods (1944), visant à établir un ordre monétaire international a créé le Fonds Monétaire International (FMI)[20] qui veillerait à contrôler la stabilité du système[21]. La coopération politique internationale a été placée sur de nouvelles bases par la création, en 1945, de l'Organisation des Nations Unies (ONU) et ses différentes organisations spécialisées. Le développement du commerce international a été réglé par le GATT (*General Agreement on Tariffs and Trade*) en 1947 et remplacé en 1995 par l'Organisation mondiale du commerce (OMC), accélérant ainsi la modification profonde de la géopolitique mondiale et de nouveaux questionnements sur la place de pays du Sud sur l'échiquier mondial[22].

Toute la complexité de l'insertion dans l'économie mondiale, pour un pays en mutation et se positionnant sur la rive méditerranéenne tel que la Tunisie, réside dans ce grand décalage Nord/Sud qui se creuse. Ainsi, l'histoire économique, tout comme l'histoire des relations internationales, à écrire pour sa plus grande part, montrent un fait rarement mis en évidence : quand deux pays discutent entre eux d'éventuelles relations communes, ils le font que rarement sur un pied d'égalité. En effet, l'économie mondiale est

---

[20] Pour revenir sur l'évolution et l'histoire du FMI, voir : Kenneth W. Dam, *Le Système monétaire international. Les règles du jeu*, traduit de l'anglais, PUF, Paris, 1985 ; Claude Dostie Jr et Stéphane Paquin, « L'insoutenable légitimité du FMI », *Revue Interventions économiques* [En ligne], 49 | 2014, mis en ligne le 01 mai 2014, consulté le 28 décembre 2019. URL :
http:// journals.openedition.org/interventionseconomiques/2226

[21] La reconstruction et le développement économique des pays touchés par la guerre sera assuré par la Banque internationale pour la reconstruction et le développement (BIRD).

[22] L'on peut citer les plus récents pour ce qui concerne la Tunisie : *Le Maghreb dans les relations internationales. Diplomaties et crises*, Colloque international organisé par les Archives Nationales de Tunisie (ANT), la Faculté des Sciences humaines et sociales de Tunis, l'Institut de recherche sur le Maghreb contemporain (IRMC), l'Institut des mondes africains (IMAF), Konrad-Adenauer-Stiftung, l'Université Paris 1 Panthéon-Sorbonne, 19-21 novembre 2015 à Tunis ; Gisela Baumgratz, Khaled Chaabane, Werner Ruf, Wilfried Telkämper (eds), *Développement à travers le libre-échange*, Bruxelles, Peter Lang, 2017 ; François David, Régine Perron, Mohamed Sassi (coordinateurs), Journée d'étude : *Du GATT à l'OMC : quelle place pour les pays du Sud ?*, Cergy-Pontoise, 4 juin 2019.

gérée presqu'exclusivement par des super institutions a-nationales, même si nombre de pays y adhèrent, qui ont entre autres conséquences, le pouvoir d'imposer aux négociateurs leurs lois propres.

En d'autres termes, une partie du monde, l'Occident en l'occurrence, a défini la norme en matière d'échanges économiques et l'a sanctifié par des organisations internationales à qui a été délégué le pouvoir de qualifier ou de refuser les évolutions pensées, organisées, planifiées de pays censément moins puissants.

Malheureusement, nous sommes des historiens qui s'intéressons à l'économie et non des spécialistes de l'éthique au sens anthologique du terme et donc ce constat se veut amoral. Il est ici moins question de critiquer que de comprendre ce qui génère des tensions, des pressions, des orientations dans les relations entre États : la force et la puissance de l'Occident pèsent sur la diplomatie internationale d'une manière telle que les faiblesses relatives des États demandeurs d'échanges, d'assistance, de marchés ressortent toujours avec évidence.

Cela dit, on ne parlera dès lors pas de ces faiblesses qui agissent plutôt comme autant de pré-requis, mais on tentera de montrer comment l'histoire de ces relations internationales peut aboutir à restaurer davantage l'équilibre entre partenaires dont les poids respectifs, sur les plans géoéconomiques, géopolitiques et géostratégiques sont différents.

Cette démarche vise, à terme, à contribuer à créer un cadre conceptuel nouveau et convergent en termes de rapports entre pays, en l'occurrence entre l'Europe et le Maghreb face à la nouvelle géopolitique menaçante en Méditerranée. Elle se veut être dans la dynamique existante, affichée par l'histoire, permettant à la fois de comprendre les mécanismes du marché et des rapports internationaux, d'évaluer le poids social et politique, de proposer des démarches alternatives et donc de contribuer à une économie plus éthique, plus équilibrée et orientée vers l'avenir. Il reste à souligner que cet ouvrage, ne pouvant par sa nature être exhaustif, cherche à refléter et ouvrir des perspectives de recherches tantôt spécifiques, tantôt croisées entre diverses universités maghrébines et européennes sur les thèmes évoqués. Ainsi, aux analyses de spécialistes s'ajoutent les textes de politiciens qui ont le mérite de proposer des visions de ce que pourrait être, aujourd'hui et dans l'avenir, une Tunisie stabilisée sur le plan économique et assumant son rôle au niveau international. Il faut les considérer comme des futuribles plausibles et même inspirants, voire même une autre dimension de l'histoire économique qui s'intéresserait au futur.

* * *

Les contributions des chercheurs à cette réflexion commune de part et d'autre de la Méditerranée ont été rassemblées dans les pages qui suivent, non pas tant en fonction de l'ordre qui leur a été attribué au cours des journées consacrées au colloque, mais en fonction de leurs convergences thématiques.

La première partie s'efforce d'établir un « **État des lieux** ». Il est notamment proposé par **Dominique BARJOT**, de l'histoire économique en France et dans le reste du monde, qu'il conclut en mettant l'accent sur la nécessité d'intégrer les autres sciences humaines et de s'ouvrir aux débats, les réflexions ont porté sur trois grands axes, que l'on pourrait caractériser comme allant du plus particulier au plus général. D. Barjot situe la période de commencement de l'histoire économique en France dans les années 1970. À travers une étude forte étendue des différentes écoles qui s'affrontent alors dans des débats très dynamiques, il attire notre attention sur l'importance des méthodes et des outils variés pour investiguer ce champ, de manière à mieux nourrir les interprétations des faits analysés.

De son côté, **Harm G. SCHRÖTER**, de l'Université de Bergen (Norvège) s'intéresse au *business history* et à l'exemple allemand. Il y est question de la manière dont l'histoire économique s'est développée en Allemagne, et de la méthode utilisée qui a pour beaucoup contribué au succès rencontré par la discipline. L'auteur, au passage, nous rappelle que notre bien-être à tous dépend, de fait, de la santé des économies, et qu'on ne saurait accorder dès lors trop d'importance à cette matière.

Dans cette perspective, **Ridha SHILI**, de l'Université de Tunis, insiste sur le fait que les recherches en histoire économique sont de nature à inspirer les politiciens : l'histoire de l'économie est au centre même des débats de société et d'identité, tant dans le contexte colonial que postcolonial. Il apporte le premier jet d'un bilan historiographique de l'histoire économique tunisienne inédit jusqu'alors.

Enfin, **Tahar EL QOUR** et **Ahmed BELFAHMI,** de l'Université de Casablanca (Maroc), nous informent de l'importance des entreprises publiques, devenues des acteurs clés dans la dynamique économique et sociale du Maroc. Ces entreprises sont aujourd'hui en voie d'internationalisation, exprimant des exigences nouvelles en matière de gouvernance.

La seconde partie est centrée sur « **L'histoire des produits et des entreprises** ». Elle s'organise autour de deux thèmes majeurs. En effet, le premier thème abordé sera « l'**Histoire des produits** ». **Othman BARHOUMI**, de l'Université de Sfax, nous parlera de la pêche des éponges à Sfax aux XVIIIe et XIXe siècles, et de l'importance de ce produit maritime, orienté essentiellement vers le commerce extérieur, quant aux recettes générées pour l'État.

Zeineb MEJRI, de l'Université de la Manouba, abordera l'exploitation des salines, qui constitue l'une des ressources les plus rentables de l'économie coloniale en Tunisie, ainsi que des difficultés liées à son exportation, principalement vers les pays du Nord de l'Europe en raison des mesures protectionnistes qui encadraient l'échange de cette denrée et aux pollutions générées par cette activité.

Adel DABOUB, de l'Université de Tunis, évoque les « Crises de subsistances de la fin de la période coloniale 1944-1955 » et le dysfonctionnement du système colonial qui s'est ensuivi, mettant en évidence la fragilité économique de la France et ayant dès lors joué un rôle certain dans l'accès de la Tunisie à l'indépendance.

Hafsa SAIDI, de l'Université de Tunis, traitera des Forces hydro-électriques de Tunisie, une société mixte créée en 1952 pour répondre aux besoins des secteurs industriels clés après la Seconde Guerre mondiale en profitant, faute de ressources en hydrocarbures des barrages construits par les entreprises publiques françaises.

Le second thème concerne **« Les entreprises ». Safia HAMDI**, de l'Université de Tunis, aborde d'abord la dimension institutionnelle, sociale et culturelle du fait économique en s'intéressant aux dossiers de l'Hôtel de Ville de Paris relatifs aux aménagements de la Seine à la fin du XVIIIe siècle.

Dominique BARJOT, de la Sorbonne Université, nous parle de la crise qui, dès 1880, frappa les entreprises de travaux publics en France, en partie parce que le marché y était saturé et parce que le monde entier traversait une dépression économique. Ces entreprises ont dès lors trouvé de nouveaux débouchés dans l'empire colonial français, et notamment en Tunisie, à travers de grands travaux d'infrastructure qui se sont poursuivis jusqu'après l'indépendance.

Rang-Ri PARK BARJOT, de la Sorbonne, illustre pour sa part cet état de fait en nous présentant la stratégie de la Société de Construction des Batignolles en Afrique du Nord, à travers l'exemple du chemin de fer du Bône-Guelma.

Avec l'exposé de **Dhafer BOUSSELMI**, de l'Université de La Manouba, on découvre le monde de la finance publique dans le contexte colonial, et la manière dont la France, plutôt que de financer les travaux d'utilité publique en Tunisie sur la base de ses recettes propres, a recouru aux emprunts : les banques de la métropole ont fourni les capitaux nécessaires aux investissements publics et sollicité ainsi que favorisé par ailleurs les investissements privés. Les relations entre les milieux politiques et financiers ont dès lors constitué une alliance stratégique, encouragée par l'édition de lois « sur mesure ».

La troisième partie est consacrée à **« La question économique dans les relations internationales »**. Celle-ci comporte deux volets : celui **des relations bilatérales**, de pays à pays, celui du **multilatéralisme**. Le premier type d'approche est bien illustré par **Anis BEN ALI**, de l'Université de Tunis. Ce dernier nous entretient des relations diplomatiques entre la Tunisie et l'Espagne, minées par l'histoire (la question des « Andalous », le protectorat, le franquisme), mais réinitialisées sous la présidence de Bourguiba, entre 1957 et 1987. Ce bilan riche et dense des rapports tuniso-espagnols met en lumière un ensemble d'éléments nouveaux, telles les relations privilégiées des deux pays avec les États-Unis et leur positionnement géopolitique en Méditerranée depuis le début de la guerre froide.

Cette même perspective se retrouve dans le papier de **Chokri HOSNI.** Doctorant à l'université de Tunis, nous montre, à travers l'exemple des relations diplomatiques entre la Tunisie et la France pendant la période de l'économie planifiée que les pays nouvellement indépendants ne peuvent espérer combler leur retard économique que par le biais de la coopération internationale.

Olivier FEIERTAG, de l'Université de Rennes, aborde les enjeux principaux de l'histoire de la zone franc depuis 1939. Certes le franc CFA véhicule une nature impérialiste et témoigne des rapports de force entre les grandes puissances, tantôt rivales, tantôt alliées. Mais il avance que des taux de change fixes, la liberté de mouvement des capitaux et la souveraineté monétaire sont néanmoins possibles, pour autant que l'on mette en place des mécanismes de coopération internationale.

Le second volet apparaît particulièrement fructueux. En effet, **Régine PERRON**, de l'Université de Cergy-Pontoise, y évoque le multilatéralisme, tel que l'ont élaboré et institutionnalisé les États-Unis après la Deuxième Guerre mondiale. Il visait alors à établir un ordre monétaire international stable qui, ayant rendu les pays interdépendants, aurait contribué à l'éradication des conflits entre États. Mais dans le tournant des années 70, le néo-libéralisme mise à nouveau sur la prospérité, au détriment du bien-être des populations.

Ahmed BEN MUSTAPHA, ambassadeur et chercheur en histoire économique et diplomatique, à travers le relevé des négociations tuniso-européennes depuis l'indépendance, insiste sur une nécessaire coopération internationale pour permettre à la Tunisie d'intégrer pleinement l'espace économique européen.

Mohamed SASSI, de l'Université de Tunis, met l'accent sur les relations économiques entre la Tunisie et l'Union européenne, qui évoluent difficilement dans le sens escompté par la Tunisie, tant les pressions des instances internationales et les tensions internes sont fortes au sein de la CEE. Il se concentre ici sur la période comprise entre l'adoption de la politique méditerranéenne rénovée et la promulgation du Processus de Barcelone (1992-1995) et met en évidence la difficulté qu'éprouvent les pays en mutation, d'adapter leur stratégie diplomatique et économique, aux attentes de partenaires eux-mêmes évolutifs et soumis aux astreintes macro-économiques du marché mondial.

À travers l'article ou plutôt le témoignage de **Tahar SIOUD**, on découvre, du point de vue de l'un de ses acteurs, la suite du processus diplomatique entre la Tunisie et l'Union européenne, avec les informations qu'il apporte sur les accords de 1995 et notamment les résultats de mise à niveau des entreprises et la constitution progressive d'une zone de libre-échange.

Pour **Afif Chelbi**, ancien ministre tunisien de l'Industrie, la Tunisie est nécessaire à la pacification de l'espace économique européen, et la Communauté européenne a tout intérêt à l'aider dans un programme de relance économique et sociale qui, à l'horizon 2030, lui permettrait d'assurer sa sécurité, de relancer durablement son économie et de parfaire sur le long terme son ancrage démocratique.

L'ouvrage se conclut sur une **ouverture**, à travers **un épilogue et des conclusions**. Il existe encore bien d'autres pistes de recherche. **Olfa BOUDAYA**, de l'Université de Sfax, évoque par exemple le travail des enfants en Tunisie aux XIXe et XXe siècles, une question liée au positionnement socio-économique de certaines franges de la population. Ce faisant, elle souligne la place des enfants dans l'économie traditionnelle : main d'œuvre rentable pour les familles mais mise en danger précoce de leur intégrité physique et morale, le travail des enfants oscille entre leur intégration et leur marginalisation sociale. **Ezeddine DRISSI**, pour sa part, étudie la dynamique métropolitaine fortement marquée à Tunis, notamment à travers le déplacement des sièges sociaux d'entreprises, démontrant ainsi le degré d'intrication entre le politique et l'économique depuis l'indépendance. Quant à **Mohamed SASSI** et **Dominique BARJOT**, ils tirent ensemble les conclusions des fructueuses avancées intellectuelles et scientifiques auxquelles a donné lieu la table ronde internationale de Tunis des 8-9 mars 2019.

PREMIÈRE PARTIE
ÉTAT DES LIEUX

CHAPITRE 1
L'HISTOIRE ÉCONOMIQUE EN FRANCE

Dominique BARJOT

Professeur d'Histoire économique contemporaine
Sorbonne Université

INTRODUCTION

Avec la crise économique des années 2008-2009, dont nous ne sommes pas encore sortis, l'histoire économique revient en force : pour preuve l'intérêt porté à cette histoire par des journaux comme *Les Échos*, mais aussi *Le Figaro* ou *Le Monde*. Il apparaît donc utile de s'interroger sur l'état de l'histoire économique en France aujourd'hui[1]. Le propos est vaste, d'où la nécessité, ici, de se limiter à l'historiographie portant sur les années 1815 à nos jours ainsi qu'aux travaux portant sur la France et aux recherches francophones. Enfin l'honnêteté impose d'admettre que l'on ne peut citer tout le monde : que l'auteur soit pardonné de ses omissions, qu'il sait multiples. C'est d'autant plus le cas que, depuis les années 1970, l'histoire économique s'est renouvelée en profondeur : l'on est passé ainsi d'une histoire économique et sociale globale à une histoire plus microéconomique, accordant une place de plus en plus importante aux acteurs, à leurs réseaux et à leurs institutions. L'histoire prend en compte, de façon grandissante, la complexité, à l'instar de l'ensemble des sciences sociales auxquelles elle appartient encore, notamment à travers l'histoire économique[2].

---

[1] Pour une bibliographie plus complète, voir notamment : Dominique Barjot, « Histoire économique et historiographie française : crise ou renouveau ? », *HES*, juin 2012, p. 5-28. L'on se reportera aussi à l'indispensable synthèse de Jean-Claude Daumas (éd.), *L'Histoire économique en mouvement entre héritages et renouvellements*, Lille, Septentrion, 2012.

[2] Jean-Claude Daumas, « Où va l'histoire économique en France aujourd'hui ? Tendances, enjeux, propositions », in Jean-Claude Daumas (éd.), *L'Histoire économique en mouvement..., op. cit.*, p. 19-58.

I– AVANCEES RECENTES DE L'HISTORIOGRAPHIE CONTEMPORAINE : REALITES ET LIMITES

L'histoire économique, on l'a déjà dit, n'occupe pas en France, celle qu'elle tient dans les pays anglo-saxons[3]. Ce qui était vrai hier, l'est encore plus aujourd'hui. Y concourent le désintérêt progressif des économistes, de plus en plus attirés par la formalisation mathématique, la montée, au sein de la communauté historienne française, de l'histoire culturelle été des représentations ainsi que le déclin relatif de la production historique francophone.

UN RENOUVELLEMENT DES PERSPECTIVES

Néanmoins depuis les années 1960, l'histoire économique s'est renouvelée en profondeur. Le tournant date, pour l'essentiel, des années 1970.

Le tournant des années 1970

Jusqu'aux années 1970, il existait une séparation presqu'étanche entre l'histoire des sciences et des techniques d'une part, l'histoire économique générale de l'autre, tandis que l'histoire des entreprises n'avait pas encore acquis son autonomie. Cette histoire économique générale, en réalité économique et sociale, s'organisait autour de trois tendances majeures. En premier lieu, elle se fixait pour objectif dans une perspective marxiste, plus souvent implicite que consciente, d'étudier les étapes successives du développement du capitalisme. Les uns, tels Albert Soboul, s'intéressaient aux rôles de la bourgeoisie, aux rapports et antagonismes de classe. D'autres adoptaient tels Jean Bouvier, une rapproche plus strictement économique autour des questions de la baisse tendancielle des taux de profit, du passage d'un capitalisme bancaire ou industriel à un capitalisme financier, de la mise en place d'un capitalisme monopoliste d'État.

De là, il était aisé de passer à l'étude des cycles, seconde tendance majeure. Dans la droite ligne de l'économiste russe Nicolaï Kondratiev et du sociologue François Simiand, les historiens s'intéressaient à la succession de cycles longs –dits inter-décennaux– de l'économie (avec leurs phases A d'expansion et B de stagnation ou de dépression). À partir des intuitions de Clément Juglar et Stanley Jevons, puis de Joseph Schumpeter (*business*

---

[3] François Crouzet, *Histoire de l'économie européenne 1000-2000*, Paris, Albin Michel, 2000.

cycles), ils en arrivèrent à se centrer sur l'analyse des cycles intra-décennaux ou cycles courts. S'intéressant aux XVIIIe et XIXe siècles, Ernest Labrousse formula sa célèbre typologie crise de type ancien –crise mixte– crise contemporaine : à une crise à base agraire et frumentaire se substitua par étapes, une autre d'origine boursière, puis bancaire et enfin industrielle. Toutefois, sous l'influence conjointe de Simon Kuznets et de François Perroux, s'affirma, dans les années 1960, une histoire quantitative s'intéressant aux processus de croissance soutenue (ainsi les travaux de Jean Marczewski et de ses élèves au sein de l'ISEA, puis de l'ISMEA) [4].

Vers 1970, le débat sur les finalités de la croissance et la crise mondiale de l'énergie ont provoqué une remise en cause de ces approches pourtant bien établies. Les historiens de l'économie s'intéressent désormais, selon une optique schumpétérienne, à la liaison entre cycles de l'économie et innovations technologiques. Ils s'interrogent tantôt sur les processus d'innovation (ainsi François Caron), tantôt sur les origines de la dépression. Ils intègrent aussi à leurs problématiques les théories du cycle du produit et, de façon plus large, les travaux de S. Kuznets sur la mobilité des facteurs de production ou des produits eux-mêmes.

Une nouvelle vision de l'économie française

Se dégage ainsi une nouvelle vision de l'économie française[5]. Elle tire largement profit, pour le XIXe siècle des débats entre Pierre Léon, Jean Bouvier, François Crouzet, Maurice Lévy-Leboyer et François Caron, pour ne citer qu'eux. Il en ressort un certain nombre de constatations majeures[6]. En premier lieu, à la différence de la Grande-Bretagne, la France n'a pas connu de *take-off*, mais plutôt une accélération progressive du rythme de croissance de l'économie. Si les guerres de la Révolution et de l'Empire ont

[4] ISEA : Institut des Sciences Économiques Appliquées ; ISMEA : Institut des Sciences Mathématiques et Économiques Appliquées.

[5] Dominique Barjot, « L'histoire économique de la France aux XIXe et XXe siècles : les avancées de l'historiographie », in Dominique Barjot (dir.), *Où va l'histoire économique*, Historiens et Géographies, n° 378, première partie, mai 2002, p.165-180. Voir aussi : Jean-Pierre Daviet, *Nouvelle histoire économique de la France contemporaine. 1. L'économie préindustrielle 1830-1914*, Paris, La Découverte, 1993 ; André Gueslin, *Nouvelle histoire économique de la France contemporaine. 3. L'économie ouverte 1948-1990*, Paris, La Découverte, 1989 ; Alain Leménorel, *Nouvelle histoire économique de la France contemporaine. 3. L'économie libérale à l'épreuve 1914-1948*, Paris, La Découverte, 1997 ; Patrick Verley, *Nouvelle histoire économique de la France contemporaine. 2. L'industrialisation 1830-1914*, Paris, La Découverte, 1989.

[6] Dominique Barjot, *L'Économie française au XIXe siècle*, Paris, Nathan, 1995.

retardé de vingt ans le développement industriel du pays, la croissance économique gagne en ampleur surtout dans les années 1840 à 1860, période souvent qualifiée de première industrialisation française[7]. Ensuite, l'impulsion s'essouffle, sans que l'on puisse clairement mettre en cause le libre-échange adopté dans les années 1860, nonobstant les thèses argumentées de Paul Bairoch[8] et Jean-Charles Asselain[9].

En second lieu, à partir des années 1882-83, l'économie française plonge, pour une génération, dans « la grande dépression ». Décalée de presque dix ans par rapport à la Grande-Bretagne (1873-1896) ou l'Allemagne (1874-1890), elle s'explique par la convergence de quatre facteurs : la dénatalité, qui oblige à un appel massif à la main-d'œuvre immigrée (Belges, puis Italiens, la France devenant le second pays d'immigration après les États-Unis), mais surtout entraîne une stagnation de la demande globale ; une perte de compétitivité des produits français, qui affecte notamment les articles de Paris et l'industrie cotonnière ; une pénurie croissante de charbon, que ne compense pas l'essor du bassin du Pas-de-Calais, mais empêche de développer une métallurgie compétitive ; l'irruption des céréales des pays neufs, qui ruine largement la base agricole de la France. La reprise s'amorce tardivement, vers 1906-1907, mais à un rythme élevé, autour d'un certain nombre d'innovations majeures (aluminium et aciers spéciaux, automobile, aéronautique). Celles-ci relancent l'exportation du moment même où la France s'est nettement imposée, derrière le Royaume-Uni, comme le second exportateur mondial de capitaux.

L'historiographie du XXe siècle s'est aussi beaucoup enrichie et renouvelée, même si les débats demeurent encore largement ouverts[10]. La conjoncture paraît désormais mieux connue, même s'il reste beaucoup à faire concernant l'économie française durant la Première Guerre mondiale

---

[7] François Caron, *Histoire économique de la France XIXe-XXe siècles*, A. Colin, Paris, 1996. Il demeure le meilleur manuel sur l'ensemble de la période.

[8] Paul Bairoch, *Victoires et déboires. Histoire économique et sociale du monde du XVIe siècle à nos jours*, Paris, Folio Histoire, Gallimard, 1997, 3 vol.

[9] Par exemple : Jean-Charles Asselain, *Histoire économique de la France du XVIIIe siècle à nos jours. 1. De l'Ancien Régime à la Première Guerre mondiale*, Points, Le Seuil, Paris, 1984 ; Jean-Charles Asselain, Jean Batou, « De l'Europe d'avant-guerre à l'Europe d'aujourd'hui. Regards sur l'Europe de 1939 », *Revue économique*, vol. 51, n° 2, mars 2000.

[10] Albert Broder, *L'Économie française au XXe–1914-1997*, Paris et Gap, Ophrys, 1998 ; Sophie Chauveau, *L'économie de la France au XXe siècle*, Paris, SEDES, 2000 ; Maurice Lévy-Leboyer et Jean-Claude Casanova, *Entre l'État et le marché. L'économie française des années 1880 à nos jours*, Paris, NRF-Gallimard, 1991.

ou la Première Reconstruction, moins bien étudiée qui celle qui a fait suite à la Seconde Guerre mondiale. L'un des obstacles réside dans le refus des approches macroéconomiques, un second dans l'éclatement des historiens en sous-communautés ne travaillant pas entre elles (histoire des sciences et des techniques, histoire financière, histoire industrielle, histoire sociale, histoire culturelle, etc.). En revanche, les difficultés financières ou l'industrialisation soutenue des années 1920 ont fait l'objet de travaux remarquables[11]. Il en va de même des années 1930, même s'il ne fait pas de doute que l'expérience du Front populaire a été mieux analysée que les politiques de déflation ou de façon plus large l'impact de la crise mondiale entre 1931 et 1935[12]. De ce point de vue, l'histoire coloniale constitue l'un des points forts de la recherche française, grâce notamment aux débats ouverts par Jacques Marseille.

La Seconde Guerre mondiale, surtout depuis la création du GDR « Les Entreprises sous l'Occupation », a fait l'objet de multiples recherches souvent de qualité. L'on peut cependant regretter une certaine désaffection pour les années 1939-1940, c'est-à-dire la période dite de « la drôle de guerre ». De même, sur celle de la reconstruction, du Premier Plan Monnet et du Plan Marshall, les travaux sont nombreux et de qualité. Comme à propos de la construction européenne, les historiens ont en tendance à adhérer de façon (trop ?) étroite à la problématique du « retard » (Jean Monnet) ou du « malthusianisme » (Alfred Sauvy) français. La conséquence en a été probablement une surévaluation de la croissance des « trente glorieuses », sur laquelle on tend à revenir aujourd'hui. Certes, la capacité de l'économie française à surmonter la décolonisation, la réalité des gains de productivité[13], l'effet positif de la construction européenne ou des grands programmes gaullistes ne peuvent guère être contestés. Néanmoins, l'accès aux archives plus récentes fait ressortir les fragilités des années de la IVe République ou la trop grande dépendance par rapport aux politiques économiques d'État durant les trente années, qui firent suite à la Seconde Guerre mondiale.

---

[11] Kenneth Mouré, *La politique du franc Poincaré*, Paris, Albin Michel, 1998 ; Bertrand Blancheton, *Le Pape et l'Empereur. La Banque de France, la direction du Trésor et la politique monétaire de la France (1914-1928)*, Paris, Albin Michel, 2001.

[12] Jean-François Eck, *Histoire de l'économie française. De la crise de 1929 à l'Euro*, Paris, Armand Colin, 2009.

[13] Régis Boulat, Jean Fourastié un expert en productivité. La modernisation de la France (années trente-années cinquante), Besançon, Presses Universitaires de Franche-Comté, 2008.

De nouveaux espaces pour la recherche

Ces débats autour de l'histoire du XXe siècle français ont ouvert de nouveaux espaces pour la recherche. Non seulement à « la génération des maîtres » en a succédé une nouvelle, quantitativement plus nombreuse. Les axes privilégiés par cette nouvelle génération concernant l'analyse de réseaux (techniques, sociaux, financiers)[14] ; l'histoire des produits[15] ; l'histoire de l'État[16] ; les relations économiques internationales[17], autour de thèmes comme l'Américanisation[18], la Guerre froide ou, surtout, la construction européenne[19], notamment dans ses aspects de politique économique[20] ; l'histoire du développement économique régional[21], qu'il s'agisse d'aménagement du territoire[22], de la

[14] Par exemple : Pierre Lanthier, Christophe Bouneau, Yves Bouvier, Sophie Coeuré (dir.), « L'électricité en réseaux. Networks of Power », *Annales historiques de l'électricité*, n° 2, juin 2004.

[15] Eric Godeau, *Le tabac en France de 1940 à nos jours. Histoire d'un marché*, Paris, PUPS, 2008.

[16] Nathalie Carré de Malberg, *Le grand état-major financier : les inspecteurs des Finances 1918-1946. Les hommes, le métier, les carrières*, Paris, Comité pour l'Histoire économique et financière de la France (CHEFF), 2011 ; Olivier Dard, Gilles Richard, (dir.), *Les droites et l'économie en France*, Paris, Riveneuve éditions, 2011 ; Olivier Feiertag, *Wilfrid Baumgartner : Un grand commis des finances à la croisée des pouvoirs (1902-1978)*, Paris, CHEFF, 2006 ; Michel Margairaz, *L'État, les finances et l'économie. Histoire d'une conversion 1932-1952*, Paris, Comité pour l'Histoire économique et financière de la France, 1991 ; Frédéric Tristram, Une fiscalité pour la croissance : La direction générale des Impôts et la politique fiscale en France de 1948 à la fin des années *1960*, Paris, CHEFF, 2005.

[17] Laurence Badel, *Diplomatie et grands contrats. L'État français et les marchés extérieurs au XXe siècle*, Paris, Publications de la Sorbonne, 2010 ; Gérard Bossuat, *La France, l'aide américaine et la construction européenne 1944-1954*, Paris, Comité pour l'Histoire économique et financière de la France, 1992.

[18] Dominique Barjot (dir.), *Catching up with America. Productivity missions and the diffusion of American Economic and Technological Influence after the Second World War*, Paris, PUPS, 2002.

[19] Dominique Barjot (dir.), *Penser et construire l'Europe (1919-1992)*, Paris, Éditions SEDES, 2007. Pour une bibliographie plus complète : Christophe Réveillard, Emmanuel Dreyfus, *Penser et construire l'Europe (1919-1992)*. Guide bibliographique, Paris, Éditions SEDES, 2007.

[20] Éric Bussière, Laurent Warlouzet, (dir.), « La politique de la concurrence communautaire. Origines et développements (années 1930–années 1990) », *Histoire, économie et société*, n° 1, mars 2008.

[21] Michel Hau, *L'Industrialisation de l'Alsace (1803-1939)*, Strasbourg, Association des Publications près les Universités de Strasbourg, 1987.

[22] P. Caro, O. Dard, J.C. Daumas (dir.), *La politique d'aménagement du territoire : racines, logiques et résultats*, Presses Universitaires Rennes, 2002.

désindustrialisation[23]. De manière plus récente, les travaux des historiens se sont portés vers l'histoire de la mobilisation de la nation à l'époque de la guerre totale : à cet égard les comparaisons internationales s'imposent, mais aussi les comparaisons entre les conflits mondiaux[24]. Ce renouveau se nourrit d'un regain d'intérêt des économistes non conformistes pour l'histoire, notamment à travers les théories de la régulation (Robert Boyer, Michel Aglietta, Jacques Mistral, etc.) ou les tenants de l'analyse des conventions (Robert Salais)[25]. Même si ce mouvement n'a pas entraîné un engouement durable de ces économistes pour les problématiques d'histoire économique, sauf à propos des phénomènes monétaires et financiers[26], se sont réalisés d'intéressants transferts de méthodes et de questionnements tant de l'économie que de la sociologie (analyse des réseaux sociaux) vers l'histoire. Ils ont été beaucoup facilités par les travaux conjoints des démographes, des économistes, des historiens et des sociologues autour des questions de population[27].

UN CHAMP PRIVILEGIE : L'HISTOIRE DE L'INNOVATION

L'histoire de l'innovation[28] offre un point de passage obligé entre les dimensions micro et macro-économique[29]. En effet, la tension entre les deux

---

[23] Jean-Marc Olivier, *Des clous, des horloges et des lunettes. Les campagnards moréziens en industrie (1780-1914)*, Paris, CTHS, 2004 ; Pierre Lamard, Nicolas Stoskopf (dir.), *1974-1984 : une décennie de désindustrialisation*, Picard, 2009. Voir aussi : Michel Hau (dir.), *De-industrialisation in Europe, 19th-20th centuries, thème B 11, Proceedings Twelfh International Economic Congress*, Madrid, August 1998, Madrid, Fondacion Fomento de la Historia Economica, 1998.

[24] Dominique Barjot (dir.), *Deux guerres totales (1914-1918 ; 1939-1945). La mobilisation de la Nation*, Economica, 2012.

[25] C. Diebolt, J. L. Escudier (dir.), *La croissance économique dans le long terme. Formes historiques et prospective*, L'Harmattan, 2002.

[26] Patrice Baubeau, Pierre-Cyrille Hautcoeur, « L'histoire bancaire, monétaire et financière française depuis 1980 », in Jean-Claude Daumas (éd.), *L'Histoire économique en mouvement entre héritages et renouvellements*, Lille, Septentrion, p. 167-187.

[27] Dominique Barjot, Olivier Faron (dir.), *Migrations, cycle de vie familial et marché du travail*, Paris, Cahiers des Annales de Démographie historique, 2002 ; Thélot Claude, *Le Travail en France 1800-2000*, Paris, Nathan, 1997.

[28] Dominique Barjot, « L'innovation technique : une trame pour l'étude des fluctuations économiques ? », in C. Diebolt, J. L. Escudier (dir.), *La croissance économique dans le long terme..., op. cit.*, p. 145-161 ; Pascal Griset et Yves Bouvier, « De l'histoire des techniques à l'histoire de l'innovation. Tendances de la recherche française en histoire contemporaine », *HES*, juin 2012, p. 29-43 (utile bibliographie).

[29] Cette étude doit beaucoup à l'œuvre de François Caron et de Bertrand Gille. Voir notamment : François Caron, *Le Résistible déclin des sociétés industrielles*, Paris, Perrin,

approches constitue à ce jour comme l'une des difficultés majeures auxquelles se heurte la recherche en histoire économique[30]. Autour de François Caron, l'université Paris-Sorbonne et l'Institut d'Histoire Moderne et Contemporaine du CNRS se sont beaucoup intéressés à cette histoire de l'innovation[31].

Histoire des techniques et histoire de l'innovation

Le point de départ du projet a été la table ronde de Gif-sur-Yvette, tenue en 1984. Depuis, dans la même ligne sont parus des ouvrages intitulés "L'innovation et l'Histoire" et "Histoire de l'industrie". Les recherches se sont intéressées par exemple à l'évolution des télécommunications entre le milieu du XIXe et le milieu du XXe siècle[32]. Ces travaux ne sont pas isolés. Les recherches se sont multipliées à l'EHESS. Celle-ci a joué notamment un rôle déterminant dans le développement de l'archéologie industrielle ou pour l'histoire des mutations du travail. Des travaux du plus grand intérêt pour l'histoire de l'innovation sont également menés au CNAM ou par des sociologues intéressés à l'histoire des ingénieurs. Cette histoire des ingénieurs constitue un point fort de la recherche actuelle[33]. Tous ces travaux s'efforcent de pousser plus avant le vaste front pionnier que constitue l'histoire de l'innovation technique.

L'histoire des techniques a fait l'objet de travaux importants[34]. Mais rares ont été, jusqu'à une époque récente, les historiens qu'intéressait la question

---

1985 ; Bertrand Gille (dir.), *Histoire des techniques*, Paris, Gallimard, 1978. Pour une vision plus économique : Jean-Luc Gaffard, Pier Paolo Saviotti, « Innovation, Structural Change and Growth », *Revue économique*, vol. 55, numéro 6, novembre 2004.

30 François Caron, *La dynamique de l'innovation. Changement technique et changement social (XVIe-XXe siècle)*, Paris, NRF, Gallimard, 2010.

31 François Caron, *Les deux révolutions industrielles du XXe siècle*, Paris, Albin Michel, 1997 ; *Le Résistible déclin des sociétés industrielles*, Paris, Perrin, 1985.

32 Pascal Griset, *Les télécommunications transatlantiques de la France. Entreprise, technologie et souveraineté : XIXe-XXe siècles*, Paris, Institut d'Histoire de l'Industrie (IDHI), Paris, 1996.

33 Dominique Barjot, Jacques Dureuil (dir.), *150 ans de génie civil : une histoire de centraliens*, PUPS, 2008 ; Bruno Belhoste, Amy Dahan Dalmedico, Dominique Pestre, Antoine Picon, *La France des X : deux siècles d'histoire*, Paris, Economica, 1995 ; Anne-Françoise Garçon, *Entre l'État et l'usine. L'École des Mines de Saint-Étienne au XIXe siècle*, Rennes, Presses Universitaires de Rennes, 2004.

34 Jean-Christophe Sanchez (dir.), « Histoire des sciences et des techniques – I », *Historiens & Géographes*, n° 407, juillet-août 2009, p. 65-148 ; « Histoire des sciences et des techniques – I », *Historiens & Géographes*, n° 409, janvier-février 2010, p. 181-287.

de l'innovation, c'est-à-dire de la mise en service de nouveaux procédés de production (innovations de procédés) ou le lancement de nouveaux produits (innovations de produits). Ces mêmes historiens subissaient l'influence des économistes pour l'étude du progrès technique, se ramenait à l'analyse du « résidu », défini comme la part du taux de croissance de la production non explicable par la croissance des facteurs physiques de la production (capital et travail), selon la formule : « résidu » = taux de croissance annuel moyen de la production - taux de croissance des facteurs physiques de la production. L'écrasante domination de ce type approche explique le peu de succès des travaux sur la relation existant entre croissance économique et évolution des dépôts de brevets.

Les historiens français se sont penchés sur la question de l'innovation au moment même où les économistes prenaient conscience de l'importance capitale de la recherche-développement pour la définition d'une stratégie de sortie de crise. Il s'ensuit que l'on a aujourd'hui une idée moins imprécise de la genèse des innovations. Même s'il apparaît difficile de nier l'importance de l'impulsion scientifique (scientific push), la demande joue un rôle essentiel (demand pull). Les progrès scientifiques ont eux-mêmes beaucoup profité des remontées de la connaissance technologique vers la science. Le mérite de l'innovation est donc partagé entre inventeurs, savants et ingénieurs d'une part, entrepreneurs de l'autre[35]. En France, ces derniers ont apporté une contribution déterminante, en raison de l'importance des innovations de produits et parce que la plupart des produits nouveaux sont créés par des firmes petites ou moyennes. Par suite, le faible degré de concentration qui, longtemps, a caractérisé l'économie française, loin de n'être qu'un point faible, aurait pu constituer un authentique atout.

L'innovation apparaît comme un phénomène difficile à mesurer, parce que le changement technique est un mouvement cumulatif et qu'il est impossible de compter le nombre des inventions et des innovations. Il existe trois moyens principaux de mesurer l'activité inventive :

1– Mesurer la quantité de littérature spécialisée publiée.

2– Compter les brevets d'invention. En effet, toute innovation importante s'accompagne en effet d'un nuage de brevets.

3– Élaborer une statistique des principales innovations à partir de la littérature technique incluant les brevets.

[35] Jean-Louis Bordes, Annie Champion, Pascal Désabres, *L'ingénieur entrepreneur. Les centraliens et l'industrie*, PUPS, 2011.

4– Récemment les historiens se sont penchés sur la question des innovations non brevetées[36].

Trois problèmes essentiels

L'histoire de l'innovation pose en effet de nombreux problèmes[37]. Trois paraissent aujourd'hui dominer les débats des historiens et des économistes : les rapports de la science et de la technique ; la succession des systèmes techniques ; les conséquences de l'innovation sur la société globale.

Concernant le premier point s'opposent notamment de deux conceptions : celle qui subordonne la croissance économique aux progrès de la science fondamentale et celle qui soutient qu'il y a interaction de la science et de la technologie. À première vue, les innovations majeures seraient dues à l'offre. Cette analyse est à nuancer. Il existe en fait une chaîne continue d'innovations dérivées prenant naissance à partir des besoins apparus à l'intérieur du système. Toute pratique technique s'intègre dans un "système technique", parce qu'il y a interdépendance des procédés. Au XIXe en fait se sont succédé trois systèmes : "classique" (bois, énergie hydraulique), "moderne" (énergie minérale solide, chemin de fer), « contemporain » (chimie organique, moteur à explosion, électricité). Chaque système technique est en perpétuel déséquilibre, favorisant ainsi un processus de changement sans rupture : les besoins nés du mauvais fonctionnement du système font apparaître les techniques qui domineront son successeur. Par suite, il devient évident que la demande joue un rôle fondamental dans le processus d'émergence des innovations. D'ailleurs, le savoir technologique finit donc toujours par s'intégrer au savoir scientifique. Parce que la technologie est créatrice de « faits polémiques », il y a remontée du savoir technologique vers la connaissance scientifique.

L'étude des systèmes techniques ouvre toujours de vastes perspectives de recherche. En l'état actuel de la question, il semble de plus en plus certain que ces systèmes s'engendrent les uns les autres sans discontinuité. L'industrialisation se fonde d'abord sur la mécanisation partielle des opérations de production. Il s'ensuit deux conséquences : d'une part, les processus de mécanisation ne résultent souvent que d'une transposition des savoir-faire ouvriers dans un univers mécanique ; d'autre part, les machines

---

[36] Liliane Hilaire-Perez, Christine MacLeod, Alessandro Nuvolari (dir.), "Innovations without patents", *Revue économique*, vol. 64, n° 1, janvier 2013.

[37] François Caron, *Le Résistible déclin des sociétés industrielles*, Paris, Perrin, 1985.

et les procédés font naître de nouveaux savoir-faire. Dans un premier temps, les modes d'organisation de la production ne se sont pas sensiblement modifiés : s'inscrivant dans une dynamique sociale à base familiale, ils reposent sur l'autorité d'un homme, "l'entrepreneur omniscient". Mais, à partir de 1850, ce système technique a évolué, en raison d'une mécanisation limitée parce que trop dépendante de sources d'énergie très localisées ainsi que de l'inadaptation croissante des services publics aux besoins sociaux. Car l'industrialisation nécessite aussi le développement de services publics à fort coefficient de capital : les chemins de fer. Leur apport a été fondamental sur le plan technique, mais aussi sur le plan commercial et même sur celui des institutions, puisque les compagnies ont permis, les premières, un vaste processus d'apprentissage à la grande entreprise managériale et aux méthodes modernes de gestion.

Puis, aux États-Unis comme en Europe, est progressivement apparu un marché de consommation de masse, intrinsèquement lié au développement d'une production à grande échelle. En ce domaine les États-Unis ont ouvert la voie, la supériorité du système américain résultant de la normalisation et de la standardisation des pièces, de l'apparition de machines-outils hautement spécialisées et de la production en continu, principale source de gains de productivité. Ces trois facteurs ont conduit à un contrôle plus rigoureux des opérations de production ainsi qu'à l'émergence de grandes entreprises intégrant l'ensemble des fonctions commerciales et industrielles. Les structures des firmes se sont adaptées au nouveau système technique. Elles se sont concentrées par un double mouvement de croissance interne et externe, le recours croissant aux fusions permettant de réduire l'incertitude technique et de pallier les limitations législatives aux ententes. En même temps, se sont développées les entreprises multifonctionnelles. Leur montée en puissance s'est accompagnée du succès croissant des entreprises managériales par rapport aux firmes entrepreneuriales ainsi que du développement de la technostructure. Ainsi certains historiens économistes ont pu soutenir que l'organisation dans le cadre des grandes firmes était plus efficace que les mécanismes du marché. Mais ce point de vue est aujourd'hui discuté : la grande taille n'est pas nécessairement associée à des gains de productivité et à des taux de profits supérieurs ; de plus la grande taille ne serait porteuse d'efficacité que dans certains secteurs, majoritaires pour les uns, minoritaires pour les autres.

Il est permis enfin de s'interroger sur les conséquences économiques, sociales et culturelles de l'innovation. S'agissant des premières, l'on peut tout d'abord remarquer que l'opposition archaïsme-modernité ne peut guère servir d'instrument d'analyse des évolutions historiques ; beaucoup plus fructueuse apparaît celle que l'on peut établir entre innovations endogènes et innovations exogènes ; en outre, l'exemple des pays développés montre que les savoir-faire traditionnels ont souvent pu être réutilisés dans les nouveaux produits et procédés et que ces derniers sont créateurs de nouveaux savoir-faire. Si par ailleurs, l'innovation se caractérise par son imprévisibilité, le progrès technique est aujourd'hui le plus souvent considéré comme libérateur. Il convient en outre de souligner l'importance du rôle de l'innovation, source principale des gains de productivité et de l'élévation des niveaux de vie. Au plan social, les conséquences de l'innovation ne sont pas moindres qu'à celui de l'économie. L'innovation modifie en profondeur les conditions de travail, en le rendant moins pénible. Cette amélioration des conditions de travail s'effectue en deux temps : dans un premier, la création de moyens de mécanisation réduit la pénibilité dans le secteur moderne, tandis qu'elle s'accroît dans le reste de l'économie ; dans un second, les différences s'atténuent progressivement, l'amélioration des conditions de travail gagnant peu à peu toute l'économie. L'innovation transforme aussi les qualifications. À ses débuts, l'industrialisation est génératrice de chômage et se traduit par une dégradation des qualifications ouvrières ; puis les effets positifs prennent peu à peu le dessus, l'amélioration de la qualification de la main-d'œuvre en place s'accompagne de la création de nouveaux emplois plus qualifiés. L'histoire de l'innovation le montre : la recherche apparaît multiforme et en profonde transformation.

II– L'HISTOIRE ECONOMIQUE : UNE RECHERCHE MULTIFORME ET EN TRANSFORMATION CONTINUE

Par la diversité de ses méthodes et de ses problématiques, l'histoire économique se trouve en mesure d'apporter un éclairage neuf sur les défis du monde d'aujourd'hui[38]. Même si l'on n'aborde pas ici les questionnements spécifiques du patrimoine industriel[39], elle met en lumière le rôle des marchés ainsi que celui des acteurs et de leurs stratégies.

---

[38] L'essentiel de cette seconde partie s'appuie sur un vaste travail collectif mené par l'Association Française des Historiens économistes : Dominique Barjot (dir.), « *Où va l'histoire économique* », *Historiens et Géographies*, n° 378, première partie, mai 2002, p ; 113-255 ; *Ibidem*, n° 380, deuxième partie, octobre 2002, p. 249-251.

[39] Voir, entre autres : Jean-Claude Daumas, Pierre Lamard, Laurent Tissot, sous la dir. de, *Les territoires de l'industrie en Europe (1750-2000). Entreprises, régulations et trajectoires*, Besançon, Presses Universitaires de Franche-Comté, 2006 ; Jean-Claude Daumas (dir.), *La mémoire de l'industrie. De l'usine au patrimoine*, Besançon, 2006.

UN ECLAIRAGE NEUF SUR LES DEFIS DU MONDE D'AUJOURD'HUI

L'histoire économique aborde en effet quelques-uns des questions fondamentales de notre époque : les mutations du monde rural ; la montée du tertiaire ; la « révolution des transports » ; la mondialisation ; l'essor de la consommation de masse.

Les mutations du monde rural

Le renouveau actuel de l'histoire rurale s'inscrit dans une grande tradition, celle d'Ernest Labrousse et de Pierre Goubert[40]. Leur héritage s'est trouvé ébranlé dans les années 1980, suite à l'essoufflement des modèles explicatifs qu'ils avaient proposés. Sensible surtout depuis 1993, autour de revues comme *Histoire et Sociétés Rurales*, *Études Rurales et Ruralia*, ce renouveau se fonde sur l'introduction de nouvelles méthodes de recherches ainsi que sur un virage idéologique. Il s'alimente de nouvelles perceptions : l'importance accordée désormais à la diffusion des techniques, une relecture plus empirique des crises, une révision du modèle anglais de la grande exploitation agricole, une mise en cause du productivisme, une réhabilitation de l'action des organismes régulateurs des marchés. Il s'ensuit de nouvelles approches : mise en lumière de l'importance des stratégies successorales et, de façon plus large, familiales, réhabilitation du rôle du crédit comme créateur de lien social, mais aussi condition indispensable du financement de l'exploitation, abandon du thème de l'expropriation paysanne au profit des milieux urbains, stabilité ou non en longue période de la répartition de la propriété. Si l'on abandonne de plus en plus l'idée d'une paysannerie française nouée à l'autosubsistance, se renforce le constat d'une forte mobilité des hommes et de l'importance de la pluriactivité.

La montée du tertiaire

De même, le négoce a joué un rôle décisif dans le processus d'industrialisation[41]. Le système ferroviaire, de son côté, a exercé un effet déterminant sur le démarrage industriel des pays occidentaux ainsi que sur

---

[40] Gérard Béaur, « Histoire économique, histoire des campagnes : le renouveau d'un paradigme ? », in Jean-Claude Daumas (éd.), *L'Histoire économique en mouvement…*, *op. cit.*, p. 125-142.

[41] Hubert Bonin, « Tertiaire et histoire économique : quelques mises au point sur la fonction des services dans la croissance », in « Où va l'histoire économique », *Historiens et Géographes*, n° 378, première partie, mai 2002, p. 203-218.

l'affirmation, dès le XIXe siècle, d'un important secteur public ou concessionnaire de service public. La seconde révolution industrielle semble moins que la première fondée sur les services, encore qu'il faille prendre en compte la production, le transport ou la distribution de l'électricité. Cependant elle s'accompagne de l'internationalisation des activités de service au sein de grandes entreprises, dont les compagnies d'eau et d'électricité offrent d'excellents exemples.

En outre, les firmes industrielles n'ont pu se développer que grâce à l'appoint du négoce de gros, au développement des réseaux de distribution et de marques ainsi qu'à l'essor des ports ou du fret ferroviaire. L'essor des grands magasins, la diversification et la distribution de détail, alimentaire notamment, ont précipité l'évolution. Cette dernière s'accélère encore, à partir des années 1950, sous l'effet de l'introduction des méthodes américaines et de l'effondrement des grossistes au profit de la distribution spécialisée. Les trois premiers tiers du XXe siècle voient, notamment sous l'effet des deux guerres mondiales et de la grande crise des années 1930 se renforcer le poids du secteur public.

L'internet favorise un nouveau boom du tertiaire. Il s'alimente de l'externalisation par les entreprises notamment industrielles, des fonctions de service, mais aussi d'une explosion du tertiaire logistique et de communication ainsi que du flux de fret. De nombreuses innovations portent sur la circulation de l'information. Dans les pays développés le temps libéré par les gains de productivité engendre une énorme économie du loisir. En résulte la montée en puissance des multinationales de la communication et de l'hôtellerie, mais aussi l'essor de l'économie du jeu et du sexe ou, à l'inverse, de la culture. La mondialisation des groupes de services publics urbains ou de grande distribution s'accompagne, en parallèle, d'une explosion de l'économie de la santé et du bien-être. Même si l'industrie demeure un fort levier de croissance, notamment dans les pays émergents ou intermédiaires, le tertiaire engendre de plus en plus de tertiaire, avec un développement relatif des services non marchands par rapport aux services marchands.

Une révolution des transports ?

L'historiographie tend par ailleurs à remettre en cause l'idée d'une « révolution des transports »[42]. D'un côté, Robert Fogel et Albert Fishlow, pères de la *New Economic History* américaine ont minimisé, grâce à des simulations économiques, l'impact de la construction ferroviaire sur la croissance américaine du XIXe siècle, telle qu'elle avait été analysée par Simon Kuznets ou Walter W. Rostow. D'un autre côté, les historiens des techniques ont mis en évidence l'existence de « systèmes techniques » (Bertrand Gille) ou de « macro-systèmes techniques » (Thomas P. Hugues) s'engendrant les uns les autres et évoluant selon un processus de path dependency (Paul David) en fonction de leurs propres dysfonctionnements. De fait, l'apparition des chemins de fer a constitué une réponse aux insuffisances des modes de transport traditionnels. En outre, l'essor des réseaux ferroviaires a résulté d'un long apprentissage : les ingénieurs français des Ponts et Chaussées ont certes transféré aux chemins de fer la perfection routière, mais ils ont aussi adopté le savoir-faire britannique. A ainsi émergé, en France comme en Belgique, une technologie originale qui explique le rôle de relais tenu par ces pays dans la diffusion du chemin de fer en Europe. Toutefois, les distorsions entre la traction et les autres filières du système d'une part, une trop grande dépendance par rapport au facteur humain, d'autre part, ont conduit, dans les années 1870 à 1890, à l'émergence d'un nouveau système ferroviaire faisant un large appel à l'électricité, notamment pour la signalisation, le freinage et la régulation du trafic.

Le XXe siècle voit l'affirmation de l'automobile comme mode de locomotion[43]. Durant la période des Trente Glorieuses, elle est même devenue une sorte de « baromètre » de la production et de la consommation. Les années 1945-1975 voient les quatre producteurs français d'automobile (Renault, Citroën, Peugeot, Simca) accroître beaucoup leur production : tel est le cas de Renault, qui livre à la fin des années 1960, autant d'automobiles que Citroën et Peugeot. Cette augmentation s'appuie sur la mise en place d'une production de masse inspirée des États-Unis, combinant fordisme et taylorisme et orientée vers la fabrication de voitures populaires. À la production de masse répond une consommation de masse : en 1979 déjà près de sept ménages sur dis disposent de leur automobile.

---

42 Michèle Merger, "La révolution des transports : un concept périmé", in « Où va l'histoire économique », *Historiens et Géographes*, n° 378, première partie, mai 2002, p. 203-218.

43 Jean-Louis Loubet, *Histoire de l'automobile française*, Paris, Seuil, 2001.

Qu'est-ce que la mondialisation ?

Le développement de la consommation de masse constitue l'un des facteurs déterminants de la mondialisation. Celle-ci peut être définie comme « le processus par lequel des marchés en nombre croissant sont intégrés au niveau planétaire » (François Crouzet), jusqu'à englober l'ensemble de ce qui peut faire l'objet de transactions monétaires. Le processus menant à la mondialisation commence avec la fusion des deux économies-monde de l'Atlantique et de l'Océan indien aux XVe-XVIe siècles, s'affirme avec la domination économique de l'Angleterre à partir de la fin du XVIIIe siècle pour atteindre à un premier apogée entre 1870 et 1914. Les échanges internationaux de marchandises, mais aussi d'hommes et de capitaux constituent alors le moteur de la croissance mondiale.

Cette première mondialisation s'interrompt avec la Guerre mondiale. Elle s'efface ensuite entre les deux guerres et surtout à partir de la crise des années 1930, au profit d'un protectionnisme exacerbé, qui débouche sinon sur l'autarcie, tout au moins sur la préférence impériale ainsi que sur la désintégration du système monétaire international. À partir des années 1950, se produit une nouvelle poussée de mondialisation. Elle s'accélère durant le dernier quart du XXe siècle. Marquée par une forte expansion de l'espace mondialisé, elle se caractérise par une croissance sans précédent du commerce international, un changement de la structure de ce commerce, désormais axé pour l'essentiel sur les biens manufacturés, un marché mondial moins intégré qu'au début du XXe siècle, mais affecté par des migrations de grande ampleur, une reprise significative des flux internationaux de capitaux, un changement de nature et de destination des capitaux (les investissements directs l'emportent désormais au contraire d'avant le Premier Conflit mondial), un rôle majeur des multinationales dans les investissements directs à l'étranger. Même si elle est plus profonde la mondialisation ne diffère pas fondamentalement de celle du début du XXe siècle.

Les facteurs de ces deux vagues de mondialisation résident bien sûr dans le progrès technologique occidental, mais aussi la diminution du coût des transports, amplifiée par l'augmentation de leur vitesse et le démantèlement des barrières douanières. Au XIXe siècle, la chute des frets maritimes, la mise, la mise en place de réseaux téléphoniques intercontinentaux et le désarmement douanier, d'abord unilatéral, de la part de la Grande-Bretagne, puis bilatéral, ont joué un rôle essentiel. La seconde mondialisation tient moins à la forte baisse du coût des transports, en dépit de l'essor du conteneur et de la réduction rapide des prix du transport aérien. Jouent surtout l'effondrement des coûts de la transmission de l'information et la suppression progressive des obstacles tarifaires et non tarifaires, en particulier au sein de l'OCDE, grâce à l'action du GATT, puis de l'OMC (ou WTO). De plus, l'industrialisation progresse dans de nombreux pays, sans que l'on puisse imputer à la mondialisation la montée du chômage massif en occident : la responsabilité en incombe plutôt à la nature des politiques économiques internes ainsi qu'à des facteurs démographiques spécifiques. On ne peut non plus la rejeter au motif de la propagation rapide des crises dans les pays émergents. À ceux-ci comme aux économies développées, elle offre la chance d'une meilleure division internationale du travail et d'une réduction des inégalités entre nations.

DIVERSITE DE PROBLEMATIQUES ET DE METHODES

Cette capacité de renouvellement, l'histoire économique à la française le doit à la diversité de ses approches méthodologiques et problématiques[44].

Encore le quantitatif

Aujourd'hui, l'histoire quantitative ou sérielle se voit remise en cause, notamment sous la pression de la micro-histoire et du succès de la biographie[45]. Néanmoins, elle n'a pas disparu[46]. Elle fait preuve d'une vigueur certaine aux Pays-Bas (Angus Maddison), en Grande-Bretagne (Nicolas F. R. Crafts) et autant aux États-Unis, où le succès de la cliométrie a valu le prix Nobel à Robert Fogel en 1993. Au contraire, en France, la contestation reste forte. On reproche à l'histoire quantitative sa déconnexion de l'histoire sociale, sa pratique excessive de l'agrégation des données, son appui trop exclusif sur les théories néoclassiques. C'est oublier que les approches monographiques souffrent au moins autant d'insuffisance de représentativité que les études s'appuyant sur données agrégées et que même les monographies ne peuvent tourner le dos au quantitatif. De plus, la micro-informatique et les logiciels de bases de données permettent une quantification plus lourde et plus systématique ainsi que d'intégrer la

[44] Michel Margairaz, « Histoire économique et sciences sociales : alliance, cohabitation, confrontation ? », in Jean-Claude Daumas (éd.), *L'Histoire économique en mouvement…*, *op. cit.*, p. 241-257.

[45] Laurence Fontaine, « L'Histoire économique et sociale : autour d'un changement de paradigmes », *Ibidem*, p. 259-271.

[46] Pierre-Cyrille Hautcoeur, « Entre Micro et Macro, quelle place pour le quantitatif en histoire économique ? », in Dominique Barjot (dir.), « Où va l'histoire économique », *Historiens et Géographes*, n° 380, deuxième partie, op. cit., p. 139-146.

formalisation économique à la quantification. Enfin, la quantification permet d'enrichir les problématiques historiques et d'échapper aux causalités uniques et linéaires.

Si le quantitatif permet de concilier les dimensions micro et macro, il constitue l'un des outils privilégiés de renouvellement de l'histoire économique régionale[47]. Elle s'appuie sur l'apport de l'économie spatiale, née en Allemagne, puis développée aux États-Unis. Elle montre en particulier le rôle essentiel joué par l'exportation dans le développement du tissu économique régional et combien les coûts de transports et de communication conditionnent ce développement. Si l'histoire économique régionale bute souvent sur le problème des sources et celui de la définition même de la région, elle permet de mettre en évidence l'existence d'une courbe en inverse des inégalités régionales ; en effet, dans un contexte de concurrence économique entre régions, les inégalités interrégionales tendent d'abord à augmenter, puis à se réduire. Surtout, elle démontre l'ampleur des inégalités régionales avant l'industrialisation, l'influence de la baisse des prix des transports sur les localisations industrielles que l'influence des structures familiales et agraires héritées du monde paysan traditionnel.

Un lieu de rencontre des sciences sociales

Face à la poussée de l'histoire culturelle ou des relations internationales, l'histoire économique offre un lieu privilégié de rencontre des sciences sociales. En fait le dialogue de l'histoire et des sciences sociales n'a jamais été aisé. De toutes ces sciences, l'économie politique semble la plus apparentée à l'histoire. Difficile jusqu'au début des années 1970, le dialogue entre les deux disciplines s'est ensuite renforcé, en partie sous l'effet du déclin du marxisme et de la percée de la « nouvelle histoire économique américaine », mais aussi de l'affirmation du néo-institutionnalisme. De son côté, la sociologie économique a beaucoup contribué aux avancées méthodologiques d'Alfred D. Chandler Jr., tandis que les problématiques historiques faisaient leur miel des débats, au sein de l'anthropologie économique, entre formalistes, partisans de la théorie économique standard, et substantivistes, défenseurs, à l'instar de Karl Polanyi, de discontinuités radicales entre systèmes économiques. La sociologie économique s'affirme de plus en plus avec Mark Granovetter, comme une alternative à l'analyse économique néo-classique.

---

[47] Michel Hau, « L'Histoire économique régionale», *Ibidem*, p. 147-155.

Des liens anciens existent, en France, entre histoire économique et géographie[48]. Émile Levasseur et Henri Hauser ont bâti leur œuvre sur une association étroite de deux disciplines. Mais l'école des Annales aussi a beaucoup tiré de cette collaboration : ainsi Fernand Braudel ou Ernest Labrousse. Même si, à partir des années 1960, les deux disciplines se sont éloignées, des travaux historiques tels que ceux de Bernard Lepetit ont maintenu l'héritage, permettant la reprise d'un dialogue fécond avec la géographie sur la question des modèles spatio-temporels. Plus récentes, mais étroites, sont les relations entre histoire et gestion[49]. Pour les gestionnaires, l'histoire offre l'occasion de confronter les théories au réel pour déboucher sur de nouvelles élaborations théoriques. La gestion se nourrit, de façon directe, de l'histoire d'entreprises, mais aussi, plus indirectement, de l'histoire générale. De plus, il existe aussi une histoire des savoirs et des pratiques de gestion. L'un des domaines privilégiés de la collaboration entre gestionnaires et historiens réside dans l'histoire de la comptabilité. L'histoire peut donc apporter beaucoup à la gestion, tant sur le plan scientifique que de l'enseignement.

La statistique demeure un outil essentiel pour l'historien économiste[50]. La micro-informatique facilite beaucoup le recours à la statistique descriptive. Mais il subsiste beaucoup de réticences : celle fondée sur le caractère novateur de la micro-histoire par rapport à une analyse macro-historique et statistique obsolète ne tient pas. En revanche, il est indispensable de bien maîtriser la signification des outils statistiques mobilisés. En effet, la statistique a permis d'importantes avancées en histoire rurale, en histoire régionale, en histoire des entreprises. Il en va de même de la cartographie[51]. Rarement utilité par les historiens, elle permet cependant d'illustrer des données de toutes origines et de toutes natures. Non seulement elle autorise à dégager des conclusions à un moment donné, mais encore de reconstituer, par comparaison entre cartes, une évolution dans le temps. Elle requiert cependant une maîtrise minimale de la sémiologie graphique ainsi que l'usage de logiciel de cartographie automatique.

---

[48] Jean Heffer, Marie-Vic Ozouf-Marignier, « L'histoire économique et les sciences sociales », *Ibid.*, p. 239-247.

[49] « Histoire et gestion. Interview de Yannick Lemarchand », *Ibid.*, p. 249-251.

[50] Jean-François Eck, « Statistique et histoire économique », *Ibid.*, p. 253-260.

[51] Marc de Ferrière, « Histoire économique et cartographie », *Ibid.*, p. 261-264.

L'histoire de l'innovation : un apport spécifique

L'histoire de l'innovation constitue une autre voie de renouvellement pour l'historiographie française : le démontre un ouvrage récent de Pierre Mounier-Kuhn sur l'informatique[52]. Selon François Caron, le moteur du changement social réside dans l'émergence et la diffusion, au sein du tissu social, d'innovations de toutes natures, organisationnelles ou techniques. Cela ressort bien de l'analyse de la croissance britannique des années 1780 à 1860. Dans la droite ligne des travaux de N.F.R. Crafts, l'on revient aujourd'hui de plus en plus sur le concept de révolution industrielle. En particulier, une histoire du changement technique écrite en termes de rupture n'est plus concevable. Comme l'a bien montré John Harris à propos de la sidérurgie, les techniques de pointe de la première révolution industrielle constituent le prolongement naturel du système antérieur.

L'expérience de la seconde révolution industrielle confirme cette conclusion. L'émergence, puis le développement d'un nouveau système technique traduisent, de la part des innovateurs, la volonté de faire face aux dysfonctionnements du système en place ainsi que celle de répondre aux aspirations de la demande sociale. L'innovation constitue en effet le produit de la rencontre entre la mise en œuvre des opportunités offertes par la connaissance scientifique et le savoir-faire existant pour concevoir de nouveaux procédés ou de nouveaux produits. En outre, si les grandes entreprises sont incontestablement des vecteurs de l'innovation, il apparaît aussi que les firmes nouvellement créées ou nouvellement entrées sur un marché sont les plus importants contributeurs au changement technique : les PME jouent donc un rôle essentiel dans le processus. De fait, l'innovation technique constitue la source principale du changement social : ce sont les innovations propres à la seconde révolution industrielle qui ont permis à la société de masse de s'épanouir. Ainsi la Ford T, exemple parfait d'innovation globale, ou les technologies vouées au traitement de l'information.

MARCHES ET ACTEURS : CONTRAINTES ET STRATEGIES

L'un des facteurs clés de l'innovation réside dans l'expansion de la demande. Celle-ci révèle l'importance des marchés, mais aussi des acteurs et de leurs stratégies.

---

[52] Pierre-Éric Mounier-Kuhn, *L'informatique en France de la seconde guerre mondiale au Plan Calcul. L'émergence d'une science*, Paris, PUPS, 2010.

À l'origine du développement : les marchés

Le développement des marchés se trouve, dans une large mesure, à l'origine de la révolution industrielle[53]. Si le concept même de révolution est de plus en plus discuté par les historiens, il ne faut pas oublier que les contemporains ont souvent vécu comme telle l'industrialisation rapide. Celle-ci est née dans la petite Europe plus précisément, en Angleterre, favorisée par son climat, ses sols, son espace (David S. Landes). L'Europe a bénéficié de l'émulation entre nations plus enclines qu'ailleurs à laisser libre l'activité intellectuelle. Cette « révolution industrielle » résulte pour une bonne part de gains de productivité du travail eux-mêmes explicables par la convergence de facteurs divers : améliorations agricoles, progrès de la sidérurgie, de l'industrie charbonnière et de la brasserie, mais aussi et surtout de l'industrie cotonnière. Si le coton s'est trouvé à l'origine de la percée technique, il faut souligner aussi le rôle essentiel des consommateurs : l'engouement des femmes pour les tissus de coton imprimé, la démocratisation du luxe à l'imitation des classes supérieures, l'essor de l'urbanisation, l'élévation du pouvoir d'achat, la croissance démographique rapide de la Grande-Bretagne sont ainsi que l'expansion des échanges. En définitive, « le capital humain, et des institutions libérales ainsi que l'abondance de houille et la puissance rurale sont les clefs d'une explication de la Révolution industrielle » (F. Crouzet).

Les historiens de l'économie s'intéressent encore trop peu au consommateur final[54]. Maurice Lévy-Leboyer[55] et Patrick Verley[56] se sont chacun essayés, pour le XIXe siècle français, à étudier le lien entre stratification sociale, dynamique de la demande et industrialisation. Le premier montre que le faible dynamisme de la demande empêche la constitution, en France, d'un large marché de consommation pour les entreprises. Quant au second, il met en lumière le fait que les structures sociales y sont moins favorables qu'en Angleterre au développement de l'industrie, en raison de l'absence de classes moyennes nombreuses. Ainsi s'explique le dualisme de l'industrie (produits ordinaires destinés à la masse

---

[53] Patrick Verley, *La révolution industrielle*, Paris, Folio Histoire, Paris, Gallimard, 1997.

[54] Jean-Claude Daumas, « De la production à la consommation : les logiques du marché (France, XIXe-XXe siècles) », *Ibid.*, p. 167-175.

[55] Maurice Lévy-Leboyer, François Bourguignon, *L'Économie française au XIXe siècle. Analyse microéconomique*, Economica, Paris, 1985.

[56] Patrick Verley, *L'Échelle du monde. Essai sur l'industrialisation de l'Occident*, Paris, Gallimard, 1997.

de la population, produits de base réservés aux classes aisées ou à l'exportation). L'une des causes fondamentales de la révolution industrielle anglaise réside dans une révolution de la consommation, dont on trouve trace, de façon moins ample en France, entre la fin du XVIIe siècle et le début du XIXe. Toutefois, il ne saurait être question de consommation de masse, en France, avant les Trente glorieuses. De même, doit être remise en cause l'opposition schématique entre petite boutique et grand magasin. Si les innovations du grand magasin sont antérieures à ce dernier, la modernisation touche d'autres secteurs : l'épicerie, la librairie par exemple. Puis viennent les magasins à succursales multiples, enfin les supers et hypermarchés. L'étude de la consommation souffre cependant d'une accumulation de recherches partielles, à forte connotation culturelle, dans lesquelles le social et l'économique ont le plus souvent perdu leur centralité.

Ce développement du commerce n'est guère possible sans l'expansion de la banque, et du système bancaire[57]. L'on sait que la centralisation du système bancaire à Paris est déjà en place dès le XVIIIe siècle et que, grâce à l'essor de la lettre de change, la pratique de l'escompte devient la base du métier du banquier. Si la Révolution et l'Empire ne le modifient pas radicalement, le financement de l'industrialisation pousse aux expériences saint-simoniennes puis à la constitution de grandes banques de dépôts et d'affaires, lesquelles prennent relais de la Haute Banque[58]. Se met en place, en France, un réseau modèle capable de fournir le crédit à court terme le moins cher du monde. Tout change avec la Première Guerre mondiale : les banques souffrent beaucoup de l'inflation de guerre et d'après-guerre. Elles réagissent en intensifiant leurs activités au service des entreprises, mais doivent faire face à l'intervention propre des industriels et de l'État. La crise des années 1930 met en difficulté de nombreuses banques, surtout régionales, et conduit à un désengagement du financement des entreprises. Après la Seconde Guerre mondiale, les nationalisations s'accompagnent d'une réglementation accrue et de la création ou de l'expansion d'établissements spécialisés. Le poids de l'État dans le financement décline à partir de 1951, mais au profit des seules banques. Se crée ainsi en place une économie d'endettement. Elle pénalise d'autant plus la France que le

---

[57] Éric Bussière, « Système bancaire et développement économique en France », « Où va l'histoire économique », *Historiens et Géographes*, n° 380, deuxième partie, octobre 2002, p. 176-185.

[58] Nicolas Stoskopf (dir.), *Les Patrons du Second Empire : banquiers et financiers parisiens*, Paris, Picard, 2002.

début des années 1980 interrompt le mouvement de libéralisation engagé en 1966-67 par Michel Debré. En fait, les impulsions viendront largement de l'extérieur : loi de dérégulation bancaire de 1984, puis loi de modernisation des activités de 1996. À partir de cette date, la France revient enfin à l'économie de marché qu'elle a cessé d'être depuis les années 1930.

Acteurs et stratégies

Les banques constituent un acteur économique essentiel. Les entreprises non financières le sont aussi[59] : depuis les années 1960, les centres d'intérêt des historiens d'entreprises se sont déplacés de l'émergence de la grande entreprise américaine, du taylorisme et du fordisme, vers l'histoire des services, de la globalisation, de la vente et de l'environnement, permettant de faire la synthèse de l'histoire économique sociale et culturelle. L'État fait, lui aussi, figure d'acteur majeur[60]. La législation libérale, établie de façon durable par la Révolution, a réintroduit de manière paradoxale l'État en tant qu'acteur et régulateur économique central. Au XIXe siècle, l'État continue d'être ou comme le conservateur de l'ordre social, de l'équilibre intérieur de la société : ainsi s'expliquent l'exercice de la fonction de police, mais aussi la politique des grands travaux, le protectionnisme et la priorité donnée à l'agriculture[61]. Cet État pédagogue, « conservateur propulsif », s'est trouvé désengagé suite au vote, en 1791, de trois grandes lois : d'Allarde, Le Chapelier et Goudard. Mais il s'ensuit un sentiment général d'insatisfaction : les milieux économiques ont besoin d'instances de concertation, d'instances régulatrices. Le résultat, de fait, est paradoxal. Le poids de la centralisation, le renvoi des compétences au niveau d'un État, dont on réclame qu'il intervienne moins dans la vie économique sont à l'origine d'une faiblesse structurelle des organisations socio-économiques, de la négociation collective et du paritarisme.

Les acteurs, c'est bien sûr le monde du travail. Les femmes, par exemple, ont toujours été actives, représentant dès le XIXe siècle au moins le tiers de

[59] Isabelle Lescent-Giles, « Histoire des entreprises », « Où va l'histoire économique », *Historiens et Géographes*, n° 380, deuxième partie, *op. cit*, p. 187-196.

[60] Minard (Philippe), « État et économie en France après la Révolution », *Ibidem*, p. 197-203.

[61] Jean-Pierre Dormois, *La défense du travail national ? L'incidence du protectionnisme sur l'industrie en Europe (1870-1914)*, Paris, Presses de l'Université de Paris-Sorbonne (PUPS), 2009 ; David Todd, *L'identité économique de la France. Libre-échange et protectionnisme 1814-1851*, Paris, Grasset, 2008.

la population active[62]. Quatre périodes se sont succédé. Du début au milieu du XIXe siècle et en dépit de mesures d'exclusion sociale (Code Napoléon de 1804), l'on compte en moyenne une active pour deux actifs. Si la grande majorité est attachée aux travaux des champs, l'industrie, textile notamment, en attire un grand nombre, parfois comme patronnes. Entre les années 1850 et les années 1920, s'ouvre une période de ségrégation des emplois : le déclin du secteur primaire s'accompagne d'un enfermement dans les usines, mais aussi les bureaux. La première guerre mondiale change la donne : leur taux d'activité s'élève à 60% en 1917, mais surtout elles prennent la responsabilité de travaux jusque-là exclusivement masculins. Leur retrait s'effectue lentement. De plus elles commencent à passer le bac, à entrer à l'université et à passer des concours d'encadrement de la fonction publique, tandis qu'apparaissent des nouveaux métiers proprement féminins : infirmières et assistantes sociales. Les entreprises, leurs dirigeants et leurs travailleurs demeurent au cœur de la branche la plus dynamique de l'histoire économique.

Il ne fait pas de doute que l'histoire coloniale a été l'un des domaines qui a le plus progressé dans les années récentes, notamment sous l'angle de l'étude du rôle des acteurs : ainsi sur la thématique de l'esprit colonial impérial[63]. Même si l'on ne peut passer sous silence les recherches pionnières, comme celles conduites sur l'Égypte[64] ou la décolonisation[65], sur la banque[66], le négoce[67] ou sur le patronat colonial[68]. Grâce à une nouvelle génération d'historiens et d'historiennes, la connaissance du monde des affaires colonial a beaucoup progressé tant par le biais des monographies

---

[62] Sylvie Schweitzer, *Les femmes ont toujours travaillé. Une histoire de leurs métiers aux XIXe et XXe siècles*, Paris, Odile Jacob, 2002.

[63] Hubert Bonin, Catherine Hodeir, Jean-François Klein, *L'Esprit économique impérial (1830-1970). Groupes de pression & réseaux du patronat colonial en France & dans l'Empire*, Paris, Publications de la SFHOM, 2008.

[64] Samir Saul, *La France et l'Égypte de 1882 à 1914. Intérêts économiques et implications politiques*, Paris, CHEFF, 1997.

[65] Jacques Marseille, *Empire colonial et capitalisme français. Histoire d'un divorce*, Paris, Albin Michel, 1984.

[66] Hubert Bonin, *History of the Suez Canal Company – 1858-2008. Between Controversy and Utility*, Genève, Droz, 2010.

[67] Hubert Bonin, *Négoce blanc en Afrique noire. L'évolution du commerce à longue distance en Afrique noire du XVIIe au XIXe siècle*, Paris, SFHOM, 2001 ; *CFAO. Cent ans de compétition*, Paris, Economica, 1987.

[68] Catherine Hodeir, *Stratégies d'Empire. Le grand patronat colonial face à la décolonisation*, Paris, Belin, 2003.

d'entreprises (Compagnies de Suez[69] et des Messageries maritimes[70]) que de celui des réseaux d'influence[71], des difficultés de la décolonisation économique[72] ou des enjeux géostratégiques[73].

III– L'HISTOIRE DES ENTREPRISES : VOLET MAJEUR DE L'HISTOIRE ECONOMIQUES

L'histoire des entreprises –ou business history hérite d'une double origine[74]. La première est américaine. Constituée à Harvard, dans les années 1920, elle a été portée par la révolution du management jusque dans les années 1950 et 1960. Elle doit beaucoup à Alfred Chandler titulaire de la première chaire d'histoire des entreprises, mais aussi, à travers lui, à Peter Drucker, Joseph Schumpeter, Thorstein Veblen et Max Weber. La seconde est européenne : c'est la rencontre du business history américaine et de l'histoire économique (ou plutôt économique et sociale) européenne a imposé l'histoire des entreprises comme une discipline à part entière. L'Histoire des entreprises a renouvelé notre vision du capitalisme français, grâce à des approches d'une grande diversité.

UNE VISION RENOUVELEE DU CAPITALISME FRANÇAIS

Ce renouvellement des perspectives s'appuie sur une évolution marquée des champs d'étude.

Évolution marquée des champs d'étude

S'appuyant sur les travaux des économistes, les historiens ont cherché à analyser les spécificités des structures productives françaises. De ce point de

[69] Caroline Piquet, *La compagnie du canal de Suez, Une concession française en Égypte 1888-1956*, Paris, Presses Universitaires de Paris Sorbonne, 2008.

[70] Marie-Françoise Berneron-Couvenhes, *Les Messageries Maritimes. L'essor d'une grande compagnie de navigation française, 1851-1894*, Paris, PUPS, 2007.

[71] Jean-François Klein, *Un Lyonnais en Extrême-Orient, Ulysse Pila – Vice-roi de l'Indochine, 1837-1909*, Paris, ELAH, 1994.

[72] Daniel Lefeuvre, *Chère Algérie. La France et sa colonie*, Paris, Flammarion, 2005.

[73] Caroline Piquet, *Histoire du canal de Suez*, Paris, Perrin, 2009.

[74] Pour plus de précisions (notamment bibliographiques) : Dominique Barjot (dir.), « Où va l'histoire des entreprises ? », *Revue économique*, vol. 58, n°1, janvier 2007 ; voir aussi, notamment pour son excellente bibliographie, Jean-Claude Daumas, « La Business History à la française : deux ou trois choses que je sais d'elle », in Jean-Claude Daumas (éd.), *L'Histoire économique en mouvement entre héritages et renouvellements*, Lille, Septentrion, p. 189-218.

vue l'apport de la démographie des entreprises s'est avéré décisif. Néanmoins, c'est d'abord et surtout la connaissance de la grande entreprise qui a le plus progressé[75]. Dans les années plus récentes, les recherches se sont tournées aussi vers l'histoire des entreprises petites et moyennes. En même temps, notre vision du patronat français s'est modifiée. L'historiographie américaine des années 1950 (David S. Landes notamment) avait établi l'idée que l'économie française aurait pâti du comportement trop uniformément malthusien de ses entrepreneurs. Or celle-ci se trouve largement remise en cause aujourd'hui[76]. Il y eut certes bien des patrons préoccupés de leur seul enrichissement personnel, conservateurs, hostiles à la nouveauté et à l'exportation ; toutefois beaucoup aussi avaient le goût du risque et de l'innovation. À cet égard, la prosopographie, pour le Second Empire[77], et les grandes enquêtes collectives, durant la seconde industrialisation, confirment l'apport des monographies. Il en va de même, malgré un certain nombre d'a priori méthodologiques pas toujours conscients, du très utile Dictionnaire du Patronat français du XXe siècle[78]. Ces études sur le patronat français conduisent, de plus en plus, à s'intéresser aux organisations patronales[79] ou aux relations entre le monde des affaires et le monde politique[80].

À la recherche des facteurs du renouveau

Ce renouvellement doit beaucoup au dynamisme du business history. On le doit, entre autres choses, à la création, en 1992, de la revue Entreprises et histoire. Comme le révèle sa lecture, il existe une grande variété de thématiques. Grâce aux archives bancaires, il est devenu possible de mieux

---

[75] Dominique Barjot, *Bouygues. Les ressorts d'un destin entrepreneurial*, Paris, Économica, 2013, p. 384.

[76] Jean-Pierre Chaline, *Les dynasties normandes*, Paris, Perrin, 2009 ; Michel Hau, Nicolas Stoskopf, *Les dynasties alsaciennes*, Paris, Perrin, 2005.

[77] Dominique Barjot, Éric Anceau, Isabelle Lescent-Giles, Bruno Marnot (dir.), *Les Entrepreneurs du Second Empire*, Presses de l'Université de Paris Sorbonne, 2003 ; Dominique Barjot, Nicolas Stoskopf (dir.), collection, *Les patrons du Second Empire*, Paris, Picard (10 vol. paru de 1991 à 2007).

[78] Jean-Claude Daumas (dir.), *Dictionnaire historique des patrons français*, Paris, Flammarion, 2010.

[79] Danièle Fraboulet, *Quand les patrons s'organisent. Stratégies et pratiques de l'Union des industries métallurgiques et minières 1901-1950*, Lille, Septentrion, 2007.

[80] Dominique Barjot, Olivier Dard, Jean Garrigues, Didier Musiedlak, Éric Anceau, (dir.), *Industrie et politique en Europe occidentale et aux États-Unis (XIXe et XXe siècles)*, Paris, PUPS, 2006.

couvrir l'histoire des PME[81] ou celle des entreprises intermédiaires. Un autre champ de recherche est celui de l'organisation du travail. Les historiens ont orienté leurs recherches vers la rationalisation, l'adoption du modèle des business schools ou le management de la main-d'œuvre, plus récemment sur la comptabilité[82]. L'approche dominante demeure ainsi l'étude de cas appliquée soit à une branche, soit à une entreprise. De toutes ces branches, les plus analysées ont été la banque[83], le chemin de fer, le charbon, l'industrie textile, l'automobile[84], le pétrole[85] ou la sidérurgie. Puis d'autres sont venues s'y joindre : l'électricité, le bâtiment et les travaux publics[86], l'industrie du luxe, la papeterie et l'édition, le transport maritime. L'une des raisons de cet essor du business history tient à la constitution des comités d'histoire ainsi que d'associations à vocation historique. Une seconde réside dans l'essor de l'histoire appliqué recherches de commande : la public history des Américains n'est donc pas si neuve. Ces recherches de commande fournissent un matériau scientifique[87]. Elles contribuent, à leur manière, au renouvellement des perspectives de l'histoire des entreprises. Se sont ainsi développées de nouvelles thématiques : l'étude des cartels[88], celle

---

[81] Michel Lescure, *PME et croissance économique*, Paris, Economica, 1996.

[82] Béatrice Touchelay, *L'État et l'entreprise : Une histoire de la normalisation comptable et fiscale à la française*, Rennes, PUR, 2011 ; François Bensadon, *Les comptes de groupe en France (1929-1985). Origines, enjeux et pratiques de la consolidation des comptes*, Rennes, PUR, 2010.

[83] Hubert Bonin, *Histoire de la Société générale : Volume I, 1864-1890 : Naissance d'une banque*, Genève, Droz, 2006.

[84] Jean-Louis Loubet, *Automobiles Peugeot. Une réussite industrielle 1945-1974*, Paris, Economica, 1990 ; Patrick Fridenson, *Histoire des usines Renault : 1–naissance de la grande entreprise (1898-1939)*, Paris, Le Seuil, 1972.

[85] Mohamed Sassi, *Politique pétrolière de la France à travers la société privée Desmarais Frères*, Paris, SPM, 2018.

[86] Dominique Barjot, *La Grande Entreprise Française de Travaux Publics (1883-1974)*, Paris, Economica, 2006 ; Rang-Ri Park, *La Société de Construction des Batignolles. Des origines à la Première Guerre Mondiale (1846-1914)*, Paris, Presses de l'Université Paris Sorbonne (PUPS), 2005 ; Pierre Jambard, *Un constructeur de la France du XXe siècle La Société Auxiliaire d'Entreprises (SAE) et la naissance de la grande entreprise française de bâtiment (1924-1974)*, Rennes, 2008.

[87] Par exemple : Dominique Barjot, *La trace des bâtisseurs : histoire du Groupe Vinci*, Vinci, 2003 ; Alain Beltran, Sophie Chauveau et alii, *Elf Aquitaine des origines à 1989*, Paris, Fayard, 1998.

[88] Dominique Barjot, Harm G. Schroeter (eds), "Economic Cooperation Reconsidered", *Revue économique*, vol., 6, novembre 2013 ; Dominique Barjot (dir.), *International Cartels Revisited-Vues nouvelles sur les cartels internationaux 1880-1980*, Caen, Éditions du Lys, 1994.

de l'américanisation économique et technologique[89], de la mondialisation[90], des réseaux d'entreprises (cotraitance et sous-traitance), du financement et, notamment, du rôle des marchés financiers[91] ou de l'ingénierie[92].

Deux influences restent déterminantes : celles de l'économie industrielle et de l'histoire de l'innovation. L'économie industrielle fournit un outil remarquable pour l'histoire des entreprises[93]. Cette dernière bénéficie depuis longtemps de l'apport de l'économie néo-classique, telle que définie par Alfred Marshall, Léon Walras et Vilfredo Pareto notamment. Dans les années récentes sont venues s'y ajouter, sous l'influence d'auteurs comme Fritz Machlup ou Ronald Coase, l'inventeur de la fameuse théorie des coûts de transaction, des approches permettant d'aller plus loin dans l'analyse du triptyque performances-stratégies-structures. Trois questions notamment intéressent les historiens d'aujourd'hui :

1/ l'entrepreneur, en particulier son rôle dans le processus d'innovation et de mise en œuvre des technologies (évolutionnisme, théorie de l'agence)

2/ l'organisation de la firme (théorie des coûts de transaction)

3/ la firme comme institution (théorie des droits de propriété).

De même, l'histoire de l'innovation apporte beaucoup à l'histoire des entreprises (vide supra). Mais l'innovation n'est pas incompatible avec le caractère prédateur de certains patrons[94].

DES APPROCHES D'UNE GRANDE DIVERSITE

Il existe donc des approches variées de l'histoire des entreprises, même si la vision économique domine.

---

89 Dominique Barjot, Christophe Réveillard (dir.), *L'américanisation de l'Europe occidentale au XX*ᵉ *siècle*. Mythe et réalité, PUPS, 2002.

90 Dominique Barjot (dir.), "Globalization-La Mondialisation", *Entreprises et Histoire*, n° 32, 2003.

91 Michel Lescure, « Les Marchés financiers », (dir.), *Entreprises et Histoire*, n° 67, juin, 2012.

92 Dominique Barjot (dir.), « Les entreprises françaises d'ingénierie face à la compétition internationale », *Entreprises et Histoire*, juin 2013, n° 71.

93 Dominique Barjot (dir.), « L'Histoire des entreprises aujourd'hui », *HES*, n° 4, 2001.

94 Marcel Villette, Catherine Vuillermot, *Portrait de l'homme d'affaires en prédateur*, Paris, La Découverte, 2005.

Domination des approches quantitatives et organisationnelles

Celle-ci repose notamment sur l'attrait du paradigme chandlérien, l'apport des archives bancaires et celui de l'analyse comptable[95]. L'approche chandlérienne permet pour sa part d'analyser stratégies et structures des entreprises américaines, mais aussi européennes. Alfred Chandler a montré comment la grande entreprise américaine s'est adaptée à l'essor de la consommation de masse par le passage d'une organisation fonctionnelle (U. Form) à une organisation opérationnelle (M. Form). Ce modèle a été introduit de façon systématique en Europe occidentale après la seconde guerre mondiale. Cette adoption du modèle américain n'a pas été totale, en raison d'une moindre préoccupation portée au marketing (Allemagne), de la persistance d'une organisation en holding (Royaume-Uni, France, Italie). Durant les années 1970-1980, le modèle de la grande firme multidivisionnelle et managériale a été critiqué, notamment sous l'influence de l'entreprise japonaise (toyotisme et J. Form). Cependant, il a continué de progresser, adapté aux spécificités nationales, comme le montre bien l'expérience récente des privatisations, en raison de la concentration persistante de l'actionnariat (Royaume-Uni, Italie), de la résistance du capitalisme individuel (Allemagne) ou du poids très fort de l'État (France).

À cet égard, les archives bancaires revêtent un intérêt tout particulier[96]. Il est nécessaire, dans cette perspective, de prendre brièvement en compte l'approche par les études de cas menées au Royaume-Uni (Midland Bank, Barclays Bank), mais aussi en France (Crédit Lyonnais, Compagnie Financière de Suez et Société Générale, Banque de Paris et des Pays-Bas, Crédit Industriel et Commercial). Cette forme de méthodologie historique présente un certain nombre de forces et de faiblesses. Cependant l'histoire bancaire peut bénéficier d'un usage plus explicite des concepts théoriques et de la méthodologie empirique développés dans les sciences économiques, financières et du management. Il s'agit entre autres choses d'étudier, comme Mae Baker et Michael Collins, l'octroi de crédits aux entreprises par les banques commerciales britanniques. De ce point de vue la théorie de l'agent principal peut aider à expliquer le comportement bancaire en situation de

---

[95] Franco Amatori, Andrea Colli, "Strategies and Structure of European Enterprise", in « Où va l'histoire des entreprises ? », *Revue économique*, vol. 58, n°1, janvier 2007, p. 39-57.

[96] Mae Baker, Michael Collins, "Methodological Approaches to the Study of British Banking History. A Select Illustration from Bank-Firm Relationships", *Revue économique*, op. cit., p. 59-78.

marché imparfait. En établissant la nature et l'effectivité du crédit bancaire fourni aux clients industriels, il devient possible, pour ce comportement, d'avancer une explication basée sur des concepts de banque de transaction.

Si les archives bancaires démontrent l'intérêt d'une étude comptable, celle-ci doit être menée aussi à partir des sources des entreprises elles-mêmes[97]. Outil indispensable des monographies d'entreprise, l'étude comptable montre bien comment l'on peut, par exemple, dans les années récentes, devenir une firme mondiale. 1993 marque en effet, pour Lafarge, le point de départ d'une croissance soutenue qui en a fait le numéro un mondial du ciment et des granulats. Grâce à une excellente maîtrise de ses coûts de production et à un taux élevé d'investissement, le groupe a pu maintenir un niveau élevé de rentabilité. D'importantes opérations de croissance externe, les acquisitions successives de Redland (1997) et de Blue Circle (2001) ont cependant contraint à un endettement croissant à long et moyen terme ainsi qu'à un appel grandissant à un actionnariat de plus en plus international. Soumis à la tyrannie des cours de bourse, le groupe a concilié néanmoins le versement de dividendes croissants avec le maintien d'un autofinancement substantiel. Cette réussite est due à une efficace stratégie de marché : prépondérant en Europe et en Amérique du Nord, Lafarge s'est imposé en Afrique, a conquis de bonnes positions en Amérique latine et réussi une percée exemplaire en Extrême-Orient, notamment en Chine, en Corée du Sud et en Inde. Sa réussite doit aussi beaucoup à sa politique des ressources humaines, à sa stratégie cohérente de développement durable et surtout à un intense effort de recherche-développement. Il constitue la clé ultime de l'avance prise sur la concurrence.

Un élargissement croissant des perspectives

Face au risque de n'étudier que la grande entreprise, celle qui réussit, voire de s'enfermer dans la microéconomie, d'autres approches sont nécessaires. Tel est le cas de l'histoire de l'innovation et des cheminements technologiques[98], largement fondée sur les apports de la théorie

---

[97] Dominique Barjot, « Lafarge (1993-2004). Comment on devient firme mondiale », Dominique Barjot (dir.), « Où va l'histoire des entreprises ? », *Ibidem*, p. 79-111.

[98] Laurent Tissot, « Entreprises, cheminements technologiques et innovation », Ibidem, p. 113-130. Voir aussi : Laurent Tissot, Béatrice Veyrassat (éds), *Trajectoires technologiques, Marchés, Institutions. Les pays industrialisés, XIX*e*-XX*e* siècles*, Bern, Peter Lang, 2001.

évolutionniste[99]. De fait, l'innovation se nourrit de la connaissance accumulée, au cours d'un processus à long terme. En ce sens, l'innovation constitue une part de la structure des firmes. Les ruptures technologiques, qui sont considérées, à l'origine, comme dues à des firmes marginales, se trouvent néanmoins reliées aux formes existantes des connaissances intégrées dans le nouveau processus innovateur. De plus, la prise en compte de la place des PME, mais aussi des ETI (entreprises de taille intermédiaire) au sein des cheminements technologiques et des processus d'innovation conduit à s'interroger sur la réalité des districts industriels.

Durant les années 1970, la révélation de la Troisième Italie conduit à une réhabilitation du concept marshallien de district industriel et à un grand nombre d'études sur le système productif, dont le développement peut le mieux s'expliquer par la concentration géographique des activités[100]. En premier lieu d'une problématique concernant exclusivement sociologues et économistes, la question des districts industriels est devenue un sujet de préoccupation des autres sciences sociales, parmi lesquelles l'histoire. Cependant en dépit du caractère prometteur et stimulant que cette approche peut avoir, elle demeure incomplète et floue. L'Histoire n'a pas été capable de jouer son rôle à part entière parce que l'application du concept à l'histoire soulève nombre de questions théoriques, méthodologiques et empiriques. Il est nécessaire de clarifier les contenus du concept, de décrire comment il a été élaboré comment il s'est répandu et de mesurer son utilité pour la recherche historique. Cela l'est encore plus aujourd'hui. En effet, les études ont bien montré que la reprise économique récente des exportations italiennes reposait de manière presque exclusive sur la dynamique des districts industriels entendus au sens large.

De ce point de vue, les dimensions micro– et macroéconomiques doivent être prises en compte à la fois[101]. L'histoire des entreprises permet d'éclairer les grands mouvements de l'économie, d'en préciser l'origine. Les apports de ce type d'histoire sont multiples : rôle des économies d'échelle et de

---

[99] Richard Arena, Nathalie Lazaric, « La théorie évolutionniste du changement technique vingt après », in *Revue économique*, vol ; 54, n°2, mars 2003, p. 321-431.

[100] Jean-Claude Daumas, « Districts industriels : du concept à l'histoire », *Ibidem*, p. 131-152. Voir aussi : Jean-Claude Daumas, *Les territoires de la lain. Histoire de l'industrie lainière en France au XIXe siècle*, Lille, Septentrion, 2004 ; Eck (Jean-François), Michel Lescure (dir.), *Villes et districts industriels en Europe occidentale XVIIe-XXe siècles*, CEHVI, 2002.

[101] Jean-Charles Asselain, « Histoire des entreprises et approches globales. Quelles convergences ? », *Ibidem*, p. 153-172.

diversification, et, plus encore, du progrès technique. La vision du progrès technique par les historiens alimente ainsi nombre de modèles de croissance endogène. Une démarche purement microéconomique pose cependant le problème de la représentativité de l'objet d'étude. Deux distorsions peuvent biaiser l'analyse : la focalisation sur l'histoire des succès et sur celle de la grande entreprise. Une prise en compte de la dimension macroéconomique demeure donc nécessaire. Celle-ci permet d'établir les faits majeurs. Néanmoins, pour fournir les explications ultimes, la dimension microéconomique est souvent d'une grande utilité. Si les discordances sont fréquentes entre les deux dimensions, les convergences l'emportent cependant, comme le montrent et l'œuvre d'Alfred Chandler et celle de Michael Porter. S'ils se rejoignent sur l'importance déterminante de la dynamique de l'innovation, le second a su écarter, au contraire du premier, le postulat de la supériorité de la grande entreprise au profit de l'effet d'entraînement engendré par la création d'entreprises nouvelles, à travers la notion fondatrice de cluster. L'histoire d'entreprises en effet a trop longtemps sous-estimé le rôle économique des petites et moyennes entreprises, voire même celle des entreprises de taille intermédiaire. Il est vrai qu'elle demeure toujours en chantier.

CONCLUSION

L'historiographie française, en matière d'histoire économique, demeure donc productive[102]. Elle ne se limite pas à l'histoire contemporaine, même si celle-ci domine largement[103]. En histoire ancienne, les spécialistes ont abandonné l'idée d'un blocage technique de l'agriculture au profit d'une capacité d'innovation et de spécialisation stimulée par la demande urbaine ; ils ont mis en évidence la monétarisation spectaculaire de l'économie antique, l'essor considérable de l'artisanat et des manufactures ainsi que le caractère ambivalent de l'esclavage[104]. De même, en histoire médiévale, de nouvelles voies se sont ouvertes à l'historien : l'étude du salariat et de l'assistance, l'histoire des techniques et celle de la pensée économique[105]. Tournant le dos à l'héritage labroussien, l'histoire moderne tente d'échapper à une histoire économique attachée plus aux descriptions chiffrées qu'aux résultats. Bénéficiant de concepts essentiels tels que la path dependency, elle n'abandonne pas totalement les études quantitatives[106]. Néanmoins, les spécialistes de ces méthodes se font de plus en plus rares.

---

[102] Youssef Cassis, « L'Histoire économique française vue d'ailleurs », in Jean-Claude Daumas (éd.), *L'Histoire économique en mouvement entre héritages et renouvellements*, Lille, Septentrion, p. 284-290.

[103] Mathieu Arnoux, « Production, consommation, échange », in Jean-François Sirinelli, Pascal Cauchy, Gauvard (Claude), *Les historiens français à l'œuvre 1995-2010*, Paris, PUF, 2010, p. 301-317.

[104] Raymond Descat et Jean Andreau, « Histoire économique de l'Antiquité », « Où va l'histoire économique », *Historiens et Géographes*, n° 378, première partie, mai 2002, p. 129-139 ; Raymond Descat, « Un point sur l'histoire économique de l'Antiquité », in Jean-Claude Daumas, (éd.), *L'Histoire économique en mouvement entre héritages et renouvellements*, Lille, Septentrion, p. 75-81.

[105] Mathieu Arnoux, « Impasses, enjeux et nécessité d'une histoire économique du Moyen-Age », *Historiens et Géographes*, n° 378, p. 141-148 ; Laurent Feller, « Histoire du Moyen-Age et histoire économique », in Jean-Claude Daumas (éd.), *L'Histoire économique en mouvement entre héritages et renouvellements*, Lille, Septentrion, p. 83-98.

[106] Philippe Minard, avec la collaboration de Jean-Yves Grenier, « Les recherches récentes en histoire économique de la France : l'époque moderne, XVIe-XVIIIe siècles », *Historiens et Géographes*, n° 378, p. 149-162 ; Didier Terrier, Corinne Maitte, « L'histoire du commerce et de l'industrie à l'époque moderne : entre héritage assumé et pistes nouvelles », in Jean-Claude Daumas (éd.), *L'Histoire économique en mouvement entre héritages et renouvellements*, Lille, Septentrion, p. 99-124.

En définitive, si l'histoire économique française préserve une spécificité certaine, elle apparaît inégalement dynamique. Certes l'histoire des entreprises ou celle de l'innovation constituent des secteurs privilégiés. L'on ne peut y limiter les apports de l'historiographie récente. Des travaux importants se sont multipliés à propos de l'histoire de la main-d'œuvre, de celles de la consommation ou de l'État. Il s'agit là, pour une large part, d'un effet de génération : des maîtres ont fait école, lancé de nombreux étudiants dans l'aventure de l'Histoire économique et ouvert des problématiques stimulantes. Or, il n'est pas sûr que leur héritage se perpétue, dans la mesure où le reflux des étudiants vers d'autres champs de l'Histoire parait de plus en plus évident. Ce problème concerne les économistes, dont les effectifs étudiants diminuent aussi. La convergence des approches entre historiens et économistes, entre historiens et gestionnaires, entre historiens et sociologues, voire psychologues (sociaux ou non), nécessaire mais difficile, offre peut-être la seule voie du salut pour que se perpétue en France une école d'Histoire économique.

Il s'agit d'une solution nécessaire, mais peut-elle suffire ? En effet, du côté des historiens, l'histoire économique souffre de deux maux. D'une part, la priorité des approches culturalistes, qui détourne la discipline du chiffre, de la mesure, tend à éloigner l'histoire des sciences sociales, auxquelles elle cède du terrain, pour redevenir ce qu'elle était au début du XIXe siècle : un genre littéraire. Le projet des Annales, mais aussi celui, plus anciens, des premiers historiens économistes (Levasseur, Caron, Hauser) suscite ainsi de moins en moins l'adhésion. D'autre part, et cela renforce l'évolution précédente, l'historiographie économique française tend de plus en plus à s'enfermer dans des approches institutionnalistes, certes intéressantes et productives[107], mais tournant assez largement le dos à l'évolution de l'historiographie mondiale. L'ouverture aux disciplines doit s'accompagner de l'acceptation du pluralisme des approches. Il n'est pas de discipline vigoureuse et dynamique sans controverses scientifiques, même vives.

[107] Alain Chatriot, Claire Lemercier, « Institutions et histoire économique », in Jean-Claude Daumas (éd.), *L'Histoire économique en mouvement entre héritages et renouvellements*, Lille, Septentrion, 2012, p. 143-187.

CHAPITRE 2
FROM UGLY DUCKLING TO PROUD SWAN ?
THE HISTORY OF THE GERMAN SOCIETY OF ENTERPRISE HISTORY (GUG)

Harm G. SCHRÖTER

University of Bergen, Norway

INTRODUCTION

We know the story of the Danish poet Hans Christian Andersen : Mother duck accepted a strange looking chick into her family. But the other chicks, all in bright yellow, mobbed the new grey and unusually large one. It stayed to be an outsider of lowest social rank until it had become a grown-up swan, the finest of birds. – This is in short the story of the German society of enterprise history, *Gesellschaft für Unternehmensgeschichte* or GUG[1]. In 2019 GUG represented the largest and financially most potent society of enterprise history in the world ; it employs eight business historians on a permanent basis and another eight ones temporarily. Usually societies of business history have just that money to refund travel-expenses of a secretary, which is employed by a university. What was the path of the exceptional success of GUG and how can it be explained?

Early publications on the history of German enterprise date back more than 100 years. Already then historians, such as Conrad Matschoß, as well as journalists wrote on the topic of history of enterprise. Often such books were triggered by a jubilee of a certain firm. Journalists are paid for their job, which is writing. Journalists were ready to accept a financial award of the respective enterprise when writing their story. That led to the idea that the one who pays also decides what is published and what not to publish. Before World War I many German firms proudly issued a booklet on their

---

[1] See variations of the story by : Plumpe, Werner, Unternehmensgeschichte im 19. und 20. Jahrhundert, Berlin/Boston : Walter de Gruyter ; 2018, Schröter, Harm G., "Business History in Europe : the vitality of the discipline", in : *Zeitschrift für Unternehmensgeschichte*, 2018, Vol. 63, No. 2, 307-336; idem, "Business History in German Speaking States at the End of the Century : Achievements and Gaps", in : Amatori, Franco and Jones, Geoffrey (eds.), *Business History around the World*, CUP, Cambridge, 2003, p. 170-191.

first 25 years of existence and expansion, called in German *Festschrift* (writings on a jubilee). This habit made such an impact that the term *Festschrift* also became an expression in English used up to today. But it also developed a negative connotation. Journalists and managers thought of the impact of the respective volume at their time, their customers and their reputation. Sometimes very expensive and impressive books were produced, including many photographs, maps, pictures –sometimes even original pictures with signed prints of distinguished artist–, leather-bound and with gilt edging. However the content was not always up to scholarly standards and consequently writing the history of enterprise received a reputation of anecdotic and hagiographic history, praising firm, owner and management as the customer wished.

CAUTIOUS START AND FIRST CRISIS AFTER WORLD WAR II

Thus, when after World War II research started again, environment for business history was not positive. Many enterprises were interwoven into the Nazi-past by producing war-material or using slave-labour. They did not want the public to be reminded the Nazi-past and consequently did not open their collection of historical material (only few owned a real archive) to outside research, or denied possessing any material. Some even destroyed archive-material handed back to them by the Allies, because they thought it might someday become dangerous. German society likewise focused on economic reconstruction and did not want to deal with the past. – Neither did the Allies ; it seems that also for them economic reconstruction and the Cold War was more important than the Nazi-past. Correspondingly, the first attempt to revitalize business history rested on a very narrow basis of initiative. It was more or less just one person, Prof. Wilhelm Treue, with a chair general in history. In 1956 he founded a journal, called "*Tradition*", which was tuned mainly to biographical information on entrepreneurs. He also received a large amount of money for writing the history of a steel-giant[2]. After its publication 1966/69 it was said, that for the first volume an unpublished manuscript was used extensively, which he had found in the archive, while the second volume was more or less written by his co-author. True or not, such rumours did neither help the reputation of Prof. Treue nor

[2] Treue, Wilhelm, Die Feuer verlöschen nie-August Thyssen-Hütte. vol. 1: 1890-1926. Econ, Düsseldorf 1969, idem and Helmut Uebbing, Die Feuer verlöschen nie-August Thyssen-Hütte. Vol. 2: 1926-1966. Econ, Düsseldorf 1969.

of business history. Treue's colleagues at universities became jealous about his high honorary in an amount of several annual salaries of professors. The journal *Tradition* was still fighting with its low reputation within circles of historians. Thus it was easy to earmark *Tradition* to be axed from the list of library's subscriptions within the frequent rounds of cuts. Consequently the publishing house of *Tradition* became less interested in distributing the journal.

The decline of business history during the late 1960s and early 1970s was not a steady and linear one and by no means a chain of events, in which the change of one causes a corresponding movement of the next. It was rather a stepwise downswing of a topic which looked more and more outdated if not superfluous. Consequently business history, especially after the students' revolt of 1968, ran into deep trouble. It entered its first substantial crisis after World War II.

BUSINESS HISTORY SAVED BY A JOINT VENTURE OF BUSINESS AND ACADEMIA

A major improvement occurred in 1976. In a joint effort business and academia founded the above mentioned GUG. Because the top-pressure group of German industry *Institut der Deutschen Wirtschaft* was core to that initiative the most distinguished enterprises, such as Bosch, Daimler Benz, Deutsche Bank, or Siemens became founding members of GUG. Members of the society were mainly enterprises ; the role of scholars was above all to give academic advice. In order to underline this role an academic advisory board was created whose chairman became Prof. Pohl. For more than one decade he became the driving power within GUG. The journal *Tradition* was reshaped, handed over to a new and well-named publishing house and also received a new name : *Zeitschrift für Unternehmensgeschichte* (ZUG). Now all topics related to business history were invited to be published there. All this represented a process ; it took a lot of time, of course. But in the end it was worthwhile ; German business history was on its way up.

It is important to underline that the success of the initiative was assisted by a change in the views of society. The environment of enterprises had changed severely to the worse. Since 1968 people started to ask questions not only about private ownership but also about the Nazi-past of German firms. At that time a second German state existed, the socialist GDR, whose historians started to publish critically about these issues. Their writings were on a scholarly basis, using state –as well as business– archives which had remained in that territory. These publications could no longer be ignored[3]. Business history became a tool in the ideological contest of the cold war. On top of that external challenge left wing politicians in West Germany as well used business history and the Nazi past in order to question capitalism in general and private enterprise in particular. In this environment top-managers thought that scholarly written business history had the potential to become a useful instrument in the ideological contest. This was the societal background of the foundation of GUG. A genuine interest in business history in general, and concerning their respective own firms in particular, was shared by a group of important top decision-makers.

Prof. Pohl's intention was to found a society for business history in Germany. The most obvious pattern for doing so was the BHC (*Business History Congress*), which existed in the USA since 1954. BHC owns the well selling journal *Business History Review* and by that commanded enough funding for its proceedings. But in the German case, the journal ZUG made no money. Thus Prof. Pohl either had to renounce any financial support and try founding a society with membership of university-colleagues or invent a totally new solution. He did the latter, and by that overcame two challenges. One was a decent funding of the organisation GUG and the other was finding enough distinguished membership. We remember at that time the reputation of business history was not good and consequently most professors would have "thanked no" to a membership[4].

Besides saving and changing the journal ZUG several important issues were achieved : The legal form chosen for GUG became an association on the basis of a non-profit organization, which was not to be taxed. All members of the association were enterprises, paying their fees. These fees allowed opening three important fields of activity : 1) Paying a full-time, permanent scholarly secretary. That secretary had a PhD in History and was a student of Prof. Pohl's. 2) A permanent bureau was established in Cologne, which was entirely separated from any university or enterprise.

---

[3] Plumpe, Werner, Vom hässlichen Entlein zum stolzen Schwan? 40 Jahre Unternehmensgeschichte und der Wandel der Unternehmensgeschichtsschreibung (ms.), p. 3.

[4] The other existing organization was Business History Society of Japan (BHSJ), dating from 1964. But in 1976 information on Japan was rare and the necessary personal relations not at hand. All other societies for business history were founded later, for instance the British Association of Business Historians (ABH) was created as late as 1990.

3) GUG decided to organize two events annually, one for promoting business history in the open public and a second one concentrated on scholarly presentations of new research. Both events were fully paid by GUG and the inviting enterprises where the conferences where held, no fees were asked of participants. Presenters got their expenses reimbursed. All this could not be achieved at once ; GUG was founded in 1976, ZUG was saved one year later, and a bureau with a fully paid secretary was established a few years later in 1983.

During the 1980s a lively scholarly debate emerged on the characteristics, aims, achievements and gaps of business history[5]. GUG warned against hagiographic publication and insisted applying the highest scholarly standards. It also addressed the weak points of business history : demand for unlimited access to sources of enterprise and non-interference into writing of the respective authors. Enterprises ceded a lot of way ; however, the high standards of state-archives could not be achieved at that time, and also many enterprises were still reluctant to meet their own history.

An experience of my own may exemplify this : In 1977, I was admitted to the Archive of Krupp, the owner of which up to WW II was also called Germany's "king of guns". The archivist informed me about a strange issue which we both knew better but could not talk about : She informed me that Krupp does not want to be related to armament in any way, and consequently I would not find anything connected to that in the historical files, I would receive. In some cases they were indeed very thin and I was said, it was the archivist's duty to take out all information connected to armament, procurement or war before handing over the file to a researcher. A few years later such behaviour simply had become ridiculous or even outright challenging (see below the case of slave-labour).

[5] Many colleagues of the three German speaking countries Austria, Germany, and Switzerland took part. As all is in German language, we point out only to a few publications : Fischer, Wolfram, Unternehmensgeschichte und Wirtschaftsgeschichte. Über die Schwierigkeiten, mikro– und makroökonomische Ansätze zu vereinigen, in : Kellenbenz, Hermann/ Pohl, Hans (eds.), Historia socialis et oeconomica, VSWG Beiheft 84, Festschrift für Wolfgang Zorn zum 65. Geburtstag, Franz Steiner Verlag Stuttgart 1987, 61-71; Tilly, Richard (ed.), Beiträge zur quantitativen vergleichenden Unternehmensgeschichte, Stuttgart 1985.

BUSINESS HISTORY : IMPROVED BUT NOT UNCONTROVERSIAL

However, in Germany's scholarly world at the end of the 1980s business history was on its way to becoming an established approach of economic history with a substantial recognition of its scholarly standards by historians and economists. That was a great achievement, compared to the situation a decade earlier, and it was unimaginable without the activities of GUG. But the success of business history did not reach so far that universities reflected a special demand in teaching or research. At universities there was no single chair for business history. In spite of the improved conditions for business history the discipline was still questioned from various sides. Journalists and historians went on accusing business history of hagiographic writing, Marxist historians were attacking both the discipline and GUG on ideological reasons, and especially younger historians also asked for more critical approaches, both in writings, theory, and in methods. In 1989 they founded an independent "critical" organization of business history (Arbeitskreis kritische Unternehmens-und Industriegeschichte, AKKU). Its members were exclusively business or economic historians. Clearly the organization was founded in order to challenge GUG. Finally, during the 1980s many enterprises were still reluctant in their relation towards business history. Another personal experience of my own shows perhaps a good example how the 1980s represented continuously a difficult time for business history, at least within certain quarters of managers :

As a freshly passed PhD-student I had received a one-year stipend for research in 1983. The grant was related to looking into international cartel-activities, and I chose the potash-cartel in the interwar-period[6]. I wrote the contribution exclusively based on material from state-archives, as I was informed, all enterprise-archives had been destroyed during World War II. For books written by unknown persons publishing houses asked for a subsidy at that time. Therefore I approached Prof. Pohl if he could give advice. His suggestion was to turn to the single German enterprise left in that industry, called Kali und Salz (K+S). There I was treated with great politeness and invited to a breakfast with the whole steering committee ! When we finished I was told, they rather would buy the rights of my book in order not to publish. I asked for time for consideration and again asked Prof.

[6] That cartel really "milked the rest of the world" (later US-Pres. Herbert Hoover). Indeed, even during the World Economic Crisis 1929-1933 potash-prices were kept high, only the amount sold was reduced. Prices came down from 1932/33onwards, at the end of the crisie. The reason was a new competitor entering the market.

Pohl for advice. For me it was at the start of my scholarly career and I wanted to publish, of course. But Prof. Pohl told me, if I would publish without the consent of K+S, I would never again have access to any business-archive in the whole of Germany. (Today I doubt this, but at the time I had no better advice.) In the end the compromise was : the book was printed, but not sold on the market. It became part of the so called "grey literature" and it is available in only one single library with open access[7]. From my scholarly point of view one-year's work was more or less wasted. But why did K+S behave like this? Their reasoning was that they were afraid of the monopoly watch-dogs in both, Germany and the EU. Whether that is true or not, it reflected the traditional behaviour of German enterprise to avoid any attraction of public attention. This personal example mirrors just the resilience of German firms against the general trend towards an open business history during the 1980s.

During the 1990s and well into the new millennium the discourse on the discipline became livelier. Society now urgently wanted to know what firms had done during the Nazi-period. Also business historians discussed several times state and fate of their art[8]. They asked especially for a better foundation of research on the basis of theory, improved methodology and scholarly concepts. Also politicians took up the issue and pointed out to the necessity of historical research on enterprise. In Germany committees researching the history of government-ministries were set up by the

---

[7] Schröter, Harm G., Die internationale Kaliwirtschaft 1918-1939. Zum Verhältnis von industrieller Kartellpolitik und Staatsinterventionismus, Kassel 1985, access : https://www.econbiz.de/Record/die-internationale-kaliwirtschaft-1918-bis-1939-zum-verh%C3%A4ltnis-von-industrieller-kartellpolitik-und-staatsinterventionismus-schr%C3%B6ter-harm/10000992475 (approached on 14.05.2019).

[8] Again only a selection : Berghoff, Hartmut, « Transaktionskosten. Generalschlüssel zum Verständnis langfristiger Unternehmensentwicklung? Zum Verhältnis von Neuer Institutionenökonomie und moderner Unternehmensgeschichte », in : JBWG, 1999/2, 159-176; Hesse, Jan-Otmar and Kleinschmidt, Christian and Lauschke, Karl (eds.), *Kulturalismus, Neue Institutionenökonomik oder Theorienvielfalt. Eine Zwischenbilanz der Unternehmensgeschichte* (Le culturalisme, la nouvelle économie institutionnelle ou la diversité des théories. Une évaluation intermédiaire de l'histoire de l'entreprise), Klartext Verlag, Essen 2002; Schröter, Harm, Die Institutionalisierung der deutschsprachigen Unternehmensgeschichtsforschung, in : Middell, Matthias and Lingelbach, Gabriele and Hadler, Frank. (eds.) *Historische Institute im internationalen Vergleich,* Akademische Verlagsanstalt, Leipzig, 2001, p. 311-337, Alice Teichova, Herbert Matis, Andreas Resch (eds.), *Business History. Wissenschaftliche Entwicklungstrends und Studien aus Zentraleuropa*, (Veröffentlichungen der Österreichischen Gesellschaft für Unternehmensgeschichte vol. 21) Wien, Manz Verlag, 1999.

respective ministries themselves. In Austria and Switzerland Government stimulated half-official investigation. But all these initiatives were set up rather reluctantly, as an answer of a steady political pressure from inside and outside the respective country[9]. Also in Germany's academia it was thought that time was ripe for open discussion. On a special forum in a leading journal Prof. Pohl stimulated a debate on what business historians should do-or rather not[10]. He was also one of the first to publish a scholarly book on a German enterprise during the Nazi-period[11]. However that volume caused scorching criticism as too little discerning. Among others it was said not allocating enough space to the issue of slave-labour exploited by the enterprise during the war. Pressure from society caused a second book, tuned exclusively to that question, but Prof. Pohl no longer acted as a co-author[12].

THE SHAKE-UP OF GUG

Also inside GUG a lively discourse arose. Members asked for swifter reaction and a less conservative profile of their association, which Prof. Pohl was not willing to concede. In the end he was thanked, or in his version, he was ousted from the *Vorstand*, the governing body of GUG. He lost all influence also on the deepest funds in the circles of German history (those of GUG), which had helped making him one of the most influential historians, not only in his home-land but also in Europe. That was of course extremely painful for him, but, on the level of human relations, also for others. GUG's representatives, who during a special and quite private meeting unsuccessfully first urged and then told him to change, were students of his own! He earlier had managed to place them into the respective positions into GUG's most decisive member-firms. Now they stood against each other. Together with Prof. Pohl, GUG's secretary, also a former student of his own and very loyal to him, left her job. The bureau in Cologne was closed and

---

[9] Other neutral countries, which like Switzerland had enriched themselves by economic contacts with Nazi-Germany (some even bought dental gold of annihilated Jews), made no similar movements.

[10] Pohl, Hans, Betrachtungen zum wissenschaftlichen Standort von Wirtschafts– und Unternehmensgeschichte, in : Vierteljahrschrift für Sozial– und Wirtschaftsgeschichte, vol. 78, 1991, Nr. 3, 326-343.

[11] Pohl, Hans and Stephanie Habeth and Beate Brüninghaus, *Die Daimler-Benz AG in den Jahren 1933 bis 1945: eine Dokumentation*, Stuttgart, Steiner, 1986.

[12] Hopmann, Barbara and Spoerer, Mark/ and Weitz, Birgit and Brüninghaus, Beate, *Zwangsarbeit bei Daimler-Benz*, Stuttgart, Steiner 1994.

transferred to Frankfurt. After an interregnum a new path, including new personnel, had to be found. GUG had to re-invent itself. These events represented the second deep crisis of business history in Germany.

In the end the shake-up of GUG caused its revival. Formal changes were, above all, that from then on also. A new director was appointed, Dr. Andrea Schneider-Braunberger, again a scholarly educated historian with a PhD, as well as a secretary for her support. The two annual dispositions were kept but extended in audience. Business historians now were actively invited to become GUG-members, and ZUG opened up for contributions in English. GUG branched out by founding several working-circles ; the first one was on banking history. Others, such on enterprises and their role in the Nationalsocialist era, family-enterprises, marketing, media and so on, followed. These working-circles, all financially supported by GUG, enlarged the amount of university-colleagues interested in business history and consequently the weight of the discipline. Even distinguished professors of general history with previously little interest in business history ow became interested and got engaged with major projects[13]. Prof. Lothar Gall, for instance replaced Prof. Pohl in GUG's directorate. He, as the long-standing editor of the journal *Historische Zeitschrift*, the “flagship” of German historians, was a very influential person and helped opening the interest of historians toward business history.

Because of pressure of society on the one hand, but also genuine historical interest of managers (the managers of the 1990s no longer knew the managers of the 1940s in person) many projects were started on the behaviour of enterprises and organizations during the Nazi-period. Most represented commissioned works, but also dissertations for a PhD were based on it. In this field GUG was the first organization which could grant top quality for commissioned volumes. It could do so by applying a new model. Earlier, enterprises, wishing their history written, just looked around for a person who could do it. That always was a once-in-a-life-time step for the respective managers ; they had no information what quality was on offer and by whom. Often it was just by chance, who that person was, who received the order. The question whether a historian or a journalist should do it, rested sometimes just on hearsay. That changed with GUG. The society received a demand and, knowing the scene intimately, could suggest the most able and suitable historian (s) for that specific task. When the

[13] For instance : Lothar Gall, Gerald Feldman, Harold James, Carl-Ludwig Holtfrerich, Hans Büschgen, *The Deutsche Bank, 1870-1995*, London, Weidenfeld & Nicolson, 1995.

respective order was given, GUG founded a group of colleagues who advised and/or supervised the author (s). Highest scholarly standards were thus guaranteed.

Objects of research were first of all industrial firms and banks, branches of industry, transport-systems like railway, or a ministry of government. In many cases GUG was involved, especially by pointing out to recognized and specialized business historians. In a respective list also non-German historians would figure prominently. High demand caused GUG to take a major step : it founded a separate own enterprise, a consultancy for paid research and advice. The special demand for business history during the Nazi-period had strengthened the organization and the discipline of business history in general. Today it is more or less normal for a distinguished enterprise to have a well and scholarly written volume on its own history. The wave has helped crating a certain, steady and general, demand on a much higher level than before.

THE POSITION OF BUSINESS HISTORY AND OF GUG TODAY

Another issue GUG's advice was asked for was how to deal with archive material. Only large enterprises can pay a full-time archivist, but also smaller ones have material to be kept for historical, juridical or other reasons. In these matters GUG acts as a paid consultancy. The latest projects initiated by GUG were the construction of a teaching-unit on business history for schools. For teachers that unit is free of charge, covers several hours of history and offers many pupils the possibility to get acquainted with business history for a first time[14]. GUG initiated several IT-platforms of formal and informal exchange, including all variations from meetings to electronic exchange. One of these is a network of enterprise-museums[15]. Several industrial enterprises had discovered exhibitions of their own products, such as automobiles, as means of public relations. Traditionally firms had just an archive, which often was part of the PR-division. But the relation between today's PR and a traditional archive used to be weak and encumbered with little mutual understanding. However, since the millennium marketing ever more often discovered history as a means of

[14] There are many more activities. For interested persons look at the homepage in English : https://unternehmensgeschichte.de/EN/ .

[15] https://unternehmensgeschichte.de/GUG-NetzwerkUnternehmensmuseen (approached on 04.05.2019).

promoting the attractiveness of an enterprise or a trade mark. GUG helped closing the firm-internal gaps between archivists and marketing by offering a working circle on "history communication"[16].

Today German demand for enterprise-history exceeds GUG's capacities. Several private history-firms offer research (partly working on scholarly basis, partly as agencies for communication), employing one or more persons on a permanent basis. A competitive market emerged ; GUG is the largest and most distinguished player but by no means the only one. Though the wave of high-demand for scholarly publication on the Nazi-period has ebbed, there is enough demand for studies on enterprise and organization to keep many business historians employed. On top of that we have to add enterprise-museums, which offer employment. It is not only the large multinational firms such as BMW, Mercedes, or Siemens which offer public access to their own museums but also small firms and organizations, such as the public utility supplying the town of Hamburg with water. Here again GUG plays a central role by providing an online portal called (UMO) that shows the wide range of company museums.
(www.unternehmensmuseen.org)[17].

BUSINESS HISTORY IN GERMANY-EXCEPTIONAL CASE OR A MODEL FOR GENERALIZATION ?

Today business history is an integrated and acknowledged part of history and also of the Germany society in general. If we look for an animal which could represent the state of business history the proud, white, and representative swan could be a good choice. This swan started in the 1950s as a small grey and unattractive duckling, in those days rather an outcast of any agreeable circles of society. There were many trends and demands by society and policy, which by the development over the last 70 years changed the forum for business history. An actor without stage is quite miserable, but a stage without actor is simply boring. Without question, on the forum for business history, GUG with it's over 400 members (of which more than 100 corporations) was the most important actor in 2019. Others, coming later, added to the success. But without GUG one cannot imagine business history representing the same position in Germany as it does today. The

[16] See : https://unternehmensgeschichte.de/WorkshopHistoryCommunication (approached on 04.05.2019).

[17] See : https://www.hamburgwasser.de/privatkunden/lernen-und-erleben/wasserforum/ (approached on 14.05.2019).

development was by no means a linear one. Leaps and bounds, achievements and backlashes alternated like the ups-and-downs of capitalistic business cycle. Also in the 1990s success came not overnight. Business history is not only a necessary issue but an attractive one-this fact needed time to mature in the heads especially of persons not directly working in the field. Often opportunities and setbacks occurred unforeseen and needed quick reaction. Factors of success were resilience, the chosen design of GUG's organization, and the engagement of often single persons keeping their stand or energetically pushing ahead.

So far so good, but is in this nice history also something to be learned or even transferred? The reworking of the Nazi-past surely is unique for Germany and Austria. But questioning of private enterprise was by no means a unique event ; that happened and will happen again also in other countries. Business history can be-and was used as-a tool, both in the assault on or the defence of private entrepreneurship. After understanding its potential, enterprise became interested in business history. The second major source of business' interest represents the management-tool of *history marketing* in all its facets. Marketing is a genuine issue of promoting a specific firm ; it is in the interest of the respective enterprise. But historians cannot wait until managers and owners, who mainly are occupied with their economic decisions, one day may think of founding a business history society. That step needs to be initiated by historians. In the end producing history is *our* business as university teachers. GUG's structure was perhaps the most important issue for the broad effect and ascent of business history it could achieve in Germany. GUG represented one factor in the change of the social acceptance of private enterprise. A similar structure surely can be implemented also in other countries. And in fact that was what happened. The *Canadian Business History Association-l'association canadienne pour l'histoire des affaires (CBHA/ACHA)* was founded on the principles of GUG[18]. And again it was the initiative of a few (if not mainly one single) individuals. Yes, persons do matter-no less than the design of organizations!

[18] http://cbha-acha.ca/index.php/mission/?lang=fr

CHAPITRE 3
REFLEXIONS AUTOUR D'UNE HISTOIRE ECONOMIQUE DE LA TUNISIE (DANS UN CONTEXTE COLONIAL ET POST-COLONIAL)

Ridha SHILI

Université de Tunis

INTRODUCTION

La frontière entre l'économique et l'historique est aussi compliquée à définir que celle entre l'histoire et les autres disciplines (anthropologie, sociologie, politique, statistique, géographie, etc.). Il est vain de s'y attarder, car il s'agit tout simplement d'un marquage à finalité pédagogique et disciplinaire. Toutefois, et pour ses raisons, il est indiqué pour une spécialité de se donner une identité scientifique et de délimiter ses thématiques et sa méthodologie.

Dans ses débuts, l'histoire économique a été définie comme une discipline de la recherche historique ayant pour objet l'étude des économies ou des phénomènes économiques du passé et leur évolution dans le temps[1]. Elle explique et nuance par les chiffres et l'analyse ce que l'histoire sociale, politique et des idées veut justifier et comprendre à travers le texte et le document[2]. Son but est de décrypter les fondements matériels des rapports entre les hommes et leur environnement naturel et entre les hommes dans leur processus de production et de répartition de la richesse créée.

L'évolution économique vue à travers l'angle de l'historien est aujourd'hui une approche incontournable pour analyser, comprendre, modéliser et pour anticiper les événements et les évolutions futures. Mais cela n'est qu'un aspect. Aujourd'hui, on essaie de comprendre les processus de formation des cultures d'entreprise et du travail, la formation des rapports de production au sein de l'entreprise et dans la société, leur gestion et leur maitrise, la vulgarisation de l'histoire de l'entreprise, la compréhension de

---

[1] Carlo M. Cipolla, *Between history and economics : an introduction to economic history*, Oxford,1991.

[2] J. Heffer, R. Andreano et G. Roger, *La nouvelle histoire économique, exposés de méthodologie*, Paris, 1977.

l'intérêt public et de la mémoire collective (archives de l'administration publique)[3], etc.

Quelle utilité donc de développer une réflexion académique autour de certaines thématiques définies comme étant l'objet de recherches sous l'angle de l'histoire économique. A-t-on besoin de cette discipline en Tunisie ? Il est aujourd'hui plus récurrent que jamais que les questions autour de la vie économique préoccupent un plus large public.

Beaucoup de gens et d'instances issues des dernières évolutions en Tunisie, interrogent avec insistance, à tort ou à raison, l'histoire pour comprendre des questions brulantes de l'actualité (la question des matières premières et des ressources naturelles, les conventions économiques de l'indépendance, sous-développement et néocolonialisme, l'entreprise nationale, les instances de régulation et de gestion des conflits, les modèles de développement, l'environnement de l'entreprise, etc.), mais aussi pour argumenter des discours politiques. Ceci est l'une des raisons qui font que les historiens doivent avoir le courage de participer à ce débat par leur savoir-faire et leur approche des sources et de la documentation, en vue d'introduire le discernement scientifique. L'historien de l'économie est aujourd'hui au centre même de ces débats cruciaux de société et d'identité.

I– GENESE ET EVOLUTION D'UNE DISCIPLINE

C'est en Allemagne qu'est née au milieu du XIXe siècle, la pensée historique autour de l'histoire économique et sociale. Ce courant a émergé dans le contexte de l'unification de l'Allemagne et de son passage d'une économie fondamentalement agraire à une nation industrielle. La pensée positiviste qui va accompagner cette évolution va enrichir le débat et favoriser la naissance et la maturation d'une école typiquement allemande. La doctrine historique allemande, qui s'est opposée au courant « marginaliste », s'est appuyée sur trois données fondamentales[4], réfléchir sur l'histoire et les traditions nationales, comprendre les structures politiques qui en sont issues et de là concevoir une économie politique qui respecte

[3] Jean-Claude Daumas, *L'Histoire économique en mouvement, entre héritage et renouvellement*, Villeneuve-d'Ascq, 2012.

[4] Wilhelm Roscher, Louis Wolowski, *Principles of Political Economy* (volume I et II), Palala Press, septembre 2015 ; Gustav Schmoller (1838-1917), *The mercantile system and its historical significance*, AM Kelley 1967 Bücher Karl (1847-1930) ;
Friedrich List, *Système national d'économie politique*, 1841 ; Knies, *L'économie politique envisagée au point de vue de la méthode historique*, 1853.

l'évolution historique et qui tire ses principes des réalités nationales. Cette approche vise comme ça se comprend la modélisation avant le terme, puisqu'elle se propose de concevoir un modèle de politique économique en phase avec l'histoire et la réalité nationale. Les luttes sociales et politiques issues du développement du capitalisme allemand, ont donné plus tard naissance à une nouvelle école allemande dont le chef de file est Arthur SPIETHOFF (1873-1957)[5] et plus tard Max WEBER (1864-1920)[6]. Cette école s'est appuyée sur la théorie marxiste tout en introduisant la notion des fluctuations cycliques du système capitaliste, la rationalisation économique et le rôle de l'État qui détient le monopole de la violence. C'est en effet cette dernière école qui va influencer les principaux courants de l'histoire économique de l'Europe notamment la France.

En France, c'est en 1913 que *La Revue d'histoire économique* et sociale succéda à la *Revue d'histoire des doctrines économiques et sociales*, qui hérita elle-même des physiocrates[7]. Ce courant né dans les facultés de droit, considère que les faits (économiques) vont de pair avec l'histoire des idées, « par cette union des études de doctrines et de faits, par des indications de sources, des publications de documents importants, des bibliographies rétrospectives méthodiques, une bibliographie régulière, elle (la revue) s'efforcera d'être un bon instrument de travail, en même temps qu'au public curieux de ces recherches particulières elle offrira des articles originaux »[8].

La situation issue de la première guerre mondiale et le développement du capitalisme industriel français (les industries chimiques et hydrauliques, les industries mécaniques, les industries domestiques, etc.) dès la deuxième moitié des années vingt, imposent des réformes profondes de la comptabilité nationale et la modernisation des modes de gestion de l'entreprise. Les efforts de modernisation de l'administration et de la comptabilité nationale dans un souci de progrès et de mise à niveau par rapport aux autres nations, parmi d'autres facteurs, vont jouer un rôle fondamental dans l'apparition de nouveaux courants d'une histoire économique française[9]. C'est en 1929, et

---

[5] « *Le cycle économique chez Arthur Spiethoff* », Claude Diebolt, in *Revue d'Economie Politique*, 2007/4 (Vol. 117), p. 631-641.

[6] Michel Lallement, « Max Weber, la théorie économique et les apories de la rationalisation économique », in : *Cahiers du Centre de Recherches Historiques*, 34/2004.

[7] Dont les pionniers sont A. Deschamps, A. Dubois, E. Depitre, A. Schatz.

[8] Editorial de la *Revue d'histoire économique et sociale*, numéro 1, 1913.

[9] Laurent Mucchelli, « aux origines de la nouvelle histoire en France : l'évolution intellectuelle et la formation du champ des sciences sociales (1880-1930) », *Revue de*

faisant suite aux travaux de Henri BERR et François SEMIAND, qu'est née la revue « Annales d'Histoire économique et sociale ». Les deux historiens Marc BLOCH (1886-1944) et Lucien FEBVRE (1878-1956) en étaient les principaux animateurs. Cette revue est à l'origine du courant représenté par l' « École des Annales », école qui va dominer sans concurrent la scène historique française pendant plusieurs décennies.

En Grande-Bretagne la situation est différente. La pensée libérale qui domine la scène a favorisé les courants historiques à dominante économique orientés vers l'entreprise et l'analyse des modèles de développement. La pensée néoclassique, qui est fondamentalement déductive, n'accorde de l'intérêt à l'histoire que lorsque celle-ci contribue à comprendre les faits économiques. De ce fait la pensée historique est restée confinée aux aspects politiques, diplomatiques, culturels et artistiques. La *Social history* s'est placée à contre-pied des courants conservateurs qui eux préféraient le développement d'un courant économique quantitativiste ou la théorie « stadiale » de l'histoire[10]. Une histoire des stades de la civilisation. En 1926, vit le jour l'*Économic Journal*, qui reste l'orphelin anglais d'une école historique fondamentalement économiste et ce jusqu'aux années soixante et même jusqu'à la première crise énergétique.

Aux États-Unis, fut fondé en 1928, le *Journal of Economic and Business History*. Comme le suggère le nom, ce courant s'appuie principalement sur les faits économiques et sur les conditions de formation et de développement du monde des affaires. Dés sa naissance, la pensée historique américaine s'est orientée principalement vers l'entreprise. De ce fait, l'École américaine a développé beaucoup plus rapidement l'usage des mathématiques en histoire quantitative et sérielle, c'est la naissance de la « Cliométrie », ou la « nouvelle histoire économique » développée depuis les années cinquante. Comme son ainée l'école anglaise, l'école américaine s'est intéressée aux stades de développement économique[11]. Cette théorie se propose de modéliser un schéma de « *take-off* » universel, qui s'appuie sur l'étude historique et statistique des conditions de développement économique et des

synthèse : 4' S. N» I, janv-mars 1995.

[10] Julien Vincent, « concepts et contextes de l'histoire intellectuelle britannique : l'« École de Cambridge » à l'épreuve », *Revue d'histoire moderne et contemporaine*, 2003/2 (n° 50-2), pages 187 à 207.

[11] Walt Whitman Rostow, *The Stages of Economic Growth : a non-communist manifesto*, 1960.

étapes de la croissance par lesquelles sont censées passer toutes les sociétés humaines[12].

Depuis les années 1990, et avec les transformations profondes des systèmes éducatifs et de la structure des marchés de l'emploi, le chômage, de plus en plus croissant parmi les diplômés des sciences humaines, a poussé vers le développement de nouveaux métiers comme les consultants, les conseillers, les experts, etc. favorisant ainsi le renouveau de la discipline historique dans un nouveau contexte marqué par trois caractéristiques :

- L'usage des nouvelles technologies
- Le renouvellement des problématiques
- Le renouvellement de l'offre historique experte face à une demande de plus en plus spécifique (stratégies politiques, stratégies de lutte contre le terrorisme, la formation et la maitrise de l'opinion publique, la commercialisation des modèles, la valorisation des ressources patrimoniales, etc.).

II– L'ECOLE FRANÇAISE

L'école historique de la Tunisie est étroitement liée aux références de l'école française du fait des rapports coloniaux et des similitudes entre les systèmes éducatifs des deux pays. De ce fait, nous avons réservé une partie de ce travail à l'école métropolitaine, pour mieux comprendre le positionnement des Tunisiens dans cette réflexion autour de l'histoire économique.

- L'École des Annales : Lucien Febvre (1876-1956) et Marc Bloch (1886-1944), ont contribué à animer au début du XXe siècle le débat fondateur d'une réflexion autour de la pensée historique sur les pages de la « *Revue de synthèse historique* ». En 1929, ils créent leur propre revue « *Annales d'Histoire Économique et Sociale* ». La finalité de cette revue est de déplacer le centre d'intérêt de l'historien des domaines traditionnels (guerres, dynasties régnantes, la chronique, etc.), vers

[12] W.W. Rostow, *Theorists of economic growth from David Hume to the present*, 1990.

l'histoire de la société (organisation économique, la démographie, les conflits sociaux, les représentations intellectuelles, artistiques et cultuelles, etc.). Cette multidisciplinarité est à l'origine de la tendance historique « globaliste » des Annales et dont le prolongement logique s'est retrouvé pour ce qui est de l'histoire contemporaine dans l'esprit de la « *Revue des Annales* ». C'est en 1946, avec le départ de M. Bloch, que cette revue prend le nom d'« Annales, Économies, Sociétés, Civilisations » sous la direction de Fernand Braudel. Néanmoins, la revue est restée longtemps sous l'emprise de l'histoire des mentalités que les fondateurs ont adoptée[13]. Ce n'est que plus tard qu'Ernest Labrousse, y développa une histoire économique et quantitative qui conduisit petit à petit aux célèbres études de F. Braudel sur l'histoire dans la longue durée[14]. C'est à partir des années 80 qu'une crise de réflexion au sein des Annales va anticiper un essoufflement sans pour autant annoncer sa mort[15]. En 1994, la volonté de s'adapter au nouveau contexte conduit les historiens de l'EHESS, à adopter un nouveau titre « *Annales, Histoire, Sciences sociales* »[16].

– Nouvelle Histoire Économique Histoire de l'entreprise. La Revue d'Histoire Économique et Sociale fut fondée en 1908 par Auguste DUBOIS (1866-1935) et Auguste DESCHAMPS (1863-1935). Elle inaugure une nouvelle ère d'ouverture de la discipline historique sur un autre domaine de l'activité humaine, l'économie. Par son œuvre impressionnante, le recours aux archives des entreprises, notamment

[13] Florence Hulak, « En avons-nous fini avec l'histoire des mentalités? », *Philonsorbonne*, 2 | 2008, 89-109.

[14] Fernand Braudel, *La Méditerranée et le monde méditerranéen à l'époque de Philippe II.* 1949, réédité LGF 1990.

[15] Thomas Loue, du présent au passé, le temps des historiens. « *Temporalités, revue des sciences humaines et sociales* », 8, 2008.

[16] François Dosse, L'Histoire en miette, des Annales à la « Nouvelle Histoire. La Découverte, 2005 ».

bancaires, ce qui lui a évité de tomber dans l'anachronisme et le simplisme et l'application de la statistique sérielle, Jean Bouvier[17], est devenu incontestablement comme étant le fondateur de ce courant qui va révolutionner les méthodes de l'analyse historique et les problématiques de la recherche à la lumière des écrits de Karl Marx. L'histoire de la banque a occupé la plus grande part de l'œuvre de J. Bouvier. Sur ses pas d'autres historiens se sont attelés à déterrer les archives des entreprises françaises pour constituer ce qui est devenu l'Histoire d'entreprise. Un éclairage incontestablement fécond sur l'histoire du capitalisme français, sa formation, son évolution et son poids dans l'histoire de la France, celle de ses colonies et celle du capitalisme en général.

Ces deux courants de pensée, qui ont apporté à la recherche historique les outils et les méthodes d'autres disciplines de la science qu'elle soit humaine ou exacte, ont placé l'Homme au centre de leur intérêt. L'Homme dans ses rapports multiples et surtout dans le processus de sa reproduction sociale. L'entreprise, considérée jusque-là énigmatique et des fois même diabolisée, a commencé à occuper une place de plus en plus importante dans les études historiques, d'abord comme acteur de la vie économique, créatrice de la richesse nationale, mais aussi comme produit d'une classe sociale bâtisseuse de dynasties industrielles, bancaires et financières jusqu'à la veille de la deuxième guerre[18]. À la sortie de la seconde guerre se sont posées avec insistance les questions économiques en rapport avec la reconstruction des pays en conflit. Le problème de « l'effort national », a mis à nu les faiblesses de certaines économies du vieux continent, désertées entre les deux guerres par les capitaux nationaux. L'effort est venu d'ailleurs, de la part du grand frère, le plan Marshall. Ceci a conduit quelques historiens à questionner l'histoire à travers de nouvelles sources archivistiques (archives privées archives des entreprises ouvertes désormais aux chercheurs) dont la question de l'origine du manque de compétitivité du capitalisme français. Cette dynamique de la recherche historique s'est trouvée confrontée à la montée d'une nouvelle génération de l'administration issue principalement des rangs des premières promotions de l'École Nationale de l'Administration (ENA).

---

[17] Jean Bouvier, *Un siècle de banque française,* Paris, Hachette, 1973 ; *Le Crédit lyonnais de 1863 à 1882 : les années de formation d'une banque de dépôt*, Éditions de l'EHESS, 1999 ; *Le Mouvement du profit en France au XIXe siècle* (avec F Furet et Marcel Gillet), Éditions de l'EHESS, 1965.

[18] J. Bouvier, R. Girault et J. Thobie, *L'impérialisme à la française, 1914-1960*, Éditions de la Découverte, 1986.

III– DE L'EMPIRE A L'EUROPE, UNE TRANSITION REFLEXIVE FAITE PAR L'HISTOIRE ÉCONOMIQUE ET LES FUTURS ENARQUES D'ALBERT SARRAUT A JEAN MONNET

La politique coloniale de la France a été une sorte d'expansion complémentaire et des fois alternative à la politique impériale. Ce chainage politique complexe était au nœud du processus de la croissance économique française jusqu'aux années cinquante. Le père spirituel de la doctrine politique coloniale française était sans conteste Albert Sarraut. Sa philosophie était fondée sur la dualité du rôle des colonies dans l'économie française. Les colonies sont à la fois un réservoir de matières premières et un marché pour les produits manufacturés. D'où le rôle régulateur des colonies dans les balances de payement et des échanges de la France, au détriment de celles de ces dernières. Cette théorie de complémentarité inégale va trouver ses défenseurs au sein de la classe dirigeante française d'avant guerre.

Le capitalisme français négociant et les milieux traditionnels et conservateurs vont y trouver leur compte. Il y a toute une école d'historiens qui s'est penchée sur l'analyse de cette évolution considérée progressiste par rapport à la politique impériale. Les trente glorieuses ont permis la constitution de fortunes colossales dont une bonne partie des profits provenaient du négoce colonial. Toutefois, la comptabilité nationale française, notamment pour le budget public, n'a pas cessé d'accuser des fragilités et des déséquilibres. La réaction à cette situation s'est traduite par les efforts de modernisation de l'administration publique, la mise en place d'un nouveau plan comptable national et à la limite la nationalisation des grandes banques et des pans entiers de l'industrie hydraulique et chimique. C'est le début de la naissance difficile de la France réformée.

DE JEAN MONNET A F. BLOCH LAINE ET ED G. D'ESTAING : L'EMPIRE BOULET

Dès la mise en place du plan Marshall, le noyau moderniste et acquis à l'Union européenne de l'administration française (les jeunes loups de l'ENA), vont se pencher sur l'analyse des agrégats de la comptabilité publique. Deux visions se sont affrontées.

La première défend l'idée que la reconstruction et la modernisation de l'économie française passent impérativement par la modernisation des infrastructures des colonies, puisque les balances de payement et des échanges y sont fortement liées. C'est la voie défendue par les milieux coloniaux.

La deuxième vision acquise aux idées de l'Union européenne considère suite à une approche bilancielle que les colonies constituent la cause du manque de dynamisme de l'économie et de la société française. L'Empire est en réalité un boulet qui ne fait que contribuer à perpétuer une économie rentière et tributaire des colonies. Le profit colonial, protégé par l'État, est à l'origine du manque de dynamisme du capitalisme français. Il est la cause du ralentissement du rythme de la croissance par la baisse tendancielle de la courbe de création de la richesse nationale.

C'est la tendance européaniste qui a conquis l'intérêt des historiens et qui a orienté les études de la nouvelle école historique. Jacques Marseille, parfait disciple de J. Bouvier, remet en question toute l'historiographie impériale et pro-coloniale avec sa thèse sur l'empire colonial et le capitalisme français. L'outil statistique était son arme et la méthodologie de Bouvier sa lanterne. Au contexte spatial ou temporel qui était au centre de la réflexion des *Annales*, J. Marseille a substitué la notion de la formation du capitalisme français dans ses rapports avec la politique et avec l'État. À partir de la comptabilité privée d'un grand nombre d'entreprises et de la comptabilité publique, sa bible archivistique, il a identifié les facteurs qui expliqueraient les freins et les accélérateurs de l'économie française. Jean Monnet, le Père de l'idée européenne, ainsi que les énarques et les fonctionnaires de la « France restaurée » (F. Bloch-Lainé, Ed G. d'Estaing, etc.) ont joué un rôle décisif dans les conclusions de J. Marseille. Depuis, une génération entière d'historiens s'est attelée à enrichir l'approche par des études monographiques et sectorielles autour de l'entreprise et de son environnement social et politique.

À ce courant qui s'est penché essentiellement sur l'étude des rapports du capitalisme français avec l'empire colonial et sur l'impact de ces rapports sur le budget de l'État, se sont substitués petit à petit d'autres courants d'inspiration atlantiste accordant plus d'intérêt à la culture de l'entreprise, aux entrepreneurs (bâtisseurs et héritiers), à la modélisation, à la standardisation et à l'anticipation par l'introduction des notions de la « Public History » et de la « cliométrie ». C'est le début de ce que sera plus tard la « Business History ».

C'est essentiellement l'école historique à l'image de l'histoire des Annales et de l'histoire des entreprises qui va influencer la majorité des recherches en histoire économique, initiées dans les universités des anciennes colonies ou parmi les étudiants venus terminer leurs études en histoire dans les universités françaises. La *Business History* est restée jusqu'à nos jours non reconnue par la communauté des historiens tunisiens et identifiée comme faisant partie des métiers de l'expertise.

IV– DE L'ETAT DE COLONIES AU NEO-COLONIALISME : UNE HISTOIRE ECONOMIQUE A ECRIRE

UN DEBUT SUBITEMENT CAPTE ET STOPPE

En métropole et en face des thèses considérées « révisionnistes » et européocentriste, une armada d'intellectuels qui se proclament de l'anti colonialisme ont orienté la réflexion en direction du néocolonialisme et des thèses sur le Tiers-Monde (J-Y Lacoste, P. Bairoch). Ce sont essentiellement des géographes.

Ces courants tiers-mondistes ont été relayés par les intellectuels des anciennes colonies et notamment les géographes. Quant aux historiens de l'indépendance, ceux-ci, influencés en grande partie par l'œuvre de Charles André Julien, ont favorisé l'histoire des conflits dans sa dualité colonialisme/nationalisme et syndicalisme. On peut résumer les thèses qui ont marqué le domaine de la recherche en histoire économique des anciennes colonies, en deux axes :

– histoire du pillage des matières premières

– et histoire de l'aliénation coloniale.

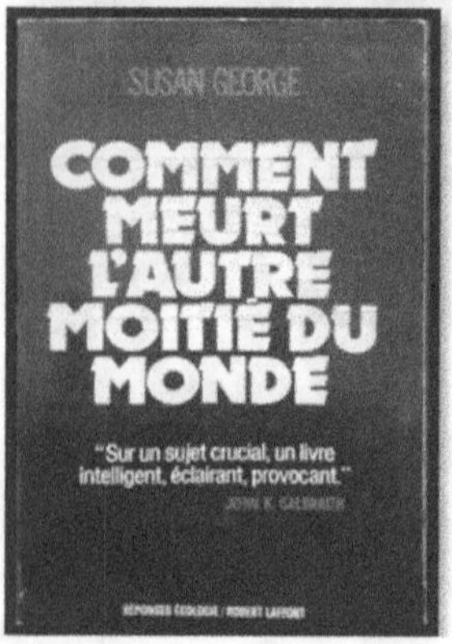

La problématique du sous-développement était au centre des travaux. La formation économique coloniale ne rentre que comme facteur venant expliquer quelques aspects de l'histoire nationale, celle du mouvement de libération nationale et celle des forces vivantes de la société (syndicats, institutions politiques, etc.)[19]. C'est le plus souvent une histoire des superstructures.

Sur l'histoire des entreprises coloniales, les mécanismes de gestion du « process » d'exploitation, le bilan économique d'un siècle de main mise sur les richesses agricoles et du sous-sol, le lobbying des milieux coloniaux, le modèle même instauré par la colonisation et surtout l'héritage économique

[19] Hachemi Karoui et Ali Mahjoubi, *Quand le soleil s'est levé à l'Ouest. Tunisie 1881, impérialisme et résistance*, Cérès, 1983.

colonial (infrastructures ferroviaires, minières et portuaires, pont et chaussée, fermes coloniales, aménagements hydrauliques, etc.), le travail reste encore à faire. Tant qu'un diagnostic exhaustif n'a pas été fait, la porte restera ouverte à toutes les interprétations anachroniques, simplistes, fantaisistes et populistes des réalités économiques, sociales et politiques de la période coloniale et post-coloniale.

Notre démarche historique et surtout pour ce qui est des aspects économiques a été dans son ensemble orientée par les historiens d'une métropole qui regarde désormais vers l'Europe, l'Atlantique et plus récemment l'Asie. Des historiens qui cherchent à comprendre la réalité française dont les colonies représentent un aspect de plus en plus négligeable. Du côté du Maghreb, l'histoire sociale et politique à travers le prisme du conflit occupe les lieux.

C'est indiscutablement l'ouvrage de Jean Ganiage[20], sur les origines du protectorat français, longtemps parent pauvre, qui peut être considéré comme une ébauche d'une histoire économique de la Tunisie du milieu du XIXe siècle. Bien évidemment d'autres écrits notamment sur la piraterie et le commerce maritime entre la régence de Tunis et la rive nord de la méditerranée, ont consacré souvent des chapitres aux aspects économiques sans pour autant se fixer comme objectif l'étude des structures économiques dans une dynamique historique et par le biais de séries statistiques[21].

Toutefois, et par effet de mode, sans pour autant leur soustraire leur sérieux, quelques tentatives ont essayé, à la fin des années 80, de mettre les premiers jalons d'une histoire économique de la période coloniale. C'est principalement à Annie Rey-Goldzeiguer, spécialiste de l'Algérie coloniale[22] que revient la palme en orientant de jeunes chercheurs de l'École Normale Supérieur vers des thèses de doctorat touchant l'histoire économique et plus particulièrement celle des grandes compagnies coloniales. N. Dougui, était le premier à avoir publié entre 1983 et 1992, une série d'articles dans la revue *Cahiers de Tunisie* sur l'investissement colonial avant de soutenir une

---

[20] Jean Ganiage, *Les origines du protectorat français en Tunisie (1861-1881)*, Paris, PUF, 1959.

[21] Mohamed Hédi Cherif, « Expansion européenne et difficultés tunisiennes de 1815 à 1830 », In : *Annales, Economies, Société, Civilisations*. 2e année, N° 3, 1970, p. 714-745.

T. Bachrouch, *Formation sociale barbaresque et pouvoir à Tunis au XVIIe siècle*, Publication de l'Université de Tunis, 1977.

[22] A. Rey– Goldzeiguer, *Le Royaume arabe. La politique algérienne de Napoléon III, 1861-1870*, Alger SNED, 1977.

thèse sur la Compagnie Sfax Gafsa[23]. Considérant la question épuisée, il abandonne rapidement cette voie pour s'orienter vers l'histoire politique. C'est principalement à Mohamed Lazhar Gharbi, normalien et étudiant d'Annie Rey-Goldzeiguer, que nous devons une masse considérable de travaux et de publications sur l'histoire économique, bancaire et financière de la Tunisie[24]. Dans la continuité et la persévérance, il assura la direction et l'encadrement de plusieurs mastères et thèses aboutissant à une réflexion sur la notion de patrimonialisation du legs colonial[25]. Ridha Shili, également normalien et étudiant d'A. Rey-Goldzeiguer est venu compléter, en 1995, ces travaux par sa thèse sur l'exploitation minière en Tunisie coloniale[26], après avoir soutenu un certificat d'aptitude à la Recherche portant sur la société des phosphates de Kalaa-Djarda. Ces premiers travaux académiques ont suscité le besoin de présenter un cadre général de la recherche dans ce domaine qu'on trouve dans un ouvrage publié en 1997, par l'ISHMN[27].

Cet effort n'a pour autant pas abouti à une réflexion commune sur les fondements d'une histoire économique de la Tunisie. La réponse à la question de la nature de la formation socio économique de l'histoire coloniale est venue avec les travaux d'économistes. Dans un article sur les genèses du sous-développement en Tunisie l'économiste Azzam Mahjoub[28], a résumé en trois phrases la question à laquelle les historiens auraient dû répondre :

« Pour être à même de saisir la nature du passage post-colonial, de dégager le sens de changements multiformes connus par la Tunisie au cours des trois dernières décades, l'interrogation de l'histoire n'est pas sans fondement. La Tunisie post-coloniale est le produit d'un mouvement

---

[23] N. Dougui, *Histoire d'une grande entreprise coloniale : la compagnie des phosphates et des chemins de fer de Gafsa 1897-1930*, Publications de la Faculté des Lettres de La Manouba, 1995.

[24] Mohamed Lazhar Gharbi, *Impérialisme et réformisme du Maghreb. Histoire d'un chemin de fer algéro-tunisien*, Tunis, Cérès, 1994 ; *Crédit et discrédit de la Banque d'Algérie (seconde moitié du XIXe siècle)*, l'Harmattan, 2005.

[25] http://actualitesdrlahnite.over-blog.com/article-le-patrimoine-colonial-au-maghreb-64772401

[26] Ridha Shili, *Milieux d'affaires et activité minière coloniale : les mécanismes de l'emprise des structures : (le cas de quelques mines du Centre-Ouest tunisien 1900-1956).*

[27] نور الدين الدقّي، الهادي جلاّب، **المجتمع التونسي والاستغلال الاستعماري**، المعهد الأعلى لتاريخ الحركة الوطنية، تونس 1997.

[28] Azzam Mahjoub, *Industrie et accumulation du capital en Tunisie depuis la fin du XVIIIe siècle à nos jours*, Thèse de Doctorat d'État en science économique. Grenoble, juin 1978.

historique ; ce dernier continue dans le présent et préfigure par certains aspects le futur. On se propose ici, et sans grande ambition du reste, d'essayer de retracer les contours de ce mouvement, de reproduire, d'une manière certainement partielle et par là partiale, les traits nous paraissant les plus significatifs des tendances socio-économiques « lourdes » connues par la Tunisie. Il s'agit donc de faire ressortir les grandes lignes de l'évolution socio-économique de la Tunisie et ce depuis deux siècles»[29].

AUX ORIGINES D'UNE RUPTURE HISTORIOGRAPHIQUE

Deux siècles d'histoire économique à faire. Des chercheurs habités par l'idée d'innover les problématiques de l'histoire de la Tunisie, à l'instar de Mohamed Sassi (histoire de la Société Tunisienne de Banque STB[30], la Stratégie pétrolière de la Tunisie après 1956, ou encore les relations Tunisie-Europe), Ridha Ben Rjeb (la spéculation financière des juifs de Tunisie), Zeineb Mejri (ressources minières, combustibles et énergie), Karima Sahbeni (milieux bancaires et financiers), Dhafer Bousselmi (les emprunts tunisiens et les investissements publics), Dajla Beltaifa (valorisation du patrimoine industriel et minier colonial), etc., ont soutenu leurs thèses ou ont traité de questions pointues qui ont progressivement enrichi la bibliothèque tunisienne en matière d'histoire économique.

Ces apports, bien qu'importants, sont restés à notre avis, sectoriels et n'ont pas jusqu'à présent abouti à une logique de recherche d'ensemble. Pour mieux comprendre les logiques de l'histoire économique de la Tunisie contemporaine, il faut remonter au début de la période moderne qui a connu les débuts de la formation de l'État moderne et la constitution de ses sous jacents économiques suite au tarissement des revenus de la course et de la piraterie. Jusqu'à l'installation de l'économie de type colonial, nous pouvons distinguer deux grands axes de recherche :

---

[29] Azzam Mahjoub, 4–Économie et société : la formation du « sous-développement ». L'évolution socio-économique de la Tunisie précoloniale et coloniale In : Tunisie au présent : une modernité au-dessus de tout soupçon ? [en ligne]. Aix-en-Provence : institut de recherches et d'études sur les modes arabes et musulmans, 1987 (généré le 02 octobre 2019). Disponible sur internet :
http://books.openedition.org/iremam/2551 ISBN : 9782271081278. DOI : 10.4000/books.iremam.2551.

[30] Mohamed Sassi, « Histoire d'une banque publique : la Société Tunisienne de Banque (STB) », *Rawafid*, Revue de l'Institut Supérieur d'Histoire de la Tunisie Contemporaine, n° 21/2016, p. 11-31.

- 1574-1705 Les « États » barbaresques : la course, source des finances de l'État commerçant jusqu'à la deuxième décade du XIXème siècle. Cette période est largement étudiée du point de vue chronologique.
- 1759-1867 La formation de la notion de territoire et de pouvoir central : la fiscalité et les impôts sont les principales ressources de l'État. Mohamed Hédi Cherif et Abdelhamid Henia entre autres chercheurs y ont consacré une somme importante de recherches et de travaux à partir des registres de la « Medjba » et des correspondances entre le pouvoir et les représentants locaux. Le développement des « fondouks » et des marchés locaux « souks » sur l'ensemble du territoire du nord au sud et de l'est à l'ouest, témoignent d'une importante dynamique économique (agricole, commerciale et urbaine).

Trois œuvres de l'époque moderne méritent une attention particulière, celle de Mahmoud Kabadou[31], d'Ahmed Ibn Abù Dhiaf[32] et de Kheireddine Pacha[33]. L'histoire de la proto-industrie est à faire[34]. En 1810, Hammouda Pacha constitua la fonderie de Hafsia pour la construction des canons. Mais c'est surtout la fondation en 1840, de l'École Militaire du Bardo qui annonce la détermination d'Ahmed Bey à doter le pays d'un équipement industriel équivalent à celui de l'Europe. Cette période correspond aux grandes réformes allant de 1842 à 1867 et à l'entrée dans l'ère de la modernité. Quelques tentatives d'industrialisation (exploitations minières de Jebba, Jbel Ressas et de Teboursouk, draperie de Tebourba, tanneries de Mohamadia,

---

[31] Mahmoud Kabadou, *Addibaja*, 1844.

[32] Ahmed Ibn Abi Dhiaf, *Ithaf Ahl al-zaman bi Akhbar muluk Tunis wa 'Ahd el-Aman.*

[33] Abù Mohamed Kheirddine Pacha Attounsi, *Aqwam al-masalik li ma'rifat ahwal al-mamalik.*

[34] Lilia Ben Salem, « Les ingénieurs en Tunisie aux XIXe et XXe siècles », In : *Revue du monde musulman et de la Méditerranée*, n°72, 1994. Modernités arabes et turque : maîtres et ingénieurs, p. 60-74.

fonderie du Bardo, minoterie de Djedaida, la cotonnerie d'El Battan, les ateliers de tissage, la soierie de Manouba, les huileries du Sahel et du sud, etc., méritent des études spécifiques[35].

Parmi les historiens qui se sont intéressés trop tôt à l'histoire économique de la Tunisie, on peut citer Lucette Valensi qui a consacré la plupart de ses recherches à la vie économique et sociale de la Tunisie à l'époque moderne. Une sérieuse tentative d'un début d'une histoire économique, démographie, production industrielle échanges commerciaux, etc.

LES INITIATIVES RECENTES :
ESQUISSE DE CHAMPS DE RECHERCHE NOUVEAUX

Entre 2009 et 2012, deux tables rondes ont été organisées à l'initiative de Mohamed Sassi, en collaboration avec le professeur Dominique Barjot de l'Université de Paris Sorbonne. La première a pris la forme d'un débat interuniversitaire sur le thème de l'histoire des entreprises dans le contexte méditerranéen. La seconde rencontre, organisée sous l'égide de l'Université de Tunis, a consisté en une journée d'étude, intitulée : *L'espace méditerranéen : diversité et évolution*[36].

Elles ont permis de préciser les contours d'un nouvel axe de recherche en histoire de la Tunisie, que l'on pourrait synthétiser sous le thème « Histoire économique et relations internationales ».

C'est d'ailleurs le titre du colloque international organisé en mars 2019 par l'Université de Tunis, objet de cet ouvrage. Ces initiatives avaient pour objectif de relancer le débat et d'étudier les relations économiques et diplomatiques dans le cadre des rapports régionaux, un angle de vue souvent négligé par les recherches historiques en Tunisie. D'un autre côté, il a été question de faire converger les efforts entre des groupes d'études sur l'axe

[35] Khalifa Chater, *Dépendance et mutations précoloniales : la Régence de Tunis de 1815 à 1857*, Faculté des Sciences Humaines et Sociales de Tunis, Tunis, 1984.

[36] Mise à jour et publiée récemment : Mohamed Sassi (dir.), *Espace méditerranéen : diversité et évolution*, ATHE-SPM, Tunis- Paris, 2020.

Nord/Sud, le bassin méditerranéen apparaissait comme le lien fort, celui autour duquel se sont organisés des flux et des échanges constants depuis l'antiquité.

Cette démarche a permis de constituer le socle sur lequel s'articule un vaste champ de recherche sur l'histoire économique entre les deux rives de la Méditerranée. Il a également été à l'origine de collaborations multiples entre l'Université de Tunis et les diverses universités européennes, telles les universités de Cergy-Pontoise et de Lyon 3 – Jean Moulin, pour des investigations sur des thèmes plus spécifiques, comme le multilatéralisme et ses effets sur les pays du Sud[37].

Encore plus récemment et dans le cadre des activités scientifiques du Laboratoire de recherche « Régions et ressources patrimoniales de Tunisie », des journées ont été organisées du 19 au 21 avril 2018, autour du thème « Mines et carrières en Afrique du Nord à travers l'histoire ». Il s'agit d'une tentative de relancer la recherche autour d'un chapitre de l'histoire économique de la Tunisie, les ressources naturelles, et sa déclinaison patrimoniale. En plus des études monographiques, ces journées ont eu l'avantage d'avoir présenté la question dans une dynamique transversale et ont posé pour la première fois les jalons de l'étude d'une thématique historique dans le long terme et à travers des aspects et disciplines multiples. Dans d'autres universités régionales (Sousse, Sfax, Jendouba, etc.) des laboratoires de recherches font également des efforts consistants par l'organisation de séminaires qui traitent de l'histoire économique en rapport avec le territoire et l'occupation du sol.

De là se dégage la conclusion que le dossier d'une histoire économique de la Tunisie, même s'il semble être encore en chantier, a commencé son take-off avec des horizons plus larges et des thématiques plus larges qui ouvrent sur les relations diplomatiques, les flux migratoires et les échanges commerciaux en plus des études monographiques et sectorielles[38]. Aujourd'hui, la publication d'une revue et la constitution d'une association de l'histoire économique de la Tunisie sont plus que jamais à l'ordre du jour.

---

[37] Mohamed Sassi, Régine Perron et François David, *Du GATT à l'OMC : quelle place pour les pays du Sud ?* Journée d'étude, Université de Cergy-Pontoise, 4 juin 2019 (note actualisée après la tenue du présent colloque).

[38] Habib Belaid, « Eléments pour l'histoire de l'énergie en Tunisie pendant la période coloniale (1894-1954)», in Morgan Corriou et M'hamed Oualdi, *Une histoire sociale et culturelle du politique en Algérie et au Maghreb*, Editions de la Sorbonne, Paris, 2018, p. 295-311.

QUELQUES SOURCES POUR L'HISTOIRE ECONOMIQUE DE LA TUNISIE

Les sources de l'histoire économique sont transversales dans la chronologie et selon les domaines d'intérêt.

– Les sources et vestiges archéologiques : huileries, instruments de mesure, dépotoirs céramiques, mosaïque, carrières et marbrières, etc. L'archéométallurgie est également un des domaines de l'histoire économique ancienne qui est susceptible d'apporter des lumières sur les techniques d'extraction et de transformation des métaux dans l'antiquité et sur certains aspects des crises financières de l'Empire romain.

– À l'époque romaine l'Afrique Proconsulaire était qualifiée de « grenier de Rome ». La trilogie olivier, blé et vigne qui a fait la richesse de cette partie de l'empire, a-t-elle été étudiée dans le cadre d'une approche économique ? Un intérêt récent commence à faire jour avec les travaux menés par la professeure Samira Sehili, sur les ensembles oléicoles du Centre-ouest de la Tunisie (Djebel Chaambi, Djebel Selloum, la région de Thala, etc.). Un intérêt particulier est à accorder à l'archéologie rurale.

– Les sources médiévales et modernes sont constituées essentiellement des témoignages des géographes arabes et des explorateurs européens, mais aussi et plus tardivement des registres fiscaux et des impôts, des registres des « Amines », des « Lezmas » et des « Cadis ».

– Les sources contemporaines sont essentiellement constituées des revues et bulletins pour l'étude des prix, taxes, mouvements d'échange et de commerce, données douanières, flux migratoires, la production industrielle et agricole, et pour la reconstitution des séries statistiques de tous ordres quelques annuaires dont l'annuaire Desfossés pour les bilans comptables, le Bulletin Économique et Social de Tunisie

(BEST), Bulletin statistique de l'administration coloniale, presse économique, etc.

– Les fonds publics (les chartes, traités, lois, règlements, accords, contrats, etc.), ainsi que les fonds privés des entreprises (Crédit Foncier d'Algérie et de Tunisie, les banques métropolitaines et les sociétés mères, les chemins de fer, les sociétés portuaires, Compagnie Sfax Gafsa, la Société des Fermes tunisiennes, etc.) et les fonds privés des agents de l'administration et des associations (ingénieurs civils, contrôleurs civils, sociétés savantes, l'École des Mines, etc.), constituent des ressources inestimables pour fournir une matière de première importance aux historiens.

QUELQUES DOMAINES DE L'HISTOIRE ECONOMIQUE

– Les tendances (le profit, la production, la consommation, la démographie, les modèles de développement...)
– Les crises (les cycles, l'endettement…)
– La croissance et les échanges (le commerce et les échanges, les industries de l'armement, les techniques de production, les technologies et l'innovation, les conventions et accords internationaux…)
– Le monde de l'entreprise (les conflits, la culture d'entreprise, les dirigeants, la gouvernance, la communication, les cessions et opérations financières, la médiation, les chambres de commerce et de l'industrie)
– L'État et l'entreprise (fiscalité, impôts, sociétés mixtes et publiques, etc.)
– Les structures (le réseau ferré, l'infrastructure et les travaux publics,
– Les ressources (mines et carrières, le domaine de l'État, la banque, le marché financier et le crédit, l'énergie et les combustibles, les matières premières minérales.

L'HISTOIRE ECONOMIQUE ET LES INDUSTRIES DE LA CULTURE ET DU PATRIMOINE

Au présent l'histoire économique se conjugue avec la mise en valeur du patrimoine et les nouveaux métiers de l'historien.

Le patrimoine industriel, longtemps considéré comme une charge lourde à gérer et de conséquences très néfastes pour les générations futures, est devenu depuis les deux dernières décennies un des plus importants leviers économiques des industries de la culture et du spectacle. Les architectes[39], les industriels et les inventeurs y ont trouvé une source intarissable d'idées (la muséographie, l'architecture des cités minières, les liants et les matériaux de construction, les jeux interactifs, la réalité augmentée et le cinéma, etc.).

L'expertise et le conseil ont récemment, notamment depuis 2011, fait leur apparition comme nouveaux métiers de l'historien. Ces métiers ont fait leur apparition dans les domaines des stratégies de défense et de la sécurité et notamment celles se rattachant au fléau du terrorisme. Elle a également été une réponse des historiens aux tendances populistes qui se sont acharnées contre le passé dans le cadre de visées « révisionnistes » et de la « réécriture » de l'histoire.

CONCLUSION

- Les révolutions agraires et industrielles ont donné une lancée jamais atteinte dans l'histoire de l'humanité à la production et aux échanges. Les chiffres sont passés à plusieurs colonnes. Les techniques et les technologies ont encore accéléré cette évolution ouvrant ainsi le champ à diverses disciplines dont l'Histoire économique. Il est évident que derrière cette quête de savoir se trouve le besoin de comprendre et d'anticiper.
- C'est la complexité du temps présent qui a favorisé une certaine inquiétude et qui a poussé à la diversification des domaines de la recherche historique. La masse inouïe d'informations et de données va donner aux historiens de la matière à travailler.
- Dans les anciennes colonies et en Tunisie, l'Histoire économique n'a pas connu un important développement à cause de la faiblesse des structures économiques héritées de la colonisation. Les richesses du sous-sol et la production agricole étaient exploitées jusqu'à épuisement par les sociétés étrangères. Toutefois, le transfert de l'exploitation qui a suivi les indépendances va permettre le développement d'un tissu sociétaire dont nombreux établissements sont hérités de la colonisation. C'est en effet là, l'un des intérêts que

[39] Voir les travaux de recherche de l'ENAU dont l'article de Leila Ammar et Hayet Badrani, « La cité minière de Djerissa 1887-2017 Genèse, évolution et devenir à travers l'urbanisme et l'architecture », *Al-Sabîl : Revue d'Histoire, d'Archéologie et d'Architecture Maghrébines* [En ligne], n° 4, Année 2018.

nous ressentons pour développer des recherches dans ce domaine.

- L'autre intérêt est lié à la nécessité de comprendre le pourquoi de l'état actuel en vue d'anticiper les évolutions futures. Les faits économiques s'invitent de plus en plus dans la vie des gens, les historiens ont toute leur place dans cette évolution moderne (consultant, expert, chroniqueur, etc.)

CHAPITRE 4
CONTRIBUTION DES ENTREPRISES PUBLIQUES A LA DIPLOMATIE ECONOMIQUE DU MAROC : ETUDE DE CAS SUR LA BASE D'UN CADRE CONCEPTUEL INTEGRATEUR

Tahar EL QOUR & Ahmed BELFAHMI

Centre des Études Doctorales : Droit, Économie et Gestion
École Nationale de Commerce et de Gestion
Université Abedlmalek Essaadi

INTRODUCTION

Nous nous intéressons dans la présente communication à la contribution des entreprises publiques à la diplomatie économique au Maroc. En effet, la diplomatie économique constitue, de manière plus significative que par le passé, une composante clé du dispositif dit "Soft Power'' qui permet aux pays de renforcer et d'entretenir leur positionnement et leur rayonnement à l'international et ce, avec un rôle de plus en plus actif des entreprises.

Ainsi, la revue de la littérature confirme que la diplomatie économique a connu des évolutions considérables, aussi bien en termes de contenus que d'acteurs. D'une part, l'on relève, « la montée en puissance des marchés », avec ses implications en termes « d'explosion des échanges internationaux matériels et immatériels et de transformation de la société en société d'information induisant des modes de fonctionnement et de décision nouveaux »[1]. D'autre part, le champ de la diplomatie économique s'est ouvert à d'autres acteurs que l'État, notamment les entreprises, dont le poids est devenu de plus en plus important. L'intérêt et l'actualité du sujet se réfèrent au contexte marocain, marqué par une dynamique remarquable en matière de diplomatie économique à travers les partenariats stratégiques récents noués par le Maroc avec la Russie, l'Inde, la Chine, les pays du Golfe et surtout avec des pays des différentes régions du continent africain.

Ce sujet tire toute son importance du fait que les entreprises publiques constituent des acteurs clés dans la dynamique économique et sociale du pays et impactent de manière considérable les performances, les structures et

---

[1] Claude Revel, « Diplomatie économique multilatérale et influence », in *Revue Géoéconomie* – Hiver 2010-2011.

l'évolution de l'économie nationale. De même, l'intervention de nombreuses entreprises publiques en matière de diplomatie économique n'est pas récente. Toutefois, force est de constater que cette intervention s'amplifie davantage, notamment avec le déploiement d'actions d'envergure en Afrique (Groupe OCP à travers ses 14 filiales africaines, ONEE au Sénégal, la société Marchica Med en Côte d'Ivoire et à Madagascar, la compagnie nationale Royal Air Maroc en tant que transporteur très actif dans de nombreux pays Afrique...). Cette tendance est appelée à se renforcer avec le retour du Maroc dans l'enceinte de l'Union africaine en janvier 2017. Quant à l'originalité du sujet, elle trouve son fondement dans deux faits importants, à savoir que :

- aucune analyse approfondie n'a été consacrée, a priori, à l'intervention des entreprises publiques en matière de diplomatie économique au Maroc. En effet, les écrits consacrés à ce secteur traitent rarement de ce type d'actions des entreprises publiques de manière directe et significative ;
- notre recherche met le focus sur l'internationalisation des entreprises publiques, à la fois comme résultante de la volonté des pouvoirs publics de s'appuyer sur ces entités pour amplifier la portée de la diplomatie économique et comme processus dont le déploiement a des impacts sur les performances des entreprises concernées, sur leurs capacités d'influence et sur leur contribution, *in fine*, à la diplomatie du pays.

Dans ce cadre, la problématique de notre recherche consiste à nous interroger sur le cadre et les pratiques de gouvernance permettant :

- d'une part, d'inscrire le recours des pouvoirs publics à l'intervention des entreprises publiques marocaines en matière de diplomatie économique, dans un cadre structuré garantissant la conformité avec les objectifs et les choix de la politique étrangère du pays, la mobilisation de toutes les capacités disponibles et des synergies possibles entre les acteurs publics et privés, ainsi qu'un accompagnement concret des entreprises concernées à l'international ;
- d'autre part, de garantir que l'intervention des entreprises publiques dans les pays d'accueil contribue efficacement à la diplomatie économique marocaine, à travers un déploiement optimal à l'international, concourant à la consolidation de leurs performances économiques, financières et opérationnelles et au développement de leurs capacités d'influence mises au service du pays.

La présente communication a pour objectif de mener une réflexion sur un cadre conceptuel qui intégrerait des dimensions ayant fait l'objet de recherches ou d'études antérieures en matière d'intervention des entreprises publiques à l'international de manière générale, et en matière de diplomatie économique en particulier. De même, par référence au cadre conceptuel susvisé, nous présentons les résultats de l'étude du cas d'une entreprise publique qui contribue de manière significative à la diplomatie économique du pays à travers les activités qu'elle exerce en Afrique.

La présente communication est structurée en quatre sections dont la dernière présente les résultats de l'étude de cas ainsi que leur discussion. Auparavant, une première section présente le cadre conceptuel et l'ancrage théorique. Quant à la problématique et les choix méthodologiques, ils sont traités dans les sections 2 et 3.

I– CADRE CONCEPTUEL ET ANCRAGE THEORIQUE

L'intervention des entreprises en dehors de leur territoire d'origine appelle le recours aux cadres théoriques susceptibles de mettre en relief des dimensions importantes, encadrant le comportement desdites entreprises et leurs interactions avec leur environnement étranger, sachant que ce comportement rejaillit sur la posture et les intérêts du pays d'origine.

1– LA DIPLOMATIE ECONOMIQUE : NOUVEAUX PARADIGMES

Les principales références examinées s'accordent sur le fait que la diplomatie économique n'est pas séparable de la politique étrangère à laquelle elle sert d'instrument. La définition que nous avons retenue et qui nous paraît la plus adaptée avec l'objet et les objectifs de notre recherche est celle élaborée par M. Tahar El Qour[2]. En effet, cette définition tient compte du rôle des acteurs, qui est important pour l'objet de notre recherche, et précise la finalité et les supports de la diplomatie économique :

> *Ensemble des mécanismes, des compétences et* ***méthodes*** *et des* ***pratiques*** *adoptés par des individus, systèmes ou groupes,* ***gouvernementaux*** *ou* ***non gouvernementaux****, dans l'objectif de réaliser des* ***objectifs économiques*** *d'un État ou d'un groupe*

2 Tahar El Qour, *La diplomatie économique au Maroc, analyse empirique de 1999 à 2007*, École des Hautes Études en Sciences sociales, Paris, 2007. http://www.sudoc.fr/178448397.

d'États par le recours à des ***moyens politiques*** *ou de réaliser des* ***objectifs politiques*** *par le recours à des* ***moyens économiques****.*

Telle que définie, la diplomatie économique est ainsi ouverte à toutes les adaptations nécessaires pour accompagner les mutations de l'environnement économique et politique ainsi que les évolutions des paradigmes y afférents. En effet, les méthodes et les moyens de la diplomatie économique ne sont pas « *intemporels ou en apesanteur, ils sont ajustés à une politique* »[3].

Ainsi, les méthodes de la diplomatie économique n'ont pas cessé d'évoluer, sous les effets de la mondialisation et de la globalisation. De même, avec la montée en puissance des marchés et l'ouverture du champ de la diplomatie économique à des acteurs non étatiques[4], les pratiques d'influence se sont développées.

À cet égard, les acteurs non étatiques de la diplomatie économique (grandes entreprises, banques, organisations non gouvernementales, associations professionnelles internationales…) sont devenus des acteurs mondiaux et des interlocuteurs privilégiés des institutions multilatérales. Ils sont reconnus en tant que « parties prenantes » dont certaines disposent de fonctions normatives (établissements de chartes, codes professionnels, codes de conduite, etc.)[5].

Dans ce cadre, l'intérêt est accordé à la capacité d'influence d'un acteur qui est fonction de *« la pertinence de sa méthode et des contenus qu'il présente »* ainsi que de *« l'image ou la réputation »*[6], qui peuvent constituer un avantage ou un inconvénient selon les cas.

C'est ainsi que G. Carron de la Carrière (1998) considère que « la catégorie la plus importante n'est pas la taille des entreprises mais leur aptitude à raisonner, à agir et à s'imposer sur le marché mondial ». Il en ressort que les aptitudes des entreprises et leur maîtrise des méthodes d'intelligence et d'influence sont importantes pour réussir leurs interventions dans un pays étranger et éviter le décalage entre les ressources disponibles et l'influence exercée.

---

[3] G. Carron de la Carrière, *La Diplomatie économique : Le diplomate et le marché*, Economica, 1998.

[4] Claude Revel, « Diplomatie économique multilatérale et influence », *art. cit.*

[5] *Ibid.*

[6] *Ibid.*

La possession de ressources pertinentes dans un domaine particulier et en quantité supérieure à celles des autres pays n'est pas une condition suffisante pour exercer une influence. Encore faut-il que ces ressources soient effectivement mobilisées dans le cadre d'une politique de puissance[7]. Autrement dit, il est capital que les entreprises, privées et publiques, développent de manière continue leurs aptitudes à transformer les ressources dont elles disposent en capacités d'influence. Cette transformation, en l'occurrence, ne saurait être efficace en l'absence de coordination avec d'autres acteurs, publics et privés, et l'intégration dans un cadre clair, avec un message structuré, en vue d'une meilleure synchronisation de la diplomatie économique du pays[8].

La diplomatie économique ouvre certainement de nouveaux espaces aux entreprises et se sert également de leur capacité d'influence à des fins de politique étrangère, compte tenu de l'importance de leur pouvoir économique. Pour les entreprises, qu'elles soient privées ou publiques, le passage rapide du développement dans le cadre d'un marché national à une réalité internationale implique des défis à relever par les managers et des risques à anticiper et à gérer. Ainsi, les principales implications pour l'entreprise sollicitée dans le cadre de la diplomatie économique se situent davantage en termes de maîtrise de son processus d'internationalisation, de réussite de son implantation sur le marché du pays d'accueil et de gestion efficace des contraintes multiples propres au domaine des affaires.

En l'absence d'une théorie générale, et considérant que les questions traitées se situent au carrefour de nombreuses disciplines dont, essentiellement, celles de la diplomatie économique, du management international et de la science politique, nous avons mobilisé les théories et concepts relatifs à l'internationalisation des entreprises tout en prospectant les possibilités offertes par la théorie des parties prenantes en termes de prise en charge, sur les plans stratégique et opérationnel, des relations de l'entreprise avec son environnement interne et externe. C'est ce qui nous a permis d'identifier les composantes clés du cadre de gouvernance adapté.

---

[7] Jean-Frédéric Morin, *La politique étrangère : Théories, méthodes et références*, Armand Colin, 2013.

[8] François Pitti, « *La diplomatie économique des entreprises* », *Géoéconomie*, 2011/1 (n° 56), p. 105-118. DOI : 10.3917/geoec.056.0105.
URL : https://www.cairn.info/revue-geoeconomie-2011-1-page-105.htm

2– INTERNATIONALISATION DES ENTREPRISES : PRINCIPAUX LEVIERS D'EFFICACITE

En vue de cerner les contours et les principaux leviers à même de garantir l'efficacité de la présence des entreprises sur la scène internationale et de leur implantation sur des marchés concurrentiels, Guillaume Frank et Rafael Ramirez (2003)[9] ont identifié « *quatre questions principales auxquelles sont confrontées les entreprises qui s'internationalisent* » et qui doivent être traitées pour favoriser la réussite de cette mutation. Il s'agit des formes et structures d'organisation, des modes et processus de contrôle, de la politique des ressources humaines et de la culture d'entreprise.

G. Frank et R. Ramirez (2003) affirment que, pour « *passer avec succès l'épreuve de la globalisation* », il n'y a « *pas de recette unique* »[10].

Considérant les spécificités de chaque entreprise, de son histoire, de sa stratégie, de ses atouts et contraintes et de ses capacités matérielles et humaines, les entreprises sont amenées à « trouver leur voie » en veillant à « *favoriser l'ouverture aux autres et l'apprentissage permanent des structures et des hommes* »[11].

De fait, pour concevoir des stratégies et modes de management adaptés, les entreprises doivent s'appuyer sur les bonnes pratiques et les réflexions développées en matière d'internationalisation.

Dans ce cadre, certains travaux ont conclu à la nécessité, pour toute entreprise, de disposer d'une fonction « *Business Diplomacy* » ou « *Corporate Diplomacy* », concepts utilisés souvent comme des synonymes. Cette fonction « diplomatie » permet aux sociétés implantées à l'international de bâtir et d'entretenir des relations positives avec les gouvernements et autorités locales ainsi qu'avec les organismes et parties prenantes non gouvernementales.

---

[9] Guillaume Frank et Rafael Ramirez, *Les meilleures pratiques des multinationales : Structure – Contrôle – Management – Culture*, Paris, Éditions de l'Organisation, 2003.

[10] Guillaume Frank et Rafael Ramirez, *Les meilleures pratiques des multinationales : Structure – Contrôle – Management – Culture, op. cit.*

[11] *Ibid.*

Les axes développés ci-dessus sont corroborés par les principes directeurs de l'Organisation de Coopération et de Développement Économique "OCDE" publiés en 2011[12] à l'intention des entreprises multinationales.

En guise de conclusion, il ressort que les choix de l'entreprise, en termes de processus, ont « un impact fort sur la capacité à atteindre les objectifs d'internationalisation » et ce, quelle que soit « la qualité de la vision stratégique » et « du plan stratégique qui en découle »[13].

II- METHODOLOGIE ET PROBLEMATIQUE

L'objectif de notre recherche est fondamentalement exploratoire[14], visant à approfondir un champ peu étudié et à permettre une meilleure connaissance de notre objet de recherche, tout autant qu'à formuler des hypothèses adaptées.

Quant à la problématique, conçue pour tenir compte de l'interaction entre la contribution des établissements et entreprises publics[15] à la diplomatie économique et leur internationalisation, elle se présente comme suit : « Comment se concrétise la contribution des entreprises publiques marocaines, de plus en plus dynamiques et impliquées en matière de diplomatie économique et comment se comportent-elles à l'international ? »

Les questions auxiliaires apportent des éclaircissements à cette question principale en mettant le focus particulièrement sur le rôle important de l'État et l'appropriation par les entreprises publiques de règles de conduite appropriées à l'international, sachant que l'articulation entre les niveaux macro et micro contribuera à l'efficacité de l'action diplomatique en termes d'apports pour le pays et pour l'entreprise publique. La posture épistémologique est celle du positivisme aménagé qui, à côté d'une démarche qualitative et d'un raisonnement inductif, forme le cadre de notre recherche.

---

[12] OCDE, *Les principes directeurs de l'OCDE à l'intention des entreprises multinationales*. Paris, Éditions OCDE. 2011.

[13] Guillaume Frank et Rafael Ramirez, *Les meilleures pratiques des multinationales : Structure – Contrôle – Management – Culture*, *op. cit.*

[14] Madeleine Grawitz, *Méthodes des sciences sociales*, 11e édition, Paris, Dalloz, 2001.

[15] Dans cette communication, le terme « entreprises publiques » est utilisé comme terme générique pour désigner toutes les composantes du portefeuille public marocain, constitué d'établissements publics et de sociétés anonymes à participation directe et indirecte du Trésor et ce, afin de transcender la diversité des statuts juridiques qui ne constitue pas l'objet de cette étude.

En effet, l'approche qualitative, inductive favorise, selon Van Manen (1990), une information riche et étendue et facilite la découverte d'informations originales et nouvelles.

Dans ce cadre, notre étude de cas concerne l'Office National de l'Électricité et de l'Eau Potable (ONEE), une entreprise publique opérant dans le domaine de la production et de distribution de l'énergie électrique et l'eau potable. Le choix de cette entreprise parmi le portefeuille public, qui compte 225 établissements publics et 43 sociétés anonymes à participation directe du Trésor et plus de 480 filiales et participations publiques[16], tient compte des trois critères ci-après :

- l'importance économique de l'entreprise publique en termes de chiffre d'affaires, de valeur ajoutée, d'investissements et de capital humain ;
- la présence de l'entreprise publique à l'international à travers des filiales ou succursales dans le cadre de projets d'investissements, afin de ne retenir que les opérations et activités comportant des engagements durables ;
- l'existence d'une logique entrepreneuriale afin d'exclure les entités publiques à caractère non marchand dont les interventions n'obéissent pas forcément aux critères de rentabilité et de retour sur investissement.

Ces critères sont en phase avec les critères d'échantillonnage théorique qui sont au nombre de cinq selon Hlady Rispal (2002)[17], à savoir la représentativité théorique, la variété, l'équilibre, le potentiel de recherche et la prise en compte de l'objectif de recherche.

Dans la pratique, l'ONEE dispose d'engagements durables et d'intérêts, en particulier au Sénégal, sous la forme d'investissements.

Outre la production des données basée sur l'observation et l'exploitation de documents pertinents, dont essentiellement le contrat programme liant l'Office à l'État pour la période 2014-2017, le recueil des données a été effectué par des entretiens semi-directifs ayant permis de confronter les

---

[16] Rapport sur le secteur des Établissements et Entreprises Publics accompagnant le projet de loi de finances 2020 (www.finances.gov.ma).

[17] Hlady Rispal Martine, *La méthode des cas. Application à la recherche en gestion. De Boeck Supérieur*, « Perspectives marketing », 2002, 250 pages.
ISBN : 2804139506. DOI : 10.3917/dbu.hlady.2002.01.
URL : https://www.cairn.info/la-methode-de-cas-2804139506.htm

modes d'intervention de l'entreprise avec les types déterminés, ci-dessus, de manière théorique.

La triangulation des modes de production des données constitue de ce fait un gage de la qualité de notre étude de cas, qui s'est basée sur l'entretien semi-directif comme mode principal et dont les résultats sont complétés par ceux de l'observation et de la recherche documentaire.

Le déroulé de l'entretien avec les responsables de l'ONEE ainsi qu'avec les responsables concernés du ministère chargé de l'économie et des finances nous a confirmé la pertinence de la problématique de la recherche et des axes retenus pour la conduite de l'entretien.

III– PRESENTATION DES RESULTATS DE L'ETUDE DE CAS

Les résultats des entretiens menés montrent l'absence d'un cadre structuré et global de la diplomatie économique, doté d'une vision stratégique qui permettrait une intégration des interventions des entreprises publiques et des synergies entre les différents acteurs concernés.

De même, ces résultats dénotent que, en l'absence de référentiel officiel reconnu, l'ONEE a développé de manière pragmatique ses propres pratiques pour réussir son ouverture et ses interventions à l'international, notamment en matière de conduite de l'implantation de deux filiales au Sénégal, de financement, de recherche des informations et des partenaires ainsi qu'en termes de choix de la structure, de processus de contrôle, de politique des ressources humaines et de culture d'entreprise.

AXE 1 : INTERVENTION DE L'ÉTAT EN MATIERE DE DIPLOMATIE ECONOMIQUE (NIVEAU MACRO)

En ce qui concerne les mesures d'accompagnement direct et concret dont bénéficie l'Office ou qu'il attend de la part de l'État, les entretiens ont montré que, à l'exclusion de l'action des administrateurs représentant l'État dans le Conseil d'administration de l'Office lors de l'approbation de la décision d'investissement et de l'engagement de l'Office à l'international, les autres relations entre l'Office et l'Administration de l'État, essentiellement, le ministère de tutelle technique et le ministère des Affaires étrangères et de la Coopération, sont axées principalement sur l'information fournie aux deux ministères au sujet de l'état d'avancement des projets de l'Office à l'international. Les entretiens n'ont pas révélé d'actions concrètes et significatives en matière d'accompagnement de l'Office par l'administration en termes d'information, d'appui ou de financement.

Compte tenu de la technicité et la complexité afférentes aux projets en Afrique, l'Office s'est globalement appuyé sur ses propres moyens, comme il ressort de l'affirmation du responsable des opérations de l'ONEE à l'international.

> En fait, ce sont nos équipes qui ont veillé sur tous les aspects liés à notre projet d'investissement au Sénégal, depuis la préparation de l'appel d'offres jusqu'à la mise en place des deux filiales, en passant par la négociation des termes des contrats. C'était un défi pour nous tous et nous avions mis l'énergie qu'il faut pour réussir.

De même, les responsables interviewés n'ont fait état d'aucun référentiel reconnu au niveau national permettant à l'entreprise publique d'encadrer ses actions à l'international. « *C'était en réalité un véritable challenge mais aussi une belle aubaine pour nos équipes qui ont appris sur le tas. Nos managers ont développé un savoir-faire précieux, au cours des opérations d'assistance technique notamment* », précise le responsable des opérations de l'ONEE à l'international. C'est ce qui est confirmé par le responsable chargé du contrat programme État-ONEE au département de l'économie et des finances :

> Le contrat programme conclu entre l'État et l'Office au titre de la période 2014-2017 ne traite pas le volet des participations de l'Office à l'étranger et ne comporte aucune disposition ou engagement en la matière. Nous avions des questions urgentes et brûlantes pour lesquelles il fallait trouver des solutions. C'est le cas principalement du traitement des problématiques liées à la transformation du modèle économique de l'Office, qu'il fallait orienter vers la production de l'électricité à partir des énergies renouvelables au lieu du fioul, à la réalisation du programme d'investissement d'envergure et à la concrétisation des objectifs du regroupement et de synergies entre les deux branches (eau et électricité) composant l'Office depuis 2010. Finalement, les participations de l'Office ne présentaient pas un enjeu majeur et urgent face aux problèmes que je viens de citer.

En ce qui concerne la coordination entre l'ONEE et les autres acteurs nationaux impliqués en matière de diplomatie économique, il ressort qu'aucune coordination ou synergie avec des entreprises publiques ou privées ou d'autres acteurs marocains n'a été signalée concernant le déploiement des activités de l'ONEE en Afrique aussi bien au Maroc que dans les pays d'accueil. L'idée d'une instance de concertation parait souhaitable pour les interviewés qui estiment qu'une telle instance peut offrir le cadre adéquat pour structurer l'appui de l'État ainsi que pour partage des expériences et des bonnes pratiques entre les entreprises marocaines opérant en Afrique. Elle peut également constituer une opportunité pour monter des projets en commun ou développer des synergies.

En termes d'impacts sur l'économie marocaine, il y a lieu de signaler que, grâce à l'engagement de l'ONEE au Sénégal et à ses actions auprès des autorités de régulation sénégalaises, il y a eu alignement des normes des câbles utilisés en matière d'électrification rurale dans le périmètre d'intervention de l'ONEE sur les normes des câbles produits au Maroc. L'arbitrage des autorités de régulation sénégalaises en faveur de l'ONEE en face de l'opérateur sénégalais SENELEC, tout en permettant à l'ONEE d'utiliser des fournitures au coût optimal, offre une opportunité pour l'industrie et les exportations marocaines des câbles électriques. La déclaration du responsable des opérations à l'international à la branche électricité à l'ONEE explique cette performance :

> Notre persévérance et la pertinence des arguments que nous avons avancés dans nos discussions avec le ministère sénégalais chargé de l'énergie sur la question des normes à retenir pour l'électrification rurale à Saint Louis ont porté leurs fruits, et nous avons eu gain de cause face à l'opérateur public historique SENELEC. Nous pensons que nous avons apporté, à notre manière, notre contribution au développement des exportations marocaines.

Par ailleurs, les interviewés s'accordent sur le fait que l'engagement des entreprises publiques marocaines à l'international nécessite une action volontariste et structurée des pouvoirs publics pour préparer le terrain d'expatriation et garantir les conditions de protection des investissements de ces entreprises et de facilitation de leur intégration à travers une mise à niveau des différentes normes de manière concertée avec les pays partenaires.

AXE 2 : INTERVENTION DE L'ENTREPRISE PUBLIQUE A L'INTERNATIONAL (NIVEAU MICRO)

L'analyse porte sur l'engagement effectif de l'Office à l'international en termes de vision et d'objectifs stratégiques, en termes de structuration des relations entre le siège et les antennes à l'étranger, ainsi qu'en termes de prise de conscience et de gestion des contraintes relatives aux ressources humaines et aux aspects culturels liés à l'intervention dans un pays étranger.

1– VISION STRATEGIQUE ET CADRE CONTRACTUEL

Après une tentative de création, durant les années 1990, d'une filiale par l'ex-Office national d'électricité (ONE) destinée à porter le développement des activités internationales de l'Office « ONE International », l'ONEE, suite au changement du Directeur Général, s'est comporté de manière plus prudente et s'est concentré sur la concrétisation des projets d'investissements déjà engagés (notamment, les deux concessions au Sénégal). Cette attitude a été dominante, parallèlement aux pressions exercées sur l'Office sur le marché national en relation avec ses difficultés financières et l'accélération des programmes d'investissement et des programmes spécifiques destinés au monde rural. Ainsi, en l'absence d'une stratégie formelle et affichée, l'orientation stratégique implicite qui semble fonder les interventions de l'Office à l'international consiste à faire réussir les actions en cours et à se limiter aux actions d'assistance à la maîtrise d'ouvrage dans certains pays, tout en veillant à l'implication des bailleurs de fonds internationaux pour mieux sécuriser les activités engagées.

Les engagements de l'ONEE au Sénégal sont formalisés dans des cadres contractuels impliquant la société financière internationale (SFI) en tant qu'actionnaire ; ce qui permet de sécuriser une source de financement ainsi que de garantir le rapatriement des devises le cas échéant. Le responsable des opérations de l'ONEE à l'international rappelle que : « *l'expérience nous a appris que la présence d'un bailleur de fonds dans le tour de table, même à titre minoritaire, est un gage qui nous rassure contre les bouleversements éventuels au niveau du pays d'accueil et qui nous permet de rapatrier notre argent le cas échéant* ».

2– FORME ET STRUCTURES D'ORGANISATION

Les activités internationales au sein de l'ONEE (Branche électricité) sont portées par la Direction des participations et des partenariats, qui est chargée de les coordonner au niveau du siège. Au niveau des pays africains, le portage est assuré par deux filiales dédiées aux concessions de l'électrification rurale au Sénégal et par des missions ponctuelles pour les opérations d'assistance à la maîtrise d'ouvrage dans les autres pays. Les relations entre l'ONEE-siège et ses deux filiales sénégalaises se déroulent essentiellement dans le cadre des travaux des organes de gouvernance (Conseils d'Administration et comités spécialisés), dont la fréquence de réunion est assez régulière. L'ONEE dispose d'administrateurs au sein des conseils d'administration des deux filiales.

Dans ce cadre, les deux filiales sénégalaises de l'ONEE sont gérées par un seul Directeur Général et disposent de marges de manœuvre raisonnables pour la conduite des activités opérationnelles par ce même Directeur Général, en fonction des contraintes du pays d'accueil. Le Siège assure ses fonctions d'orientation, de supervision et de contrôle dans le cadre des instances de gouvernance.

L'Office apporte son appui aux deux filiales qui ont levé un financement de 7 millions d'euros auprès de la Banque Islamique de Développement, avec la garantie de l'ONEE. De même, une décision stratégique a été prise afin de ne pas faire remonter de dividendes des deux filiales et de réinvestir tous les bénéfices pour assurer la pérennité des projets.

3– INTERVENTION DES INSTANCES DE CONTROLE (COUR DES COMPTES, PARLEMENT, CONTROLE FINANCIER...) EN CE QUI CONCERNE LES ACTIVITES A L'INTERNATIONAL

L'intervention de ces instances de contrôle en ce qui concerne les activités de l'ONEE à l'international n'est pas perceptible. C'est ce qui ressort de l'examen de certains rapports, produits notamment par la Cour de Comptes et par le contrôleur d'État chargé du contrôle financier désigné par le ministère de l'Économie et des Finances auprès de l'ONEE.

4– GESTION DES RESSOURCES HUMAINES

Les principaux aspects relevés à ce sujet concernent l'absence d'incitations financières particulières relatives aux ressources humaines mobilisées dans les projets de l'ONEE à l'international. De même, la mobilisation de ces ressources humaines dans le cadre de projets ou de missions en Afrique exerce des pressions sur les ressources humaines disponibles que l'ONEE peut affecter pour la réalisation des projets en cours sur le territoire national. D'où la nécessité d'un arbitrage continu entre les utilisations possibles ainsi que les besoins en recrutement.

En ce qui concerne l'emploi des ressources humaines d'autres nationalités, notamment celles des pays d'accueil, l'on relève une ouverture progressive. À cet égard, les directions financières des deux filiales sénégalaises sont confiées à un directeur sénégalais, ce qui impacte positivement l'image des deux sociétés quant à l'accès des citoyens du pays d'accueil aux postes de responsabilité.

5– CULTURE ORGANISATIONNELLE ET CORPORATE DIPLOMACY

En ce qui concerne la culture organisationnelle et la *Corporate Diplomacy*, nous avons relevé une prise de conscience significative de l'importance de la variable « culturelle » chez les responsables de l'ONEE, compte tenu des interventions récurrentes en Afrique. Dans ce cadre, l'Office organise des formations axées sur la dimension culturelle, formations qui visent à développer les capacités et les compétences des ressources humaines de l'Office, impliquées ou appelées à intervenir en Afrique, en matière de relations interculturelles et de comportement dans des environnements culturels différents, notamment africains.

IV– DISCUSSION DES RESULTATS

L'étude de cas a permis de confirmer la plausibilité de l'hypothèse de base en montrant qu'une entreprise publique, en s'appuyant sur son savoir-faire et sur les capacités managériales et opérationnelles développées sur le marché national, peut contribuer de manière efficace à la diplomatie économique du pays et ce, tout en sauvegardant ses propres intérêts et en réalisant des performances économiques et financières. Il en ressort également que cette contribution gagnerait à être inscrite dans un cadre structuré et intégré de diplomatie économique qui garantira la visibilité à l'entreprise publique, encadrera ses interventions par des référentiels conformes aux meilleurs standards et susceptibles de développer davantage ses capacités d'influence et favorise les synergies avec les autres acteurs dont l'action est liée directement ou indirectement à la dimension internationale.

Une telle évolution pourrait impacter fortement, non seulement les performances propres des entreprises publiques en particulier, mais également les performances globales de l'économie nationale, en favorisant l'accélération de sa transformation et le rayonnement du pays et de ses acteurs à l'international.

De même, les résultats ci-dessus corroborent les résultats des travaux précédents que nous avons présentés dans la partie théorique, notamment en ce qui concerne les quatre questions principales auxquelles sont confrontées les entreprises qui s'internationalisent, questions ciblées par Guillaume Frank et Rafael Ramirez (2003), à savoir les formes et structures d'organisation, les modes et processus de contrôle, la politique des ressources humaines et la culture d'entreprise. Les résultats, ci-dessus présentent toutefois des limites, dans la mesure où il faudrait approfondir les entretiens afin de couvrir d'autres aspects non traités, dont notamment ceux relatifs à la gestion opérationnelle des ressources humaines et à la prévention des risques au niveau des deux filiales. De même, des entretiens doivent être menés au niveau d'autres entreprises publiques répondant aux mêmes critères de choix retenus et ce, afin de renforcer la validité externe des résultats, affaiblie par le nombre réduit d'entreprises et d'intervenants.

Quant à la portée des résultats de cette étude de cas, nous ne prétendons pas les généraliser à d'autres établissements et entreprises publics présentant les mêmes caractéristiques que l'ONEE.

En ce qui concerne les perspectives, nous considérons que des analyses approfondies peuvent être menées sur le rôle de l'État, en relation avec le déploiement des entreprises publiques à l'international, sachant que la revue de la littérature a révélé que de nombreux pays (Chine, Afrique du Sud…) disposent de politiques volontaristes et affichent des orientations stratégiques pour leurs entreprises publiques opérant à l'international, en particulier en Afrique.

CONCLUSION

Les entreprises publiques marocaines contribuent de plus en plus à la diplomatie économique du pays, notamment en Afrique, ce qui se traduit dans les faits par une internationalisation accrue de ces entreprises et par des exigences nouvelles en matière de gouvernance, sachant que le contenu, le mode opératoire et les approches de la diplomatie économique et des acteurs connaissent des évolutions considérables, en relation avec la mondialisation et la globalisation.

La réflexion menée a permis d'identifier un cadre conceptuel qui intègre des dimensions ayant fait l'objet de recherches ou d'études antérieures en matière d'intervention des entreprises à l'international.

Dans ce cadre, les résultats de l'étude exploratoire menée confirment que la maîtrise des processus et la clarification des relations au sein des entreprises publiques et entre ces dernières et leurs partenaires, constituent l'élément clé d'une contribution efficace de ces entreprises à la diplomatie économique du pays.

DEUXIÈME PARTIE
HISTOIRE DES PRODUITS ET DES ENTREPRISES

SECTION 1
LES PRODUITS

CHAPITRE 5
RECHERCHES SUR L'HISTOIRE DE LA PECHE AUX EPONGES A SFAX AU XIXe SIECLE

Othman BARHOUMI

Université de Sfax– Tunisie

INTRODUCTION

La Tunisie présente une étendue de 1300 Kilomètres de côtes. Pour ce qui est de la pêche, les fonds diffèrent très sensiblement. De ce fait, les espèces pêchées sont très variées, mais il y a une pêche toute particulière qui se pratique au large de Sfax et dans le golfe de Gabes, dont nous allons parler plus longuement, c'est celle des éponges. Même si les documents dans nos archives sont rarissimes en ce qui concerne la pêche de l'éponge *« Nachef»,* dans la région de Sfax, ce produit a connu un usage varié et même accru depuis le XVIe siècle. L'exploitation de l'éponge a commencé comme une matière industrielle depuis des anciennes périodes au bassin oriental de la Méditerranée, et surtout dans les îles grecques.

Comme les études relatives à la caractérisation des espèces d'éponges en Tunisie sont rares, notre recherche s'intéresse alors à l'histoire d'un produit maritime qui a fait partie des exportations tunisiennes à l'époque moderne. La pêche de l'éponge est connue presque sur les côtes tunisiennes, et principalement dans la région de Sfax et le Golfe de Gabès, qui étaient étroitement ouverts au commerce avec le bassin oriental de la Méditerranée[1]. Le commerce florissant de cette matière a eu un impact positif sur la totalité de l'exportation des ports tunisiens, et en particulier le port de Sfax où la production s'est concentrée. La région de Sfax est devenue également la plus importante zone de la production de l'éponge à partir du XIXe siècle.

Cette étude à pour objectif de mieux cerner les classements et la localisation de l'éponge dans la région de Sfax et bien comprendre les conditions des pécheurs d'éponges. L'importance de cette activité pour les recettes de l'État explique l'instauration d'une forme d'impôt *« Lizma »,* dont l'objectif était de gérer et contrôler la production d'un produit maritime

[1] Ali Zouari, *Sfax aux XVIIIe et XIXe siècles. Chronique d'une ville méditerranéenne*, Med Ali Edition, Sfax et Centre de Publication Universitaire, Tunis, 2016, p. 402.

orienté principalement vers le commerce extérieur. Cette étude s'interrogera également sur les techniques de pêche et l'évolution de la production.

I– CLASSEMENTS ET LOCALISATION DE L'EPONGE DANS LES REGIONS DE SFAX

La plupart des éponges pêchées sur les bancs tunisiens se localisent principalement dans le Sud tunisien. Les bancs principaux sont ceux de Kerkennah et la région de Sfax. Ce qui explique la qualité de la matière et le savoir-faire du personnel de métier.

1) DEFINITION ET CLASSEMENTS DES EPONGES

L'éponge est une production naturelle. C'est en réalité une colonie formée par un agrégat d'animaux d'ordre inférieur. L'espèce la plus connue est l'éponge usuelle, qui se présente comme une masse de forme très variée de tissu résistant, léger, élastique, lacuneux, foraminé et creusé de canaux ramifiés en sens divers, qui aboutissent à des orifices extérieurs[2].

Illustration 1 : Les éponges marines

Source : Jean Monot, « Les pêcheurs d'éponges du Sud tunisien : en apnée, au narguilé, à mains nues... ou au trident », in *Les pêches méditerranéennes*, 2011, p. 172.

[2] Jean Servonnet et Ferdinand Laffite, *En Tunisie Le Golfe de Gabès En 1881*, Espagne, Ecsud, 2000, p. 194.

Les éponges se forment au début comme une larve. Lorsqu'elles sortent de l'œuf, et après 5 à 6 jours de vie errante, elles se forment rapidement et au bout de 2 ans, elles atteignent la taille normale de 40 à 50 centimètres de circonférence. Ainsi, l'éponge est bonne à récolter[3].

On désigne en Tunisie les diverses qualités d'éponges suivant les lieux de pêches. De la sorte, on peut citer :

* **L'éponge *Kerkenni*,** dite à racine noire, qu'on pêche sur les bancs et dans le canal des Kerkennah, elle est pesante, grosse, brune, d'un tissu très résistant. Ce type est recherché pour les gros travaux, tels que le lavage des chevaux, voitures et appartements.

* **L'éponge *Djerbi*,** proprement dite, dont le tissu, relativement léger, se déchire facilement. Cette éponge ne se pêche que dans le fond du golfe de Gabes.

* **L'éponge de *Zarzis*,** dite à racine blanche, se recueille entre Zarzis et la frontière tripolitaine. Son tissu est très souple et son aspect est agréable, c'est elle qui pour la toilette, remplace le mieux l'éponge de Syrie.

* **L'éponge *Hadjemi*,** –du mot arabe *Hadjem* qui veut dire « barbier »– a un faux aspect des fines éponges, souple, d'une incomparable délicatesse de tissu. Elle est d'une contexture serrée, d'un grain dur, compact, peu poreux.

Le grand marché des éponges brutes en Tunisie se trouve à Sfax où les prix pratiqués varient, selon la qualité du produit.

Avant d'être exportées, les éponges sont lavées, épurées, ébarbées à Sfax. Ces opérations se traduisent par une majoration de l'ordre de 30% du prix de vente au débarquement[4].

---

[3] R. d'Orgeval, « Les pêches en Tunisie » *L'Afrique Du Nord Illustrée* N° 505, 26 Année, 1931, p. 8-10.

[4] Le grand marché des éponges brutes en Tunisie est Sfax où les prix pratiqués varient, selon la qualité du produit, entre 100 et 250 francs le kilo, au début du XXe siècle. Voir pour plus de détail. Habib Ben Alaya, « Étude statistique de la pêche en Tunisie » *Bulletin de l'Institut National des Sciences et Technologie De La Mer*. Salambo, Vol 1 N° 1, 1966, p. 5-19.

2) LOCALISATION DE L'EPONGE DANS LES REGIONS DE SFAX

Au large de Sfax et autour des iles Kerkennah[5], existe un immense plateau argileux plus ou moins imprégné de vase formant un fond assez dur et presque entièrement couvert de prairies ; c'est sur ce large espace que se trouvent les gisements les plus importants d'éponges, les unes non marchandes, les autres au contraire de belle qualité, suivant les fonds sur lesquels elles se développent.

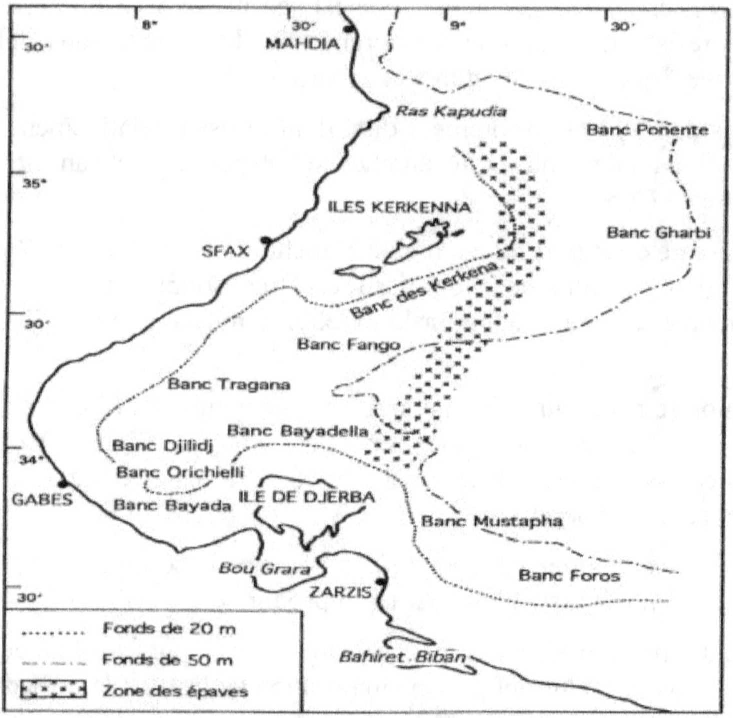

Carte 1. Répartition des bancs d'éponges du Sud de la Tunisie d'après de Fages et Louis

Source : Camps-Fabrer. H, « Éponge », *Encyclopédie berbère, 17 / Douiret-Eropaei,* Aix-en-Provence, Edisud, 1996, p. 2658-2664, p. 2661.

Plus au sud, dans le golfe de Gabes et face au petit port de Zarzis, ainsi que dans la direction côtière de la frontière Tuniso-tripolitaine, on retrouve

[5] Les îles Kerkennah sont un archipel tunisien de la mer Méditerranée situé à une vingtaine de kilomètres au large de Sfax en Tunisie. Il s'étend sur 35 kilomètres de long sur 7 à 8 kilomètres de large.

des zones à peu près identiques, riches en éponges et régulièrement exploitées.

3) PECHEURS D'EPONGES ET MARINS : LES DROITS ET LES DEVOIRS

La profession de marin n'a jamais été organisée en Tunisie au XIXe siècle, l'anarchie complète règne dans l'équipage, ce qui explique la complexité de la situation des marins inhérents à leurs conditions de travail, à leurs salaires et à leurs assurances surtout que le métier de marin à bord d'un gangavier est extrêmement pénible.

Il n'est pas étonnant alors que les armateurs éprouvent de grandes difficultés à recruter des équipages et se disputent les bons éléments en leur offrant des avances importantes. Et parfois même certains armateurs donnent des avances aux marins hors de proportion avec leurs besoins réels, de façon à se les attacher et à les enrôler pour leur compte.

Mais une chose est certaine, elle réside dans le fait que les bancs d'éponges ne sont pas inépuisables et il est nécessaire de prendre des mesures pour que le développement des moyens d'exploitation n'entraine pas l'épuisement de cette richesse, d'une part, et assurer la protection des bancs situés à faible profondeur qui seuls peuvent être exploités par les pêcheurs traditionnels ceux qui représentent l'élément le plus nombreux des pêcheurs d'éponges, d'autre part. Ces mesures peuvent être d'ordre fiscal ou d'ordre purement règlementaire.

II– TECHNIQUES DE PECHE ET CONCESSION « *LIZMA* » DES EPONGES

L'éponge pêchée en Tunisie est essentiellement un produit d'exportation. La consommation locale de ce produit demeure négligeable et la majeure partie de la production est écoulée sur les marchés extérieurs. En effet, les pêcheurs de différentes nationalités y ont boosté l'exportation.

1) METHODES ET TECHNIQUES DE PECHE DES EPONGES

La pêche de l'éponge se pratique de diverses façons et, fait curieux, selon le mode de pêche, les pêcheurs se différent de nationalité. Les autochtones des régions de Sfax des iles Kerkennah ou du golfe de Gabès se livrent exclusivement à la pêche en plongée.

Ils se mettent nus avec autour des reins une petite poche où ils se laissent couler très vite au fond ayant sur la tête une pierre attachée par un cordeau bordage du bateau. Les pêcheurs profitent de la très grande transparence des eaux, dès que le soleil est assez haut sur l'horizon[6]. Le plongeur choisit rapidement ses éponges et reste parfois plus de 2 minutes sous l'eau. La cueillette finie, il donne un coup sec sur la corde, jette la pierre qui lui a servi de poids, et remonte à la surface.

Les Italiens-Siciliens, en particulier, pêchent les éponges au **KamaKi**, sorte de trident à long manche qui va piquer l'éponge choisie par des fonds de 3 à 5 mètres.

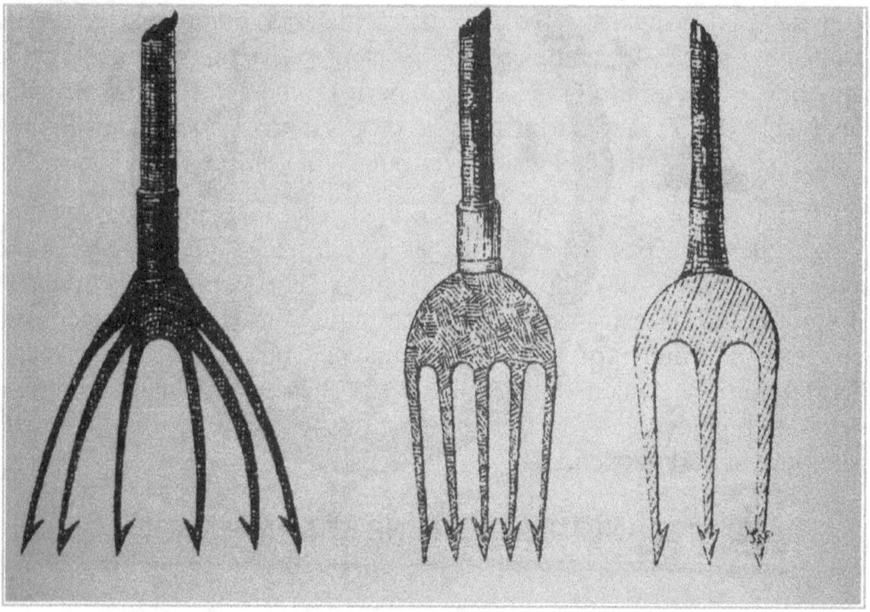

Illustration 2 : Diverses formes de Tridents (Foëne)

Source : Jean Servonnet et Ferdinand Laffite, *En Tunisie Le Golfe de Gabès en 1881, op. cit.*, Pl VIII, p.198.

Pour distinguer les éponges, dans ces fonds, on utilise une sorte de lunette d'eau assez primitive formée d'un cylindre en métal de 0,30 de diamètre dont une extrémité reste ouverte et l'autre est fermée par un verre de vitre ordinaire[7].

[6] Camps-Fabrer. H, « Éponge », *art. cit.*, p. 2662.
[7] *Ibid.*, p. 198.

L'observateur, couché sur le bord de l'embarcation, plonge son cylindre à moitié dans l'eau et, enfonçant sa tête dans la partie supérieure, aperçoit très distinctement le fond marin. Dès qu'il a discerné une ou plusieurs éponges de valeur, il les pique avec son trident et les ramène à la surface. Cette technique n'est utilisée que pour des fonds de 10-12 mètres, très rarement plus[8].

Au début du XXe siècle (et dans les années trente), tous les ans, lors de la campagne d'hiver arrivent de Trapani vers le large de Sfax plus de 400 barques montées chacune par 3 hommes qui se livrent à cette pêche.

Une troisième méthode consiste à drainer les fonds avec un grand filet appelé **gangava.** C'est une drague (ou chalut) formée par une barre de fer coudée à deux extrémités, solidement rattachées à une barre de bois finissant le cadre. Sur ce cadre est fixé un sac en filets à mailles assez larges qui, plongé à 20 ou 25 mètres, racle les fonds.

Illustration 3 : Gangava et Sacolève grecque avec la gangava

Source : Jean Servonnet et Ferdinand Laffite, *En Tunisie Le Golfe de Gabès en 1881, op. cit.*, Pl X et XI.

[8] Camps-Fabrer. H, « Éponge », *art. cit.*, p. 2662.

Un voilier appelé **Sacolève,** jaugeant 20 à 25 tonnes, tire le filet qu'on remonte ensuite chargé d'éponges de toutes sortes[9].

En un peu plus de 100 ans, la technique associée à cette pêche a évolué considérablement. À la fin du XIXe siècle, les pratiques des pêcheurs étaient très proches de celles qui existaient quelques milliers d'années auparavant : pas de masque, une pierre plate pour descendre, un filet accroché au cou pour y mettre la récolte et un seau sans fond pour observer le fond, un trident très long pour décrocher les éponges.

Les plongeurs sont souvent victimes d'un virus Actinium[10] qui se développe sur les éponges mais il y a peu d'accidents de plongée. Quel que soit le mode de capture, les pêcheurs d'éponges sont tenus de débarquer le produit de leur pêche dans un port tunisien et le capitaine ou le « *Lazzam* » du port ou ses agents enregistrent le poids global, pour fixer une taxe à la production.

2) CONCESSION OU FERMAGE « *LIZMA* » DES EPONGES ET DROITS DES « *LAZZAMS* »

L'éponge est devenue au XIXe siècle une matière de base dans les échanges avec l'Europe ce qui explique l'importance des revenus pour l'État. Alors la concession de cette pêche jusqu'à la 1re moitié du XIXe siècle est adjugée sous forme d'une ferme « lizma » aux enchères publiques pour une durée de trois ou six et parfois dix années, à des prix qui étaient en hausse constante.

Notons ici le cas du « *Lazzam* » **Paulo Tabia** (Autrichien), qui a conservé le contrôle du secteur à partir de Sfax, pour dix ans entre 1857 et 1867 avec une somme totale de 488.000 piastres (120.000 pour les premiers 3 ans et 50 mille pour une année et 150.000 pour trois ans et 168.000 pour les trois dernières années)[11].

En 1870, la maison **Coulombel,** de Paris, obtenait la *« Lizma »* pour six ans, moyennant une redevance annuelle de 70.000 piastres en 1876, le même privilège fut payé 150.000 piastres par la maison **Sibon** et **Crozat** de Paris[12].

---

[9] *Ibid.*, p. 200.

[10] L'Actinium est un métal environ 150 fois plus radioactif que le radium. Son nom vient du grec aktinos, qui signifie « rayon », car dans le noir, on perçoit la lumière bleue qu'il émet.

[11] Archives nationales, Tunis (A.N.T), registre N° 1912, date 1857-1867, p. 33.

[12] Jean Servonnet et Ferdinand Laffite, *En Tunisie Le Golfe de Gabès en 1881, op. cit.*, p. 203.

Les droits que le *« lazzam »* doit percevoir en nature sur la totalité de la pêche sont de l'ordre de 25 % sur les éponges *blanches,* ou lavées et 33 % sur les éponges *noires,* ou à l'état brut.

Ces redevances imposées aux pêcheurs sont moins excessives qu'elles le paraissent au premier abord. Il faut pour s'en convaincre envisager que la pêche tunisienne est généralement très productive. On peut évaluer approximativement la production annuelle d'éponges en Tunisie à 150 tonnes à la deuxième moitié du XIXe siècle[13]. L'éponge se vend à un prix assez élevé sur le marché de Sfax, ville où le fermier établit d'ordinaire le centre de ses opérations. Par ailleurs, plus la mise de fonds des pêcheurs, représentée par leurs navires, barques et engins, est peu considérable ; plus les dépenses des pêcheurs à bord sont restreintes, puisqu'ils trouvent en mer ou dans les pêcheries qu'ils visitent et dépouillent, le plus clair de leur nourriture. En fait, la mer est presque toujours clémente dans ces parages privilégiés et par conséquent que les risques à courir deviennent à peu près nuls.

Bien que les autochtones des régions de Sfax, des iles Kerkennah ou de golfe de Gabès excellaient à la pèche en plongée ; l'industrie de l'éponge et son développement en Méditerranée n'auraient certainement pas connu une fantastique épopée si les Grecs n'avaient pas apporté leur expertise dans ce domaine. En effet, depuis l'Antiquité, les Grecs sont connus pour avoir développé leurs techniques de plongée permettant de récolter les éponges au fond de la mer.

Les pêcheurs d'éponge grecs furent les rois de la pêche au scaphandrier. Ils étaient et sont encore originaires surtout de Kalymnos **(Petite île du Dodécanèse qui doit sa renommée aux pêcheurs d'éponges)**. Celle-ci était connue comme la capitale de l'éponge et cela depuis l'antiquité.

D'ailleurs, les premiers immigrants grecs sont arrivés à la région de Sfax et le plus souvent au golfe de Gabès depuis la fin du XIXe siècle. Ils étaient alors embauchés comme plongeurs d'éponge. Et dès 1905, ils étaient en quelque sorte devenus indispensables et contrôlaient peu à peu ce secteur d'activité dans l'industrie de l'éponge.

---

[13] En se basant sur les exportations on constate que la production a régulièrement diminué à 108 tonnes vers 1912. Cette diminution provient de l'appauvrissement des fonds consécutif à l'utilisation intensive de la gangave (motorisation) et l'emploi de la gangave à chaines. Voir pour plus de détail : Jean Gaudilliere, « L'Éponge de Tunisie », *Bulletin Économique et Social de la Tunisie*, 1951, p. 64-74, p. 65.

Carte 2. Plan de Sfax et ses environs
(À l'échelle de 1/400.000)

Source : M. V. Duraffourg, *Notice de géographie historique et descriptive sur la Tunisie, Sfax et ses environs*, Lille, France, 1890.

CONCLUSION

Nous avons essayé d'élucider une activité économique et maritime fort importante au cours du XIXe siècle dans la région de Sfax et du Golfe de Gabès, à travers des différentes phases et des procédés de pêche employés. Toutefois, cette activité a décliné au cours du XXe siècle suite à des facteurs écologiques (appauvrissement et réduction des bancs d'éponge du Golfe de Gabès) et des innovations techniques (l'emploi des éponges synthétiques) qui ont fait péricliter cette industrie jadis florissante. Notons enfin que le départ des Grecs de la Tunisie a occasionné une réduction substantielle de ce type de pêche.

CHAPITRE 6
L'EXPLOITATION DU SEL EN TUNISIE PENDANT LA COLONISATION (1881-1956)[1]

Zeineb MEJRI

Université de la Manouba

INTRODUCTION

Parmi les richesses naturelles multiples de la Tunisie[2], qui ont suscité un intérêt particulier de la part des autorités coloniales, nous trouvons les salines exploitées de longue date mais d'une manière peu développée jusqu'à la création de la société COTUSAL[3]. Tombé dans l'oubli depuis plusieurs décennies, le dossier du sel tunisien a refait brusquement surface et il est devenu l'un des sujets qui font l'objet d'une attention particulière du grand public. Tout récemment, en mars 2019, le gouvernement tunisien a décidé de ne plus renouveler la concession des salines à cette compagnie en fonction depuis 1949. Dans la présente étude, nous examinerons la question de l'exploitation du sel en Tunisie pendant l'époque de la colonisation française, en insistant sur l'importance de l'exploitation, le rôle de la société COTUSAL et les difficultés vécues par le secteur durant cette période.

I– SALINES ET SEL EN TUNISIE

L'exploitation des salines n'est pas un fait nouveau en Tunisie. En effet, elle remonte à la plus haute antiquité et s'est poursuivie durant toutes les périodes suivantes.

---

[1] Nous remercions le professeur Béchir Yazidi qui a bien voulu relire ce texte et nous faire profiter de ses observations sagaces.

[2] Nous avons essayé, dans une communication présentée lors du colloque international *Mines et Carrières en Afrique du Nord de l'antiquité à nos jours*, tenu à Hammamet du 19 au 21 avril 2018 et organisé par le Laboratoire Patrimoine, histoire et société Tunisie, Maghreb et Méditerranée (sous presse) de traiter l'une de ces ressources, à savoir les hydrocarbures : lignite et pétrole.

[3] Sur le sujet de l'exploitation des salines en Tunisie à l'époque coloniale, voir en dernier lieu. Béchir Yazidi, « L'exploitation du domaine public et l'impact socio-politique », *Rawafid*, n° 16, 2011, p. 101-113.

1) APERÇU HISTORIQUE

Depuis l'antiquité, la Tunisie est connue par l'importance de ses salines. Cette terre a de tout temps frappé les écrivains et les voyageurs étrangers par l'abondance de son sel, ce qui a donné lieu à d'importants témoignages littéraires qui soulignent cette particularité : Hérodote, Jules César et Pline l'Ancien, pour ne citer que les plus célèbres, ont donné des renseignements divers à ce propos. Dans ses descriptions topographiques de la guerre d'Afrique, Jules César fait mention du *Stagnum salinarum*, qui correspond au lac côtier de *Thapsus*. Pline l'Ancien[4] décrit précisément la saline d'Utique et l'aspect technique de la production de sel et de son exploitation[5]. Pour l'usage du sel, Caton évoque les salaisons des Carthaginois : grâce à de nouvelles découvertes archéologiques, nous savons que les Carthaginois exploitaient le sel non seulement pour la conservation des poissons, mais aussi des produits alimentaires agricoles, traditions poursuivies et développées ensuite par les Romains en Afrique, comme en témoignent les vestiges de plusieurs bassins de salaisons mis au jour dans plusieurs sites antiques de la Tunisie[6].

---

[4] Pline l'Ancien, *HN*, livre XXXI.

[5] Nuria Morère, « Le sel dans l'Afrique ancienne : ressources et enjeux dans l'emprise du territoire », in *Centres de pouvoir et organisation de l'espace*, Actes du colloque international sur l'histoire et l'archéologie de l'Afrique du Nord préhistoire, antique et médiévale, Caen, presses universitaires de Caen, 2014, p. 443-462.

[6] Sur le sel dans la région du Sahel dans l'Antiquité, voir en dernier lieu Ameur Younes et M.-A., Tagurti « Salaisons, sel en Byzacène orientale à l'époque antique, Savoir et savoir-faire en Ifriqiya dans l'Antiquité et le Moyen Âge », *Actes du IVe International colloque de l'U.R. Peuplement et Mise en Valeur en Tunisie à travers l'Histoire « PEMIVAT » (Kairouan 24-25 avril 2009)*, Tunis 2012, p. 11-41.

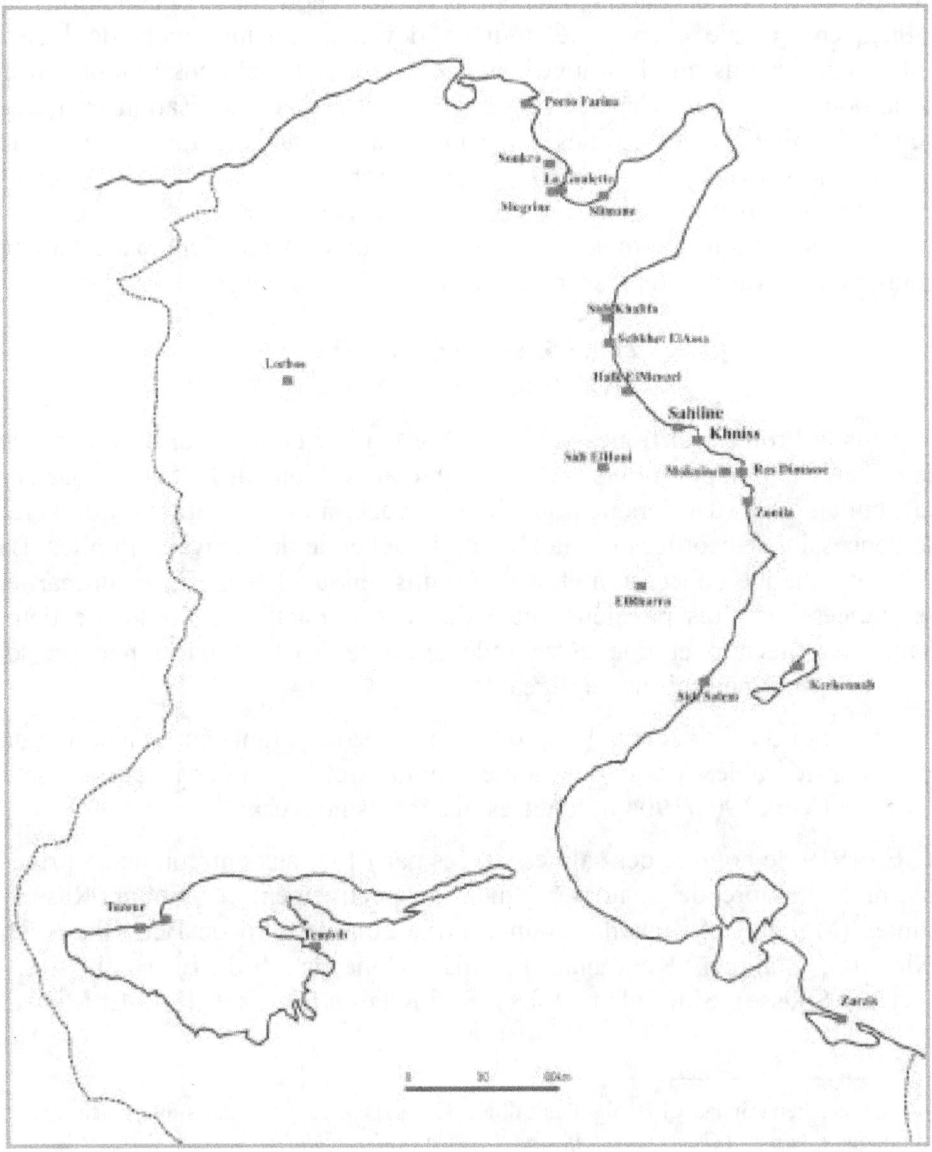

Carte de la répartition des salines exploitées en Tunisie à l'époque coloniale

Au Moyen âge[7], les sources arabes font aussi mention de quelques salines, telle celle de Zarzis. Pendant la période moderne, l'exploitation des salines en Tunisie a continué, tout en devenant un monopole de l'État, notamment depuis que l'on a commencé à utiliser le sel dans la fabrication de la poudre à canon. Cependant, ce n'est qu'avec la colonisation française que l'exploitation des salines en Tunisie a connu son apogée. À cette époque, la Régence occupait le premier rang à l'échelle des colonies françaises en quantité et en qualité de son sel. De par sa composition, le sel tunisien est surtout exempt de matière insoluble et convient parfaitement pour la conservation du poisson et pour la fonte de la neige.

2) LES SALINES EXPLOITEES A L'EPOQUE COLONIALE

Sous le Protectorat français, tout en continuant à constituer un monopole de l'État, l'exploitation du sel était assurée aussi bien par l'État que par des particuliers[8]. Ces derniers ne pouvaient procéder à l'exploitation qu'en vertu de concessions accordées par la Direction Générale des Travaux Publics. La durée de chaque concession était de 30 ans renouvelables. En contrepartie, les concessionnaires payaient une redevance annuelle de l'ordre de deux francs par hectare et une autre redevance de 0,10 fr. par tonne de sel exportée[9], somme presque négligeable.

Au début du XXe siècle, l'exploitation des salines tunisiennes a connu un essor considérable. À côté des salines connues et exploitées jusque-là, on a découvert vers 1903/1904 huit autres gisements nouveaux[10].

En 1919, le nombre des salines livrées par l'État aux entrepreneurs privés atteint le nombre de quatorze, situées respectivement : à Sokra, Ras al-Dimas (Mahdia) et Zuwaila, connue aussi sous le nom de Ben Ghayadah (Mahdia), Slaiman, Kerkenna, Khenis (Monastir), Sidi El Hani, Assa-Djeriba (Sousse), Sidi Salem (Sfax), Sidi Khalifa (Sousse), Halg El Menzel

---

[7] En dernier lieu Ahmad El Bahi « Les salines de Zarzis », communication présentée lors du colloque « *Mines et Carrières en Afrique du Nord de l'antiquité à nos jours* », *op. cit.*

[8] C. Berthelot, *Les mines coloniales, leur présent – leur avenir*, Librairie F.B., Baillière et Fils, Paris, 1931, p. 158-159.

[9] A. De Keppen, *L'industrie minérale de la Tunisie et son rôle dans l'évolution économique de la Régence*, Paris, 1914, p. 143.

[10] V. Crebs et E. Lose, *La Tunisie d'aujourd'hui et sa participation à l'exposition internationale de Liège*, Lierre. Bruxelles, imprimerie A. Van Hoecke, S.D., p. 23.

(près d'Ennefida-ville), Mtak el-Rherra[11]. Les salines dont l'exploitation était assurée par le secteur public se trouvaient à Lorbus (Kef), à Porto Farina, à La Goulette (La Princesse), à Sidi El Hani (à partir de 1929), à El Moknine, à Kerkenah, à Sebkhat El Maleh (Zarzis), à Chatt El Jarid, à Tozeur et à Tembib.

Ainsi, le nombre total des salines exploitées en Tunisie dépasse le chiffre de 22, et cela jusqu'à la fin de la Seconde Guerre mondiale.

Tableau 1. ***Les salines de Tunisie pendant la colonisation française***

	Noms des salines	Localité	Noms des concessionnaires	Superficie (Hectare)	Dates des concessions
Salines étatiques	La Goulette (La Princesse)	banlieue de Tunis	Direction des monopoles tunisiens	65	
	Lorbeus	Entre Kef et Kairouan		0,74	
	Moknine				
Lagunes et marais étatiques	Sebkha sidi El Hani	Sousse	M. Wilhelm Direction des combustions indirectes	22.000	13/7/1929
	Saline de Tembib			" " "	
	Saline de Tozeur			" " "	
	Chott Edjrid				
	Sebkha Elmaleh	Zarzis		" " "	
	Sebkha de Porto Farina	Bizerte			Arrêt d'exploitation en 1923
Salines concédées aux privés	Salines de Mégrine	Contrôle civil de Tunis	Bongarts Lebbe Sté des salines et pêcherie d'Ilyères	60	01/01/1908
	Sebkha de Sokra	Contrôle civil de Tunis	M. Dumont et Lefèbre M. Bonnet	5.300	11/12/1894
	Saline de Sliman	Contrôle civil de Soliman	Société des Salines de Soliman M. de Chabanes	326	
	Saline de Khnis	Monastir	Société des salines de Tunisie	500	11/02/1914
	Sebkha Essahline	Contrôle civil de Sousse	M. Schloesing	800	01/04/1909

[11] E. Guillot, *La Tunisie pays de Colonisation de Mines et de Tourisme*, Paris, éd. Emile Larose, Librairie-éditeur, 1912, p. 182.
Paul Lambert, *Dictionnaire illustré de la Tunisie : choses et gents de Tunisie*, C. Saliba aine éditeur Librairie du Phénix, Tunis, 1912, http://gallica.bnf.fr/ark.

Sebkha Sidi Khlifa	**Contrôle civil de Sousse**	**Paul Nadal**		**17/02/1906**
Saline de Rass-Dimass	**Contrôle civil de Sousse**	**Société des salines de Tunisie**	**300**	
Saline de Ben Ghayadha ou de Zouila	**Contrôle civil de Sousse et proche d'El-Mahdia**	**– M. Alexandre Epinat – L. Novak, Mehdia**	**110**	**15/05/1902**
Saline de sidi Salem	**Contrôle civil de Sfax**	**D. Novak, Sfax**	**444**	**20/07/1905**
Sebkha de Mtak El Gherra	**Près de Sfax**	**M. Macler, Charles-Albert-Frédéric**		**31/12/1907**
Saline de Kerkena	**Contrôle civil de Kerkena**	**(Société des salines de Tunisie)**	**3.000**	
Saline de Assat-Ejriba	**Contrôle civil de Sousse**	**– M. Dutertre – Société des salines de Hergla**	**1.900**	**30/01/1905**
Saline de Halg El-Manzel	**Contrôle civil de Sousse**	**Société des Salines du Bassin de la Méditerranée**	**970**	**01/08/1906**

Source : Plusieurs sources documentaires[12]

Par ailleurs, les salines de Tunisie jouissent d'exceptionnels avantages à l'égard de leurs concurrents méditerranéens :

- Un climat et des conditions naturelles très favorables : l'action simultanée des vents et de la chaleur permet plusieurs récoltes annuelles de sel, ce qui, par conséquent, élève d'autant plus le rendement de l'hectare.

[12] Ce tableau a été réalisé grâce aux informations contenues dans :
– Bulletin mensuel de l'Office du protectorat français en Tunisie, juin 1930, n° 229, p. 87.
– Paul Reufflet, « Evolution de l'industrie minérale en Tunisie entre les années 1922 et 1930 », *Annales du Bureau d'études géologiques et minières coloniales*, n° IV, Régence de Tunis, Direction générale des travaux publics, Services des mines, Tunis, société anonyme de l'imprimerie rapide, 1931, p. 45-47 ; J. Liers, « Salines de Tunisie », in *Journal des finances*, 8 août 1908, n°32, Paris, p. 745-748, p. 748 ; A. De Keppen, *L'industrie minérale de la Tunisie et son rôle dans l'évolution économique de la Régence*, op. cit., p. 144.
– Archives Nationales de Tunisie (A.N.T.), série E, carton 67, dossier 1, sous dossier 10, document 73, Décret du 26 juin 1931 publié au JORT le 1er août 1931.
– *Ibid.*, sous dos. 16, doc 4, Mahroud, 6 juin 1908.
– *Ibid.*, sous dos 23, doc 2, Décret du 1er avril 1913.
– *Ibid.*, sous dos 24, doc 1, décret du 17 février 1914 publié au JORT du 21 février 1914.
– *Ibid.*, sous dos. 17, Mahroud, 9 juin 1909.
– *Ibid.*, sous dos. 14, doc 3, Mahroud, 22 mars 1906.
– *Ibid.*, sous dos.21, doc 9, Décret du 19 août 1913.
– *Ibid.*, sous dossier 12, doc. 1, Mahroud, 7 septembre 1907.
– A.N.T, série E, carton 67, dos1, sous dos. 15, doc 8, Décret du 10 septembre 1910.
– *Ibid.*, sous dos.11, doc 12.
– *Ibid.*, sous dos13, doc 8, Mahroud du 22 octobre 1911.

- Une main-d'œuvre très disponible (de simples ouvriers locaux sans aucune spécialité, car le travail dans les salines ne nécessite aucune compétence particulière) et relativement bon marché.
- La facilité d'évacuation du produit que les vaisseaux scandinaves qui apportent les bois chargent très volontiers comme fret de retour.
- Le sel recueilli en Tunisie est d'excellente qualité et très supérieur aux sels gemme et marin européens. Il est, en effet, exempt d'impureté, et sa teneur en chlorure de sodium atteint en moyenne 96.75 %[13].

Ceci nous amène à nous arrêter sur les différents types de sels produits en Tunisie durant cette période.

3) LES TYPES DE SEL PRODUITS EN TUNISIE

Sous le Protectorat français, la Tunisie produisait deux types de sel : le sel gemme (ou l'halite) et le sel marin :

- **Le sel gemme** : il était exploité par l'État dans la source salée de Lorbeus, dans la région du Kef. Ces gites étaient les seuls exploités jusqu'au début des années trente du XXe siècle[14]. Depuis, un autre gisement important de sel gemme a été découvert à Djebel Hadifa, 65 Km à l'Ouest Nord-Ouest de Gabès, le long de la rive nord de Chott-El Fedjedj[15].
- **Le sel marin** : il était extrait des salines situées sur la côte orientale de la Tunisie. À cela s'ajoutent les lagunes salées (Sebkhas, chotts…), assez nombreuses dans la plaine orientale et dans le sud du territoire tunisien[16]. Les eaux-mères de ces sebkhas étaient utilisées pour en extraire, outre le sel, le chlorure de potassium, le chlorure de magnésium et le brome[17]. D'ailleurs pendant la Première Guerre mondiale, l'État français a construit une usine sur la Sebkha el-Melah, près de Zarzis, pour développer cette activité[18].

---

[13] Bulletin mensuel de l'Office du protectorat français en Tunisie, juin 1930, p. 87.

[14] Paul Reufflet, « Evolution de l'industrie minérale en Tunisie entre les années 1922 et 1930 », *art. cit.*, p. 45.

[15] C. Berthelot, *Les mines coloniales, leur présent – leur avenir, op. cit.*, p. 159.

[16] *Ibid.*, p. 160.

[17] Paul Reufflet, « Evolution de l'industrie minérale en Tunisie entre les années 1922 et 1930 », *art. cité*, p. 46-47.

[18] J. P. Perthuisot, « Histoire de la découverte scientifique d'un Bassin salin paralique, la Sebkha el Melah (S.–E. tunisien) : des moyens, des hommes et des idées », *Revue des Questions Scientifiques*, T. 148, n°1, p. 89-114, p. 92 ; C. Berthelot, *Les mines coloniales,*

II– PROGRES DE L'EXPLOITATION DU SEL TUNISIEN

Dès leur établissement en Tunisie, les autorités coloniales prirent en main les prérogatives de l'exploitation du sel. Très vite, l'industrie du sel a connu une prospérité particulière due à l'évolution des sociétés productrices.

1) SOCIETES PRODUCTRICES DE SEL

Plusieurs sociétés de production de sel marin se sont constituées en Tunisie au début du XXe siècle, mais la plus grande fut « la Société des Salines de mer de Tunisie ». Les trois concessions qu'elle possédait étaient situées sur la côte Est du pays : Ras-Dimas (Mahdia), Khnis (Monastir) et les îles Kerkena[19]. Mise en liquidation dans les premiers jours de l'année 1911, l'entreprise a repris ses activités sous le nom de « Salines de Tunisie »[20].

Vers la fin des années 1940, la COTUSAL (Compagnie Générale des Salines de Tunisie), une filiale du groupe français Salins, réussit à fusionner les sociétés des salines les plus importantes de l'époque et devient ainsi l'acteur majeur dans la production de sel de mer en Tunisie.

Le 11 octobre 1949, la COTUSAL obtint une autorisation d'exploitation accordée par le Résident Général français Jean Mons[21]. Comme il s'agit d'une entreprise dont la production est destinée essentiellement à l'exportation, elle a entrepris, dès le début de ses activités, des travaux d'aménagements dans les ports d'embarquement, dans le but d'accroitre les quantités du sel exportées. C'est ainsi que le taux de sel exporté atteignit en 1954 environ 90% du volume total de sa production[22].

leur présent – leur avenir, op. cit., janvier 1977, p. 160.

[19] J. Liers, « Salines de Tunisie », *art. cité*, p. 746.

[20] A. De Keppen, *L'industrie minérale de la Tunisie et son rôle dans l'évolution économique de la Régence, op. cit.*, p. 145-146.

[21] Mohamed Hamdane, « La production du sel en Tunisie : un patrimoine » *Culture et patrimoine de Tunisie en images*, http://cultpatr.blogspot.com/2016/07/la-production-du-sel-en-tunisie-un.html, consulté le 10/03/2017 à 12 h. 12mn29 juillet 1916.

[22] L. Natali, « Les salines tunisiennes, La situation du marché du sel », in *Bulletin économique et social de la Tunisie*, novembre 1954, p. 43-51.

2) PROGRES DE LA PRODUCTION ET DE L'EXPORTATION

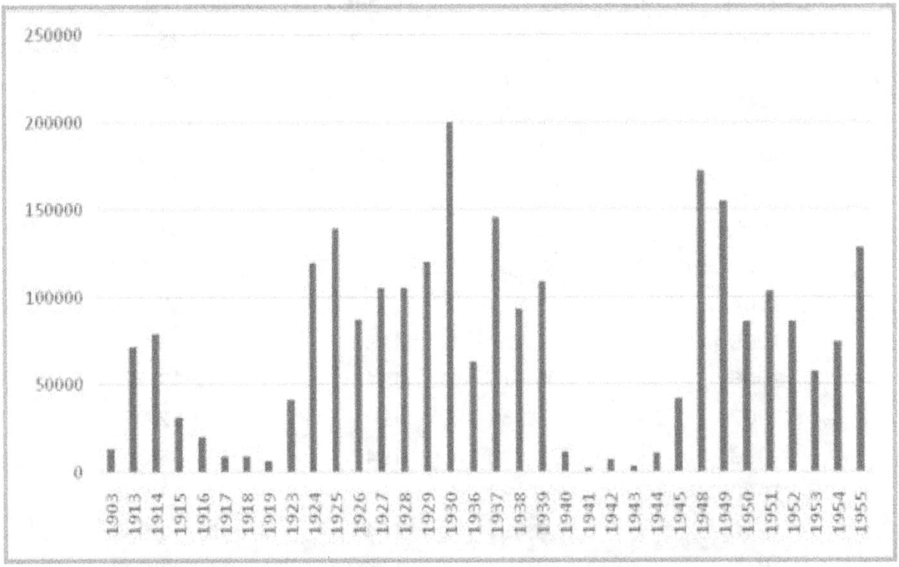

Figure 1 : Masse des exportations de sel tunisien (Tonnes)

Source : L. Natali, « Les salines Tunisiennes, La situation du marché du sel », in *Bulletin économique et social de la Tunisie*, novembre 1954, p. 43-51.

En Tunisie, la production du sel passa de 8.100 tonnes en 1897 à 120.165 tonnes en 1929, ce qui a permis d'accroître sensiblement la valeur générale des exportations tunisiennes qui passèrent de 735.853 Fr. à 4.808.043 Fr. Mais cette évolution n'était pas constante. En effet, le commerce du sel a fluctué en fonction du climat économique et politique mondial et ses exportations ont considérablement diminué au cours des deux guerres mondiales. L'insécurité des mers et le siège mené par les forces de l'Axe ont perturbé l'activité des navires de commerce : ainsi par exemple, la masse de sel exportée passa de 79.000 tonnes en 1914 à 6.500 tonnes en 1919. De même, pendant la deuxième guerre mondiale, elle passa de 109.000 tonnes en 1939 à 2.080 tonnes seulement en 1941. Mais en temps de paix, notamment après l'émergence de COTUSAL, la production a repris son rythme habituel.

Tableau 2. Valeur des exportations du sel tunisien entre 1897 et 1945

Année	Valeur (Fr.)	Année	Valeur (Fr.)
1897	735.853	1912	1.025.000
1898	784.178	1927	3.783.000
1899	795.690	1928	–
1900	805.139	1929	4.808.043
1901	827.623	1930	–
1902	821.091	1936	1.567.000
1903	920.637	1937	4.509.000
1904	961.579	1938	3.609.000
1905	935.920	1939	4.473.000
1906	1.008.313	1940	1.513.000
1907	995.868	1941	662.000
1908	984.440	1942	1.448.000
1909	1.060.997	1943	1.944.000
1910	958.614	1944	6.341.000
1911	1.058.292	1945	10.527.000

Source : Documents multiples[23]

La production de sel dépassait de beaucoup le besoin de la consommation intérieure, qui variait entre 15.000 et 18.000 tonnes par an[24]. Les producteurs de sel ont été obligés de s'orienter vers les marchés extérieurs, lesquels absorbaient la majorité absolue de la production, ce qui contribuait à l'ajustement de la balance commerciale française à cette époque. En 1927, le sel exporté était estimé à 105 094 tonnes pour une valeur de 3.783.000

---

[23] Ce tableau a été réalisé grâce aux informations contenues dans :
– V. Crebs et E. Lose, S. D., p. 23.
– *Bulletin mensuel de l'Office du protectorat français en Tunisie*, juin 1930, p. 87.
– C. Berthelot, *Les mines coloniales, leur présents– leur avenir, op. cit.*, p. 158-161.
– *Mercure Africain*, 17 décembre 1924, n°87, Alger, p. 1553.
http://gallica.bnf.fr/ark:/12148/bpt6k5710823q/f3. image.r=salines%20de%20tunisie
– Paul Reufflet, « Évolution de l'industrie minérale en Tunisie entre les années 1922 et 1930 », art. cité, p. 45 ; A.N.T., série SG7, carton 7, dos.5, doc. 3, Statistiques sur les salines ; Annexe au procès verbal de la séance du Sénat français tenue le 1er mars 1928, rapport ; n° 206, p. 12-18, https://gallica.bnf.fr

[24] Ministère des Affaires Etrangères, « L'économie tunisienne à la fin de 1955. Deuxième partie : la production industrielle minière », *Notes et études et documentaires*, Paris, 25 septembre 1956, n° 2217, p. 13.

francs[25]. Les exportations ont atteint leur plus haut niveau en 1948, avec une masse de 172.000 tonnes de sel marin.

Les pays scandinaves, notamment la Norvège et la Suède, constituaient les plus grands consommateurs du sel tunisien. Leurs marchés absorbaient presque la moitié des exportations tunisiennes. L'Autriche et la Belgique, ainsi que d'autres pays (comme le Danemark, la Grèce, la Yougoslavie et la Roumanie) recevaient aussi de la Tunisie des quantités importantes de sel. En raison de la qualité de ce produit tunisien, les marchés d'exportation du sel tunisien se sont rapidement étendus à des pays lointains, comme les États-Unis d'Amérique, l'Inde et la Russie[26]. Par contre, les marchés français, algériens et italiens n'absorbaient que de petites quantités.

Cet essor du secteur de sel en Tunisie ne peut pas cacher la réalité des problèmes engendrés par son exploitation.

III– PROBLEMES RELATIFS A L'EXPLOITATION DES SALINES

L'exploitation des salines en Tunisie à l'époque coloniale a généré plusieurs types de problèmes, dont certains en rapport avec la commercialisation du produit et d'autres relatifs à l'opération de la production en soi et à son impact sur la société et sur l'environnement.

1) PROBLEMES DE COMMERCIALISATION

Comme tout produit destiné à l'exportation, les difficultés étaient en rapport avec la recherche des marchés, le transport et la concurrence.

a– La recherche des marchés

Les producteurs de sel en Tunisie à l'époque coloniale, notamment ceux appartenant au secteur privé, ont été confrontés à de grandes difficultés de commercialisation. En effet, on leur a interdit de vendre ce produit à l'intérieur du pays. Ainsi, la commercialisation du sel tunisien dépendait

[25] C. Berthelot, *Les mines coloniales, leur présents– leur avenir, op. cit.*, p. 158-161 ; *Bulletin mensuel de l'Office du protectorat français en Tunisie*, juin 1930, p. 87.

[26] C. Berthelot, *Les mines coloniales, leur présents– leur avenir, op. cit.*, p. 158-159 ; A. De Keppen, *L'industrie minérale de la Tunisie et son rôle dans l'évolution économique de la Régence, op. cit.*, p. 148 ; *Bulletin mensuel de l'Office du protectorat français en Tunisie*, juin 1930, p. 87.

uniquement des débouchés extérieurs. Mais les producteurs du sel ne pouvaient exporter leur produit ni en France ni en Algérie, car dans ces pays, le sel importé était frappé d'un droit de douane quasi prohibitif[27]. L'Italie, l'Espagne et les autres pays méditerranéens étaient aussi fermés puisqu'ils étaient également producteurs de sel. Il a fallu donc trouver d'autres marchés beaucoup plus éloignés.

b– Transport et coût d'immobilisation

L'exportation du sel a également fait face à des problèmes énormes de transport. En effet, le sel ne peut être transporté dans des bateaux en fer, mais demande des coques en bois, qui étaient généralement des navires de faible tonnage. En outre, pour pouvoir transporter le sel dans des conditions favorables et peu onéreuses, il fallait aussi qu'il constituât un fret de retour. Or, jusqu'à la Grande Guerre, le sel tunisien n'avait pour destination extérieure que des « pays qui importent dans la Régence peu de marchandises en général et celles-ci se bornent principalement au bois de construction»[28]. Avec la COTUSAL, on a procédé à une modernisation des moyens de transport du sel, en effectuant des expéditions en navires de gros tonnage, avec chargement accéléré pour réduire le coût d'immobilisation des navires en chargement[29].

c– La concurrence

La concurrence était très âpre sur le marché du sel, notamment avec les pays dépourvus de toute législation sociale qui pouvaient en cas de crise agir plus facilement sur leurs prix de revient. Chaque marché représente l'enjeu d'une lutte commerciale[30].

---

[27] A. De Keppen, *L'industrie minérale de la Tunisie et son rôle dans l'évolution économique de la Régence, op. cit.*, p. 147 ; Note au sujet du projet de loi concernant les sels tunisiens présenté le 17 avril 1916, in
http://gallica.bnf.fr/ark:/12148/bpt6k5771751n/f2.image.r,
consulté le 20 avril 2017 ; Annexe au procès verbal de la séance du Sénat français tenus le 1er mars 1928, rapport ; n° 206, p. 12-18.

[28] A. De keppen, *L'industrie minérale de la Tunisie et son rôle dans l'évolution économique de la Régence, op. cit.*, p. 147-149.

[29] Ministère des Affaires Étrangères, 25 septembre 1956, p. 13.
A.N.T., série E, carton 67, dos. 1, sous dos.25, doc. 22.

[30] Ministère des Affaires Étrangères, 25 septembre 1956, p.13.

2) PROBLEMES ECOLOGIQUES ET FONCIERS

L'exploitation des salines a généré aussi des problèmes d'ordre écologique. En effet, les habitants du Sahel, et notamment ceux qui vivaient dans le voisinage des salines de Khnis, de Dkhila et de Sahline, ont émis des protestations contre les entreprises salicoles qui ont empiété sur certaines parcelles revenant légalement aux habitants de la région, et leur faisant subir d'énormes dégâts. D'après ces protestations les compagnies salicoles ont causé :

- Le dépérissement des oliviers, des arbres fruitiers et des cultures maraîchères, à cause des eaux salées coulant dans les terres avoisinantes ;
- L'impossibilité de laver la laine[31] et les tissus en mer[32] ;
- La propagation de certaines maladies à cause de l'invasion des moustiques et des mauvaises odeurs dégagées par les eaux usées stagnées aux alentours des salines[33] ;
- L'altération des eaux de puits situés dans le voisinage des salines.

Enfin, à cause de l'exploitation des salines, on a interdit aux pêcheurs de Khnis et de Bembla de pêcher dans le lac près de leur localité ou en mer à hauteur de la saline[34]. Par ailleurs, l'exploitation des salines a été à l'origine de plusieurs conflits fonciers entre les gens du Sahel et les sociétés salicoles. En effet plusieurs propriétaires ont été empêchés de jouir de leurs parcelles de terre et on leur a interdit d'utiliser les chemins traversant jadis quelques salines pour se rendre à leurs maisons et leurs propriétés[35]. Ce problème a été évoqué surtout dans les requêtes des habitants de la banlieue de Mahdia, des propriétaires de la fraction de Ouled Moussa et des propriétaires appartenant au Chéikhats de Chehimet et d'El-Ferada de la Caïda de Souasi[36].

---

[31] A.N.T., série E, carton 67, dos. 1, sous dossier 24, doc. 15.
A.N.T., série E, carton 67, dos. 1, sous dossier 25, doc. 12.
[32] A.N.T., série E, carton 67, dos. 1, sous dossier 24, doc. 29.
[33] A.N.T., série E, carton 67, dos. 1, sous dossier 21, doc. 7.
A.N.T., série E, carton 67, dos. 1, sous dossier 24, doc. 20.
[34] A.N.T., série E, carton 67, dos. 1, sous dossier 24, doc. 14.
[35] A.N.T., série SG4, carton 63, dos. 1, doc. 30.
[36] A.N.T., série E, carton 67, dos. 1, sous dossier 1, doc.56.
A.N.T., série SG4, carton 63, dos. 1, doc. 28.
A.N.T., série E, carton 67, dos. 1, sous dossier 21, doc. 7.

3) PROBLEMES DE SECURITE ET DE CONTREBANDE

Outre les difficultés évoquées ci-dessus, de nombreux ennuis d'ordre sécuritaire se sont manifestés. Certains entrepreneurs protestaient contre des bandes spécialisées dans le vol du sel. En effet, les gardiens de la saline de Sidi El Hani ont déclaré qu'un vol de sel très important fut commis à la saline par des Ouled el Hani dans la nuit du 5 au 6 juillet 1920. Deux contrebandiers connus ont participé à cet acte de brigandage. La quantité de sel enlevée a été estimée à 10.000 kg et les cambrioleurs ont utilisé d'un nombre très important de dromadaires et d'ânes pour effectuer le vol[37].

4) PROBLEMES DE MAIN-D'ŒUVRE

Nous n'avons pas de statistiques exactes pour l'effectif des ouvriers employés à la récolte du sel, mais nous savons que la saline de la Goulette comptait en 1929 près de 50 ouvriers[38]. Ce chiffre permet d'estimer le nombre total d'ouvriers salicoles dans toute la Tunisie à environ 1.000 personnes. Mais à partir des années 1950, le nombre de travailleurs dans les salines chute d'une façon remarquable, suite à la mécanisation entreprise par la COTUSAL. Cela a eu pour conséquence le licenciement d'une partie importante de la main-d'œuvre.

D'autre part, il paraît que les ouvriers salicoles en Tunisie étaient les premiers à avoir effectué des revendications sociales dans le secteur minier. En effet, en 1904, les travailleurs de la saline de Khnis se mirent en grève pour protester contre leurs conditions de travail et pour demander l'amélioration de leurs salaires[39]. Mais à partir des années trente et surtout depuis 1936, le contexte fut particulièrement propice aux manifestations et plusieurs salines furent le théâtre de ces agitations salariales[40].

Cependant, malgré la promulgation des lois sociales du 7 août 1936, beaucoup d'ouvriers ont subi la violation de leurs droits. En 1946, par exemple, des protestations ont été portées contre un tâcheron appelé El Hadj Hassen Charf-Eddin, employé par le directeur de la saline de Khnis. Ce tâcheron fut accusé de faire travailler les ouvriers à la cravache et pendant

---

[37] A.N.T., série E, carton 67, dos. 1, sous dos. 10, doc. 13-15-16-20-21-26.

[38] Paul Reufflet, « Evolution de l'industrie minérale en Tunisie entre les années 1922 et 1930 », *art. cité*, p. 46-47.

[39] Voir : https://nawaat.org/portail/2014/02/04/cotusal-les-derniers-vestiges-la-France-colonialiste-en-tunisie/, consulté le 10/03/2017 à 11h56.

[40] Béchir Yazidi, « L'exploitation du domaine public et l'impact socio-politique », *art. cité*.

14 heures par jour. Il fut accusé également d'exercer des retenues sur les salaires des ouvriers qui ne bénéficiaient ni de congé, ni de prime d'ancienneté, ni d'allocations familiales, ni de rappel, ni de sécurité sociale[41]. Hasdenteufel, le directeur de la saline semble avoir été impliqué, à son tour, dans cette affaire, puisqu'au moment où les ouvriers réclamaient leurs droits, le tâcheron ainsi que le directeur ont recouru aux menaces et aux licenciements. 120 ouvriers furent ainsi expulsés et jetés sur le pavé[42].

Illustration 1 : Ouvriers dans une saline de Tunisie

Source : Mohamed Hamdane., « La production du sel en Tunisie : un patrimoine » *Culture et patrimoine de Tunisie en images*, 29 juillet 1916, http://cultpatr.blogspot.com/2016/07/la–production–du–sel–en–tunisie–un.html, consulté le 10/03/2017 à 12 h. 12mn.

[41] A.N.T., série S.G 4, Carton 63, dos 1, doc. 23.

[42] Chambre des Intérêts Miniers de la Tunisie, 1951-1954, *Bulletin annuel de la Chambre des intérêts miniers de la Tunisie*, Tunis, Palais consulaire, imp. Bascone Muscat, p. 83.

Malgré leurs souffrances, les ouvriers salicoles étaient très attachés au travail dans les salines pour gagner leur vie. Cela se manifesta particulièrement quand la COTUSAL décida de licencier une bonne partie de ceux dont elle n'avait plus besoin. Cette affaire a provoqué une grève qui a duré 18 jours durant le mois de septembre 1950[43]. Cette grève a pris fin suite à un accord signé le 5 octobre 1950 entre la COTUSAL et l'Union Générale du Travail[44]. Mais aucune solution satisfaisante n'a été apportée au problème angoissant du chômage. En effet, le nombre des chômeurs n'a cessé d'augmenter régulièrement, et les travailleurs ont réagi encore par des grèves, comme celle qui a eu lieu au cours du dernier trimestre de 1956 et a duré plus d'un mois[45].

Les ouvriers salicoles ont adhéré aux organisations syndicales surtout après la création de l'UGTT. Ils n'ont pas cessé de demander les mêmes avantages sociaux que les ouvriers des secteurs du commerce et de l'industrie (durée de travail, travail de nuit, salaires congés allocations…). Les travailleurs affiliés à l'UGTT ont ainsi protesté au début des années 1950 contre les agissements de la société COTUSAL qui n'a pas tenu ces engagements vis-à-vis des ouvriers de la saline de Monastir : « Le conflit, d'apparence sociale, s'est rapidement transformé en une question politique »[46].

Toutefois, le développement des activités syndicales dans le milieu des travailleurs sauniers a eu pour effet que ceux-ci se sont dispersés entre les deux syndicats (USTT-UGTT) et que cette division a entravé leurs revendications et fut à l'origine des conflits entre ouvriers au sein d'une même saline. Nous citons à titre d'exemple ceux de la saline de Sahline affiliés à l'UGTT qui ont été victimes d'une agression de la part de chômeurs adhérant à l'USTT. Ces derniers se sont emparés des lieux du travail par la force le 17 octobre 1951[47].

---

[43] Anonyme, « Allons-nous vers un règlement de la grève dans les salines ? », *La Presse*, 4 octobre 1950 ; A.N.T., série SG4, carton 63, dos. 1, doc. 33.

[44] A.N.T., série E, carton 67, dos.1, Sous dos 25, doc. 18.

[45] Juliette Bessis, « Le mouvement ouvrier tunisien : de ses origines à l'indépendance », *Le Mouvement social*, n°89, éditions l'Atelier, Paris, p. 85-108, octobre-décembre 1974, p. 107.

[46] A.N.T., série E, carton 67, dos.1, Sous dos 24, doc. 39 ; Béchir Yazidi, « L'exploitation du domaine public et l'impact socio-politique », *art. cité*.

[47] A.N.T., série E, carton 67, dos.1, Sous dos 25, doc. 48-49.

CONCLUSIONS

La production et l'utilisation du sel sont bien attestées en Tunisie depuis l'Antiquité. Mais, ce n'est qu'à l'époque coloniale que la production a atteint son apogée, à cause de l'accroissement de la demande externe sur ce produit et de la multiplication des concessionnaires. Ainsi, le pays devient le plus grand producteur du sel parmi les colonies françaises. Les exportations de sel ont apporté des rendements financiers importants qui ont profité à la balance commerciale et ont servi l'économie coloniale. À partir de l'année 1949, la compagnie française COTUSAL, profitant de la loi minière coloniale promulguée pour exploiter les ressources minières du pays, est devenue progressivement la plus grande société salicole en Tunisie, surtout après avoir fourni un grand effort pour moderniser ses moyens de production et d'exportation. Longtemps après l'indépendance de la Tunisie, COTUSAL poursuit encore aujourd'hui ses activités dans les salines tunisiennes, presque avec les mêmes privilèges qui lui ont été accordés à l'époque coloniale.

CHAPITRE 7
CRISES DE SUBSISTANCE ET DYSFONCTIONNEMENT DU SYSTEME COLONIAL EN TUNISIE : 1944-1956

Adel DEBOUB
Université de Tunis

INTRODUCTION

Au sortir de la Deuxième Guerre mondiale, la Tunisie traînait déjà les handicaps de la destruction de ses infrastructures économiques et du coût exorbitant des dommages de guerre, estimés à 10 milliards de francs (Franc de 1942), mais par la suite à 45 milliards de francs (c'est-à-dire plus d'une fois le Revenu national annuel de la Tunisie au milieu des années quarante). En plus de ce désastre, le pays traverse, dans la dernière décennie du Protectorat, un cycle de mauvaises récoltes et de crises de subsistance en rapport avec la sécheresse et d'autres calamités naturelles qui ont ébranlé le fragile équilibre mis en place. Quelles sont les incidences de ces années de dépressions ? Dans quelle mesure participent-elles à la déliquescence du système du Protectorat ?

I– NATURE INGRATE ET ELEMENTS DECHAINES

Les climatologues s'accordent sur la principale caractéristique du climat méditerranéen semi-aride de la Tunisie, à savoir sa pluviométrie déficiente et surtout l'irrégularité des précipitations, qui diffèrent selon les années, les saisons et les mois. Les isohyètes + de 400 mm/an se limitent au nord du pays, le centre recevant entre 400 mm et 200 mm/an, et le Sud saharien moins de 200 mm/an. Mais il s'agit là de moyennes qui peuvent fluctuer et provoquer des sécheresses terribles et récurrentes[1].

---

[1] On entend par sécheresse, un accident climatique, un déficit hydrique par rapport à une moyenne de pluies dans une région donnée. Le critère le plus utilisé par les météorologues en Tunisie pour désigner une année sèche est le déficit pluviométrique en pourcentage de la moyenne annuelle, c'est-à-dire quantité de pluies enregistrée : moyenne annuelle *100. Si le déficit atteint 40% de la moyenne annuelle, c'est une année sèche, 60% une année extrêmement sèche, au-delà sécheresse absolue.

LES ANNEES SECHES EN TUNISIE PENDANT LA PERIODE 1944-1956

En étudiant une série statistique des quantités de pluies enregistrées pendant cette période dans 18 stations météo réparties sur tout le territoire tunisien (10 au nord, 4 au centre et 4 au sud)[2], et en privilégiant les quantités tombées durant l'année agricole (1er septembre/31 août), j'ai pu relever 6 à 9 années de sécheresse confirmée dans toutes les stations, elles sont successives dans plusieurs cas, les années les plus dures s'étalant durant cinq années : de 1944-1945 à 1947-1948, en plus de deux années de sécheresse en 1951 et 1955. On relève des records saillants pour l'année 1946-1947 : 271 mm à Medjez-el-bab pour une moyenne de 408 mm, 39 mm à Sfax pour une moyenne de 197 mm, 46 mm à Gafsa pour une moyenne de 159 mm. Les déficits enregistrés sont parfois énormes, comme le montre le tableau suivant :

Tableau 1. ***Quantités de pluies enregistrées dans quelques stations tunisiennes***
(En millimètres)

Station/année	1944/ 45	1945/ 46	1946/ 47	1947/ 48	1950/ 51	1954/ 55	Moyenne de 50 ans (1901/ 1950)
Souk-el-Arba	329	565	368	346	362	415	449
Tunis	301	275	279	221	356	411	415
Grombalia	369	321	444	337	418	475	475
Kairouan	180	114	167	274	111	225	286
Sousse	283	135	173	230	127	219	327
Tozeur	43	86	19	57	135	68	89

Source : *Annuaire Statistique de la Tunisie*, 1945 à 1952, imprimerie Sapi, Tunis, et 1953 à 1956, imprimerie Sefan, Tunis.

Comme on le constate, les quantités de pluie enregistrées sont, sauf pour quelques cas, nettement inférieures aux moyennes, parfois d'une manière absolue ; que représentent 19 mm de pluies à Tozeur en 1946/47 ? Les stations de Kairouan et de Sousse, au centre du pays, ont reçu en 1945-1946 la moyenne de pluie de Bordj-le-Bœuf dans l'extrême sud tunisien, ceci confirme que la décennie en question correspond au plus long cycle

[2] Il s'agit de Tabarka, Bizerte, Béja, Téboursouk, Medjez-el-bab, Souk-el-Arba, Tunis, Grombalia, Zaghouan, Le Kef, Sousse, Kairouan, Kasserine, Sfax, Gafsa, Gabès, Djerba, Tozeur, Médenine.

d'années sèches qu'ait connu la Tunisie durant le XXème siècle[3]. Ce qui est plus grave encore, c'est la succession d'années sèches dans les différentes zones du pays, surtout durant les années 1944 à 1948 : 3 années consécutives à Medjez-el-Bab et Téboursouk, 4 années successives à Grombalia et à Sousse, 6 années à Kairouan. Dans cette région du centre de la Tunisie, il est tombé 1203 mm de pluies en six ans, c'est-à-dire une moyenne annuelle de 200 mm, ce qui intègre cette région dans la zone désertique, et on a signalé la constitution de dunes de sable dans le nord kairouanai et au sud de Zaghouan, à 70 km de la capitale. Cette récurrence des déficits pluviométriques est extrêmement déplorable pour la vie végétale, animale, pour les ressources hydriques profondes et de surface, et surtout pour les productions agricoles et les ressources alimentaires de la population. Le climatologue Jemaiel Hajri estime que, si une sécheresse perdure 3 années de suite, elle devient une catastrophe naturelle, au-delà, c'est une calamité dangereuse pour l'équilibre écologique d'une région[4].

Autre phénomène aggravant, la réduction des jours de pluie, conjuguée à la croissance du nombre de jours de sirocco (ainsi à Kairouan, on a relevé 35 jours de pluie et entre 25 et 37 jours de sirocco par an entre 1944 et 1955)[5]. Ce vent saharien accentue l'évaporation et l'aridité des sols, détruit le tissu végétal, les semences, les parcours, les arbres : tous les secteurs de l'activité agricole sont sinistrés, c'est le dénuement et l'exode des populations du centre et du sud vers les régions septentrionales plus arrosées et mieux pourvues en moyens de subsistance.

Les autres calamités

– Invasions de sauterelles : c'est une des plaies de la Tunisie depuis des temps immémoriaux, et qui vient approfondir la disette due à la sécheresse prolongée. Les criquets pèlerins venus d'Afrique tropicale envahissent le territoire tunisien en vols successifs à partir des confins de la Tripolitaine et du Sahara algérien. Portés par les vents du sud, ils se dirigent vers le centre, le Sahel et le nord, y pondent leurs œufs et

[3] Hédi Jguirim, *Tendances Pluviométriques en Tunisie 1901-1990*, Thèse de Doctorat de climatologie, S. D. du Professeur A. Bousnina, Faculté des sciences humaines et sociales, Université de Tunis, 1994.

[4] Jemaiel Hajri, « La sécheresse climatique en Tunisie », in G.R.E.V.A.C.H.O.T, *La variabilité du climat et l'Homme en Tunisie*, textes réunis par Latifa Hénia, Tunis, P.U.T., 1994.

[5] *Annuaire Statistique…op. cit.*, 1944-1956.

détruisent tout ce qui est vert sur leur passage[6]. Ainsi, la Tunisie a connu l'imposante invasion de décembre 1943–juin 1944, qui a duré six mois et a touché 13 contrôles civils. Les dégâts sont importants[7], mais l'autorité coloniale n'en dit pas un mot pour ne pas entamer le moral des gens, très affectés par les pertes de la guerre et de la disette. Certains rapports parlent de 850 tonnes de sauterelles et 120 tonnes d'œufs ramassées en deux mois[8]. On réquisitionne la main-d'œuvre agricole et on emploie même les soldats allemands prisonniers dans cette lutte. Tous les moyens ont été mis en œuvre, le ramassage, l'enfouissement, l'incinération et l'emploi du son arsénié. Toutefois, l'incidence morale est profonde, dans plusieurs zones infestées les fellahs refusent l'année suivante –par croyances anciennes–, de labourer et d'ensemencer les parcelles touchées par les criquets. D'autres invasions de sauterelles viennent s'ajouter au lot de désolations : celle d'avril à juillet 1945 touchant les contrôles civils du sud, du centre et du nord-est, une troisième au début de 1946, une autre pendant l'automne 1950 et l'hiver 1951, centrée dans le Sud tunisien ; une dernière pour la période, et de loin la plus importante et la plus destructrice, celle de février à août 1955, qui dura 7 mois et couvrit les trois quarts du territoire. Les autorités affectèrent 100 millions de francs pour la lutte et eurent recours aux soldats, aux chômeurs, aux agriculteurs et à la poudre D.D.T. (introduite par l'armée américaine lors de la campagne de Tunisie), employée surtout dans les fermes des colons et des grands propriétaires tunisiens.

– Les autres calamités naturelles ne sont pas moindres, signalons la plus importante invasion de rongeurs du XXe siècle en Tunisie, celle des années 1949-1950, qui envahit la moitié de la superficie du pays suite à une exceptionnelle année de bonnes récoltes en 1949. Partis du sud (Médenine, Zarzis…), les rongeurs attaquèrent la forêt d'oliviers de

[6] Lucien Chopart, *Orthptéroides de l'Afrique du Nord*, Librairie La Rose, Paris, 1943, p. 249.

[7] Dans le contrôle civil de Medjez-el-Bab, 10.000 hectares de céréales ont été dévastés le 16 avril 1944, dans le contrôle de Gafsa, la Société des Oliveraies de Sidi Bouzid, société coloniale, a déploré la perte d'un tiers de la récolte d'olives en 45 minutes seulement, début juin 1944. Source : Institut Supérieur d'Histoire de la Tunisie Contemporaine (I.S.H.T.C.), Archives du Ministère des Affaires Etrangères (M.A.E.), bobine (b.) G105, carton (c.) 33, folio (f.) 28 ; et b. G107, c.50, f.7.

[8] *Ibid.*, f.34 ; c.32, f.2 ; c.35, f.2.

Sfax, et du Sahel ; puis ils ravagèrent le centre de la Tunisie[9]. La multiplication des rats de campagne (*Gerbillus Campestris*), leur capacité à se déplacer font qu'ils parvinrent à investir les régions nord (Téboursouk, Medjez-el-Bab) et même les environs de la capitale[10]. Ils dévastèrent les champs de céréales, de légumineuses, et s'attaquèrent aux magasins et aux dépôts de blé à Sfax, Kasserine, Sousse, Mahdia. Leur action néfaste s'abattit sur les arbres (oliviers, palmiers, arbres fruitiers), menaçant plus d'une récolte. Le manque d'enthousiasme (et de crédits) de l'Administration, qui voulait faire supporter les frais de la lutte aux seuls agriculteurs, fit que l'invasion s'est poursuivie durant toute l'année 1950, surtout dans les zones centrales et méridionales. Il fallut attendre la promulgation du budget 1951 pour que le gouvernement se décidât enfin à la distribution gratuite du poison « campagnolicide » et à payer la main-d'œuvre rurale pour enclencher une lutte efficace contre les rongeurs. Il est difficile d'établir le coût des dégâts occasionnés, mais ils dépassèrent, selon le conseiller à la Résidence De la Chauvinière, « plusieurs centaines de millions de francs, surtout dans les régions centre et sud »[11]. Certains cheikhs locaux estiment que l'échec d'atteindre les prévisions de récoltes exceptionnelles de céréales et d'huile d'olive provient de cette attaque des rongeurs[12]. Toutefois, l'atermoiement des autorités dans cette lutte témoigne des difficultés financières de l'État colonial à dégager les ressources nécessaires pour faire face à la recrudescence et à la simultanéité des calamités naturelles.

– À côté des calamités mentionnées, il faut noter que cette période a été le théâtre d'autres phénomènes météorologiques exceptionnels, tels que les pluies diluviennes (ou torrentielles) même pendant les années sèches, qui sont d'une extrême violence et occasionnent des crues et des inondations catastrophiques menaçant tous les aspects de la vie végétale, animale et humaine[13]. Citons à cet égard les inondations de Janvier-Février 1946 au nord-ouest et au centre, puis celles de Septembre-Novembre de la même

[9] Archives Nationales de Tunisie (A.N.T.), Série (S.) SG/SG2, Carton (C.) 263, Dossier (D.) 1/6, document (d.) 22, 23.

[10] A.N.T., S.E, C.226, D.10/77, 10/85, 10/93, 10/97.

[11] A.N.T., S. SG/SG2, C.263, D.3/6, d.8, note du 3 septembre 1949.

[12] *Ibid.*, S.E, C. 226, D.10/93, d.24, 29, 35, 36, 37. Les prévisions tablaient sur 12 millions de quintaux de céréales et 150.000 tonnes d'huile, ils atteignirent 9,6 millions de quintaux et 105.000 tonnes en 1949.

[13] Ameur Oueslati, *Les inondations en Tunisie*, Tunis, Orbis, 1999, p. 17.

année au Sahel et au sud[14]. Également les inondations du 21-24 octobre 1947 au nord (Souk-el-Arba, Béja, Bizerte) et dans le centre (Kairouan, Sousse, Sfax) [56 morts, des milliers d'habitations démolies, perte des semences et du bétail][15]. Celles du 27-29 décembre 1948 au nord-ouest et au Sahel (16 victimes)[16] ; celles du 7-13 octobre 1950 et du 21 du même mois au Cap Bon, à Gafsa et au Djérid (8 victimes et anéantissement de 30% à 75% de la récolte de dattes dans les oasis du sud)[17]. Enfin les inondations du 20-27 octobre 1953 et du 4-17 novembre de la même année au centre et au sud[18], charriant leur lot de destructions (ouvrages d'infrastructure (routes, voies ferrées, ponts), habitations...) et de désolation (pertes des récoltes au Djérid estimées à 6 millions de francs).

Nous allons occulter d'autres catastrophes telles que les vents violents et les tempêtes comme « le cyclone » du 31 janvier 1948 au Cap Bon, à Zaghouan et à Kairouan[19] ou celui de Djerba le 27 octobre 1953[20], les chutes de neige en Kroumirie et dans les hautes steppes, provoquant de véritables hécatombes dans les troupeaux, également les chutes de grêles, particulièrement néfastes en automne et au printemps, annihilant en quelques minutes l'effort des agriculteurs, ceux de toute une année, et parfois de toute une vie.

---

[14] I.S.H.T.C., (M.A.E.), (b.) G107, (c.) 48, (f.) 171. Rapport du 15 décembre 1946 [Perte de 1.607 têtes de bétail à Tataouine].

[15] *Ibid.*, Archives de la Résidence Générale (A.R.G.), (b.) R 421, (c.) 2185-2, (f.) 662, 666, 670, 681, 692.

[16] *Ibid.*, (M.A.E.), (b.) G 105, (c.) 35, (f.) 60, 768, 769, 777, 797.

[17] A.N.T., S.E, C.226, D.3/7, d. 186,191, 300,316 et D. 10/98, d.339, 341, 343, 344, 361.

[18] *Ibid.*, D.10/101, d.15, 296, 297, 359.

[19] Les pertes à Sebikha (contrôle de Kairouan) : 500 ovins, 40.000 hectares de céréales, 40% des Bédouins quittèrent la région vers le nord. Source : I.S.H.T.C., (M.A.E.), (b.) G157, (c.) 286, (f.) 29,41.

[20] [2 morts, 4 blessés ; 1483 oliviers, 2175 palmiers, 261 arbres fruitiers arrachés, dégâts estimés à 19,3 millions de francs]. Source : A.N.T., S.E, C.226, D.10/101, d.485, rapport du Caïd, 7 novembre 1953.

II– CRISES DE SUBSISTANCE ET IMPACT

IMPACT ECONOMIQUE : LA RECESSION

Au dire de Raymond Barre[21], l'économie tunisienne est « une économie primaire », puisque l'agriculture représente en 1954 74% du P.I.B., 69,2% des exportations et occupe les ¾ de la main-d'œuvre locale. C'est un élément fondamental pour saisir que la moindre crise agricole se répercute d'une manière profonde sur la situation économique et sociale du pays. Dans cette optique, nous allons analyser les conséquences des années de sécheresse profonde sur les secteurs économiques. La récession économique se caractérise par la chute des productions agricoles, la baisse des exportations, la hausse des prix et le déséquilibre de la balance commerciale et celle des comptes.

– Baisse de la production céréalière : la sécheresse persistante a provoqué la réduction des surfaces emblavées (de 1,574 million d'hectares (ha) en 1939 à 1million d'ha en 1947) et la baisse des rendements (pour le blé, de 3,8 quintaux/ha en 1939 à 1,7 et 2q/ha en 1945-48 ; pour l'orge, de 4,8q/ha à 1,8q/ha pour la même période)[22]. Ce qui se traduit par la chute des productions :

Tableau 2. ***Évolution de la production des céréales en Tunisie***
(En million de quintaux /m.q.)

Année	Blé dur	Orge	Total céréales
1939	2,900	3,000	8,310
1944	1,450	1,100	3,100
1945	1,105	1,168	3,030
1946	1,950	1,500	4,894
1947	1,400	1,000	3,560
1948	1,510	1,000	3,684
1951	2,000	0,500	3,750
1955	2,913	0,805	4,798

Source : *Annuaire Statistique de la Tunisie*, 1954, p.47 ; 1956, p. 50.

Il en ressort que la production a chuté de plus de moitié pendant les sept années de sécheresse constatées et n'est parvenue à égaler celle de 1939 –qui était une année moyenne– que pendant trois ans : 1949 (9,6 m.q.),

[21] Raymond Barre, « L'économie de la Tunisie », in *IBLA*, vol.17/67, 1954, p. 214.

[22] Annuaire Statistique de la Tunisie, 1954, p.47 ; 1956, p. 50.

1952 (10,3 m.q.) et 1954 (8 m.q.). Cette baisse provoque une diminution des exportations de blé et d'orge (20.000 q. seulement en 1948). Ce qui est plus grave, c'est que le recul de la production céréalière coïncide avec une évolution rapide de la population (de 2,3 millions d'habitants en 1936 à 4 millions d'habitants en 1956)[23] et des besoins alimentaires de la Tunisie, qui devint depuis lors un pays importateur de céréales d'une manière définitive après avoir été un grand exportateur : 2 m.q. en 1944, 3,6 m.q. en 1948, 4 m.q. en 1951 et en1955[24]. Le coût des importations ne cesse de grimper et atteint des sommes colossales : 1,5 milliard de fr en 1945, à 4,6 Milliards de fr en 1948 et même 9 Milliards en 1951 et 1955[25], ce qui creuse le déficit de la balance commerciale tunisienne. Le manque de céréales occasionne une flambée des prix du blé (dur et tendre), qui a été multiplié par quatre entre 1944 et 1948, passant de 600 fr à 2.645 fr le quintal, pour atteindre 3.967 fr en 1955[26]. Cette pénurie entraîne également la hausse du prix du pain, de 18,5 fr le kg en 1947 à 35 fr en 1948, pour culminer à 45 fr en 1953[27], ce qui entame le pouvoir d'achat des plus démunis. Donc la crise frumentaire est là. Ce manque de pain et de céréales est à l'origine d'une véritable famine et un grand nombre de gens meurent d'inanition.

– Crise des oléagineux : l'huile d'olive est une culture tunisienne par excellence (80% des 27 millions d'oliviers et 85% de la production d'huile détenus par les Tunisiens), et 75% de sa forêt se trouve au centre et au sud du pays[28], les zones les plus touchées par le manque de précipitations et le souffle des vents sahariens. Les oliviers sont desséchés, d'autres sont abattus pour en faire du charbon de bois. Dans le Cheikhat d'Ouardanine, au Sahel, 60.000 oliviers ont ainsi été sacrifiés[29] ; à Sfax, 400.000 oliviers ont été perdus[30]. Dans cette région d'oléiculture, le prix d'un olivier chute de 5.000 fr à 500 fr et ne trouve

[23] Moncef Guen, *La Tunisie indépendante face à son économie*, P.U.F., 1961, p. 28.

[24] *Annuaire Statistique de la Tunisie*, 1956, p. 7.

[25] *Ibidem.*

[26] Rachida Remadi, *L'économie Tunisienne par les chiffres de 1944 à 1963*, D.E.S., Tunis, 1963, p.10. [Les prix du blé en Tunisie sont fixés en fonction des prix en France et en Algérie, c'est « l'accrochage ».]

[27] I.S.H.T.C., (M.A.E.), (b.) G157, (c.) 305, (f.) 9, 106,148.

[28] Jean Poncet, *La Colonisation et l'Agriculture Européenne en Tunisie depuis 1881*, La Haye, Moutons, 1962, p. 55.

[29] I.S.H.T.C., (A.R.G.), (b.) R226, (c.) 1903, (d.) 1, (f.) 124. Rapport du cheikh, 4 juin 1947.

[30] A N.T., S. SG/SG9, C.127, D.7, PV de la réunion au Secrétariat Général, 25 mars 1947.

pas preneur[31]. Troisième producteur mondial d'huile d'olive (après l'Espagne et l'Italie), la Tunisie voit sa production en chute vertigineuse, de 45.000 tonnes en moyenne, elle régresse à 3.563 tonnes en 1945 [La plus mauvaise récolte du XXe siècle et peut-être de tous les temps], et elle ne dépasse pas 10.000 t. en 1946, et à peine 26.000 t. en 1948, pour rechuter à 22.000 t. en 1955[32]. La crise profonde touche toutes les activités : les travaux agricoles, les huileries, les usines de grignons et de savon sont arrêtés (sur les 1865 huileries, 670 seulement ont fonctionné pendant trois mois en 1947-1948)[33], le chômage atteint les artisans de scourtins et le commerce périclite à cause de l'appauvrissement des populations rurales et de la chute des transactions. C'est la détresse de tout le secteur oléicole. Ce recul de la production entraîne une hausse continue des prix de l'huile : de 864 fr le quintal en 1940, elle se vend à 16.500 fr en 1948, c'est-à-dire que son prix a été multiplié par 19 en 8 ans. D'où les difficultés de s'en procurer. Et la hausse se poursuit pendant les années cinquante : 18.500 fr en 1952 à 27.500 fr en 1955, année de sécheresse par excellence[34]. Autre conséquence désastreuse, c'est la chute des exportations de ce produit phare de l'économie tunisienne : de 1.2 milliard de fr en 1944, la valeur des exportations chute à 5 millions de fr en 1947[35]. Plus grave encore, le gouvernement est obligé d'importer des huiles végétales (soja, colza, arachides) pour 4 milliards de fr entre 1945 et 1948. En gros, la Tunisie a perdu entre 8 et 10 milliards de fr dans le secteur de l'huile d'olive en quatre ans de sécheresse confirmée. Et si nous y ajoutons le déficit des céréales, le manque à gagner s'établit à environ 60 milliards de fr pendant la même période, c'est-à-dire la moitié du PIB du pays à la fin des années quarante. Pertes nettes, et séquences de l'appauvrissement général, des particuliers et de l'État, dont les ressources fiscales ne cessent de se détériorer, annonçant les débuts du déséquilibre budgétaire.

– Détresse du secteur de l'élevage : seconde activité après les céréales, représentant 20% du PIB, il intéresse environ 698.900 personnes (dont

[31] *Ibid.*, C.115, D.2, note du président de la Section d'Etat, 22 mars 1947.

[32] *Annuaire…, op. cit.*, 1950, 1954, 1956, p. 50.

[33] A.N.T., S.M/M1, C.1, D.5, d.88, *Bulletin de l'Office de l'Huile de Tunisie* 1947-1948.

[34] *Ibid.*, D.9-11, 1948-1949, D.8-9, 1953-1955-1956, *Bulletins de l'Office de l'Huile de Tunisie*.

[35] Jules Lepidi, « Les produits agricoles dans les exportations tunisiennes », in *Bulletin Economique et Social de la Tunisie*, (B.E.S.T.), N°43, août 1950, p. 15.

607.000 au centre et au sud du pays)[36]. C'est un élevage traditionnel et extensif, basé sur les parcours. La sécheresse, le manque d'herbes, la flambée des prix de l'avoine et du loyer des parcours au nord, provoquent une véritable saignée dans le cheptel tunisien (inanition, épizooties) : les ovins déclinent de 3.2 millions de têtes en 1943 à 1.5 m. de têtes en 1948 (–51,3%), les caprins de 2m. à 1m. (–50%), les bovins de 530.000 têtes à 341.000 pendant la même période[37]. Cette hécatombe est beaucoup plus prononcée dans les contrôles du centre et du sud, comme à Kairouan où l'effectif se réduit de 300.000 têtes à 60.000 entre 1945 et 1947, poussant 100.000 bédouins à partir vers le nord[38]. C'est une véritable catastrophe économique pour les petits et les moyens éleveurs qui perdent leurs troupeaux (la brebis se vend à 4.000 fr et même à 1.000 fr en 1947), et pour l'économie du pays qui perd entre 2 milliards et 3 milliards de fr annuellement pendant les quatre années de sécheresse intense[39]. On enregistre par ailleurs le plus grand exode de transhumants des régions des steppes et du sud vers le nord : 313.000 en 1947 (contre 195.000 en 1946)[40], un certain nombre s'installe dans les bidonvilles autour des grandes villes et refusent de regagner leurs régions d'origine, c'est le début de l'exode rural massif.

– Déséquilibres extérieurs : la crise agricole touche tous les autres secteurs. L'artisanat s'enlise, les transactions intérieures se contractent[41] et les échanges extérieurs confirment les déséquilibres et l'essoufflement de l'économie locale, concrétisé dans le tableau suivant (en Milliards de fr), par le creusement du déficit de la balance commerciale qui devient chronique :

[36] Lamine Bellagha, *Les problèmes de l'enfance et de la jeunesse en Tunisie : Étude économique et sociale*, thèse de doctorat de droit, Faculté de droit de Paris, 1953, p. 88.

[37] *Annuaire... op.cit.*, 1940-1946, p.105 ; 1949-1950, p. 59.

[38] I.S.H.T.C., (M.A.E.), (b.) G107, (c.) 35, (f.) 37, rapport du contrôleur civil de Kairouan, mois de mars 1947.

[39] Jean Vibert, « Tableau de l'économie tunisienne : L'évolution de la production », in *B.E.S.T.*, N°105, octobre 1955, p. 103.

[40] A.N.T., S. SG/SG2, C.249, d.45, Tableau des transhumants et des chômeurs au 1er Mai 1947.

[41] 1029 épiceries ont fait faillite entre 1945-1948. Source, Annuaire… *op. cit.*, 1956, p. 142.

Tableau 3. ***Balance commerciale de la Tunisie de 1944 à 1955***

Année	1944	1945	1946	1947	1948	1949	1951	1953	1955
déficit	–1.006	–1.652	–6.878	–5.002	–21.5	–14.9	–25.9	–21.01	–26.1
% couverture	39,2%	53,8%	36,1%	37,2%	37,1%	64,6%	59,3%	65%	58,7%

Source : Jean Vibert, « Tableau de l'économie tunisienne : L'évolution de la production », in *B.E.S.T.*, N°105, octobre 1955, p. 76.

Il est évident que la baisse des productions et des exportations agricoles d'une part, et l'accroissement des importations des produits alimentaires d'autre part, conjugués avec les facteurs structurels de la domination coloniale[42], expliquent la multiplication par 4 du déficit commercial entre 1947 et 1948. Par ailleurs, les plus faibles taux de couverture des importations par les exportations coïncident avec les années de sécheresse dans les années cinquante. Ce déficit commercial vient aggraver les déséquilibres de la balance des paiements courants dont le déficit se développe de 19 milliards de fr en 1951 à 27 milliards de fr en 1953[43].

CONSEQUENCES SOCIALES

Durant cette fin du règne français en Tunisie, on assiste à l'exacerbation de tous les maux sociaux générés par le fait colonial. La majorité des Tunisiens, victimes désignées des crises cycliques de subsistance, se retrouvent aux limites du seuil de pauvreté, vu leur manque à gagner, leur endettement vis-à-vis des institutions financières[44] et des particuliers et leur chômage. L'appauvrissement surtout des ruraux se cristallise, la famine (la disette selon les autorités françaises) règne dans le centre et le sud et même dans le nord. Le chômage devient chronique (200.000 à 300.000 sans emploi), la transhumance se meut en exode rural définitif vers la capitale et

---

[42] La Tunisie est un exportateur de matières premières et importateur de produits finis pour sa consommation et son équipement ; elle réalise 80% de ses imports et 60% de ses exports dans la zone franc. Source, Moncef Guen, *La Tunisie indépendante face à son économie*, P.U.F., 1961, p. 148.

[43] Jules Lepidi, *L'économie tunisienne depuis la fin de la guerre*, Imprimerie Officielle, Tunis, 1955, p. 82.

[44] L'endettement des agriculteurs en Tunisie est établi à 5.025 Milliards de fr en 1955 auprès du Crédit Foncier, de la Caisse Mutuelle et des Sociétés Tunisiennes de Prévoyance, dont 4 Milliards pour les seuls fellahs tunisiens. Source : I.S.H.T.C., (M.A.E.), (b.) Q.O.777, (c.) 570, (f.) 143, note du 26 août 1955.

les villes côtières, 1/3 de la population de Tunis vit dans les bidonvilles : le hiatus social s'approfondit vertigineusement[45]. Autre indicateur de la détérioration des conditions d'existence des Tunisiens, c'est le retour de certaines maladies contagieuses que l'on croyait jugulées[46].

III– POUVOIR COLONIAL ET CRISES : SOLUTIONS OU DYSFONCTIONNEMENT

Notons d'abord que le pouvoir colonial refuse l'emploi du mot crise, on emploie dans tous les documents officiels le terme de « disette », de « difficultés économiques », ou de « mauvaise situation ». Pourquoi ce déni ? Il en va de la légitimité et de l'existence même du pouvoir du Protectorat, qui est censé assurer, depuis le Traité de 1881, le minimum de sécurité alimentaire et d'équilibre économique et financier. Quelles sont les solutions proposées ou adoptées face aux crises ?

Les autorités françaises incriminent les autochtones dans la dégradation de la situation économique à cause de leur fatalisme et de leur traditionalisme, ainsi que de leur manque d'enthousiasme dans le travail pour changer leur vécu. Elles insistent surtout sur la croissance démographique rapide de la population musulmane depuis les années trente (+ 60.000 habitants/an), qui dépasse les ressources et complique considérablement le problème du développement économique du pays. Plusieurs voix préconisent l'arrêt de la poussée démographique par la limitation des naissances[47] et une sorte de planning familial avant la lettre pour lutter contre la pauvreté.

– L'Assistance : depuis la grande dépression des années trente, le Gouvernement réserve une part du budget pour « frais d'assistance aux indigents », ce qui consiste à distribuer des vivres, à organiser des soupes populaires, à ouvrir des hospices et des centres pour les plus démunis.

[45] Le revenu annuel de deux tiers de la population tunisienne est de 16.000 fr en 1956. Source : Paul Sebag, *Les niveaux de vie en Tunisie*, Publication de l'I.H.E.T-P.U.F., fascicule3, 1958, p. 94.

[46] La peste bubonique à Bizerte et à Tunis en 1944-1945 (10 décès, 33 cas dépistés), la variole (2.957 cas en 1946-1947), le typhus (3.772 cas en 1945), le paludisme (42.000 cas en 1947/49), la fièvre récurrente (34.658 cas en 1945). Source : I.S.H.T.C., (M.A.E.), (b.) G.95 et G121, (c.) 124-125, rapports du Ministère de la Santé Publique, (f.) 10,1947 ; (f.) 82,1948.

[47] Françoise Marini, *Population et production en Tunisie : Étude d'évolution.* Institut des Hautes Études, Tunis, 1957, p. 265.

Lors de la période de sécheresse, on ne débloqua que 2 millions de fr en 1945 pour venir en aide aux centaines de milliers d'affamés. Puis, devant l'ampleur de la crise frumentaire et par crainte de l'exploitation de ces difficultés par les nationalistes tunisiens à des fins politiques, on les porta à 140 millions en 1946 et à 250 millions de fr en 1947[48]. Toutefois, la politique d'assistance française se caractérise par son aspect de propagande : c'est la théâtralisation des cérémonies de distribution des vivres où tout est organisé afin de promouvoir l'image de la France humaniste. Elle se caractérise par son aspect sélectif et d'exploitation : on embauche les chômeurs indigents dans des chantiers de travail à très bas prix : 70 fr/jour en 1947 (alors que le salaire nominal varie alors entre 112 et 196 fr/jour), ce qui fit dire au leader syndicaliste Farhat Hached ; « C'est une exploitation éhontée de la misère des gens »[49]. Mais ce qui est plus contraignant, c'est la modicité des sommes consacrées à titre d'assistance par rapport aux besoins réels : ainsi, en 1953, les Caïds demandaient 841 millions de fr pour les chômeurs et les indigents, on leur attribua 118 millions et le nombre de secourus se réduisit de 284.700 à 124.600)[50]. Parfois, on détourne les subventions d'assistance de leur emploi d'origine : ainsi sur les 800 millions de fr accordés par la France au Gouvernement tunisien en 1955 pour la lutte contre la misère, 511 millions de fr, c'est-à-dire 64%, sont dépensés pour l'ouverture de pistes et d'axes routiers dans les montagnes pour traquer les résistants tunisiens opposés à la politique française[51].

– Les mesures économiques : Pour atténuer les effets des crises de subsistance, les autorités françaises insistent, dans le cadre des Plans de Modernisation et d'Équipement de 1948-1952 et celui de 1953-1957, sur la nécessité de moderniser l'agriculture « indigène » par une politique de grands travaux d'irrigation et de barrages réservoirs dans le nord du pays, travaux dont la réalisation et les bienfaits tardent à venir. Aussi, la majeure partie des prêts du 1er Plan alla-t-elle vers l'équipement, aux dépens de l'investissement productif[52]. Le second Plan manquait de

[48] I.S.H.T.C., (A.R.G.), (b.) R3,(c.) 1507, (f.) 8, novembre 1946, et (f.) 534, juillet 1947.

[49] Mission, 24 novembre 1948, p.4, « Chantiers d'Assistance ou exploitation de la misère ? ».

[50] A.N.T., S.E, C.226, D10/101, d.234, 259, 403, 406. Juillet à décembre 1953.

[51] I.S.H.T.C., (M.A.E.), (b.) Q.O.777, (c.) 569, (f.) 203, Télégramme du 29 Mars 1955.

[52] 102,7 milliards de fr contre 15,1 milliards. Jules Lepidi, *L'économie tunisienne depuis la fin de la guerre*, Imprimerie Officielle, Tunis, 1955, p. 120.

clarté et on ne réserva à l'industrialisation du pays que 18 milliards, mais on délégua la moitié à l'exploration pétrolière, et la primauté fut allouée aux capitaux et aux entreprises françaises aux dépens des tunisiennes, marginalisées[53]. Or, tous ces projets et solutions requéraient beaucoup d'argent. Que faire ?

Le Gouvernement recourut à l'endettement public sous forme de prêts contractés auprès du Fonds de Modernisation et d'Équipement (prêts à taux préférentiels, disaient les responsables, mais au fait à 3.5% et 4%/an), ainsi que les avances du Trésor Français, en plus des avances de la Banque d'Algérie et de Tunisie. Mais ces prêts approfondissent la dette publique tunisienne, qui passe de 24 milliards de fr en 1950 à 78,2 milliards en 1954[54]. Ce qui relève le service de la dette de 984 millions de fr à 5,2 Milliards durant la même période[55] : la Tunisie devient un pays débiteur d'une manière absolue, et on signale pour la première fois le déficit du budget de l'État, qui s'envole de 28 millions de fr en 1950, à 3,5 milliards de fr en 1955-56[56].

Autres mesures prises : le relèvement des impôts et taxes existants (taxes sur l'huile, les dattes, l'alfa, sur les exportations et la patente…), et création de nouvelles taxes, comme celle sur les transactions[57], alors que l'on supprime la taxe dite « de luxe ».

Ainsi le Gouvernement colonial allait subir une contestation généralisée de la part de pans entiers de la société tunisienne, ainsi que de plusieurs secteurs : les fellahs, les ouvriers, les artisans, les commerçants, les fonctionnaires ; et surtout il se montra incapable de résorber un chômage chronique évalué à 350.000 sans emplois.

---

[53] *Ibid.*, p. 121-122.

[54] Jean Vibert, « Tableau de l'économie… », *op. cit.*, p. 222.

[55] I.S.H.T.C., (M.A.E.), (b.) Q.O.777, (c.) 554, (f.) 230, rapport avril 1955.

[56] *Ibid.*, (c.) 563, (f.) 166.

[57] « … dont les sommes quadruplèrent en 8 ans : de 1,8 milliard à 7,5 Milliards entre 1948 et 1956 ». Source : *Annuaire…, op. cit.*, 1956, p. 174.

CONCLUSION

Les crises de subsistance qui ont jalonné la dernière décennie du Protectorat eurent des conséquences profondes sur les différents secteurs de la vie économique et sociale en Tunisie. Nous ne prétendons pas que ces crises de l'Ancien Régime soient les facteurs déterminants dans les blocages du système en place. Elles ont toutefois creusé les écarts et amplifié les contradictions d'un système obsolète qui a commencé à vaciller devant l'ampleur des problèmes posés.

CONCLUSION

[illegible]

CHAPITRE 8
LA SOCIETE FORCES HYDRO-ELECTRIQUES DE TUNISIE (1952) : ENJEUX ET DEFIS

Hafsa SAIDI
Université de Tunis

INTRODUCTION

Au lendemain de la Seconde Guerre mondiale, l'électrification de la Tunisie s'est posée comme une nécessité vitale et un levier stratégique aux yeux des autorités françaises pour optimiser et rationaliser l'exploitation des ressources du pays. Conscient du rôle de cette nouvelle source d'énergie dans le développement des structures de l'économie tunisienne et la couverture des besoins sans cesse croissants de la population, le Gouvernement du Protectorat a vivement soutenu les projets des sociétés productrices et distributrices d'électricité, dans le souci d'accroître leurs capacités productives, d'étendre leurs réseaux, et d'inciter à la consommation.

Il entreprit, dans le cadre des plans d'équipement et de modernisation mis en œuvre depuis 1948, de développer la production des centrales existantes, déjà limitée à cause des destructions causées par les batailles de la guerre, des problèmes de ravitaillement, ainsi que des difficultés de financement. Mais il s'est heurté aux limites de l'équipement des générateurs thermiques en place (surtout dans le cas de la centrale de La Goulette qui se remettait progressivement). C'est pourquoi le choix s'est porté sur l'hydroélectricité, et l'on décida alors de créer une nouvelle société appelée Forces Hydro-électriques de Tunisie (FHET). Pourquoi ce choix de l'hydro-électricité ? Comment s'est constituée la société ? A-t-elle atteint les objectifs fixés ?

I- LES FACTEURS DU CHOIX DE L'HYDRO-ELECTRICITE EN TUNISIE

Les raisons de l'intérêt porté par les pouvoirs publics pour ce type d'énergie paraissent avoir été multiples :

• Les facteurs liés aux sources d'énergie

La Tunisie dispose de peu d'énergie, et en dehors de gisements de lignite de qualité médiocre au Cap-Bon, exploités seulement pendant la guerre, il n'existe pas d'autres sources d'énergie. En outre les prospections du pétrole et du gaz, initiées depuis les années vingt par les sociétés américaines (Standard Oil) et européennes (Royal-Dutch Shell)[1], puis par un organisme d'État créé en 1931 (SEREPT)[2], n'ont pas donné satisfaction[3]. Il semble donc que l'augmentation continue de la facture des produits énergétiques de base dans les importations, tels que la houille et les hydrocarbures, qui ont atteint 1.4 milliard de francs au début des années 1950, ait été déterminante dans le choix de l'hydroélectricité. Par conséquent, l'emploi des chutes d'eau comme énergie alternative permettrait d'économiser plus de 120 millions de francs d'importation de charbon et d'hydrocarbures pour la seule centrale de Fernana, et contribuerait à réduire le prix de revient et le déficit commercial en Tunisie.

• Les facteurs stratégiques

Les pouvoirs publics, impressionnés par la destruction de la grande centrale thermique de la Goulette ainsi que celles de Sousse, Bizerte et Sfax pendant les hostilités de 1942-1943, et par les perturbations occasionnées, estimaient indispensable de disperser les sources de production à travers le pays pour éviter le danger d'une concentration excessive de ces moyens dans les villes côtières. Ils croyaient également qu'en utilisant les ressources locales en énergie, ils pourraient assurer une alimentation, même partielle, du pays en cas de blocus naval, comme lors de la Deuxième Guerre mondiale. De plus, le Gouvernement ayant décidé la construction de deux importants barrages depuis 1947, grâce au soutien financier du Fonds de Modernisation et d'Équipement (FME), a résolu qu'il était justifié d'utiliser les dénivellations créées par ces réservoirs pour produire de la « houille blanche » : l'électricité devenait le sous-produit d'ouvrages réalisés à des fins d'irrigation et de distribution de l'eau potable à Tunis et environs.

---

[1] Alfred Roux, Marcel Soulignac, *Les recherches de pétrole en Tunisie*, Paris, Imp. Nationale, 1937, p. 875.

[2] Syndicat d'Études, de Recherches et d'Exploitation Pétrolières en Tunisie, société d'économie mixte dont le capital est réparti comme suit : État tunisien 30%, État français 60% et CFP 10%.

[3] Archives Nationales de Tunisie (A.N.T.), Série (S.), SG/SG2, Carton (C.) 377, Dossier (D.) 5, « Rapport sur les recherches de pétrole en Tunisie », 1953.

Enfin, l'établissement des centrales hydro-électriques dans le Nord-Ouest du pays faciliterait l'interconnexion des réseaux tunisiens et algériens à des fins stratégiques et économiques.

• Les facteurs économiques

En 1952, l'équipement de la Tunisie en matière de production d'énergie électrique est encore très en retard par rapport aux autres pays de l'Afrique du Nord française[4] : la consommation moyenne individuelle y est de 50 KW par an, alors qu'en Algérie elle est déjà de 120 KW/ an et au Maroc de 175 KW/an, grâce notamment aux usines hydro-électriques. De plus, la consommation d'électricité en Tunisie s'accroît à un rythme rapide de plus de 10% à 13% par an[5]. Pour pallier à ce retard préjudiciable aux industriels et au grand public, deux solutions s'imposaient : ou bien poursuivre le développement des équipements thermiques en augmentant la puissance concentrée à la centrale de La Goulette, ce qui requerrait beaucoup de moyens de financement et surtout de longs délais de réalisation (3 ans et plus), ou bien s'orienter vers une nouvelle voie, celle de l'équipement des barrages, déjà en construction, en groupes et turbines pour produire de l'énergie électrique et ce, à un prix de revient relativement bas par rapport au coût du Kilowatt thermique installé alors à Tunis (65.384 francs contre 100.000 francs), selon les experts[6].

D'autre part, des régions assez vastes du territoire dans le centre et le sud du pays n'étaient pas encore desservies par les réseaux électriques, il aurait donc fallu importer davantage de combustibles solides et liquides pour subvenir à l'accroissement constant de la demande d'électricité de ces régions, ce qui aurait grevé le déficit de la balance commerciale et accru les prix de revient de l'énergie, mais également alourdi les frais des entreprises. De plus, l'interconnexion avec le réseau algérien permettrait de réaliser des économies par l'exploitation en commun des diverses centrales qui pourraient fonctionner à leur rendement optimum, et constituerait un secours appréciable pour les besoins des deux pays voisins. Notons enfin que la plus grande partie de la production de ces centrales hydro-électriques était

---

[4] (A.N.T.), S.E., C.332, D.31, d.9, Direction des Travaux Publics, société FHET, Exposé des motifs, Juillet 1952.

[5] Bernard Deglaire, « La Société des Forces Hydro-Electriques de Tunisie, Sa mission et son intérêt technique et économique », in *Bulletin Économique et Social de la Tunisie (B.E.S.T.)*, No102, juillet 1955. p. 97.

[6] *Ibid.*, p.105.

destinée à alimenter par un réseau de 90 Kilovolts la ville de Tunis et ses environs, c'est-à-dire le plus grand centre économique et démographique du pays, et le nœud de distribution de l'électricité du pays, ce qui impulserait l'économie tunisienne d'une manière générale.

II- LA CONSTITUTION DE LA SOCIETE « FORCES HYDRO-ELECTRIQUES DE LA TUNISIE » (FHET)

Étant entendu que l'aménagement des sites de production hydro-électrique, l'édification des usines, des postes de transformation et des lignes des réseaux d'évacuation de cette énergie sur les autres réseaux déjà existants constitue la plus importante réalisation de la Tunisie en matière d'électricité d'après-guerre, elle nécessite des moyens de financement colossaux. C'est pour ces raisons que le choix s'est porté sur la création d'une société d'économie mixte dont les droits et les obligations découleront d'une convention de concession du 15 juillet 1952 entre l'État tunisien et la société en formation représentée par son fondateur Pierre Bezaguet, et approuvée par le décret du 25 décembre 1952[7] et d'un cahier des charges. Elle fut créée officiellement le 28 mai 1953 par la réunion de trois groupes d'importance égale apportant leur contribution au capital initial fixé à 1 Milliard 50 millions de Francs, résumé par le tableau suivant :

Tableau 1. ***Parts de participation dans la société FHET en 1952***

Groupe	Participation
« A » - L'État tunisien :	350 millions de Frs.
« B » - L'État français : - E.D.F : - E.G.A :	350 millions de Frs : - 300 millions - 50 millions
« C » - Intérêts privés : - C.T.T : - Cie du Gaz/Eaux de Tunis - O.T.E. - Sté d'Études de Financement et de Tavaux	350 millions de Frs : -249.950 millions -70 millions -30 millions -50.000 francs
Total	**1 milliard 50 millions de Frs.**

Source : Archives de la Société Tunisienne d'Electricité et du Gaz (STEG), Série H, Boite 1055, statut FHET, 1952.

[7] *Journal Officiel Tunisien* (J.O.T.), 30 décembre 1952. L'État accorde la réalisation, puis l'exploitation des 2 usines de Nebeur et de Fernana, et d'un réseau de transport d'énergie et l'interconnexion avec l'Algérie.

Notons tout d'abord que l'État tunisien est tenu de participer à cette entreprise de grande envergure par une contribution du budget tunisien, suite à un prêt de 350 millions de francs accordé par le FME, et il bénéficie de deux sièges au Conseil d'Administration de la FHET.

Toutefois cette participation ne s'inscrit pas dans « la défense de l'intérêt général des populations du Royaume », comme le prétend un opuscule de propagande de la Résidence Générale[8], mais plutôt dans la défense des intérêts privés français en Tunisie. Ainsi le cahier des charges stipule que la société FHET est autorisée, après constitution, « à contracter des emprunts dans la limite d'un maximum nominal de 4 milliards de francs, sous la garantie de l'État tunisien ». En plus de sa garantie accordée aux emprunts contractés par la FHET, l'État tunisien est tenu de garantir à la société le placement de l'énergie produite par ses centrales et l'équilibre de son compte d'exploitation[9], c'est-à-dire qu'il est contraint de lui verser une indemnité compensatrice dans l'éventualité d'un déséquilibre de ses comptes. Ainsi, cette implication de l'État tunisien tourne-t-elle à l'avantage des investisseurs français.

Côté français, notons la forte présence d'EDF par sa prise de participation de 30% du capital de la FHET, ce qui met en évidence le rôle effectif qui lui fut conféré dans le cadre du projet hydroélectrique tunisien, surtout sa mission de faire bénéficier à la FHET de l'ensemble de ses connaissances techniques et administratives en la matière. N'oublions pas que la loi du 8 avril 1946 portant sur la nationalisation de l'électricité et du gaz donnait à EDF la possibilité de participer à l'électrification des territoires d'outre-mer en prenant appui sur la constitution future de sociétés d'économie mixte d'électricité[10]. Quant à la participation d'EGA (Électricité et Gaz d'Algérie), ceci relève de sa présence dans les réseaux tunisiens à travers sa filiale (l'Ominium Électrique Tunisien/OTE), implantée au nord-ouest du pays dans les régions minières, ainsi que la fourniture d'énergie électrique par l'Algérie qui tend à se renforcer dans les années à venir par la construction d'un réseau d'interconnexion entre les deux possessions françaises, fourniture d'énergie électrique inscrite au second Plan de Modernisation et d'Équipement 1954-1957.

---

[8] *Réalités Tunisiennes*, Direction des Affaires Economiques et Techniques de la Résidence Générale de France à Tunis, novembre 1953.

[9] (J.O.T.), 30 décembre 1952.

[10] Alain Beltran, Jean-Paul Couvreux, *Electricité de France, 50 ans d'histoire (s) à l'international*, Paris, Le Cherche Midi, 1996, p. 275.

Enfin, dans le groupe « C » dit d'intérêts privés et composé de sociétés françaises concessionnaires de la production et de la distribution d'énergie électrique dans la Régence, la participation au capital se fait selon l'importance qu'occupe chaque société dans le paysage électrique tunisien. Ainsi, la part essentielle est-elle accordée à la Compagnie des Tramways de Tunis (CTT) avec 249 millions de fr, car c'est la plus importante société d'électricité du pays : propriétaire de la centrale de La Goulette qui sera connectée aux centrales hydroélectriques, elle possède non seulement le réseau de transport électrifié à Tunis et sa banlieue mais distribue également l'électricité dans les environs de Tunis, au Cap Bon et dans le nord-est de la Tunisie. Le second participant est la Compagnie du Gaz et Régie co-intéressée des Eaux de Tunis, qui dessert l'électricité à l'intérieur du périmètre communal de la ville de Tunis. Quant à l'Ominium Tunisien d'Électricité (OTE), il préside à l'alimentation du nord-ouest du pays en énergie électrique et sera un acteur principal dans l'interconnexion tuniso-algérienne.

Ainsi, la place occupée par la France dans cette société mixte est de premier ordre, tant au point de vue du financement (2/3 du capital initial, le reste étant accordé sous forme de prêt à l'État tunisien), que de celui des techniques (l'aide et les connaissances des ingénieurs d'EDF dans le domaine de l'hydroélectricité), et de la gestion (la Tunisie occupe 2 sièges[11] seulement sur les 12 sièges du Conseil d'Administration, répartis selon l'importance de participation des sociétés françaises).

Les pouvoirs publics, les sociétés métropolitaines et locales, sous la houlette d'EDF, s'attelèrent à la réalisation de ce grandiose projet, lourd en investissement humain et matériel.

---

[11] Occupés au début (1953) par Abdelkader Belkhodja, ancien ministre, et par Rachid Ben Osman, caïd honoraire ; mais après l'indépendance de la Tunisie (1956), par Mahmoud El Matri, un des dirigeants nationalistes, et par l'ingénieur Mokhtar Laatiri, fondateur par la suite de l'ENIT (École Nationale d'Ingénieurs de Tunis).

III- LES REALISATIONS HYDRO-ELECTRIQUES

Le programme des FHET, tel qu'il est défini dans la concession, doit être réalisé dans un délai de 5 ans à dater de la constitution de la Société, sauf cas de force majeure (surtout en matière de financement). C'est en fonction de cet impératif que tous les moyens ont été mis en œuvre pour son achèvement. Trois générateurs sont concernés :

Le premier est la centrale hydro-électrique de Nebeur, utilisant la chute moyenne de 57 mètres du barrage sur l'Oued Mellègue, premier barrage à voûtes de la Tunisie créant un réservoir de 300 millions de m^3 de capacité[12], la puissance apportée est de 13 millions de kilowatts, dont 11.5 millions dirigés vers Tunis ; elle fournirait chaque année 15 millions de kilowatts/h, la dépense envisagée est de 2 milliards 50 millions de fr. L'entrée en service de cette centrale était prévue pour le dernier trimestre de 1955 mais ne sera effective qu'une année plus tard.

Illustration 1 : Barrage et centrale de Nebeur dans le contrôle civil du Kef

Source : https://bibliotheque.fondationorange.com/, consulté le 02/02/2019

Le deuxième concerne les deux usines de Fernana, qui doivent turbiner, à leur sortie d'une galerie souterraine de 3.5 km de longueur les eaux du barrage de Beni Mtir sur l'Oued Ellil, sous une hauteur moyenne de 150

[12] Nessim Strugo, « La Mise en Valeur de la Vallée de la Medjerda », in (B.E.S.T.), No 102, juillet 1955, p. 55.

mètres pour la première usine, et de 42 mètres pour la deuxième. La puissance apportée est de 10 millions kilowatts, dont 9 dirigés vers Tunis. La production escomptée de ces 2 centrales serait de 20 millions de Kilowatts/h/an[13]. Prévues pour être opérationnelles au début de 1957, elles ne le seront que plus tard.

Illustration 2 : Barrage de Béni Mtir sur l'Oued Ellil près d'Ain Draham
Source : https://bibliotheque.fondationorange.com/, consulté le 25/05/2019

Le troisième générateur, c'est la centrale hydraulique de Taullierville-El Aroussia sur le barrage de prise d'irrigation (ou au fil de l'eau) sur la Medjerda, la puissance envisagée est de 4,5 millions de kilowatts/an, dont 4 pour Tunis, avec une dépense de 2,6 milliards de francs.

[13] Bernard Deglaire, « La Société des Forces Hydro-Electriques de Tunisie... », *op. cit.*, p. 106-107.

Illustration 3 : Centrale de Taullierville-El Aroussia près de Medjez el Bab

Source : https://bibliotheque.fondationorange.com/, consulté le 25/05/2019

La société est également chargée de réaliser un réseau à très haute tension, comportant deux lignes de 90 kilovolts : la première de Nebeur à Tunis en passant par Fernana et qui collectera l'énergie des deux usines hydro-électriques de la société, la seconde allant directement de Nebeur à Tunis (et à la Goulette), sécurisant la première et augmentant la capacité de transport totale. En outre, la FHET devait assurer l'interconnexion avec l'Algérie par le prolongement des deux lignes de 90 kilovolts allant de Nebeur à Tadjerouine vers Clairefontaine et Duzerville en Algérie d'une part, et de Fernana à Bône de l'autre, comme le montre le schéma suivant :

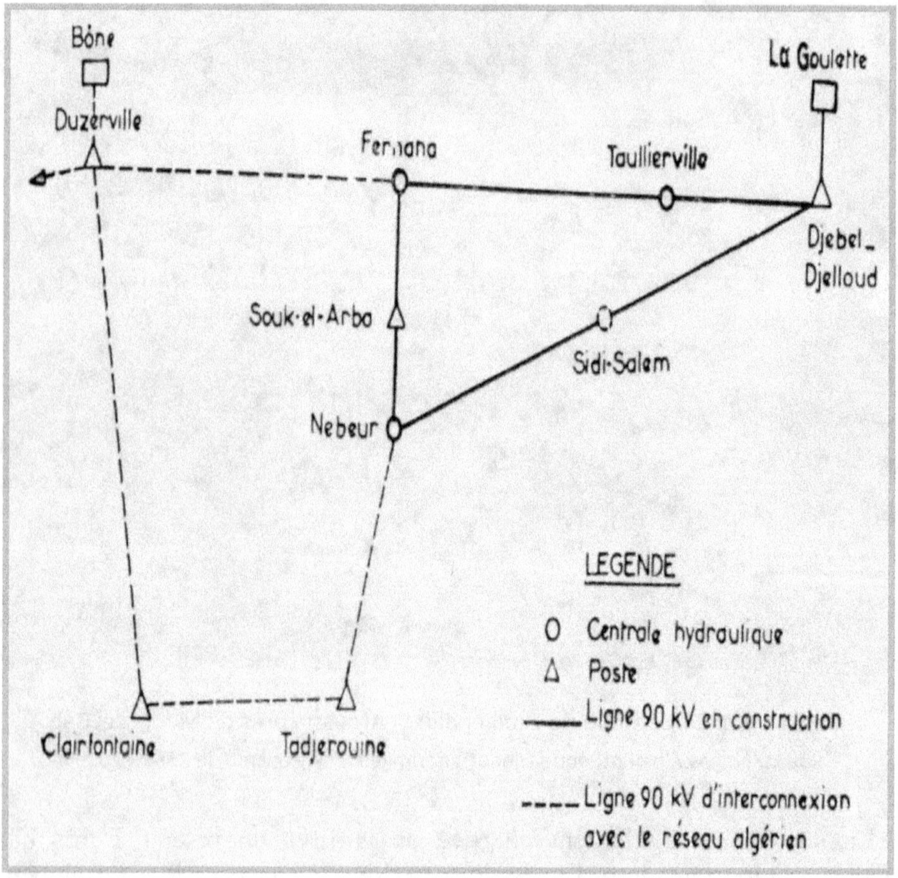

Figure 1 : Réseau à très haute tension de FHET et interconnexion avec l'Algérie (EGA)

Source : Bernard Deglaire, « La Société des Forces Hydro-Electriques de Tunisie... », op. cit., p. 108.

L'objectif de ce double lien avec EGA est de réaliser des économies « d'interconnexion » par l'exploitation en commun des diverses centrales tournant en régime optimum, de sécuriser l'alimentation de la Tunisie par les moyens importants de production installés dans le pays voisin, de préserver les intérêts stratégiques de la France entre les deux entités, et surtout de fournir l'électricité à la zone frontalière tuniso-algérienne et d'alimenter la région minière du nord-ouest du pays.

IV- BILAN CONTROVERSE DE LA FHET

Ce choix de l'hydro-électricité soulève beaucoup de réserves. D'abord, cette forme d'énergie n'est pas extensible en Tunisie, car la pluviométrie est trop faible pour construire des barrages uniquement destinés à la production d'électricité comme ce fut le cas pour l'Algérie[14] et surtout au Maroc[15]. Aussi, la centrale de Taullierville-El Aroussia est totalement dépendante du niveau de l'Oued Medjerda et ne pourra fournir sa puissance que quelques heures par jour, et cette puissance ne peut être garantie en période de crue, ce qui réduit son efficacité et soulève la question de l'utilité et de la rentabilité des ouvrages cités.

D'autre part, les coûts initiaux des projets hydrauliques et hydro-électriques étaient estimés à 9 milliards de francs. Or, à cause des retards occasionnés dans l'exécution des ouvrages, ils furent portés à plus de 30 milliards de francs (barrages compris)[16], ce qui obéra les finances publiques et le budget de l'État. Mais ce qui amoindrit la rentabilité économique de l'hydro-électricité, ce fut l'entrée en service d'une façon tardive des centrales (fin des années 1956-1959), et avec une production fort limitée (18 millions de kilowatts, en 1958), loin des buts escomptés (40 à 50 millions de KW/an), ce qui représentait moins de 5% de l'ensemble de la production électrique en Tunisie. Cet état de fait fut préjudiciable à l'amélioration de la productivité industrielle récemment entamée dans quelques secteurs, ne subvint pas à la croissance de la demande du service public et des particuliers, et suggéra une fois encore la nécessité absolue de construire un nouvel équipement thermique afin de porter rapidement la consommation individuelle de 50 à 100 kilowatts/h par an, ce qui était alors considéré comme le seuil à atteindre pour l'amélioration éventuelle du niveau de vie des populations du pays. Autre grief, étant réalisées au nord du pays et alimentant la région de Tunis, les réalisations des centrales et des réseaux hydro-électriques accentuaient la disparité régionale entre le nord de la Tunisie, partiellement électrifié, et le centre ainsi que le sud du pays (communément appelé « le désert électrique tunisien »).

---

[14] Daniel Lefevre, « L'électricité en Algérie, de la rationalisation à la nationalisation, les enjeux d'une réforme : 1937-1947 », in *Outre-Mers*, Tome 89, N° 334-335, septembre 2002.

[15] Samir Saul, « L'électrification du Maroc à l'époque du Protectorat », *Ibid.*

[16] Raymond Barre, « L'Economie de la Tunisie », in *IBLA*, n° 67-68, 1954.

Soulignons enfin que les projets exécutés profitèrent essentiellement aux sociétés concessionnaires d'électricité comme la Compagnie des Tramways de Tunis (CTT et CTET par la suite), qui a multiplié les ventes et les projets d'extension de ses réseaux. Ils représentaient également des opportunités inégalées d'investissement et de bénéfices, pour les grandes entreprises de travaux publics et d'équipement électrique françaises, telles que la « Société Dumez », qui a édifié le barrage de Nebeur, et également la société « Entreprises Campenon Bernard » qui a construit le barrage de Béni Mtir, ou encore la « Société Générale d'Entreprises », responsable de l'édification des pylônes et des réseaux de haute tension[17].

CONCLUSION

Nous avons essayé, à travers l'étude de la société Forces Hydro-électriques de Tunisie, de déceler les enjeux du choix de l'hydro-électricité. Cependant, nous pouvons nous interroger sur la pertinence de ce choix. En effet, n'aurait-il pas été plus judicieux de développer l'équipement thermique existant avec les 30 milliards dépensés ? Ce retour à l'énergie thermique sera décidé par la société étatique (la STEG) après 1962. Mais ceci est une autre histoire.

---

[17] Dominique Barjot, « Les entreprises françaises et l'électrification de l'Afrique du Nord : le cas de la Société Générale d'Entreprises », in *Outre-Mers*, Tome 89, N° 334-335, septembre 2002.

Source : - Archives de la Société Tunisienne d'Électricité et du Gaz (STEG), Série H :

№ de boîte	Contenu	Date
1028	– Carte du barrage- réservoir sur l'oued Mellègue près de Nebeur.	1949
1950	– Centrale de la Goulette.	1952
	– Achat d'énergie hydraulique	1956
1051	– Cahier des charges pour la concession par le gouvernement tunisien d'une organisation de production d'énergie hydro-électrique.	1951
	– Société tunisienne : compagnie tunisienne d'électricité et de transport- autorisation.	1955
1052	– Société Forces Hydro-électrique de Tunisie : économie d'interconnexion.	1956/1958
	– Interconnexion Algéro- Tunisienne.	
1055	– Participation de l'État pour la réalisation des travaux d'électrification JOT.	1952
	– Plan quadriennal d'équipement.	1952/1956
	– Statut de FHET.	1952
	– Production, centrale El- Aroussia.	1959

– Archives de France

* Paris

– Archives d'Électricité de France :

– Volume 801434, Tunisie, statistique de la production d'électricité 1951-1969.

– Volume 852748, Usine de Nebeur et de Taullierville 1953-1957.

– **Archives Nationales de France, Archives du Commissariat Général au Plan**, volume AJ- 80 -73 et AJ- 80-70 : Plan de Modernisation et d'Équipement de l'Algérie, du Maroc et de la Tunisie 1954- 1957.

– Archives M. A. E, Quai d'Orsay, La Courneuve, Paris, série Afrique-Levant, Tunisie 1956- 1969- Volume 471, T 302, Électricité, Généralités.

* Nantes

– Archives Diplomatiques de Nantes, Tunisie 2e versement, Résidence Générale :

– Volume 457, Affaires économiques, du 01/01/ 1950 au 30/04/1952.
– Volume 461, Affaires économiques, du 10/01/ 1956 au 31/12/1956.
– Volume 466, Plans d'équipement 1956.

BIBLIOGRAPHIE

Dominique Barjot, « Un grand Constructeur de lignes : la S.G.E. (1899-1970) », *in Réseaux électriques et installateurs des origines à nos jours* (Actes du colloque international), sous la direction de D. Barjot, M. Trédé, P.U.F, Paris 1995.

Dominique Barjot, « Les entreprises françaises et l'électrification de l'Afrique du Nord : le cas de la Société Générale d'Entreprises » *in Outre-mer*, Tome 89, N° 334-335, septembre 2002.

Raymond Barre, « L'Économie de la Tunisie » *in IBLA*, N° 67-68, 1954.

Bernard Deglaire, « La Société des Forces Hydro-Électriques de Tunisie, sa mission et son intérêt technique et économique », *in Bulletin Économique et Social de la Tunisie* (B.E.S.T.), N°102, juillet 1955. p.97.

Daniel Lefevre, « L'électricité en Algérie, de la rationalisation à la nationalisation, les enjeux d'une réforme : 1937-1947 », *in Outre-Mers*, Tome 89, 334-335, septembre 2002.

Gabriel Luc, « Évolution de la consommation de l'énergie électrique en Tunisie », *in BEST*, N°84, janvier 1954.

SECTION 2
LES ENTREPRISES

CHAPITRE 9
LA SEINE EN CHANTIER : POUVOIR MUNICIPAL ET TRAVAUX D'URBANISME A PARIS A LA VEILLE DE LA REVOLUTION

Safia HAMDI
Université de Tunis

L'objet de cet article est d'analyser un ensemble d'enjeux relatifs à la participation de la municipalité parisienne aux travaux d'urbanisme engagés par la monarchie à la veille de la Révolution. L'intérêt porté à ces enjeux trouve sa justification dans l'interrogation sur la manière dont les édiles gèrent les marchés publics dans lesquels leur institution se trouve impliquée. La conduite de ces marchés est une partie de l'ensemble complexe des tâches gérées par le Bureau de la Ville. Pour bien cerner son rôle dans les choix exprimés, il est important d'étudier les marges de manœuvre qui sont les leurs ainsi que la capacité de négociation avec les différents acteurs en place. Un tel dossier permet de s'interroger sur les modalités d'action, sur les prises de décisions, sur les pratiques, et sur les conceptions des partenaires qui mettent en œuvre les règles des jeux de pouvoir. Cela suppose de considérer une époque historique durant laquelle l'Hôtel de Ville de Paris s'est transformé en une administration royale.

ENTRE LA VILLE ET L'ÉTAT : URBANISME ET TUTELLE ROYALE

Au Siècle des Lumières, les projets d'embellissement[1] de la capitale du royaume s'accroissent, il s'agit surtout de l'alignement des rues, de

[1] Sur cette question, voir Jean-Louis Harouel, *L'embellissement des villes : l'urbanisme français au XVIIIe siècle*, Paris, Picard, 1993, 335 p. ; François Laisney et Rémi Koltirine, *Règle et règlement. La question du règlement dans l'évolution de l'urbanisme parisien (1600-1902)*, École d'architecture de Paris-Belleville, 1989, 179 p. ; Michel Le Moël et Sophie Descat, (dir.), *L'urbanisme parisien au Siècle des Lumières*, Paris, Action Artistique de la Ville de Paris, 1997, 229 p. ; Nicolas Lemas, « La ville offerte : les projets d'embellissement du XVIIIe siècle. Une littérature de l'accueil », dans *Les Annales de la recherche urbaine*, n° 94, 2003, p. 87-95, qui conclut que : « L'image urbaine définie par les projets d'embellissements cherche à ouvrir un espace esthétique et un espace social, propre à rendre la ville accueillante sous l'angle de la consommation narrative » ; Youri

l'ouverture de grandes voies, de l'élargissement des quais, du dégagement des ponts et de l'établissement de nouvelles places. Enjeu politique et social, l'aménagement urbain de la capitale au XVIIIe siècle se trouve au cœur de conflits entre plusieurs acteurs, « Les luttes de pouvoirs, les raideurs des corps de métiers, l'insuffisance législative et la pénurie financière se liguent néanmoins pour en faire un siècle velléitaire, laissant au siècle suivant le soin de mener à leur terme les transformations»[2]. Ainsi cet engouement de la monarchie pour les projets d'embellissement et leur réalisation se confronte à plusieurs obstacles et notamment l'incapacité à assumer le financement de telles opérations de grande envergure. À ce propos, il devient intéressant de s'interroger sur ces moyens de financement qui représentent un moment clef dans le renforcement de la tutelle royale sur les finances municipales[3]. Sous

Carbonnier (coord.), *Réinventer Paris au XVIIIe siècle. Regards croisés franco-américains*, dans Histoire urbaine, n° 24, 2009 ; Guy Saupin, « Le pouvoir urbain dans le modèle monarchique : une comparaison France Espagne à l'époque moderne », dans *Revue du Nord*, n° 400-401, 2013, p. 657-667 ; Sophie Descat, « Fabriquer la grande ville : le rôle des architectes municipaux à Paris dans la seconde moitié du XVIIIe siècle », dans Dana Arnold et Jean Louis Cohen (dir.), *Paris/Londres*, Gollion : in Folio, 2015, p. 87-130.

[2] Youri Carbonnier (coord.), *Réinventer Paris au XVIIIe siècle. Regards croisés franco-américains, Histoire urbaine*, no 24, 2009 : Id., p. 8. Id., « La monarchie et l'urbanisme parisien au Siècle des Lumières. Grands projets et faiblesse du pouvoir », p. 33-46 ; Richard Wittman, « Politique et publications sur Paris au XVIIIe siècle », p. 9-32.

[3] Sur les questions liées à la thématique de l'histoire des relations entre le pouvoir royal et le pouvoir municipal dans les villes françaises, voir Philippe Hamon et Laurent Coste (dir.), *Le pouvoir municipal de la fin du Moyen Âge à 1789*, municipal en France à l'époque moderne. Bilan historiographique des vingt dernières années, dans Philippe Hamon et Laurent Coste (dir.), 2012, p. 15-54 ; Yves Durand, « Pouvoir municipal et politique économique. L'exemple des travaux portuaires en Méditerranée » XVII Rennes, Presses Universitaires de Rennes, 2012, 360 p. ; Guy Saupin, « Le pouvoir -XVIIIe siècle », dans Philippe Hamon et Laurent Coste (dir.), 2012, p. 165-183 ; Laurence Croq, « Les édiles, les notables et le pouvoir royal à Paris, histoire de rupture (XVIIe -XVIIIe siècles), dans Philippe Hamon et Laurent Coste (dir.), 2012, p. 223-244 ; Laurent Coste, *Les lys et le chaperon. Les oligarchies municipales en France de la Renaissance à la Révolution, milieu XVIe siècle-1789*, Bordeaux, 2007, 409 p. ; Laurence Croq, « La municipalité parisienne à l'épreuve des absolutismes : démantèlement d'une structure politique et création d'une administration (1660-1789) », dans Laurence Croq (dir.), *Le prince, la ville et le bourgeois (XIVe -XVIIIe siècles)*, Paris, Éditions Nolin, 2004, p. 175-201; Guy Saupin (dir.), *Le pouvoir urbain dans l'Europe atlantique du XVIe au XVIIIe siècle*, Nantes, Ouest Éditions, 2002, 267 p. ;Guy Saupin, *Les villes en France à l'époque moderne (XVIIe - XVIIIe siècles)*, Paris, Belin, 2002, 270 p. ; Philippe Guignet, *Le pouvoir dans la ville au XVIIIe siècle. Pratiques politiques, notabilité et éthique sociale de part et d'autre de la frontière franco-belge*, Paris, EHESS, 1990, 591 p. ; Boris Bordes, *L'administration provinciale et municipale en France au XVIIIe siècle*, Paris, SEDES, 1972, 378 p.

l'Ancien Régime, les questions financières occupent une place importante dans les relations institutionnelles entre l'État et la Ville et surtout quand il s'agit de grands travaux d'urbanisme pour la capitale. En effet, les réalisations d'urbanisme sont conditionnées par les possibilités financières de la monarchie et de la municipalité. Si les décisions en la matière sont l'apanage de la monarchie, c'est la ville qu'incombe le financement des aménagements urbains[4]. Ainsi, face aux difficultés financières auxquelles se heurte le trésor royal, les services de l'État se trouvent-ils obligés de faire appel à des emprunts et, dans ce domaine, la ville de Paris assume un rôle essentiel. À ce sujet, les chefs de la municipalité ne manquent pas de se plaindre de cette situation :

> *Le prévôt des marchands Bernage avoue en 1751 à son cousin le marquis d'Argenson l'embarras que lui causent deux décisions arbitraires du pouvoir royal. En effet la Ville ne parvient pas à équilibrer le budget de l'Opéra, comme on le lui a demandé en 1749 ; il lui répugne encore davantage d'acheter l'hôtel de Conti, dont elle n'a que faire, d'autant plus qu'elle ne dispose pas des 1.800.000 livres nécessaires à cette acquisition. Trop souvent la municipalité sert d'ultime recours à la monarchie, quand celle-ci cherche à se débarrasser d'un dossier (comme le casernement des gardes françaises)*[5].

D'ailleurs les attributions de l'Hôtel de Ville en matière d'urbanisme tiennent de plus en plus de place dans les registres des délibérations du Bureau de la Ville. Ces derniers représentent une source de première main pour mettre en évidence l'importance du rôle administratif de l'institution parisienne[6]. Les difficultés de trésorerie vont de pair avec l'évolution de

---

[4] Article pionnier de Jean Louis Gay, « Les questions financières et l'administration de Paris de 1770 à 1789 », *Études d'histoire du droit parisien*, Paris, 1970, p. 415-424 ; Jean Louis Gay, « L'administration de la capitale entre 1770 et 1789 ; la tutelle de la royauté et ses limites », *Paris et Île-de-France, Mémoires*, une série de trois articles : t. 8, 1957, t. 9, 1958, t. 10, 1959 ; Jean-Louis Harouel, « La question financière et ses rapports avec l'aménagement urbain », dans Raymonde Monnier (dir.), *Á Paris sous la Révolution : nouvelles approches de la ville*, Paris, Publications de la Sorbonne, 2008, p. 29-38.

[5] Jean Chagniot, *Paris au XVIIIe siècle*, Paris, Nouvelle histoire de Paris, Hachette, 1988, p. 98.

[6] Sur ce sujet voir Michèle Bimbenet-Privat, *L'administration parisienne à la veille de la Révolution. Délibérations du bureau de la Ville de Paris (1784-1790). Inventaire des minutes H2/1954/2 à 196*, Paris, Archives nationales, 1989, 139 p. ; Isabelle Backouche, *La trace du fleuve. La Seine et Paris (1750-1850)*, Paris, EHESS, coll. « En temps et lieux », 2016, 446 p.

l'urbanisme et des travaux publics dans la capitale, ceux-ci étant également l'occasion pour révéler le souci de la monarchie « d'utiliser pour son profit le crédit de la ville et son désir de contrôler très étroitement les finances municipales »[7].

Pour mieux saisir la mobilisation des moyens financiers de la Ville par le pouvoir monarchique afin de réaliser les aménagements urbains dans la capitale, l'exemple du dossier de la construction du pont Louis XVI illustre bien cet état de choses. Exposer les grandes lignes de ce projet me semble nécessaire pour comprendre les tenants et les aboutissants d'un marché public dirigé par les soins de la Ville. L'édit royal de septembre 1786[8] consacre la réalisation pour Paris de travaux d'urbanisme (pensés depuis le milieu du XVIIIe siècle) concentrés surtout autour du grand fleuve et des Halles, il autorise la Ville à lancer un emprunt d'une valeur de 30 millions de livres (en constitutions de rentes au denier 25) qui seront remis dans les coffres du roi. Ce dernier s'engage à reverser annuellement dans la caisse de la municipalité la somme de 3 millions de livres et qui seront répartis, selon les termes de l'article XVIII de l'édit, comme suit :

> *(...) Douze cent mille livres à l'acquisition & à la démolition des maisons du pont au Change & autres objets, suivant l'ordre dans lequel ils sont rappelés à l'article Ier. Douze cent mille livres pour commencer la construction du pont vis-à-vis la place de Louis XV, & Six cent mille livres pour l'acquisition des maisons nécessaires à l'établissement du marché du détail, vis-à-vis la nouvelle Halle de marrée ».*

---

[7] Robert Descimon et Safia Hamdi, « La prévôté des marchands à l'époque moderne : de la corporation territoriale à l'incorporation administrative », *Cahiers de Tunisie*, n° 212-213, 2015, p. 38.

[8] Bibliothèque nationale de France, F-21218 (1), septembre 1786, « Édit du roi qui ordonne la démolition des maisons construites sur les ponts de la Ville de Paris, sur les quais & et rues de Gêvres, de la Pelleterie & adjacentes des deux côtés de la rivière, conformément au projet arrêté en 1769 : La construction d'un pont en face de la place de Louis XV : Celle d'une nouvelle salle d'Opéra : Le parachèvement du quai d'Orsay, & autres objets relatifs à l'utilité publique, à la salubrité & à l'embellissement de la capitale (…) Donné à Versailles au mois de septembre 1786. Registré en Parlement le 7 des dits mois & an ». Nous avons présenté les premiers éléments d'une recherche sur la question des travaux publics menés par la prévôté des marchands à la fin du XVIIIe siècle lors de la journée d'études *Les marchés publics en France, formes, pratiques et acteurs de la contractualisation (XVIIe-XIXe siècles)*, organisée par Université du Littoral-Côte d'Opale, Boulogne-sur-Mer, 8 septembre 2016.

Situés dans des secteurs de la ville à forte densité de population, ces travaux d'aménagement urbain impliquent d'énormes expropriations»[9]. Nicolas Lyon-Caen, qui a étudié les questions d'indemnisations des propriétaires parisiens suite à la démolition de leur bien pour la réalisation des grands travaux pourvus par l'édit de 1786 (notamment la construction des quais au long de la Seine), a montré que la détermination des indemnités a donné lieu à de multiples contestations entre la Ville et les expropriés. En effet, « les contraintes de l'emprunt réduisent la marge de manœuvre de la municipalité, d'autant que les fonds sont placés non dans sa caisse mais dans celle du Trésor royal qui ne les lui reverse qu'au compte-goutte. De sorte que les retards dans le versement des indemnités s'accumulent et se comptent parfois en années»[10]. Ainsi, à la date du premier octobre de l'année 1788, seule la moitié des 3 millions de livres (dus annuellement par l'État à la municipalité) a été versée dans la caisse de la Ville pour l'année en cours, de façon que cette dernière se trouve dans l'incapacité de supporter à elle seule la dépense de ces grands travaux : faire appel à la solution de la concession de travail public s'avère nécessaire dans cette situation[11].

Au terme de cette partie introductive, on peut dire que les marchés de travaux publics liés aux questions d'urbanisme dans la capitale sont au cœur des rapports entre la Ville et l'État, des rapports certes d'ordre financier mais également des rapports de pouvoir.

MONTER UN MARCHE PUBLIC : PROCEDURES ET ACTIONS

La réalisation de travaux publics requiert une réflexion réglementaire, technique et financière au préalable, une série de procédures précèdent l'attribution du marché et l'exécution des travaux, impliquant plusieurs intervenants intéressés par la confection des ouvrages. Ainsi, l'étude des

[9] Pour une étude sur les procédés d'expropriation, voir Anne-Sophie Condette-Marcant, *Bâtir une généralité. Le droit des travaux publics dans la généralité d'Amiens au XVIIIe siècle*, Paris, Comité pour l'histoire économique et financière de la France, 2001, 661 p. ; Jean-Louis Harouel, « L'expropriation dans l'histoire du droit français », *L'Expropriation, Deuxième partie, Moyen Âge et Temps modernes*, Bruxelles, de Boeck (*Recueils de la Société Jean Bodin pour l'histoire comparative des institutions, n° 67*), 2000, p. 39-77 ; François Monnier, « La notion d'expropriation au XVIIIe siècle d'après l'exemple de Paris », *Journal des savants*, n°3/4, 1984, p. 223-258.

[10] Nicolas Lyon-Caen, « Un prix sans aménité. L'indemnisation des propriétaires parisiens à la fin de l'Ancien Régime », *Histoire et mesure*, Vol. XXVIII, n°1, 2013, p. 82-83.

[11] Jean-Louis Harouel, « La question financière et ses rapports avec l'aménagement urbain », *art. cité*, p. 35.

sources imprimées et manuscrites relatives au pont Louis XVI et produites par les différents acteurs laisse apparaître un discours construit autour des notions de voirie, de police, d'ordre, d'utilité publique, de domaine public : un véritable enjeu institutionnel. Dans ce domaine, l'administration municipale opère sous la tutelle directe du contrôle général des finances. Les trente-six articles qui composent l'édit de septembre 1786 fixent les grandes lignes des modalités des travaux à accomplir. Une première partie se rapporte aux questions liées à l'expropriation et à l'indemnisation des propriétaires, quant à la seconde, elle est consacrée au montage financier de l'opération. En somme, un texte règlementaire émanant de la puissance royale et qui trace en quelque sorte les bases du marché à contracter. Sous la plume généreuse de son procureur, Ethis de Corny, la Ville examine et commente certaines dispositions contenues dans l'édit royal. En marge de l'édit (exemplaire conservé au Bureau de la Ville), cette dernière note : « on voit qu'on n'a pas fait précéder ici le mot constituer par celui d'emprunter parce que c'est le roi qui empruntait effectivement et non pas la ville»[12]. Une façon d'engager la responsabilité totale du roi dans cette affaire. Dans la partie de l'édit (ou bien la décision de contracter selon la formule des historiens du droit) qui concerne les expropriations des propriétaires et leurs indemnisations, la Ville se trouve à gérer un dossier assez compliqué. En effet, les propriétaires des biens à démolir se font leur propre interprétation de l'article III qui ordonne la démolition des maisons et l'édification d'un nouveau quai à leur place. Donc ils souhaitent que les terrains qui ne se trouvent pas sur l'emplacement du futur quai demeurent à leur disposition, sauf que l'article XII dit le contraire puisque « l'excédent des terrains (…) sera vendu par le Bureau de la Ville, sur les conclusions du procureur du Roi, dans la forme ordinaire, & le prix qui en proviendra sera pareillement employé au payement des desdites indemnités, réparations et constructions ». Un arrêt du conseil daté du 18 avril 1788 intervient pour mettre fin à cette polémique en interdisant aux propriétaires de conserver une partie des endroits et que « Les maisons (…) seront cédées et abandonnées en totalité aux Prévôts des marchands et échevins sans que les propriétaires en puissent rien réserver ». Ethis de Corny admet d'une manière timide la légitimité du point de vue des expropriés. Selon lui, « quoi qu'on ait observé qu'il eut été peut-être rigoureusement juste de ne prendre aux propriétaires que le terrain nécessaire pour former le quai et de leur rendre le surplus cela a été impraticable ». Il ajoute que « l'édit en a ordonné autrement, il est enregistré, ce n'est point au Bureau de la Ville à le

[12] Archives nationales de France (désormais A.N), H2/2159. Construction du pont Louis XVI. 1786-1788. (copie de l'Édit de 1786 annotée par Ethis de Corny).

réformer ». Il ne faut pas oublier que la municipalité agit ainsi surtout par souci d'économie, puisque la revente des terrains excédentaires s'est avérée une opération qui rapporte[13], outre les bénéfices générés par les marchés de démolition.

L'établissement d'un plan et d'un devis constitue une étape primordiale dans le lancement des marchés de travaux publics. Le plan est la première pièce à être préparée, il est en quelque sorte l'esquisse de l'offre à contracter. Celui du pont Louis XVI fut l'œuvre de Jean Rodolphe Perronet, premier ingénieur et directeur de l'École des Ponts-et-Chaussées, un projet qu'il aurait conçu, bien avant 1775, pour faire l'ensemble avec la place Louis XV et dont il aurait soumis le modèle à ce dernier[14]. Vient ensuite le devis, ce « mémoire instructif de toutes les parties d'un ouvrage qu'on veut construire » ; il explique l'ordre et la conduite du travail, les qualités et façons des matériaux, et généralement tout ce qui a rapport à la construction et la perfection de l'ouvrage »[15], pièce purement technique mais fondamentale pour le montage du dossier. Le devis permet de préciser nettement les droits et les obligations des parties engagées dans l'accomplissement du marché[16]. Il est composé de cinq sections et de 217

---

[13] Par exemple, la rue de la Pelleterie a rapporté dans les caisses de la municipalité la somme de 1.850.000 livres, à savoir 1.000.000 de livres provenant de l'adjudication des matériaux et 850.000 livres provenant de la revente des terrains excédentaires ; l'indemnisation des propriétaires a coûté 1.442.350 livres, chiffres rapportés dans Nicolas Lyon-Caen, 2013, p. 88 ; il donne également une liste complète des sources conservées aux archives nationales dans la note infrapaginale n° 2, p. 76.

[14] Pierre Lavedan, Jeanne Hugueney et Philippe Henrat, L'urbanisme à l'époque moderne. XVIe-XVIIIe siècles, Paris-Genève, Droz, 1982, p. 133 ; Jean Rodolphe Perronet, *Description des projets de la construction des ponts de Neuilly, de Mantes, d'Orléans et d'autres*...2 volumes, Paris, 1782-1783, l'Imprimerie Royale.

[15] Bernard Forest de Belidor, *La science des ingénieurs dans la conduite des travaux de fortification et d'architecture civile*, Paris, chez Charles-Antoine Jombert, 1729, livre sixième, « qui comprend la manière de faire les devis pour faire les fortifications et celles des bâtiments civils », p. 2.

[16] Pour le côté juridique de la question voir Anne-Sophie Condette-Marcant, 2001; François Monnier, *Les marchés de travaux publics dans la généralité de Paris au XVIIIe siècle*. Paris, Librairie Générale de Droit et de Jurisprudence, 1986, 435 p. ; Françoise Monnier et Michel Fleury, « L'urbanisme éclairé à Paris : aménagement et législation de Louis XIV à la Révolution », *Cahiers du CREPIF*, n° 12, 1985, p. 58-70 ; Pierre Masson, *Le contentieux des adjudications publiques en matière de travaux publics*, thèse de doctorat en droit, Paris, 1937, 319 p. ; Robert Carvais, « La force du droit. Contribution à la définition de l'entrepreneur parisien du bâtiment du XVIIIe siècle », *Histoire, Économie et Société*, n° 2, 1995, p. 163-189.

articles qui décrivent les travaux à accomplir, détaillent les différentes parties de l'édifice et énumèrent les qualités et les façons des matériaux comme suit : la première section concerne les dimensions du pont et autres ouvrages, la deuxième, les qualités et les dimensions des matériaux, la troisième, la construction, la quatrième, le décintrement et la dernière est appelée conditions générales[17]. C'est au niveau de cette dernière section du devis, qui consacre les obligations de l'entrepreneur quant aux termes de l'exécution du marché, des délais de réception et de garantie et de la présentation d'une caution, que la Ville va intervenir et apporter des modifications dans l'article 212[18]. Intervient alors un réquisitoire du Procureur du roi et de la Ville, sous forme d'arrêté interprétatif, et qui stipule que l'entrepreneur ne pourra disposer de ces matériaux « qu'après y avoir été autorisé expressément, spécialement et par écrit par ledit bureau »[19], mais il faut noter que par ces modifications insérées dans le devis en question, la Ville, exécutrice de ce marché public, agit par souci d'économie puisque le montant du prix des matériaux « sera retenu audit entrepreneur sur le prix général de son adjudication, pour être versé dans les mains du Trésorier général de la Ville », les lieux concernés font partie du domaine de la Ville. Une délibération du Bureau de la Ville, datée du 23 janvier 1787 entérine cet acte et ordonne que « les modifications qui y sont insérées relativement aux dispositions de l'article 212 du présent devis, seront exécutées selon leur forme et teneur »[20]. Il y a aussi un autre point du devis que le procureur du roi est amené à gérer, il s'agit de certaines critiques, sur des questions de fond et de forme, formulées par des entrepreneurs. Ces deniers ont chargé Etienne Louis Boullée, architecte de renommée, professeur à l'École des Ponts-et-Chaussées et contrôleur des bâtiments de l'École militaire (il a participé aux travaux de construction du pont Louis XVI en supervisant la destruction des maisons avoisinantes) de

---

[17] Jean-Rodolphe Perronet, *Devis des ouvrages à faire pour le pont Louis XVI, en pierre avec chemin de hallage, et d'une partie des murs des quais sur la Seine*, Paris, 1787, 121 p.

[18] Selon cet article « L'entrepreneur pourra disposer de tous les matériaux provenant de la Gare, construite anciennement près de la Salpêtrière, ainsi que des Ponts et du Pavillon qui en dépendent, et fera démolir avec soin ceux qui sont encore en place pour les transporter sur les chantiers du nouveau Pont ».

[19] A.N., H2/2159, le 17 janvier 1787, arrêté interprétatif du Bureau de la Ville concernant l'article 212.

[20] *Ibid.*, le 23 janvier 1787, délibération du Bureau de la Ville.

soumettre ses observations aux responsables municipaux[21]. Des observations reprises par le procureur du roi et de la ville, Ethis de Corny, en une trentaine de points et qui ont fait l'objet d'une correspondance avec le baron de Breteuil, ministre de la maison du roi et de Paris[22]. Les entrepreneurs pointent du doigt la période courte (un mois à peu près) durant laquelle ils peuvent examiner le devis et voir les plans déposés au greffe de la ville, à cela ils ajoutent qu'ils « trouvent dans ce devis des articles louches, inintelligibles, ou présentés d'une manière insuffisante ». Si, dans un premier temps, Ethis de Corny trouve que ces observations lui ont « prouvé qu'il y a plus d'envie que d'émulation parmi les artistes », et qu'il a « remarqué plus d'inquiétude vague, que de solidité dans les objections », sa concertation à ce sujet avec d'Antoine Louis Chaumont de La Milliaire, ingénieur et directeur des Ponts-et-Chaussées à l'époque, l'amène à accorder plus d'attention aux objections concernant :

> *(...) des points capitaux de la construction, (...) qu'il ne faut pas qu'on puisse encourir le reproche de n'avoir pas assez pris de considération la solidité d'un semblable monument et d'avoir en quelque sorte compromis légèrement des fonds considérables pour une construction dans la durée doit être la première condition*[23].

Finalement, le baron de Breteuil demande à ce que le devis soit examiné par une assemblée, composée de Perronet, de La Millière, Ethis de Corny et les principaux inspecteurs et ingénieurs des Ponts-et-Chaussées[24]. L'avis de l'assemblée est donné le 7 mars 1787 et des modifications sont introduites dans le devis.

---

[21] *Ibid.*, le 13 février 1787 : observations remises par M. Boullée à M. le procureur du roi et de la Ville de Paris, sur le devis des ouvrages à faire pour la construction du pont Louis XVI. D'ailleurs le procureur commente cette affaire en ces termes : « Toutes ces observations ont été remises le 13 février par M. Boullée à M. le procureur du roi de la part des entrepreneurs qui (dit M. Boullée) ont réclamé sa lumière et sa justice. M. Boullée ajoute qu'il se propose en sa qualité de commissaire (on ignorait cette qualité) nommé par l'édit du roi, de ne jamais donner un avis isolé, lorsqu'il se présentera quelques difficultés importantes, à cause de la haute estime qu'il a conçue pour M. Perronet ; mais demandera toujours que l'académie soit consultée ».

[22] *Ibid.*, lettres du 17, 19 et 25 février 1787.

[23] *Ibid.*

[24] *Ibid.*, lettre du 25 février 1787 adressée par le baron de Breteuil au procureur du roi et de la ville : « Vous m'informerez le plus tôt que vous pourrez du résultat de cette démarche. Il ne sera pas nécessaire de différer l'adjudication ; j'ai vu dans le devis que l'art. 211 avait prévu les changements, les augmentations, les diminutions, mais il faudra seulement annoncer à l'adjudicataire que s'il y a lieu d'en admettre, il en sera prévenu à temps ».

L'étude de ces différentes modalités qui précèdent la mise en route du marché public montre que tout se prépare dans le cadre de véritables négociations entre les différentes parties impliquées dans l'affaire. La Ville, véritable détentrice de ce marché de travaux publics, a essayé, par le biais de la plume de son procureur Ethis de Corny, de se tailler une place dans l'élaboration de ce marché, l'édit royal a posé la structure générale du projet en lui délégant le pouvoir de contracter doublement : l'emprunt des 30 millions de livres et l'exécution du marché. Une fois les dispositions architecturales, techniques, juridiques et financières arrêtées, le Bureau de la Ville procède aux formalités de réception des rabais. Ces derniers sont parfaitement réglementés.

DE L'ADJUDICATION A L'EXECUTION : LA VILLE A L'ŒUVRE

Afin de faire connaître l'existence des ouvrages et travaux que l'on s'apprête à réaliser par le biais de l'adjudication[25] et d'attirer le plus de concourants, les services de la Ville procèdent à l'organisation d'une publicité sous forme d'affiches, autorisée par l'ordonnance municipale du 23 janvier 1787. Ces affiches contiennent toutes les informations nécessaires pour assister à la réception des rabais, elles se présentent ainsi :

> *On fait savoir (...) qu'après trois publications, qui seront faites au Bureau de la Ville, l'audience tenante, dix heures du matin, les mardis 30 du présent mois, 13 et 17 février prochain, il sera, ledit jour 27 février, procédé à l'adjudication définitive, au rabais et en bloc, des ouvrages de toute nature de la construction du pont Louis XVI*[26].

L'affiche se doit de rappeler les exigences relatives au sérieux et à la solvabilité des candidats, pour les travaux des Ponts-et-Chaussées, comme c'est le cas ici, « la faveur est aux adjudications fermées, restreintes. Seuls les entrepreneurs reconnus capables sont admis à rabaisser»[27], d'ailleurs l'affiche se termine par les phrases suivantes : « Les offres seront faites par

---

[25] Pour les règles de ce procédé en France sous l'Ancien Régime voir Alfred Des Cilleuls, *Origines et développement des travaux publics*, Paris, Imprimerie Nationale, 1895, p. 71-77 ; Jean Letaconnoux, « Des adjudications de travaux publics en Bretagne au XVIIIe siècle », *Annales de Bretagne, mélanges bretons et celtiques offerts à M. J. LOTH*, volume hors-série, 1927, p. 126-134.

[26] A.N, F14/191/B, Affiche du 23 janvier 1787.

[27] Anne-Sophie Condette-Marcant, 2001, p. 220.

le ministère des procureurs de la Juridiction, ou bien par des particuliers bien connus, qui se présenteront eux-mêmes avec de bons répondants »[28]. En plus de la publicité interne à la capitale, c'est-à-dire que l'affiche soit apposée « aux lieux et endroits nécessaires et accoutumés », « lue au public au son du tambour dans tous les lieux, places, carrefours ports quais ordinaires et accoutumés de cette ville et faubourgs de Paris », elle est également diffusée « dans les provinces afin de rendre l'objet plus notoire »[29].

Comme il l'a été montré plus haut, les différentes étapes qui précèdent la passation du marché sont l'occasion de voir de plus près la Ville manœuvrer. Le ministre de Paris, qui supervise de plus près ce dossier, demande à la Ville de lui envoyer deux expéditions de l'adjudication, un extrait des mises au rabais et une liste avec les noms de personnes qui ont concouru. Cette demande évitera, selon ses mots, « de livrer cette importante construction au hasard d'une exécution imparfaite »[30]. Pour les deux premières publications du 30 janvier et du 13 février personne n'a répondu, à la troisième et dernière publication du 27 février, plusieurs entrepreneurs se sont présentés. Le procès verbal de l'adjudication ainsi que le compte-rendu fait par Ethis de Corny au Baron de Breteuil des détails de la séance livrent des éléments précis sur le déroulement des opérations. Les ouvrages à construire sont à adjuger à trois millions six cent mille livres, les candidats sont des professionnels des travaux de grande envergure, ils sont au nombre de six : Prévôt, Rimbault, et Legrand, tous entrepreneurs des Ponts-et- Chaussées, Armand entrepreneur des bâtiments de la Ville, Vachette entrepreneur des machines hydrauliques, et Fromentin entrepreneur des canaux dont celui de Bourgogne. C'est dans ces termes que le procureur de la Ville décrit la séance :

> *L'adjudication du pont Louis XVI a été faite ce matin (...) Elle a duré deux heures ¼, les concurrents se sont disputé cette entreprise, fort longuement (...) On a pu se convaincre qu'une adjudication de cette espèce n'est pas un vain simulacre, deux salles remplies de*

[28] À ce sujet, le procureur du roi et de la ville s'exprime dans des mots on ne peut plus explicites : « Enfin qu'on n'admettra des enchères que des entrepreneurs dont l'intelligence soit connue et qui aient déjà été occupés à des travaux de ce genre ; Ponts de maçonnerie, Quais, Canaux, Ecluses ou autres ouvrages Hydrauliques d'une semblable importance et de même nature », *Réquisitoire du 23 janvier 1787*.

[29] A.N, H2/2159, procès verbal dressé par Claude François Roux, premier huissier audiencier de l'Hôtel de Ville de Paris, daté du 24 janvier 1787.

[30] *Ibid.*, Lettre du Baron de Breteuil au procureur du roi de la ville, du 25 février 1787.

spectateurs, l'audience publique, les mises au rabais proclamées à haute voix et enregistrées avec les noms des concurrents, la lenteur des intervalles pour donner à tous le temps de réfléchir et de se faire entendre, telles ont été les formalités de cet acte authentique[31].

Après une première mise à prix de 3.580.000 livres, et au bout de 156 rabais, les travaux sont finalement adjugés pour 2.993.000 à l'entrepreneur François Prévôt, selon Ethis de Corny : « cet entrepreneur est fort au gré de M. Perronet et de M. Demoustier et M. de La Millière (...) Et il est connu par des travaux bien exécutés, et il jouit d'une fortune solide »[32]. Pour son cautionnement, il prend son frère Paul Louis Prévot, fermier et caissier da la ferme de Sceaux et de Poissy. L'attribution des marchés de travaux publics des Ponts-et-Chaussées est sujette à des soupçons et à des rumeurs, certains parlent même d'« adjudication sous le manteau de la cheminée »[33], autrement dit, il s'agit d'adjudication fictive et que le résultat est joué d'avance. C'est dans ce sens qu'il se disait que le marché des ouvrages du pont Louis XVI fut négocié avec les ingénieurs des Ponts-et-Chaussées et qu'il serait attribué à l'entrepreneur Léonard Legrand, gendre d'Antoine Chézy, inspecteur général du pavé de Paris à l'époque[34].

Les archives de la Ville qui conservent l'épais dossier du marché des ouvrages du Pont Louis XVI ne s'arrêtent pas à l'adjudication. En effet, la municipalité continue à dialoguer avec les autres acteurs impliqués dans cette affaire. À vrai dire, c'est le volet financier qui va lui demander le plus d'actions, l'État étant un mauvais payeur. Dans son réquisitoire du 15 octobre 1788 relatif au financement des ouvrages publics, Ethis de Corny souligne un grand retard dans les versements annuels qui devraient être

[31] A.N, F14/191/B, le 27 février 1787: Procès verbal de l'adjudication (deux extraits ont été envoyés au baron de Breteuil en date du 5 mars 1787) ; A.N, H2/2159, le 27 février 1787 : Lettre d'Ethis de Corny au Baron de Breteuil avec la liste complète des entrepreneurs et les mises à rabais.

[32] *Ibid.*

[33] L'expression est d'époque, la cheminée, c'est l'ingénieur des Ponts-et-Chaussées (Annotation sur la lettre de l'intendant d'Agay le 17 février 1786), cité dans Anne-Sophie Condette-Marcant, 2001, p. 251 ; François Monnier, « La corruption et les marchés de travaux publics sous l'Ancien Régime », *Études et documents, Histoire économique et financière de la France*, 1993, p. 59-78.

[34] Ethis de Corny écrivait dans sa lettre du 5 mars 1787 : « Les détracteurs de M. Perronet et de l'administration des ponts et chaussées avaient eu soin d'annoncer que malgré les formes, on trouverait le moyen de décerner l'adjudication au sieur Le grand, gendre de M. de Chezy, Inspecteur général du Pavé de Paris... »

effectués par le Trésor royal dans la caisse de la Ville, puisque « au lieu de neuf millions qui auraient dû être remis dans les caisses de la Ville, conformément aux articles 18 et 19 de l'édit de septembre 1786, il n'en a été versé du trésor royal qu'environ quatre »[35], il ajoute que, malgré cela, et grâce aux talents de bonne gestionnaire de la municipalité et avec des fonds modérés, plus de la moitié du montant de l'adjudication du pont Louis XVI se trouve acquitté. Un état des recettes et des dépenses fut adressé à de Villedeuil[36], secrétaire de la maison du roi et de Paris, à Necker et au procureur général du Parlement ; il montre qu'à la date du premier août 1788, les fonds avancés par la Ville pour l'entrepreneur du pont se montent à eux seuls à plus de 1.700.00 livres ; les relevés de Perronet donnent à la date du 20 octobre suivant un chiffre de 1.949.757 livres[37]. Les services des Ponts-et-Chaussées, qui ont un pouvoir de direction et d'inspection sur les travaux du pont, supervisent le respect des clauses du marché par l'entrepreneur et ils entretiennent à ce sujet une correspondance régulière avec le Bureau de la Ville. Ainsi les échéances du déroulement de la construction, prévues dans le devis, sont globalement respectées pour les trois premières années[38] (la durée des travaux est de cinq années). Le tableau suivant résume l'état des dépenses au 31 décembre 1790.

[35] A.N, H2/2159, le 15 octobre 1788 : réquisitoire du procureur du roi et de la Ville.

[36] A.N, H2/2167, le 17 août 1788 : lettre d'Ethis de Corny à Villedeuil dans laquelle il fait part de ses inquiétudes : « Les circonstances actuelles semblent exiger impérativement que les travaux soient continués avec activité et que de nombreux ateliers occupent et fassent vivre une foule d'individus dont il faut prévenir l'inactivité et les besoins ».

[37] A.N, H2/2159, le 20 octobre 1788, « emprunt de 30 millions, détails demandés au procureur du roi et de la ville sur les sommes provenantes de l'emprunt des 30 millions (…) et sur l'emploi qui en a été fait jusqu'au 1er août 1788… ».

[38] A.N, H2/2159, note rédigée par Perronet, datée du 20 mai 1789.

Tableau 1. ***État des dépenses à la date du 31 décembre 1790***

1- Ouvrages faits suivant le devis	2.124.501 livres, 2 sols, 9 deniers
2- Ouvrages faits par augmentation	786.490 livres, 18 sols, 10 deniers
3- Approvisionnement de matériaux	210.100 livres, 11 sols
4- Approvisionnement d'équipages, outils, fers et hangars	25.753 livres, 2 sols
TOTAL	**3.146.845 livres, 14 sols, 7 deniers**

Source : A.N, F14/191/B, année 1791, cinquième année de la construction du pont. Etat de la situation au 31 décembre 1791 des ouvrages et dépenses faites par François Prévôt pour la construction du pont Louis XVI (cet état est parafé par Demoustier, Perronet et Prévôt et envoyé à de la Millière).

La construction du pont fut achevée en pleine tourmente révolutionnaire, en l'année 1791, d'ailleurs les pierres de la Bastille rasée ont été utilisées dans les travaux de maçonnerie. Occupée à d'autres fronts touchant à sa représentation dans le nouvel ordre régnant, la municipalité s'est trouvée obligée en quelque sorte de délaisser le dossier de ce marché public, on aurait souhaité avoir le procès verbal de la réception de l'édifice, une procédure qui vient achever la tâche pour laquelle l'entrepreneur a contracté avec la Ville.

L'étude de ce projet d'urbanisme, commandé par l'État et réalisé par la Ville, est un exemple supplémentaire qui permet de constater la transformation de la prévôté des marchands à cette époque en pure administration royale, dont les compétences sont confirmées dans l'exécution des travaux d'urbanisme et l'organisation des cérémonies illustrant la magnificence de la royauté. D'ailleurs, le récit de la cérémonie de la pose de la première pierre du pont Louis XVI, le 11 août 1788, et les préparatifs pour cet événement en disent long sur cette transformation[39]. Pour l'occasion, la Ville a passé avec Benjamin Duvivier, graveur des médailles du roi et graveur général des Monnaies de France, le marché suivant : une médaille d'or, deux médailles d'argent et trois médailles de

[39] A.N, K n° 96, n° 97, n° 98, n° 99 et n° 103. Le récit suivant est tout à fait éloquent à ce sujet : « De fait messieurs passèrent sur la pile où était la pierre préparée pour recevoir la boîte, ils y trouvèrent le sieur Prévost, entrepreneur dudit pont avec des ouvriers pour faire les opérations nécessaires, tous ces ouvriers étaient en culotte de peau et veste blanche qui leur avaient été données par la Ville et ils avaient des cocardes blanches, à leurs têtes des chapeaux », *Ibid.*, K n° 96, le 14 août 1788.

bronze, d'un montant de cinq mille cinq cents livres. Ces médailles représentent « d'un côté le buste du Roi avec cette légende : Louis XVI, roi de France et de Navarre, et, à l'exergue : Ville de Paris, et de l'autre, une perspective du pont et de la ville, avec cet exergue : Pont de Louis XVI, 1788 »[40].

[40] A.N, F14/191/B., marché passé entre la Ville et Benjamin Duvivier le 16 mars 1787.

CHAPITRE 10
LA TUNISIE, TERRE D'INNOVATION POUR LES ENTREPRISES DE GÉNIE CIVIL, DE BÂTIMENT ET DE TRAVAUX PUBLICS DES ANNÉES 1880 À LA DÉCOLONISATION

Dominique BARJOT

Sorbonne Université
Professeur invité Renmin University of China
Académie des Sciences d'Outre-mer

INTRODUCTION

L'industrie française du bâtiment, des travaux publics et du génie civil demeure, aujourd'hui encore, l'une des plus importantes au monde[1]. Des groupes tels que Vinci, Bouygues et Eiffage demeurent très fortement implantés au Proche-Orient, en Europe et en Afrique, en dépit de la concurrence chinoise, qui traduit le passage du Françafrique au Chinafrique[2]. Cette spécialisation favorable de la France dans le génie civil et le BTP puise dans une longue tradition. Grâce notamment à la force des corps d'ingénieurs d'État (X-Ponts, X-Mines), mais aussi des ingénieurs civils (Centrale, Arts et Métiers, ESTP), grâce aussi aux traditions compagnonniques, les entreprises françaises du secteur se hissèrent, dès le milieu du XIXe siècle, au second rang mondial des exportateurs de BTP derrière la Grande-Bretagne. Cette vocation exportatrice précoce se manifesta notamment dans les années 1850 et 1860, puis durant les décennies 1900 et 1910, enfin, à nouveau, entre 1950 et le premier tiers des années 1980.

Cette vocation pour l'exportation s'accompagna d'un mouvement de balancement, de bascule régulière entre l'étranger et l'Empire colonial, puis la Zone franc, l'étranger s'identifiant à l'ensemble des territoires situés hors

---

[1] Dominique Barjot, "Why was the world construction industry dominated by European leaders?", in "The development of the largest European firms from the late 19th to the early 21st centuries", *Construction History International Journal of the Construction History Society*, vol.28, N° 3 (2013), p. 89-114.

[2] Dominique Barjot (ed.), "The Construction Industry in the 20th Century : an International Interfirm Comparison", *Revue Française d'histoire économique – The French Economic History Review*, n° 1, September 2014.

zone franc[3]. Ce mouvement tenait à l'irrégularité de la demande métropolitaine : contraction des années 1880 à la première moitié des années 1940, expansion de la fin de cette décennie à la première moitié des années 1970, contraction accrue ensuite jusqu'aux années 2010. En conséquence de quoi les entreprises recoururent tantôt à l'exportation vers l'étranger, pendant les périodes d'expansion (années 1860 et 1870, 1900 et 1910, 1950 à 1980), tantôt, lorsque cela n'était pas possible, vers l'Empire, puis la Zone franc (décennies 1880 et 1890, période 1945-1952 ou, surtout des années 1960 aux années 1980)[4]. Dans ces conditions, la Tunisie ne constituait qu'un marché de taille limité. Néanmoins, elle joua un rôle décisif entre les années 1870 et les années 1890. Offrant alors une zone privilégiée d'investissement, elle demeura relativement attractive entre les deux guerres, avant de s'engager, après 1945, dans la voie de la décolonisation et de l'éloignement de la France. Trois périodes se sont succédé : l'Eldorado tunisien (1883-1914) ; entre les deux guerres, le repli, mais la résistance à la crise (1914-1945) ; l'ère de la décolonisation, où la Tunisie passe au second plan.

1/ 1883-1914 : UN ELDORADO TUNISIEN ?

De fait, entre 1883 et 1914, la Tunisie constitua, dans l'Empire français, une zone relativement privilégiée[5]. S'y affirma une entreprise leader, la Société de Construction des Batignolles (SCB). Cependant, celle-ci eut à faire face à l'apparition de concurrents, tels que la maison Hersent pères et fils ou l'alliance entre les Frères Fougerolle, le groupe Giros et Loucheur et la Société des Grands Travaux de Marseille.

---

[3] Dominique Barjot, *Travaux publics de France. Un siècle d'entrepreneurs et d'entreprises*, Paris, Presses de l'École des Ponts et Chaussées, 1993.

[4] Dominique Barjot, « Une branche face aux chocs de la conjoncture : l'industrie française des travaux publics (1883-1992) », dans P. Lanthier, H. Watelet (dir.), *Private Enterprise during Economic Crises Tactics an and Strategies. L'entreprise privée en période de crise économique. Tactiques and stratégies*, New York, Ottawa, Toronto, 1997, p. 255-271.

[5] Dominique Barjot, *La Grande Entreprise Française de Travaux Publics (1883-1974)*, Paris, Economica, 2006, p. 103-137.

1-1/ 1883-1914 : LA TUNISIE, ZONE PRIVILEGIEE

L'Empire colonial n'offrait pourtant que des débouchés modestes et inégalement répartis[6].

Tableau 1. L'activité d'un échantillon de cinq grandes entreprises françaises de travaux publics hors de leurs frontières
(En % du chiffre d'affaires TTC total, à partir de données en francs constants 1913)

	Total	Métropole	Exportations (1)	Colonies seulement (2)	Étranger = (1) - (2)
1851-1913	100	22,6	77,4	16,1	61,3
1851-1860	100	70,9	29,1	0,1	29,0
1860-1880	100	21,3	78,7	10,3	68,4
1880-1897	100	23,4	76,6	28,7	47,9
1897-1913	100	16,4	83,6	10,1	73,5

De fait, les marchés coloniaux ne représentèrent jamais qu'une part relativement faible des exportations : entre 10 et 15% du total seulement entre 1897 et 1913.

Au sein de l'Empire, l'Afrique du Nord dominait nettement[7].

Tableau 2. Travaux de génie civil exécutés dans l'Empire colonial français (1875-1913)
Ventilation géographique des marchés (en % du total, à partir de données en francs constants 1913, de l'activité des 10 entreprises précitées)

	1875-1913	1875-1881	1881-1895	1895-1910	1910-1913
Afrique noire	14,6	18,3	20,9	12,2	2,0
Madagascar	4,2			12,2	
Algérie	5,1	1,0	8,9	1,5	
Tunisie	47,3	71,3	62,3	21,1	5,3
Maroc	1,3				15,2
Indochine	27,5	9,4	7,9	53,0	77,5

[6] Dominique Barjot, *La Grande Entreprise Française de Travaux Publics (1883-1974), op. cit.*, p. 106 ; Dominique Barjot, *Travaux publics de France. Un siècle d'entrepreneurs et d'entreprises, op. cit.*, p. 55.

[7] Dominique Barjot, *Ibidem*, p. 107.

L'importance de la Tunisie fut surtout notable entre 1875 et 1895. Ensuite, elle s'effaça au profit du Maroc et de l'Indochine. Mais, au total, durant toutes ces années, elle constitua le plus important des marchés de l'Empire.

Les directeurs généraux des Travaux Publics de la Régence y exercèrent une action décisive, à l'instar de Paul Michaux (vers 1845-1894) et Georges Pavilliers (vers 1855-1916), tous deux Ingénieurs en chef des Ponts et Chaussées[8]. Ils lancèrent de grands travaux, dont bénéficièrent surtout Tunis, Sousse et Sfax et visant à la mise en valeur agricole et minière du pays. Ils visaient à assurer à la Tunisie une stratégie d'exportation positive, c'est-à-dire une balance commerciale de plus en plus excédentaire. Celle-ci profita surtout au développement des ports de Sfax, pour l'exportation des phosphates de la région de Gafsa. Par un chemin de fer direct, et de Tunis, grâce à l'avant-port de la Goulette, en vue de l'exportation. Le port y était d'autant plus nécessaire que Tunis était la ville la plus peuplée et le centre commercial le plus important de Tunisie.

1-2/ UNE ENTREPRISE LEADER : LA SOCIETE DE CONSTRUCTION DES BATIGNOLLES

En 1914, la Société de Construction des Batignolles était encore le numéro trois français des travaux publics, après en avoir été, pendant longtemps le leader, en concurrence avec la Régie Générale des Chemins de Fer et de Travaux Publics et Hersent Père et fils[9]. D'ailleurs, de 1847 à 1913, la Tunisie lui permit de réaliser 16,4% de son chiffre d'affaires total, mais 41% de 1873 à 1889 et 35,6% de 1889-1897, en y intégrant, bien sûr, ces chantiers menés à bien pour le compte de la Compagnie du Bône-Guelma. La SCB réalisa en effet, en Tunisie, deux gigantesques chantiers : le réseau de cette même Compagnie du Bône-Guelma, étudiée notamment par Rang-Ri Park-Barjot[10] ; le port de Tunis, de 1885 à 1893.

---

[8] Rang-Ri Park-Barjot, *La Société de Construction des Batignolles : des origines à la première guerre mondiale (1846-1914)*, Presses de l'Université de Paris-Sorbonne, 2005, p. 280-283.

[9] Rang-Ri Park-Barjot, « La Société de Construction des Batignolles : des origines à la première guerre mondiale (1846-1914) : premiers résultats », *HES*, n° 3, 2000, p. 361-386. ; « La Société de Construction des Batignolles (1846-1914) », in Hubert Bonin (ed.), *Transnational Compagnies (19e-20e siècles)*, 2002, Plage, p. 913-928.

[10] Rang-Ri Park-Barjot, *La Société de Construction des Batignolles : des origines à la première guerre mondiale (1846-1914)*, op. cit., p. 319-418.

La création, à Tunis, d'un port moderne s'insérait dans une politique cohérente mise en œuvre par l'administration française à partir de 1881[11]. Pour ce vaste chantier de construction, la SCB bénéficia des conseils de Charles Laroche (1878-1936), autre ingénieur des Ponts et Chaussées, plus tard devenu Directeur du département des Travaux Publics de Schneider et Cie[12]. Envisagés des années 1860 par Hammouda Pacha, les travaux visaient à l'origine à contrer la concurrence de plus en plus active du port de Bône, qu'avaient stimulé les travaux du Bône-Guelma. Le port fut réalisé sous le régime de la concession. Celle-ci avait été accordée, en 1880, à la Compagnie de Bône-Guelma. Si la SCB s'y substitua le 14 août 1880, les travaux furent retardés jusqu'en 1885 par l'invasion française et la mise en place du protectorat. Ils ne démarrèrent donc vraiment qu'en 1888.

Le chantier fut un lieu d'innovations technologiques, la SCB y recourant à la technique des fondations à l'air comprimé[13]. La société y créa ainsi, au moyen de deux brise-lames, dans la rade, un chenal et un avant-port. Il s'agissait d'un chantier d'importance considérable (13,5 millions de francs-or), comportant des travaux de dragages de grande ampleur, réalisés au moyen d'une drague à long couloir, qui fit sensation à l'époque. Ces travaux s'achevèrent le 28 août 1893. Inauguré dès le 28 mai par Charles Rouvier, Résident général, Ali Pacha, Bey et Raymond Poincaré, ministre de l'Instruction publique, le port connut une expansion rapide. Le port de commerce vit son trafic augmenter de 70% entre 1886 et 889. À nouveau, entre 1892 et 1899, ce trafic doubla. Le port bénéficiait en effet d'une bonne desserte ferroviaire et d'une excellente liaison avec Marseille. Il s'agit d'un port excédentaire avec des recettes en général supérieures aux dépenses : ainsi, entre 1894 et 1899, les années 1895, 1894, 1898 et 1899 sont excédentaires. La concession apparaît donc comme rentable.

1-3/ APPARITION D'IMPORTANTS CONCURRENTS SUR LE SOL TUNISIEN

Face à la Société de Construction des Batignolles, apparurent d'importants concurrents sur le sol tunisien. Il s'agissait en premier lieu,

[11] Rang-Ri Park-Barjot, Ibidem, p. 283-290.

[12] Agnès D'Angio, *Schneider & Cie et les travaux publics (1895-1949)*, Paris, École des Chartes, p. 125-127.

[13] Rang-Ri Park-Barjot, « Les concessions des travaux publics en méditerranée : incontestables succès de la Société de Construction des Batignolles », *Entreprise et Histoire*, n° 31, 2002, p. 13-24.

d'Hildevert Hersent (1827-1903)[14] et ses fils Jean (1863-1946) et Georges (1865-1950)[15]. Constructeurs de grands ports de commerce (Anvers, Lisbonne, Rosario, Bordeaux, etc.), mais aussi de ports de guerre, ils transformèrent le lac de Bizerte en un puisant complexe militaire. Ils obtinrent d'abord la concession du port de commerce. Elles impliquaient de grands travaux routiers et ferroviaires, mais les Hersent avaient la volonté d'exploiter le remarquable site de Bizerte, en particulier la baie de Sabra. La demande fut faire conjointement avec Abel Couvreux (1852-1922) en 1883. Elle ne fut obtenue que le 27 décembre 1889, pour soixante-quinze ans. Le 11 mai 1890 se constitua la Compagnie du Port de Bizerte (avec un capital social de 4 millions de francs). Outre H. Hersent et A. Couvreux, la CPB associa Joseph Lesueur (1834-1897), député de l'Algérie, Émile Decauville (1856-1925) et Jean Hersent, fils aîné d'Hildevert.

L'équipement du port de guerre constitua une réussite technique[16]. Les Hersent y réalisèrent des travaux gigantesques : 28 millions de francs de 1890 à 1898, 13 de 1899 à 1903, 3 de 1909 à 1913. Il s'agissait de travaux très complexes : d'abord un avant-port de 89 ha abrité par deux jetées en eau profonde de 1,023 au nord et de 0,950 km à l'Est, avec une passe de 420 m ; ensuite, le creusement d'un canal dragué sur 2,4km de long et 100m de large à -9m sous basse-mer, complété par 200m de gais. Le projet bénéficie du soutien de Jean-Marie de Lanessan (1843-1919), ministre de la Marine. Dès 1899, il lança un nouveau programme de travaux d'un montant de 26,5 millions de francs. Il fut réalisé par H. Hersent et ses fils. Menés pour l'essentiel par Jean Hersent, les travaux comportèrent 3,5 millions de m^3 de dragages, la réalisation au large d'une digue de 610 mètres de largeur et l'utilisation d'un procédé nouveau pour la construction de la digue au large. Celui-ci reposait sur le fonçage de très grands caissons, métalliques, lestés, mis en place par flottaison, échoués et remplis de béton. Ils permettaient la mise en place de 26 blocs artificiels de 500 à 600 tonnes chacun. Cette avancée technique, étonnante pour l'époque, imposait la mobilisation de

---

[14] Dominique Barjot, « Un grand ingénieur entrepreneur du XIXe siècle : Hildevert Hersent (1827-1903) », *L'Information Historique*, 1985, n° 5, p. 177-180.

[15] Dominique Barjot, « L'entreprise Hersent : ascension, prospérité et chute d'une famille d'entrepreneurs (1860-1982) », dans J. C. Daumas, *Le capitalisme familial : logiques et trajectoires*, Presses Universitaires franc-comtoises, 2003, p. 133-160.

[16] Dominique Barjot, « Le rôle des entrepreneurs et ingénieurs des travaux publics dans la réalisation des bases et arsenaux d'outre-mer », dans *Les bases et les arsenaux français d'Outre-Mer, du Second Empire à nos jours, Comité pour l'Histoire de l'Armement*, Lavauzelle, 2002, p. 190-208.

moyens considérables : jusqu'à 1470 ouvriers et 2580 CV, soit 1,7 CV par travailleurs.

La concession s'avérait cependant une opération trop ambitieuse[17]. Pourtant le projet avait été très soutenu par le parti colonial (Eugène Etienne, Gabriel Hanotaux, puis Théodore Delcassé). Mais la ville nouvelle de Bizerte n'entraîna que peu d'afflux de population européenne, malgré des équipements modèles, à part Béja et Ferryville. De plus s'il s'était d'abord développé, à partir de 1902, le port stagnait, victime de l'essor de Tunis, Sfax et Sousse. Pourtant le port bénéficiait de plus du cinquième des dépenses engagées en faveur des ports de Tunisie. Mais il ne pouvait pas devenir le rival de Malte, d'autant qu'il suscitait une opposition en Algérie, afin d'éviter le raccordement du gisement de fer de l'Ouenza.

Un second groupe s'implanta en Tunisie, Giros et Loucheur[18]. En 1899 en effet, la maison Giros et Loucheur, plus communément désignée sous le sigle Girolou, fut fondée par Alexandre Giros (1867-1937) et Louis Loucheur (1870-1930), deux polytechniciens. Dès 1899, A. Giros a obtenu le chantier de ravitaillement en eau de Tunis, à partir du Bargou : au total 2,4 millions de francs de travaux comportant des terrassements importants et 61km de canalisations. A. Giros y travailla d'ailleurs, sans interruption, de 1899 à 1902. Dès 1899 également, Giros et Loucheur s'étaient associés à la Société des Grands Travaux de Marseille[19]. Avec l'appui de Georges Pavilliers, directeur des Travaux Publics de la Régence de Tunis, ils fondèrent, en 1911, le Consortium des Ports Marocains, devenu deux ans plus tard, la Société Générale d'Entreprises au Maroc (SGEM) : les Établissements Daydé, Fougerolle Frères, les grands Travaux de Marseille et la Société Générale d'Entreprises, née en 1908 de la transformation en Société anonyme par action de la société en nom collectif Giros et Loucheur, y détenaient 22,5% du capital. La maison Fougerolle Frères avait d'ailleurs, elle aussi, travaillé en Tunisie : en 1901-1904, les frères Fougerolle y édifièrent la forme de radoub de l'arsenal de Sidi Abdallah à Bizerte et y

[17] Dominique Barjot, *La Grande Entreprise Française de Travaux Publics (1883-1974)*, Paris, Economica, 2006, p. 163-166.

[18] Dominique Barjot, « La Grande Entreprise Française de Travaux Publics (1883-1974) », *op. cit.*, p. 202-229.

19 Dominique Barjot, « Contraintes et stratégies : les débuts de la Société des Grands Travaux de Marseille (1892-1914) », *Provence historique*, fasc.162, 1990, p. 381-401.

creusèrent le tunnel-aqueduc de Bou-Tiss, long de 6 km et destiné à l'alimentation en eau de Tunis[20].

2/ ENTRE LES DEUX GUERRES : REPLI, MAIS RÉSISTANCE À LA CRISE

Entre les deux guerres, la Tunisie cessa d'être une zone privilégiée pour les grands travaux publics. En revanche, l'activité y restait relativement soutenue durant les années 1930[21].

2-1/ LA TUNISIE : UN MARCHE NON NEGLIGEABLE, MAIS DE MOINDRE IMPORTANCE

De fait, la Tunisie perdit de son importance, tout en demeurant un marché de taille non négligeable[22]. Avec 6,5% du total des débouchés obtenus dans l'Empire français par les entreprises françaises durant la période de l'entre-deux-guerres (tableau 3), elle se plaçait loin derrière l'Algérie (23% du total), l'Indochine (18,8%), le Maroc (10,9%) et les Mandats du Moyen-Orient (8,2%).

Tableau 3. Ventilation géographique moyenne du chiffre d'affaires de 15 grandes entreprises françaises de travaux publics entre 1919 et 1939 (en % du total, à partir de données en francs constants 1913)

	1919-1929	1930-1939
Chiffre d'affaires total	100	100
Métropole	64,3	46,5
Exportations	35,7	53,3
Colonies	22,5	36,2
Étranger	13,2	17,3

Cependant elle résista mieux à la crise des années 1930 que l'Indochine et le Maroc. Dans la décennie précédente, les principaux marchés porteurs

[20] Dominique Barjot, *Fougerolle. Deux siècles de savoir-faire*, Paris, Éditions du Lys, 1992, p. 17-28.

[21] Dominique Barjot, « Travaux publics de France. Un siècle d'entrepreneurs et d'entreprises », *op. cit.*, p. 114-120.

[22] Dominique Barjot, « La Grande Entreprise Française de Travaux Publics (1883-1974) », *op. cit.*, p. 364-380.

avaient été le Maroc et l'Algérie. Au cours des années 1930, l'Algérie acquit une position majeure, tandis que la Tunisie se porta au niveau du Maroc.

En Tunisie même, des travaux d'importance non négligeables se poursuivirent encore, notamment dans le secteur des aménagements hydrauliques et des travaux d'équipement électrique. De tous les chantiers, le plus important résidait dans la construction, par Joseph Ossude (1890-1961), du parc à Mazout de Bizerte réalisé de 1930 à 1936[23]. Durant les années 1930, la bonne résistance à la crise du territoire y attirait des entreprises nouvelles, à l'instar de la Société des Grands Travaux de l'Est[24]. Née en 1919 en vue d'œuvrer à la reconstruction de Reims, la firme se dota, en 1930, d'une agence à Tunis. Elle construisit ainsi des logements militaires à Bizerte, Sousse et Tunis des immeubles dans cette même ville et à Sfax ainsi que des bâtiments industriels et des silos à phosphates.

2-2/ PRESENCE MAINTENUE DES GRANDES ENTREPRISES

À part la Société de Construction des Batignolles qui y connut plus de difficultés[25], les grandes entreprises françaises de travaux publics y confortaient plutôt leurs positions.

A/ La Société Anonyme Hersent : un authentique leader

La maison H. Hersent et ses fils s'était transformée, à la mort de son fondateur, en 1903, en Société Hersent Jean et Georges, puis, en 1982, en Société Anonyme Hersent[26]. Elle effectua, entre les deux guerres, une part importante de son chiffre d'affaires dans l'Empire : 26,5% entre 1919 et 1929, 41,2% avant les années 1930-1939. Alors que l'étranger constituait le marché le plus porteur durant les années 1920, au cours de la décennie suivante, c'était l'Empire. L'Afrique du Nord prédomine : 92,6 du total de 1919 à 1929, 77,3% de 1930 à 1939. Au cours des années 1920, la Tunisie

[23] Dominique Barjot, « Travaux publics de France. Un siècle d'entrepreneurs et d'entreprises », *op. cit.*, p. 116.

[24] Alexandre Gourdon, « Les réalisations hydroélectriques des Grands Travaux de l'Est dans l'Empire français », dans D. Barjot, D. Lefeuvre, A. Berthonnet, S. Coeuré (dir.), *L'électrification outre-mer de la fin du XIXe siècle aux premières décolonisations*, Publications de la Société française d'histoire d'Outre-mer, EDF, 2002, p. 305-316.

[25] Anne Burnel, *La Société de Construction des Batignolles de 1914 à 1939. Histoire d'un déclin*, Genève-Paris, Droz, 1995, p. 138-141.

[26] Dominique Barjot, « La Grande Entreprise Française de Travaux Publics (1883-1974) », *op. cit.*, p. 397-401.

comptait pour 8,3% des marchés coloniaux (contre 67,4% pour l'Algérie et 16,9% pour le Maroc). Au cours de la décennie suivante la Tunisie (18% du total) passa devant le Maroc (16,5% seulement), même si l'Algérie restait loin (42,8%).

Pour la SAH, Bizerte restait source de profit[27]. Il s'agissait de débouchés assurés. La société exécuta des travaux dans le port de Bizerte et l'arsenal de Sidi Abdallah, notamment en vue de réparer les dégâts de la grande tempête de décembre 1931. Elle réinvestissait ses profits sur place. En effet, de 1926 à 1933, la Compagnie du Port de Bizerte (CPB) apparaissait comme très rentable. Certes moins profitable que la Société du Port de Rosario, principale entité du groupe Hersent, la CPB bénéficia des expéditions de fer depuis les gisements algériens de l'Ouenza. Elle se dota de filiales : l'Énergie Électrique de la Ville de Bizerte (EEVB), la Société des Silos Tunisiens, la Société Immobilière et Foncière de l'Afrique et la Société Immobilière de Zarzouna, destinée à valoriser les terrains entre la mer et le lac de Bizerte. Ainsi, les Hersent ne renonçaient pas à créer une ville nouvelle autour de Bizerte.

B/ Autres grandes entreprises présentes en Tunisie

D'autres grandes entreprises demeuraient implantées en Tunisie. La Société des Grands Travaux de Marseille, depuis longtemps associés aux Pereire à travers la Banque Transatlantique et à la Société Marseillaise de Crédit, même une activité importante au sein du protectorat[28]. En effet, la Tunisie représentait en moyenne 22,7% de ses marchés et 33,4% de ses profits obtenus dans l'Empire entre 1918 et 1931, proportions augmentées respectivement à 37,8% (marchés) et 46,2% (profits) au cours de la période 1931-1939. L'activité de la société des GTM était, de fait, surtout centrée sur l'Afrique du Nord (56,8% du total des marchés impériaux en moyenne de 1918 à 1931, 49,6% entre 1931 et 1939), même si la part de l'Afrique subsaharienne s'éleva beaucoup dans les années 1930. En Tunisie, les GTM obtinrent, dès février 1921, les travaux d'un barrage sur l'Oued Kébir. Les travaux débutèrent en février 1922 pour s'achever en 1925. Ils s'avérèrent d'une grande difficulté, en raison de la perméabilité des sols, d'où la

---

[27] Dominique Barjot, *Ibidem*, p. 422-423 ; « Le rôle des entrepreneurs et ingénieurs des travaux publics dans la réalisation des bases et arsenaux d'outre-mer », *art. cité*, p. 190-208.

[28] Dominique Barjot, « La Grande Entreprise Française de Travaux Publics (1883-1974) », *op. cit.*, p. 444-467.

nécessité d'injections de ciment et de travaux de renforcement. Néanmoins, cette première réalisation nord-africaine joua un rôle décisif pour les réussites intérieures au Maroc et en Algérie.

La Société Générale d'Entreprises apparaissait beaucoup plus centrée sur la métropole : cette dernière représentait 87,8% de ses marchés entre 1918 et 1932, 79,9% de 1932 à 1939[29]. À l'inverse, l'Empire colonial, y compris les protectorats ne fournit, de 1918 à 1932, que 9,1% des marchés et 3,3% des profits. La proportion s'éleva cependant ensuite : entre 1932 et 1939, l'Empire offre 11,3% des marchés totaux de l'entreprise et, même, 20,5% de ses profits. Au sein de l'Empire, sans surprise, l'Afrique du Nord était prépondérante : 61,3% du chiffre d'affaires impérial total, mais aussi 46,7% de ses profits de 1918 à 1932 ; 33,4% et 45,3% respectivement entre 1932 et 1939. Les meilleurs résultats financiers étaient obtenus au Maroc, les plus mauvais en Algérie. Quant à la Tunisie, elle offrait des marchés, mais pas le moindre profit dans les années 1920. Pour preuve, en mai 1921, la SGE fonda une filiale *ad hoc*, la Société Tunisienne d'Entreprises (STE), dotée de 1 million de francs de capital social. Si elle exécuta quelques marchés d'importance secondaire, elle n'obtint pas les travaux du barrage de l'Oued Djerroud, d'où sa mise en liquidation dès juin 1924.

2-3/ OPPORTUNITES NOUVELLES : L'EXEMPLE DU BETON ARME

La Tunisie offrait en effet des opportunités nouvelles, comme le montre l'exemple du béton armé. À cet égard, trois firmes apparaissaient exemplaires.

A/ Fourré et Rhodes

La première, la Société Fourré et Rhodes, était alors une entreprise spécialisée dans les travaux en béton armé[30]. Elle avait été fondée le 23 octobre 1903 par un ingénieur centralien, Ferdinand Fourré (1866-1949) et

[29] Dominique Barjot, *Ibidem*, p. 474-475 ; « L'analyse comptable : un instrument pour l'histoire des entreprises. La Société Générale d'Entreprises », *Histoire, Économie et Société*, 1982, n° 1, p.145-168 ; « Un grand constructeur de lignes : la SGE (1899-1970) », dans D. Barjot et M. Trédé (dir.), *Réseaux électriques et installateurs des origines à nos jours*, Paris, PUF, 1995, p. 171-207.

[30] Dominique Barjot, *Fougerolle. Deux siècles de savoir-faire*, Paris, Éditions du Lys, 1992, p. 77-79.

Fernand Rhodes (1866-1948), juge de profession. Vite rejoints par Jules Janin (1883-1949), lui aussi centralien, ils bénéficièrent par la suite de la collaboration du grand ingénieur suisse Henry Lossier (1885-1962), lui-même issu du Polytechnicum de Zurich. Sous leur impulsion, l'entreprise Fourré et Rhodes opéra une percée précoce dans l'Empire français : centrale thermique d'Hanoi (1921), création d'agences à Casablanca (avril 1924), Tunis (mais 1925) et Alger (novembre 1925). La société s'illustra notamment par une réussite majeure, le pont de l'Oued Mellègue (1926) : situé sur la route de Tunis à Souk-Ahras, bow-string de 92m de portée constitua un temps le record mondial toutes catégories pour ces ponts en béton. Outre des ponts, l'entreprise Fourré et Rhodes construisit, en Tunisie toujours, de nombreux ouvrages en béton armé : ainsi la centrale thermique de La Goulette (1926), puis la synagogue de Tunis (1933).

B/ Boussiron

La seconde était la société des Entreprises Boussiron, créée en 1899 par Simon Boussiron (1873-1959), un ingénieur des Arts des Métiers issu de l'école d'Aix-en-Provence[31]. S. Boussiron figurait, de façon indiscutable au panthéon des grands, inventeurs dans le domaine du béton armé. En effet, il parvint à s'imposer face à Hennebique, Coignet et Monnier, les premiers à avoir mis au point des procédés de construction en béton armé. L'entreprise Boussiron était portée, avant la Première Guerre mondiale : ponts d'Amélie-les-Bains sur le Tech (1909) et Sapiac à Montauban sur le Tarn (1910-1911), couverture des quais 8-9 de la gare de Bercy. La maison Boussiron se trouva renforcée par le conflit mondial avec de très grands chantiers (arsenal de Tarbes, manufacture de Tulle, arsenal de Marine), qui représentaient, au total, un chiffre d'affaires considérable.

Entre les deux guerres, la société connut un rapide développement, en particulier grâce à une percée en Afrique du Nord[32]. Les Entreprises Boussiron avaient une activité très significative en Tunisie : entre 1923 et 1931, elles y réalisèrent 10,1% de leurs marchés contre 28,9% en Algérie et 3,0% au Maroc. De 1932 à 1934, la part de la Tunisie s'élevait à 31,4%, soit plus que l'Algérie (30,3%) et beaucoup plus que le Maroc (5,8%). Elle

[31] Dominique Barjot, « Simon Boussiron (1873-1959) : un entrepreneur pionnier », dans J. Marseille (dir.), *Créateurs et créations d'entreprises de la révolution à nos jours*, Paris, ADHE, 2000, p. 605-629.

[32] Dominique Barjot, *Bouygues. Les ressorts d'un destin entrepreneurial*, Paris, Economica, 2013, p. 123-124.

montait même à 33,3% entre 1935 et 1939, dépassant de loin celle observée en Algérie (2,3%) et au Maroc (0,4%). Dès 1924, la société s'établit en Algérie, puis elle prit pied en Tunisie (1928) et au Maroc. En Algérie et au Maroc, elle construisit surtout des ponts. En Tunisie, il s'agissait d'abord des structures à grande portée, domaine dans lequel la concurrence était féroce avec les Entreprises Limousin et Dumez : ainsi les hangars de 55m de portée édifiés par les Entreprises Boussiron à Bizerte-Karouba (1928) et Bizerte-Sidi Ahmed (1931). La réalisation majeure résidait dans l'édification, en 1932, des trois hangars accolés de Bizerte-Karouba (65,5m de portée chacun), alors record mondial de portée. Supplantées par Dumez à Berre en 1933, les Entreprises Boussiron reprennent leur bien à Cherbourg-Chantereyne (75m de portée) en 1937.

C/ Dumez

Dumez offre un troisième exemple significatif[33]. La société Dumez avait été fondée en 1890 par Alexandre Dumez (1864-1932), un centralien. Toutefois, elle ne se développa vraiment qu'avec l'arrivée des frères Pierre (1901-1970) et André Chaufour (1903-1998). Sous leur impulsion, l'entreprise passa avec succès des charpentes métalliques au béton. Dès 1926, A. Dumez s'associa avec son gendre P. Chaufour appelle à ses côtés son frère André. Trois ans plus tard, la société s'implanta en Tunisie. De 1935 à 1944, la société Tunisienne des Entreprises Chaufour-Dumez réalisa des travaux considérables : dragages et réservoirs en béton dans le port de Tunis, fortifications à Bizerte, bâtiments industriels et ouvrages d'art divers. En 1942, Pierre Chaufour s'engagea dans les rangs de la France libre. En revanche, l'implantation en Algérie, en 1941, s'avéra plus difficile en raison du conflit mondial, qui affectait en profondeur l'économie du territoire.

3/ L'ÈRE DE LA DÉCOLONISATION : LA TUNISIE AU SECOND PLAN ?

Dans un contexte nouveau plus défavorable, marqué par les difficultés des entreprises les plus anciennement implantées, une reprise s'effectua avec

[33] Dominique Barjot, « L'ascension d'une firme familiale : Dumez (1890-1990) », *Culture Technique*, n° 26, spécial Génie civil, 1992, p. 92-99 ; *La trace des bâtisseurs : histoire du Groupe Vinci*, Vinci, 2003, p. 124-128.

intensité dans le secteur routier (Société Routière Colas[34], SCREG[35], SACER[36], etc.), mais aussi dans le domaine des grands ouvrages, d'où le succès d'entreprises telles que Dumez ou Boussiron.

3-1/ UN CONTEXTE NOUVEAU PLUS DEFAVORABLE

Après la Seconde Guerre mondiale, se manifesta une volonté de développer l'Outre-mer[37]. Le tournant date de la Conférence de Brazzaville en 1944. De là naquit le Fonds d'Investissement pour le Développement Économique et Social (FIDES), devenu Fonds d'Aide et de Coopération (FAC) après l'indépendance, dont les fonds allaient à 45% aux Territoires d'Outre-mer (TOM) et le solde à la métropole. Son action se poursuivit à grande échelle jusqu'en 1952 : en 1949, il absorbait 5% du budget français ; en 1951, 1952 et 1953, cette part demeurait de 4,7% en moyenne, surtout au profit de l'Afrique subsaharienne. Un tournant se produisit en 1953-54, données marquées par une forte contraction. En parallèle, les entreprises françaises de travaux publics et de bâtiment se réorientèrent certes vers la métropole, mais aussi vers l'étranger. De fait, en 1968, Algérie, Tunisie et Maroc ne représentaient plus que 10,5%.

3-2/ DIFFICULTES DES ENTREPRISES LES PLUS ANCIENNEMENT IMPLANTEES

Ce contexte nouveau expliquait, dans une large mesure, les difficultés des entreprises les plus anciennement établies. Tel était le cas de la SAH[38].

---

[34] Dominique Barjot, « Un leadership fondé sur l'innovation, Colas : 1929-1997 », dans L. Tissot, B. Veyrassat (dir.), *Trajectoires technologiques, Marchés, Institutions. Les pays industrialisés, XIXe-XXe siècles*, Bern, Peter Lang, 2001, p. 273-296 ; *Bouygues. Les ressorts d'un destin entrepreneurial*, Paris, Economica, 2013, p. 193-221.

[35] Dominique Barjot, « Performances, stratégies, structures : l'ascension du groupe SCREG (1946-1974) », dans P. Bernard, J. P. Daviet, *Culture d'entreprise et innovation*, Paris, Presses du CNRS, 1992, p.171-187.

[36] Arnaud Berthonnet, *Un siècle de construction routière. Une histoire d'entrepreneurs*, Paris, RGRA-USIRF, 2005, p. 158-167.

[37] Dominique Barjot, « La Grande Entreprise Française de Travaux Publics (1883-1974) », *op. cit.*, p. 639-647.

[38] Dominique Barjot, « La Grande Entreprise Française de Travaux Publics (1883-1974) », *op. cit.*, p. 689-723.

A/ Déclin de l'activité de la SAH

Son déclin apparaissait comme une conséquence directe de la Seconde Guerre mondiale. Les années 1940 à 1944 virent un repli de la société sur l'Outre-mer et l'étranger. En moyenne, durant cette période, elle exécutait 50,1% de son chiffre d'affaires dans l'Empire français, dont 24,5% en Algérie, 9,2% au Maroc, 5,0% en Tunisie, 7,7% en Afrique Équatoriale Française (AEF) et 3,7% en Afrique Occidentale Française. C'était plus qu'à l'étranger (26,9% du total, dont 15,1% en Argentine et 10,7% en Espagne. En Tunisie, la SAH mena avant tout des travaux de réparation (môle nord jusqu'en 1941, puis jetée nord du port de Bizerte, en 1942-1943. C'était beaucoup mieux cependant que la SGE (1,3% des marchés en 1940-1944) ou les GTM (activité nulle).

En outre, après le Second Conflit mondial, le redéploiement se révéla très difficile. En effet, la part de la métropole restait faible : 11% du total des marchés de la SAH de 1944 à 1947, 4,8% en 1948-1955, celle de l'étranger hors zone franc demeurait insuffisante : 9,5% pour 1944-1947, 22,4% entre 1948 et 1955, 28,7% durant la période 1955-1962. C'étaient donc les marchés de la Zone Franc qui dominaient de façon prépondérante. Leur contribution au chiffre d'affaires TTC total évolua donc comme suit :

– 1944-47, 79% dont Afrique du Nord, 55%

– 1948-55, 72,8% dont Afrique du Nord, 25,4%

– 1955-62, 57,4% dont Afrique du Nord, 24,7%

La Tunisie offrait peu de travaux désormais : entre 1951 et 1954, la SAH livra huit réservoirs en béton précontraint à Bizerte, ce à quoi s'ajoutaient les travaux spécifiques de la filiale France Dragages. Tandis que l'entreprise maintint mieux son activité en Algérie, à partir de 1954, le déficit de la succursale de Bizerte devint structurel. Pour se désendetter, la SAH devait en vendre le matériel et, en 1961, en fin de compte, fermer ladite succursale.

B/ Difficultés des Entreprises Fourré et Rhodes

Les Entreprises Fourrée et Rhodes rencontraient aussi de profondes difficultés[39]. Entre 1944 et 1965, leur croissance se ralentit au contraire de Limousin et de Boussiron, ses concurrents les plus immédiats. Pourtant à la

[39] Dominique Barjot, Fougerolle. *Deux siècles de savoir-faire*, Paris, Éditions du Lys, 1992, p. 79-83.

Libération, les EFR connurent une reprise rapide de leur activité. Tel est le cas en France (usines Béghin, Houillères du Nord-Pas-de-Calais, EDF, reconstruction des ponts, grâce notamment à l'utilisation d'un procédé dit de post-contrainte des bétons). La reprise se manifesta aussi en Afrique du Nord, tant en Algérie et au Maroc qu'en Tunisie. Dans ce dernier pays, les EFR œuvrèrent à agrandir la centrale thermique de La Goulette, à partir de 1949, à édifier, en béton armé l'église de Sfax (1949 à 1952), livrèrent une usine d'engrais et réalisèrent d'importants travaux dans les centres miniers de la Compagnie des Phosphates de Gafsa, en particulier, une laverie pour enrichissement du minerai, à Metlaoui. Enfin, à partir de 1951, elles construisirent la cimenterie de Bizerte avec Boussiron, Dumez et Ossude.

Mais les Entreprises Fourré et Rhodes butaient sur des difficultés financières croissantes. Elles imposèrent un changement de stratégie : ralentissement de la croissance, désengagement d'Afrique du Nord. Le retrait apparaissait très spectaculaire en Tunisie, hormis la réalisation des massifs d'ancrage de pylônes de la ligne électrique à haute tension La Goulette-Djebel Djelloud, dans la partie nord et sud du lac de Tunis. En revanche, les EFR résistèrent mieux en Algérie. Mais rien n'y fit : en 1962, l'accès de ce pays à l'indépendance entraîna une grave crise financière, à laquelle firent suite, en 1964, 1965 et 1966, des exercices déficitaires, qui conduisirent au rachat des EFR par la Société Nouvelle de Construction et de Travaux, l'une des plus grandes entreprises françaises de bâtiment et l'un de ses concurrents pour les travaux en béton armé.

3-3/ DYNAMISME DES CONSTRUCTEURS DE BARRAGES, DE PONTS ET DE PORTS

Au jeu de la concurrence, il existait cependant des vainqueurs, à l'instar des firmes routières (*vide supra*), des Entreprises Campenon Bernard, qui édifièrent en Tunisie, de 1947 à 1954, le grand barrage à contreforts de Ben Métir[40], ou de la Société Dumez[41].

---

[40] Dominique Barjot, « Campenon Bernard : les centraliens, une contribution décisive au sein du groupe », dans D. Barjot et J. Dureuil (dir.), *150 ans de génie civil : une histoire de centraliens*, PUPS, 2008, p. 105-133.

[41] Dominique Barjot, « La trace des bâtisseurs : histoire du Groupe Vinci », *op. cit.*, p. 129-141.

A/ La Société Dumez

Celle-ci mena, jusqu'à l'indépendance, une intense activité, marquée par des travaux considérables et de haute technicité, reconstruction des ports de Sousse et de La Goulette-Tunis, de 1947 à 1952 ; pistes et taxiways de l'aérodrome Sidi-Ahmed de Tunis (1950) ; terrassements et revêtements du canal de Taullierville (1945-1956) ; 3,7km de galeries souterraines à la base aéronavale de Bizerte (1952-1959)[42]. Entre 1959 et 1970, par-delà les indépendances, le développement de Dumez se poursuit dans la zone franc.

Tableau 4. Évolution de la répartition du chiffre d'affaires en zone franc de la société Dumez (en % du total)

	1953-1963	1964-1971
Afrique du Nord dont :	53,8	27,9
- Algérie	26,6	2,0
- Maroc	10,8	11,2
- Tunisie	16,4	14,7

La Tunisie demeure donc un marché non négligeable, dont le déclin est relativement bien enrayé, grâce aux travaux d'aménagement du port de La Goulette-Rades (1964-1967) et à un certain nombre de chantiers industriels.

Dumez tirait sa réussite de la convergence de trois facteurs favorables[43] :

1/ une rigoureuse gestion financière : en 1973, le groupe réalisait 10% de marges contre 6,7% à Bouygues, 5,3% à SAE, 4,8% à Fougerolle, 4,7% à SPIE, 4,3% à GTM, 3,9% à SGE et 2,6% à SCREG. Un taux élevé d'autofinancement lui garantissait un haut degré d'indépendance financière.

2/ une technique de premier ordre. Le groupe accordait une priorité nette à l'innovation, en particulier dans le domaine des barrages. Tel est le cas avec celui de Nebeur sur l'Oued Mellègue. Ce grand ouvrage à contreforts et à voûtes multiples, haut de 71m et large de 470m, avait été conçu par André Coyne (1891-1960) et édifié en association par la SA Tunisienne des Entreprises Chaufour-Dumez et par les Entreprises

---

[42] Dominique Barjot, « Dumez : une entreprise de centraliens (1890-1990) », dans D. Barjot et J. Dureuil (dir.), *150 ans de génie civil : une histoire de centraliens, op. cit.*, p. 155-175.

[43] Dominique Barjot, « A la recherche des clés de la compétitivité internationale : la Société Dumez », dans J. Marseille, *Les Performances des entreprises françaises au XXe siècle*, Paris, Le Monde Éditions, 1995, p. 130-149.

Léon Ballot. Sur ce chantier, Dumez mit au point un système de coffrages auto-glissants, grâce auquel il était possible de réaliser une économie d'un tiers sur le coût final des travaux.

3/ un potentiel humain de première grandeur : les frères Chaufour savaient recruter des cadres de valeur (ingénieurs, conducteurs de travaux et chefs de chantier).

C/ La SA des Entreprises Boussiron

Comme la Société Dumez, les Entreprises Boussiron maintinrent une activité certaine pendant la Seconde Guerre mondiale[44]. Entre 1940 et 1944, elles réalisaient 21,6% de leur activité en Afrique du Nord (et 13,5% au Portugal). En Tunisie, elles mirent en place ainsi 17km de la ligne de chemin de fer Haidra-Kasserine. À partir de 1944 et jusqu'en 1957, elles connurent une croissance record. Elle s'expliquait d'abord, de 1944 à 1952, par les besoins de la reconstruction. Néanmoins, durant ces années 24,5% du chiffre d'affaires étaient obtenus hors métropole, surtout en Algérie (16,5%), moins au Maroc (7%) et, surtout, la Tunisie (0,7%). Puis s'engagea une phase de conquête de nouveaux marchés, correspondant à la période 1952-1957. Elle se fondait sur l'adoption des procédés suisses de précontrainte BBR-V, une activité soutenue hors des frontières françaises et une percée en Afrique subsaharienne (à travers sa filiale SETAO, souvent associée à Dragages TP).

De 1957 à 1974, les Entreprises Boussiron passèrent de la maturité au déclin. Les années 1957 à 1965 constituèrent une sorte d'apogée, de maturité. Elles furent marquées par des réalisations spectaculaires en métropole (ponts, logements, surtout constructions industrielles), mais aussi un dynamisme certain à l'exportation. Durant ces années, la métropole procurait à l'entreprise 57,9% de son chiffre d'affaires, la zone franc 28,3% (dont 16,8% pour la Côte d'Ivoire et 7,3% pour l'Algérie). Puis, avec la mort de Jacques Fougerolle (1902-1965), débuta une phase de rapide déclin, ceci malgré l'ingénieur Nicolas Esquillan (1902-1975), concepteur de la voûte du CNIT de la Défense, et Charles Pujade-Renaud.

Pour la SA des Entreprises Boussiron, après la Seconde Guerre mondiale, la Tunisie perdit nettement de son importance. Entre 1945 et 1958, la

[44] Dominique Barjot, « Les transferts technologiques dans l'espace méditerranéen : l'exemple des Entreprises Boussiron (1945-1974) », dans M. Merger, *Transferts de technologie en Méditerranée*, Paris, PUPS, 2006, p. 377-390.

Société Nord-Africaine des Entreprises Boussiron (SNAEB) travailla à l'aménagement de l'Oued Ellil. Elle réalisa, de 1947 à 1949, les cités de Ben Métir, un bassin de décantation et une usine à tuyaux pour SOCOMAN. En 1951-52, elle construisit une station d'épuration, puis, en 1955, les silos de Cheylus. En revanche, durant la période 1958 à 1965, l'activité se concentra en Algérie et au Maroc. La Tunisie avait cessé de constituer une cible prioritaire pour les entreprises françaises de génie civil.

CONCLUSION

Deux conclusions se dégagent de la présente étude :

1/ La Tunisie bénéficia, entre 1883 et 1914, d'un effort d'investissement exceptionnel de la part de la France[45]. Il s'incarnait dans quelques chantiers majeurs : le chemin de fer de Bône à Guelma, le port de Tunis, le port et la base navale de Bizerte. Il permit, à la veille la Première Guerre mondiale, à la Tunisie, d'avoir un excédent commercial vis-à-vis de la France et des pays étrangers. Cette prospérité se poursuivit dans les années 1920, tandis que les années 1930 voient une bonne résistance à la crise. En revanche, à partir de la Seconde Guerre mondiale, se produisit un décrochage par rapport à l'Algérie et au Maroc.

2/ La Tunisie constitua toujours un lieu d'innovation technologique[46]. Tel fut le cas des ports avant la Première Guerre mondiale, notamment Tunis (fondations à l'air comprimé, drague à long couloir) et Bizerte (dragues, puissance mécanique). Entre les deux guerres, l'innovation se porte d'abord sur les structures à grande portée : ponts (*bow-string* sur l'Oued Mellègue), hangars de Bizerte-Karouba de 65,5m de portée). Après 1945, elle intéressa surtout les barrages, comme les ouvrages, poids à contreforts de Ben Métir (Campenon Bernard) ou, à voûtes multiples, de Nebeur sur l'Oued Mellègue (Dumez). La Tunisie joua ainsi un rôle majeur dans l'expérimentation des techniques nouvelles, par exemple dans la construction des routes

[45] Dominique Barjot, « La Grande Entreprise Française de Travaux Publics (1883-1974) », *op. cit.*, p. 106.

[46] Dominique Barjot, « Travaux publics de France. Un siècle d'entrepreneurs et d'entreprises », *op. cit.*, p. 29-51, 81-93, 131-143 et 145-163.

(Colas, SCREG, SACER, Viasphalte)[47] ou les travaux d'électrification (SPIE, Forclum)[48].

[47] Dominique Barjot, « Les entreprises françaises et la modernisation de l'Algérie : l'exemple des travaux routiers », in *La guerre d'Algérie au miroir des décolonisations françaises*. Mélange en l'honneur de Charles-René Ageron, Paris, SFHOM, 2000, p. 129-149.

[48] Dominique Barjot, « Éléments pour une histoire économique de la profession (de la fin du XIXe siècle à nos jours », dans D. Barjot et M. Trédé (dir.), *Réseaux électriques et installateurs des origines à nos jours*, Paris, PUF, 1995, p. 371-402.

CHAPITRE 11
LA STRATÉGIE DE LA SOCIÉTE DE CONSTRUCTION DES BATIGNOLLES EN AFRIQUE DU NORD : LES CHEMINS DE FER DE BONE-GUELMA (1875-1914)

Rang-Ri PARK BARJOT

Sorbonne Université

La Société de Construction des Batignolles et, à travers elle, les Goüin s'intéressèrent de près à la construction et à l'exploitation des chemins de fer français en Outre-mer, notamment en Tunisie[1]. Il s'agissait d'affaires risquées, à la rentabilité difficilement prévisible, réalisées grâce à la collaboration complexe des initiatives publiques métropolitaines et coloniales et des stratégies propres des milieux industriels et bancaires français[2]. Ces alliances se développèrent beaucoup entre 1870 et 1914 en Indochine[3], en Afrique noire[4], en Algérie[5] et en Tunisie[6].

---

[1] Rang-Ri Park Barjot, *La Société de Construction des Batignolles : des origines à la première guerre mondiale (1846-1914)*, Thèse de doctorat, Université Paris-Sorbonne (Paris IV), 2003, 945 p. Cette thèse a été rapidement publiée, en version condensée : Rang-Ri Park Barjot, *La Société de Construction des Batignolles : des origines à la première guerre mondiale (1846-1914)*, Presses de l'Université de Paris-Sorbonne, 2005.

[2] Monique Lakroum (dir.), « Les réseaux français d'Outre-mer », *Revue d'Histoire des Chemins de Fer*, n°7, automne 1992, p. 13-14.

[3] Rang-Ri Park Barjot, « Le patronat français des travaux publics et les réseaux ferroviaires dans l'empire français : l'exemple du Chemin de fer du Yunnan (1898-1913) », dans H. Bonin, C. Hodeir, J.-F. Klein, *L'Esprit économique impérial (1830-1970). Groupes de pression & réseaux du patronat colonial en France & dans l'empire*, Publications de la SFHOM, 2008, p. 653-670.

[4] Monique Lakroum, *Chemin de fer et réseaux d'affaires en Afrique occidentale : le Dakar-Niger (1883-1960)*, thèse de doctorat d'État, Université de Paris 7, 1987.

[5] Mohamed Lazhar Gharbi, *Le réseau de la Compagnie de Bône-Guelma et sa contribution à la pénétration française en Tunisie (1875-1900)*, thèse de 3e cycle, Université de Reims, 1985.

[6] Noureddine Dougui, « Les sources économiques et financières de l'histoire des transports ferroviaires en Tunisie », dans H. d'Almeida-Topor, C. Chanson-Jabeur, M. Lakroum, dir., *Les transports en Afrique, XIXe-XXe siècles*, Paris, L'Harmattan, 1992, p. 337-346. Voir aussi Mohamed Lazhar Gharbi, *Le capital français à la traîne. Ébauche d'un réseau*

En Afrique noire, les principaux chemins de fer furent financés, à l'exception du Dakar-Saint-Louis[7], par des subventions métropolitaines, puis, à partir du début du XXe siècle, par des emprunts garantis sur les ressources propres de la colonie[8]. En Algérie, les investissements ferroviaires dans les lignes d'intérêt général, représentèrent environ 30% de l'ensemble des capitaux tant publics que privés investis en Algérie[9]. Le système de la garantie d'intérêt facilitait certes le placement des emprunts des compagnies, mais il entraîna une contestation grandissante qui aboutit au rachat de certaines compagnies par l'État dès 1901[10]. Certes le Paris-Lyon-Marseille (PLM), établi en Algérie dès 1863, y construisit 513 kilomètres de lignes, mais il ne connut pas la même réussite que la Compagnie de Bône-Guelma[11].

La Compagnie de Bône-Guelma fut fondée en 1875 par la SCB avec le concours de Paribas et du Comptoir d'Escompte de Paris. Cet ensemble, plutôt exceptionnel, d'une collaboration banque-industrie connut cependant sa plus belle réussite en Tunisie grâce à la mise en valeur des gisements de phosphate domaniaux d'Ain Moularès, desservis par son réseau, et à sa présence au sein du capital des Ports de Tunis, Sousse et Sfax. Création d'Ernest Goüin, la Compagnie de Bône-Guelma eut des débuts complexes, avant de connaître un rapide développement, d'abord étroitement dépendant de l'État, puis de plus en plus autonome.

1/ LES DÉBUTS DE LA COMPAGNIE

La Compagnie du Chemin de Fer Bône-Guelma et prolongements fut fondée le 23 mars 1875 en vue de l'exploitation de lignes de chemin de fer

bancaire au Maghreb colonial, Tunis, Faculté des Lettres Manouba, Université de la Manouba, 2003 ; *Le capital Modernité. Dynamiques d'acteurs socio-économiques au Maghreb (XIXe-XXe siècles)*, Tunis, Presses universitaires de la Manouba, 2014.

7 Monique Lakroum, « Le jeu de l'argent et du pouvoir dans une entreprise coloniale : la Compagnie du Chemin de Fer de Dakar à Saint-Louis », dans *Entreprises et entrepreneurs en Afrique, XIXe-XXe siècles*, Paris, L'Harmattan, 1983, p. 101-122.

8 Jacques Thobie, « La France coloniale de 1870 à 1914 », dans J. Meyer, J. Terrade, A. Roy-Goldzeigner, J. Thobie, *Histoire de la France coloniale. Des origines à 1914*, tome 1, p. 720-722.

9 Terushi Hara, « Les investissements ferroviaires français en Algérie au XXe siècle », *Revue d'Histoire économique et sociale*, n° 1, 1976. Voir aussi la thèse de 3e cycle du même auteur soutenue à l'Université de Dijon en 1975.

10 Jacques Thobie, « La France coloniale », *op. cit.*, p. 731-734.

11 Jacques Thobie, *Ibidem*, p. 724-725.

en Algérie et en Tunisie[12]. Parmi les principales lignes dont elle était concessionnaire à l'origine se trouvaient celles de Bône à Guelma en Algérie ainsi que de Duvivier à Souk-Arrhas et Sidi-el-Hemessi, la première apportée, les deux autres ultérieurement cédées par la Société de Construction des Batignolles. Cette fondation trouva son aboutissement logique dans le vote de la loi du 12 mars 1877.

1.1/ AUX ORIGINES DU VOTE DE LA LOI DU 12 MARS 1877

La SCB se trouvait en effet à l'origine de la création de la compagnie et de l'important programme de travaux qui devait lui être confiée.

A/ Une initiative de la SCB

Lors de l'assemblée générale ordinaire de juin 1874, Ernest Goüin, président de la SCB, informa les actionnaires que leur société était devenue concessionnaire, en Algérie, du Chemin de Fer de Bône à Guelma, par suite d'une décision du conseil général de la province de Constantine, ratifiée le 7 mai 1874 par décret du Président de la République[13]. Pour le financement de la nouvelle société (12 millions de francs de capital), la SCB avait le choix entre deux politiques. La première consistait à procéder immédiatement à une émission publique des actions représentant le capital ; la seconde impliquait l'acquisition par la SCB de la majorité des actions, après s'être assurée de leur placement, solution finalement adoptée.

B/ La création de la Compagnie du Chemin de Fer de Bône à Guelma

La Compagnie fut créée le 23 mars 1875, avec un capital de 12 millions de francs en 24.000 actions de 500 francs[14]. La concession lui fut aussitôt transférée. Le premier quart du capital fut intégralement dès le 2 avril 1875 et le second quart, le 5 avril. Presque aussitôt la SCB céda la majorité de ses titres à un syndicat des banquiers (voir tableau 1 – Conseil d'administration de la Compagnie du Chemin de Fer de Bône à Guelma). L'activité technique fut confiée à l'ingénieur en chef Jean-Baptiste Krantz. Ces conditions

[12] Statuts de la Compagnie du Chemin de Fer de Bône à Guelma déposés le 24 mars 1875 chez maître Ducloux, notaire à Paris.

[13] AG de la SCB du 30 juin 1877.

[14] AGO du Chemin de Fer de Bône à Guelma, 1er juillet 1876, AN, 156 AQ 13.

favorables permettaient donc d'envisager de nouveaux développements pour la Compagnie.

Tableau 1 – Conseil d'administration de la Compagnie du Chemin de Fer de Bône à Guelma à sa fondation (23 mars 1875)

Charles Géry	Président, ancien conseiller d'État
Jacques Siegfried	Vice-président, banquier et administrateur du Comptoir d'Escompte de Paris
Hubert Desgranges	Ingénieur, ancien directeur du matériel et de la traction de la Compagnie des Chemins de Fer Sud-Autrichiens-Lombard (Südbahn)
Jules Lagrange	Membre du conseil général du département de Constantine, demeurant à Bône (Algérie), le seul à ne pas résider à Paris
Stéphane Goüin	Frère d'Ernest et administrateur de la Compagnie du Chemin de Fer de Poitiers à Saumur
Armand Maire	Ingénieur civil
John Knight	Ingénieur civil et par ailleurs actionnaire fidèle de la SCB
Victor-Amédée-Armand Vernhette	Ancien préfet
Frédéric Barrot	Administrateur de la Société algérienne

Source : AN 89 AQ 1199

C/ Le contenu de la loi

Aux termes de la loi du 12 mars 1877, le développement du réseau ferré apparaissait comme un complément indispensable de la prospérité et de l'avenir de la colonie[15]. Il s'agissait notamment de vivifier la riche province de Constantine grâce à la réalisation d'une liaison vers Tunis, Alger et même Tanger. Dans cette perspective, la ligne de Guelma au Kroubs constituait le

[15] Projet de loi relatif à la déclaration d'utilité publique et à la concession de divers chemins de fer en Algérie, Chambre des Députées, première législature, session de 1877, Versailles, Imprimerie de la Chambre des députés, 1877, Archives Paribas. Voir aussi : Bruno Marnot, *Les ingénieurs au Parlement sous la IIIe République*, Paris, CNRS Éditions, 2000, chapitre 1.

prolongement naturel du chemin de fer de Bône à Guelma, Bône étant devenu le port le plus actif d'Algérie. L'idée était qu'en solidarisant toutes les lignes du réseau, l'on arriverait vite à l'équilibre. De plus, aux yeux du gouvernement, la société concessionnaire semblait mériter confiance. C'est pourquoi, après accord du ministère des Finances et du Conseil d'État, la loi fut votée facilement le 12 mars 1877.

1.2/ LES PREMIERES REALISATIONS

Rigoureux, le cahier des charges définissait avec précision le cadre dans lequel la SCB effectua les premiers travaux.

A/ Définition d'un cahier des charges rigoureux

Tout était réglementé avec soin par le cahier des charges : viaducs, rails, condition d'utilisation des terrains, contraintes d'entretien par la Compagnie, spécification des locomotives et des wagons, durée de la concession (99 ans, avec faculté de rachat de la concession par l'État au bout de 25 ans).

B/ Un important chantier de la SCB

Dès 1876, les travaux de la ligne de Bône à Guelma, soit 88 kilomètres, avaient bien avancé. Le premier tronçon, Bône-Duvivier fut ouvert le 1er octobre 1876. Au 31 décembre 1877, 94% des dépenses de construction avaient déjà été effectuées, permettant la mise en exploitation de la ligne complète dès le 23 avril 1878.

C/ Mise en place d'une société d'exploitation

Dès le 13 janvier 1877 s'était constituée une société d'exploitation[16].

Tableau 2 – Composition du capital de la Société d'Exploitation au 30 décembre 1876

1er groupe		
SCB	**26,7 %**	**45,4 %**
Ernest Fouquet	**0,8 %**	
Ernest Goüin	**10 %**	
Charles Lemaire	**2,9 %**	
Jules Goüin	**2,9 %**	
John Knight	**2,1 %**	
2e groupe		
Paribas	**26,7 %**	**45,4 %**
Comptoir d'Escompte de Paris	**8,3 %**	
A.J. Stern et Cie	**6,2 %**	
J. Camondo et Cie	**4,2 %**	
3e groupe		
Hubert Desgranges	**3,4 %**	**9,2 %**
Coutin	**2,9 %**	
Alphonse Champouillon	**0,8 %**	
Armand Maire	**2,1 %**	

Source : Archives Paribas, Fonds Cabet, Chemin de Fer de Bône à Guelma.

Elle avait « de mettre l'exploitation entre des mains plus directement intéressées et plus capables de faire rendre à la ligne tout le trafic qu'elle pouvait donner. Le capital de cette société se répartissait en trois parts : 45,4% pour le groupe de la SCB (dont 10% pour Ernest Goüin, 3% pour son fils Jules et plus de 25% pour la SCB elle-même), 45,4% pour le groupe Paribas (dont 26,7% pour les BPPB et le solde au Comptoir d'Escompte de Paris, à la banque A.J. Stern et Cie et à la banque J. Camondo et Cie), le reste pour les administrateurs du Bône-Guelma[17].

---

[16] Statuts de la Société d'Exploitation des Chemins de Fer de Bône à Guelma et prolongements. Statuts établis le 30 décembre 1876 et modifiés par l'assemblée générale du 6 juin 1878. Fonds Cabet, Archives Paribas.

[17] Rang-Ri Park Barjot, « Jules Goüin (1846-1908) : dirigeant de la Société de Construction

D/ Une fonction de contrôle exercée par l'Ingénieur en chef

Le contrôle des travaux était assuré, on l'a vu, par le célèbre Ingénieur des Ponts et Chaussées J.B. Krantz[18]. Celui-ci écarta le système de l'entreprise générale, qui aurait trop avantagé le SCB au profit d'une exécution par « voie de petites entreprises », sous la « direction immédiate » de la Compagnie.

1.3/ MONTEE EN PUISSANCE DE LA COMPAGNIE

Pour cela, la Compagnie devait se doter impérativement de moyens financiers supplémentaires.

A/ Appel au marché financier

En faisant l'acquisition, le 6 mai 1876, de la concession de la Société des Chemins de Fer de la Medjerda, la Compagnie de Bône à Guelma avait prolongé son réseau jusqu'à Tunis[19]. Désormais elle bénéficiait et un réseau de 550 kilomètres, traversant les régions les plus fertiles d'Algérie et de Tunisie et aboutissant à deux ports, Bône et Tunis. Il fallait donc procéder à une forte augmentation de capital de 12 à 30 millions de francs (+18 millions de francs), prise en charge par moitié par la BPPB et par la SCB[20]. Il en résulta un élargissement du conseil d'administration.

B/ Les actions nouvelles : cession de la SCB à la BPPB

En raison de l'importance des travaux à réaliser par la SCB, la BPPB, en vertu d'un traité, secret, en date du 31 mars 1877, s'était engagée à avancer les sommes nécessaires à la souscription du premier quart du capital nouveau appelé, en contrepartie de la mise en dépôt de garantie de 9000 actions de la Compagnie (soit l'équivalent de la somme avancée)[21].

---

des Batignolles », dans *Paris et Ile-de-France : mémoires*, tome 51, Fédération des Sociétés Historiques et Archéologiques de Paris et de l'Ile-de-France, 2000, p. 287-296.

[18] La Compagnie des Chemins de Fer de Bône à Guelma et prolongements, avis de l'Ingénieur en Chef conseil, Paris, 25 janvier 1879, Fonds Cabet, Archives Paribas.

[19] AGE du 23 mai 1877. La Compagnie des Chemins de Fer du Bône-Guelma et prolongements.

[20] Seconde résolution de l'assemblée générale extraordinaire du 23 mai 1877.

[21] Assemblée générale ordinaire du 27 juin 1878, AN, 156 AQ 4 et Traité entre la Banque de Paris et des Pays-Bas et la Société de Construction des Batignolles, Archives Paribas, Fonds Cabet.

L'avance faite à la SCB portait intérêt à 6% et devait être remboursée au plus tard le 1er avril 1880.

C/ L'émission des obligations : une opération laborieuse

Le montant des travaux à réaliser s'élevait à quelque 78,8 millions de francs au total[22]. Il fallait donc lancer un emprunt obligataire d'un montant élevé -60 millions de francs[23]. *À priori*, l'on pouvait penser que l'émission serait attractive, du fait de la garantie d'intérêt garantie par l'État. Cependant admises à la cote officielle de la Bourse, après autorisation du Ministère des Finances, dès les premiers jours d'août 1977, les titres Bône-Guelma souffraient en décembre d'une décote de 35 francs environ, soit plus de 11% par rapport aux titres des grandes compagnies ferroviaires métropolitaines.

Tableau 3 – Cours des principales obligations ferroviaires cotées à la Bourse de Paris en décembre 1877 (en francs)

Obligations	3%	Bône-Guelma	305
Obligations	3%	PLM	339
Obligations	3%	Orléans	344
Obligations	3%	Nord	342,5
Obligations	3%	Ouest	336
Obligations	3%	Midi	336,5
Obligations	3%	Est	328

Source : Archives Paris et des Pays-Bas, Fonds Cabet.

Sans doute la société du Bône-Guelma souffrait-elle de ne pas être aussi connue du public que les grandes compagnies métropolitaines. Il s'ensuivit des difficultés avec la Caisse des Dépôts et Consignations auprès de laquelle la BPPB avait déposé les bons du Trésor acquis avec le produit de l'émission obligataire en contrepartie de l'autorisation de cette même émission obligataire par le Ministère des Finances. Or la Caisse des Dépôts et Consignations exigeait un droit de garde, payable en numéraire, en contrepartie du service rendu, d'où le conflit avec elle.

---

[22] Assemblée générale extraordinaire du 31 juillet 1877 de la Compagnie du Chemins de Fer de Bône-Guelma et prolongements, AN, 156 AQ 4.

[23] Note sur les obligations des chemins de Fer du Bône-Guelma et prolongements, juin 1877, Archives Paribas, Fonds Cabet.

2/ LA COMPAGNIE DE BONE-GUELMA : UN DÉVELOPPEMENT SPECTACULAIRE, MAIS FRAGILE

Les archives de la Société des Constructions des Batignolles comme celles de la famille Goüin font apparaître que la SCB continua à s'intéresser de près à la Compagnie de Bône-Guelma[24]. Il semble toutefois que cet intérêt s'estompa entre 1886, après la mort d'Ernest Goüin, qui avait tant œuvré pour la création de ladite Compagnie, et 1896, date à partir de laquelle la SCB amorça une nette reprise de son activité.

2.1/ 1879-1886. PRIORITE A LA CONSTITUTION D'UN RESEAU HOMOGENE

Ces années 1879-1886 virent la Compagnie obtenir de nouvelles concessions[25]. En dix ans, de sa création à 1886, la Compagnie parvint ainsi à se constituer un réseau homogène organisé autour de la liaison Guelma-Tunis par la Medjerda, et autour de Tunis : 1886 marqua aussi l'inauguration de la liaison Alger-Tunis, laquelle empruntait le réseau de Bône-Guelma sur environ la moitié de son parcours. C'était pour une large part le résultat de l'importance des travaux exécutés par la SCB.

A/ La SCB : encore d'importants chantiers

En huit ans de 1877 à 1885, le réseau de la Compagnie passa de 78 à 521 kilomètres, soit une multiplication par près de 6,7.

[24] Rang-Ri Park Barjot, « La Société de Construction des Batignolles : de l'industrie aux services (1846-1914) », 8ème European Business History Association, *From industry to services ?*, Barcelone, Espagne, CD-Rom, 2005.

[25] Assemblées générales ordinaires des actionnaires de la Compagnie des Chemins de Fer de Bône-Guelma et prolongements, 15 mars 1879, 10 août 1880, 16 juillet 1881, 17 octobre 1882, 25 juin 1884 et 11 août 1885, AN, 156 AQ 4.

Tableau 4 – Évolution du kilométrage de ligne exploité par la Compagnie de Bône-Guelma au 31 décembre de l'année

1877	78 km	
1878	195	+ 117 km
1879	262	+ 67
1880	387	+ 125
1881	420	+ 33
1882	442	+ 22
1883	463	+ 21
1884	521	+ 58
1885	521	0

Source : AN, 156 AQ 4.

B/ La Compagnie : un équilibre financier fragile, étroitement dépendant de la garantie de l'État

En défit du renouvellement de ses dirigeants (arrivée de Jules Goüin, Edmond Lavalley, Émile de Traz), la Compagnie poursuivait son expansion.

Tableau 5 – Taux de croissance annuels moyens des recettes et des charges d'exploitation de 1877 à 1885 (en %, francs courants et ajustement exponentiel)

Recettes d'exploitation	+ 26 %
Dépenses d'exploitation	+ 22,9 %

Source : AN, 156 AQ 4.

Les recettes d'exploitation progressaient plus vite que les dépenses d'exploitation. Si la Compagnie demeurait déficitaire, le déficit d'exploitation se réduisit au cours de la période.

Tableau 6 – Évolution du déficit d'exploitation de la Compagnie de Bône-Guelma (en % du total des recettes) de 1877 à 1885

1877	55,2
1878	30,8
1879	51,0
1880	73,3
1881	21,1
1882	23,9
1883	12,3
1884	30,5
1885	22,8

Source : AN, 156 AQ 4.

Néanmoins, il demeurait élevé : 29,5% en moyenne de 1877 à 1885. Il s'ensuivit en revanche, au profit des actionnaires du Bône-Guelma, une très rapide progression du profit brut, due pour l'essentiel à l'apport de la garantie d'intérêt. Incontestablement, la Compagnie présentait plus d'intérêt pour le rentier français que la plupart des sociétés coloniales.

2.2/ À LA VEILLE DE LA PREMIERE GUERRE MONDIALE, UNE COMPAGNIE PROSPERE GRACE A LA SEULE TUNISIE

À partir de 1886, la Compagnie partageait son activité entre l'Algérie et la Tunisie[26]. Mais, si elle continuait à gérer au mieux son réseau algérien, c'était vers la Tunisie qu'elle faisait porter l'essentiel de ses efforts. Ceux-ci se développèrent en direction du sud du pays (ouverture en 1888 de la ligne Sousse-Kairouan) et autour du port de Bizerte, alors en construction[27]. Avec le rachat, en 1898, du chemin de fer exploité par la Société de Navigation italienne, la Tunisie devenait de plus en plus l'élément porteur de l'expansion du réseau.

A/ Poursuite de l'expansion du réseau

Le kilométrage du réseau augmenta beaucoup à partir de 1890 : +320 kilomètres (+29 km par an) de 1885 à 1896 ; +291 km (+59,5 km par an) de 1903 à 1908. C'était le résultat de l'obtention de nouvelles concessions obtenues pour l'essentiel en Tunisie.

Tableau 7 – Longueur moyenne de kilomètres de voies ferrées exploités dans l'année de 1885 à 1908 (moyenne annuelle)

1885	521 km	1903	1128 km
1896	841 km	1904	1156 km
1897	963 km	1905	1226 km
1898	1030 km	1906	1364 km
1899	1107 km	1907	1376 km
1900	1132 km	1908	1485 km

N.B. : Les sources ne permettent pas d'avoir les chiffres pour toutes les années.

Source : AN, 156 AQ 5.

26 Voir introduction de l'inventaire de la série 156 AQ des Archives du Monde du Travail à Roubaix.

27 Dominique Barjot, *La grande entreprise française de travaux publics, op. cit.*, vol 1, p. 457-467 ; « Le rôle des entrepreneurs et ingénieurs des travaux publics dans la réalisation des bases et arsenaux d'outre-mer », dans *Les Bases et les arsenaux français d'Outre-mer, du Second Empire à nos jours*, Paris, Lavauzelle-DGA, 2002, p. 190-208.

La Société de Construction des Batignolles travaillait désormais pour l'essentiel en Tunisie[28].

Tableau 8 – Montant des travaux et commandes d'outillage exécutés par la SCB en Algérie de 1892 à 1908 (en millions de francs)

	Montant du marché initial	Travaux complémentaires	Total
Ligne Djedeïda- Bizerte	5,6	1,1	6,7
Ensemble des lignes tunisiennes à voie étroite	56,3	16,7	73,0
Ligne Tunis-Goulette-Marsa	8,6		8,6
Total	70,5	17,8	88,3

Source : AN, 156 AQ 8.

Ces travaux, d'un montant de 88,3 millions de francs au total, furent menés à un rythme soutenu. C'était bien la Tunisie qui se trouvait à l'origine de l'expansion de la Compagnie.

B/ Une activité en expansion

La Compagnie du Bône-Guelma concilia renouvellement des hommes et stratégie d'expansion. De nouveaux dirigeants accédèrent à la direction : Édouard de Traz à la présidence, Jules Goüin, puis, à sa mort en 1909, son fils Édouard à la vice-présidence, Émile Hoskier, un banquier, Amand Maire, dirigeant de la Société de Forges et Aciéries de l'Est, etc.[29].

Par ailleurs, à partir de 1896, les recettes totales d'exploitation progressèrent nettement plus vite que les dépenses.

[28] Rang-Ri Park Barjot, « La Société de Construction des Batignolles (1846-1914) », in Hubert Bonin (dir.), *Transnational Compagnies (XIXe-XXe siècles)*, 2002, Plage, p. 913-928 ; « La Société de Construction des Batignolles : des origines à la première guerre mondiale (1846-1914) : premiers résultats », *Histoire, économie, société*, n° 3, 2000, p. 361-386.

[29] Avenant à la convention du 22 mars 1898, AN, 156 AQ 6.

Tableau 9 – Taux de croissance annuels moyens des recettes, des dépenses et du résultat d'exploitation de la Compagnie de Bône-Guelma de 1896 à 1908[30]
(En %, francs courants et ajustement exponentiel)

Recettes d'exploitation	+ 8,1 %
Dépenses d'exploitation	+ 5,6 %
Bénéfice d'exploitation	+ 16,1 %

Source : AN, 156 AQ 8.

Il en résulta une augmentation spectaculaire du bénéfice d'exploitation et de la rentabilité (tableau 10 – Évolution de la rentabilité de l'exploitation de la compagnie de Bône-Guelma de 1896 à 1908).

Tableau 10 – Évolution du taux de rentabilité de l'exploitation de la Compagnie de Bône-Guelma (en % du total des recettes d'exploitation)[31]

1896	14,9	1903	35,0
1897	12,6	1904	36,4
1898	17,1	1905	29,5
1899	23,9	1906	36,4
1900	17,7	1907	35,0
1901	24,5	1908	29,3
1902	30,2		

Source : AN, 156 AQ 8.

D'environ 15% à la fin des années 1890, elle s'éleva à 30-35% à partir de 1902. Plus la Compagnie développait son activité en Tunisie, plus elle pouvait se financer par autofinancement, sans faire appel ni à de nouveaux apports en actions, ni à de nouvelles émissions d'obligations. Cette expansion était par ailleurs portée à la fois par l'essor du trafic voyageur et par celui des marchandises, ce dernier augmentant le plus vite.

Tableau 11 – Taux de croissance annuel moyen du nombre de voyageurs et du tonnage de marchandises transportés annuellement
(En %, ajustement exponentiel)

Nombre total de voyageurs transportés annuellement de 1896 à 1908	+ 8,8
Tonnages totaux expédiés annuellement de 1896 à 1908	+ 9,4

Source : AN, 156 AQ 8.

[30] Les statistiques contenues dans AN 156 AQ ne sont complètes que jusqu'en 1908.

[31] Défini par le ratio bénéfice d'exploitation/recettes totales d'exploitation en %.

C/ À partir de 1910, une compagnie essentiellement tunisienne

Cette progression incombait en presque totalité à la Tunisie.

Tableau 12 – Répartition du réseau de la Compagnie de Bône-Guelma entre l'Algérie et la Tunisie au 31 décembre 1908

	En kilomètre	En %
Longueur totale exploitée	1519 km	100
Algérie[32]	673 km	44,3
Tunisie	846 km	55,7

Source : AN, 156 AQ 8.

En effet, en vertu de la loi du 29 juillet 1904, le gouvernement de l'Algérie procéda, dès 1910, à la nationalisation du réseau algérien de la Compagnie[33]. Mais celle-ci résista, d'où une discussion encore en cours en 1912. Si ce rachat ne paraissait pas s'imposer comme une nécessité inéluctable, la Compagnie continuait de prospérer en Tunisie : en 1910, pour 447 kilomètres de lignes algériennes, elle en possédait 1205 en Tunisie. En conséquence de quoi le droit de rachat des lignes tunisiennes fut reporté par le gouvernement tunisien au premier janvier 1936.

CONCLUSION

La réussite de la Compagnie de Bône-Guelma n'était pas isolée, comme le montre l'expérience du réseau minier de Sfax à Gafsa, qui contribuait à l'intégration de la Tunisie dans l'économie mondiale[34]. Tel fut le cas aussi de la Compagnie des Chemins de Fer de Bône-Guelma et prolongements[35]. Certes, lors de la mise en place de son premier réseau, essentiellement algérien, la Compagnie bénéficia d'une garantie d'intérêt de 6%, dont bénéficièrent non seulement les actionnaires et les obligataires de la société, mais aussi la SCB elle-même, entrepreneur général du réseau.

---

[32] AGO de la Compagnie de Bône-Guelma, 20 juin 1901, AN, 156 AQ 6.

[33] Compagnie de Bône-Guelma et prolongements. Réseau Algérien. Note remise à M. le Ministre des Travaux Publics le 25 avril 1912, Archives Paribas, Fonds Cabet.

[34] Noureddine Dougui, *Histoire d'une grande entreprise coloniale : la Compagnie des Phosphates et du chemin de fer de Gafsa 1897-1930*, Tunis, Publications de la Faculté des Lettres de la Manouba, 1995.

[35] Mohamed L. Gharbi, *Impérialisme et réformisme au Maghreb. Histoire d'un chemin de fer algéro-tunisien*, Tunis, Cérès Éditions, 1994.

Mais l'alliance entre la Société de Construction des Batignolles et la Banque de Paris et des Pays-Bas ne se résuma ni à une affaire de famille entre Ernest Goüin et son cousin Eugène, ni à une simple spéculation foncière[36]. Les profits dégagés en Tunisie bénéficièrent tant autant à la Régence de Tunis qu'aux promoteurs de la ligne eux-mêmes.

Tableau 13 – Taux de croissance annuel moyen des recettes totales, des dépenses totales et du profit brut de la Compagnie de Bône-Guelma de 1880 à 1914 (en %, francs constants et ajustements exponentiels)

Recettes totales	**+ 12,7 %**
Dépenses totales	**+ 11,7 %**
Profit brut	**+ 22,4 %**

Source : AN, 156 AQ 4.

À cet égard, l'action d'Ernest, puis de Jules Goüin, fut décisive en favorisant une logique de développement du réseau en fin de compte profitable à la mise en valeur à long terme du territoire.

[36] Rang-Ri Park Barjot, « Les concessions des travaux publics en méditerranée : incontestables succès de la Société de Construction des Batignolles », *Entreprise et Histoire*, n° 31, 2002, p. 13-24.

CHAPITRE 12
LES BANQUES FRANÇAISES ET LES EMPRUNTS TUNISIENS PENDANT LA PERIODE COLONIALE (1881-1956)

Dhafer BOUSSELMI

Université de la Manouba- Tunisie

La Tunisie entretient des rapports étroits avec les milieux financiers européens bien avant l'instauration du protectorat en 1881. Des liens qui permettent à ce pays de contracter des emprunts entre 1860 et 1878, soit une période qui annonce la banqueroute de la Tunisie et sa mise sous la tutelle des puissances européennes. En effet, cette période est marquée par la naissance de la dette tunisienne et le développement excessif qu'elle a pris en quelques années. La dette, qui n'était en 1860 que de 11.875.500 francs, atteint en dix ans la somme de 169 millions de francs et exige un service d'intérêt de 19,5 millions de francs, supérieur de 6 millions de francs aux recettes budgétaires du pays[1].

À la veille du protectorat, le capital bancaire s'intéresse aux affaires tunisiennes, et spécialement aux infrastructures. Le cas le plus important est la construction, de 1877 à 1881, de la ligne de La Medjerda par le Bône-Guelma. Cette filiale de la Société de construction des Batignolles, contrôlée par les Gouïn, est soutenue financièrement par le Comptoir national d'escompte de Paris et la Banque de Paris et des Pays-Bas. Une pénétration économique qui permet à ces opérateurs français d'obtenir le monopole de la construction des lignes télégraphiques et des chemins de fer. Un autre groupe financier, celui des Pereire et de la Société marseillaise de crédit, tend à diversifier ses activités. Leurs investissements s'orientent vers les transports maritimes, le secteur bancaire et l'achat de terres agricoles[2].

L'instauration du protectorat annonce le début d'une nouvelle ère, marquée par la tutelle politique et économique française en Tunisie. Une main mise accentuée par la suppression de la Commission financière

---

[1] Dhafer Bousselmi, *Les emprunts tunisiens et les investissements publics 1920-1956*, Tunis, Faculté des Sciences Humaines et Sociales de Tunis, 2016, p. 18.

[2] Mohamed-Lazhar Gharbi, *Impérialisme et réformisme au Maghreb : Histoire d'un chemin de fer algéro-tunisien*, Cérès, Tunis, 1994, p. 124.

internationale le 13 octobre 1884. Désormais, la Tunisie est subordonnée au capital français[3] par la convention de La Marsa, signée le 1er juin 1883. Dès lors, le rôle des institutions de crédit françaises ne cesse de s'amplifier, notamment en matière d'emprunts, pour financer les différents investissements. Parmi ces organismes de crédit, nous trouvons le consortium bancaire qui assure un certain nombre d'emprunts durant l'époque coloniale. Son rôle est capital dans les affaires financières et économiques de la Tunisie sous le protectorat français. Quels sont les emprunts émis par ce groupe bancaire ? Quelles sont les contraintes face à la politique d'emprunt du consortium ?

1. LE CONSORTIUM BANCAIRE : SA COMPOSITION ET SON MODE DE FONCTIONNEMENT

A- LA COMPOSITION DU CONSORTIUM

Le consortium désigne un groupe ou un syndicat de banques qui partage l'émission des emprunts. Il a déjà assuré l'émission d'emprunts pour le compte de la Russie[4] entre 1887 et 1914 ou pour l'Empire ottoman[5] entre 1895 et 1914. On trouve dans ce consortium les principales banques françaises : le Comptoir national d'escompte, le Crédit Lyonnais, la Société générale, le Crédit algérien. En 1906, la Banque de Paris et des Pays-Bas intègre ce groupe bancaire. Cette banque est fondée en 1872 par la fusion de la Banque de Paris (française) et de la Banque de crédit et de dépôt des Pays-Bas (néerlandaise). Son objectif consiste à devenir une grande banque d'affaires, d'abord en partenariat avec les maisons de banques privées françaises, belges et hollandaises qui sont parties prenantes dans ce lancement[6]. Leur intégration dans ce consortium répond donc à ces objectifs.

La composition du consortium connaît des changements successifs avec l'intégration de la Société marseillaise de crédit en 1928. Sa création date du 20 novembre 1865. Elle se transforme en société anonyme, suite à la loi de 1878, et décide d'étendre ses opérations en dehors de Marseille. Son nouvel objectif consiste à conquérir le territoire national et l'empire colonial, une

[3] Georges Guénée, *Les finances tunisiennes*, Librairie Louis Namura, Tunis, 1932, p. 11.

[4] R. Girault, *Emprunts russes et investissements français en Russie 1887-1914*, Editions Imprimerie nationale, Paris, 1999.

[5] Jean Thobie, *Intérêts et impérialismes français dans l'Empire ottoman (1895-1914)*, Publications de la Sorbonne, Paris, 1977.

[6] Hubert Bonin, *Les groupes financiers français*, PUF, Coll. « Que sais-je », Paris, 1995.

politique inaugurée par Albert Rey et Albert Rostan[7]. Finalement, le groupe des banques rassemble les banques les plus influentes dans le monde des affaires et des finances.

B- LE MODE DE FONCTIONNEMENT DU CONSORTIUM BANCAIRE

Le syndicat des banques assure des emprunts pour le compte de la Tunisie à partir de 1881. L'émission d'un emprunt est une opération qui nécessite une démarche spécifique de la part du groupe bancaire. Elle se résume en deux étapes essentielles : d'abord, des négociations avec le gouvernement du protectorat, une fois que ce dernier a émis le vœu de contracter des emprunts. Les autorités coloniales élaborent, avant tout, un programme détaillé avec la fixation du coût des travaux. C'est le directeur des finances tunisiennes qui mène les négociations au nom du gouvernement. Le Résident général n'intervient que si les négociations rencontrent des difficultés. Du côté du consortium, c'est le Crédit algérien qui mène les négociations avec les autorités à Tunis, au nom du groupe bancaire. Cette banque a été fondée en 1881 avec un capital de 16 millions de francs. Ses administrateurs sont intimement liés aux affaires algériennes : nous citons le nom de Léopold Sée, chef de la Banque Léopold et Cie, qui assuré les principaux emprunts provinciaux et communaux de l'Algérie. Le Crédit algérien est aussi le propriétaire du réseau des chemins de fer de l'Ouest algérien[8]. Cette première étape permet de fixer les modalités financières de l'emprunt : le taux d'intérêt, le prix des titres, l'amortissement de l'emprunt...

La deuxième étape comporte des pourparlers entre les membres du consortium bancaire, une étape importante et souvent à l'origine du retard des émissions d'emprunts. Cette nouvelle étape permet de fixer la part de chaque institution financière dans l'emprunt. Il s'agit également d'étudier les demandes de participation qui émanent d'autres banques. À la fin de cette épate, un barème final est établi. Il fixe la part des contractants, c'est-à-dire les membres du consortium qui s'accaparent 80% des titres. Quant aux

[7] Mohamed-Lazhar Gharbi, *Le capital français à la traîne : ébauche d'un réseau bancaire au Maghreb colonial (1847-1914)*, Tunis, FLM - Université de la Manouba, 2003, p. 64.

[8] Augustin Hanon, *Les Maîtres de la France*, Editions Sociales, Paris, 1938, p. 54.

autres banques, leur part ne dépasse pas le plus souvent 20 % des titres de l'emprunt[9].

2. LE CONSORTIUM ET LES EMPRUNTS TUNISIENS

À partir de 1884, le syndicat des banques s'intéresse aux affaires tunisiennes. Ses opérations se diversifient : conversions des emprunts pour le compte du gouvernement du protectorat ou pour ses organismes publics.

A. LA PARTICIPATION DU CONSORTIUM A LA CONVERSION DE LA DETTE TUNISIENNE (1884-1892)

La conversion est une opération qui consiste à convertir la dette de sorte que, de perpétuelle, elle devienne amortissable. Cela permet à la Tunisie de contracter de nouveaux emprunts auprès des institutions de crédit françaises. Les grandes banques françaises, y compris des membres du consortium, participent à des opérations de conversion pour le compte de la Russie à la fin du XIXe siècle. À partir de 1884, le syndicat des banques n'hésite pas à participer à la conversion de la dette tunisienne. Notons qu'il existe peu de renseignements sur les modalités et les barèmes de répartitions des émissions réalisées pour le compte de la Tunisie.

La dette tunisienne date d'avant 1881, puisque l'irruption des capitaux européens dans l'économie tunisienne s'est faite bien avant l'installation du protectorat français. Trois puissances européennes, la France, l'Angleterre et l'Italie, essayent, par l'intermédiaire de leur consul respectif, d'investir des capitaux dans ce pays afin de développer leur influence économique et politique. Cette pénétration financière européenne s'est donc faite à l'avantage de la France alors que, initialement, les capitaux anglais et italiens sont prédominants.

L'engagement des milieux financiers français grâce aux emprunts permet à la France d'aliéner toute l'économie tunisienne. L'histoire de la Tunisie de 1860 à 1878 est avant tout l'histoire de sa banqueroute financière et de sa mise sous tutelle par l'Europe. En effet, cette période est marquée par la naissance de la dette tunisienne qui, comme nous l'avons mentionné ci-dessus, atteint en dix ans la somme de 169 millions de francs[10]. L'accroissement rapide de la dette est dû essentiellement à un accroissement

[9] Les archives de la Société générale, B07738, Historique du barème, mars 1935.

[10] Dhafer Bousselmi, « Les emprunts tunisiens et les investissements publics 1920-1956 », *op. cit.*, p. 18.

des dépenses publiques. La facilité avec laquelle le gouvernement trouve à emprunter pour faire face à ses premiers déficits l'incite aux prodigalités les plus excessives, particulièrement entre 1860 et 1870 :

Tableau n° 1. Les opérations financières entre 1863 et 1870 (francs)

Emprunts de 1863 et de 1865	**000 064 66**
Quatre conversions	**000 112 39**
Dette flottante	**000 000 55**
Total	**000 176 160**

Source : Direction générale des Finances, Compte général de l'administration des finances, Société anonyme de l'imprimerie S.A.P.I., Tunis, 1913, p. 7.

Avant d'entamer les opérations de conversion, des mesures sont prises pour assurer la mainmise de la France sur les finances de la Tunisie. La commission financière internationale[11] est supprimée le 13 octobre 1884. Cette mesure est soumise à une condition : la garantie de la France vis-à-vis de la dette tunisienne pour rassurer les créanciers, spécialement italiens et anglais, qui sont liés respectivement à la Tunisie par les conventions[12] de 1863 et 1868. Pour répondre aux exigences financières des puissances européennes, la France décide d'émettre un emprunt à même de garantir la dette tunisienne. Il est émis à l'ordre de 142.550.000 francs, suite à la convention du 29 mai 1884. L'émission est assurée par un syndicat de banques qui a pris en charge la conversion de la dette tunisienne. Il se compose de MM. de Rothschild, du Comptoir national d'escompte de Paris, du Crédit industriel et commercial, de la Banque de Paris et des Pays-Bas, du Crédit Lyonnais, de la Société Générale et de la Société Marseillaise de Crédit. Le total des obligations émises s'élève à 315.376 francs, avec un capital nominal de 157.688.000 francs, qui, après déduction des frais, se réduit à 142.550.000 francs[13].

En même temps que la conversion, le taux d'intérêt de la dette est rabaissé de 4 % à 3,5 %. La loi du 9 février 1889 autorise cette double opération et n'interdit pas au gouvernement tunisien la possibilité de

[11] *Ibid.*, p. 21.

[12] Ali Mahjoubi, *L'établissement du protectorat français en Tunisie*, Publications de l'Université de Tunis, 1977, p. 51.

[13] Mohamed-Lazhar Gharbi, « Investissement et déploiement économique en Tunisie (1863-1914) : Groupes de pression et esprit impérial », dans Hubert Bonin (dir.), *L'esprit économique impérial (1830-1970)*, Publications de la SFHOM, Paris, 2008, p. 581-597.

procéder à une nouvelle conversion[14]. Le gouvernement français par la suite les autorités de Tunis, par la loi du 25 juin 1892, à ramener l'intérêt de la dette de 3,5 % à 3 %. L'opération est réalisée le 12 juillet 1892 par la substitution, aux 347 541 francs à 3,5 % encore en circulation, de 396.386 obligations de 500 francs à 3 %, amortissables en quatre-vingt-seize ans. L'opération rapporte au gouvernement tunisien un boni de 9 805 766 francs. Des membres du syndicat bancaire participent à cette opération : la Banque de Paris et des Pays-Bas –le Crédit lyonnais– la Société générale et la Société Marseillaise de Crédit[15]. Le consortium participe aux différentes conversions mais la rareté des renseignements sur ces opérations ne permet pas de fixer sa part dans la souscription des titres.

B- LE CONSORTIUM ET LES EMPRUNTS DU GOUVERNEMENT TUNISIEN

Après une première phase marquée par la conversion de la dette tunisienne, le syndicat des banques s'oriente vers un autre type d'opérations financières avec la Tunisie, à savoir les emprunts. La première catégorie comporte des emprunts pour le compte du gouvernement du protectorat.

a- Les emprunts entre 1902 et 1931

Ces nouveaux emprunts commencent en 1902 et sont destinés essentiellement au financement de l'équipement du pays : chemins de fer, routes, ponts (...), ce qui constitue un équipement indispensable pour défricher le terrain aux investissements privés. Ainsi, la loi du 30 avril 1902 autorise l'émission d'un emprunt de 40 millions de francs réalisé en trois tranches et représenté par 74.588 titres.

Un second emprunt de 75 millions de francs est autorisé par la loi du 10 janvier 1907, sous forme de 182 689 obligations de 500 francs. Pour ces deux emprunts, les membres du consortium s'accaparent 80% des titres. La liste comprend : le Comptoir national d'escompte de Paris, le Crédit Lyonnais, le Crédit Algérien, la Banque de Paris et des Pays-Bas et la Société Générale[16]. Les banques se chargent du placement des titres sur le marché public, sous la réserve, qui ne s'est d'ailleurs jamais réalisée, du

---

[14] Georges Guénée, « Les finances tunisiennes », *op. cit.*, p. 79.

[15] Les archives de la Société générale, B07738, Historique du barème, mars 1935.

[16] Dhafer Bousselmi, *Les emprunts tunisiens (1902-1912)*, Tunis, FLM Manouba, Mastère de Recherche, 2006, p. 21.

partage des bénéfices entre le protectorat et le groupe des souscripteurs, s'il excède un certain chiffre, généralement 12,5 francs par titre dans les dernières conventions.

En 1928, le consortium assure un nouvel emprunt de 67 millions de francs représenté par 72.183 obligations de 1000 francs à 6%. Cet emprunt constitue la troisième tranche de l'emprunt de 1920, assuré par le Crédit Foncier de France. Le groupe bancaire profite du désaccord entre le Crédit foncier et les autorités de Tunis pour présenter une offre plus avantageuse. L'émission de l'emprunt de 1928 est marquée par les divergences entre les membres du syndicat bancaire. Des divergences surgissent : chaque établissement essaye de tirer le maximum de profits, ce qui retarde l'élaboration d'un barème. Pour le Comptoir national d'escompte, il est indispensable d'établir une certaine égalité entre les grands établissements, puisqu'il entretient, lui aussi, de solides relations avec les colonies. Il propose alors que la part des trois grands établissements de crédit s'élève à 20 % dans la garantie. Il rappelle que sa part est toujours équivalente à celle de la Société Générale. Cet établissement n'accepte pas de la réduire pour le compte d'une autre banque. Quant à la Société générale, la direction estime qu'il est préférable de revenir au barème relatif aux emprunts de l'Afrique équatoriale ; elle refuse celui adopté pour les emprunts tunisiens de 1902 et 1907 qu'elle juge trop ancien. La banque exige alors une part minimale de 25 % qu'elle estime « normale ». Le Crédit lyonnais refuse toute réduction de sa part dans l'emprunt, qui pourrait satisfaire les autres établissements. Ces différentes positions bloquent les conversations, ce qui rend difficile la tâche de Peytel, le représentant du Crédit Algérien et responsable des conversations entre les banques. Néanmoins, l'augmentation du montant de l'emprunt, passé de 43,5 à 67 millions de francs au début de 1928, permet de répondre aux demandes des établissements de crédit. Ainsi, les pourparlers reprennent-ils avec un changement dans la position du Comptoir National d'Escompte et de la Société Générale qui acceptent que « le Crédit Lyonnais ait une part dans le barème supérieure à chacun d'eux »[17].

[17] Dhafer Bousselmi, « Les emprunts tunisiens et les investissements publics 1920-1956 », *op. cit.*, p. 96.

Tableau n°2. Répartition des titres entre les établissements bancaires (%)

Établissements	Garantie	Placements
Crédit Lyonnais	21,04	31,3
Société Générale	21,04	24
Comptoir National d'Escompte	21,04	24

Source : Dhafer Bousselmi, Les emprunts tunisiens et les investissements publics 1920-1956, Tunis, Faculté des Sciences Humaines et Sociales de Tunis, 2016, p. 96.

Cette série d'emprunts s'achève avec celui de 1931 pour un total de 97 millions de francs représenté par des obligations de 1000 francs à 4 %. Cet emprunt est destiné à la conversion de l'emprunt de 1928 à concurrence de 71 440 000 francs. Le solde de 26 millions de francs est destiné à l'exécution d'un nouveau programme d'équipement[18].

b- Les emprunts entre 1932 et 1934

À partir de 1932, les autorités métropolitaines songent à réviser le mode d'autorisation des emprunts à l'occasion de la loi des finances annuelle. L'objectif consiste à simplifier les procédures d'endettement et faciliter ainsi l'intrusion du capital français en Tunisie, puisque « le recours à l'emprunt est non seulement normal, mais obligatoire »[19], selon François Manceron, le Résident général entre 1929 et 1933. Pour lui, il faut « éviter l'intervention du Parlement »[20], un avis partagé par le directeur des Finances tunisiennes qui, lors de sa visite à Paris au début de 1932, évoque « l'espoir que le parlement français rendra à la Tunisie sa liberté en matière d'emprunt »[21]. Les autorités de Tunis cherchent à éliminer les obstacles législatifs en évitant le passage par le Parlement qui a marqué les précédents emprunts.

Ainsi, la Tunisie continue-t-elle à emprunter sans passer par le contrôle parlementaire et se contente-t-elle d'une autorisation des ministres des Finances et des Affaires étrangères, une mesure qui arrange les affaires du syndicat bancaire, lequel profite de l'accélération des procédures

---

[18] *Ibid.*

[19] Archives du ministère des Affaires étrangères, série Tunisie 1917-1940, carton 404, bobine 27, folio 13, lettre du Résident général au ministre des Affaires étrangères, Tunis, 13 février 1932.

[20] *Ibid.*

[21] Grand Conseil de la Tunisie et Commission arbitrale, Société Anonyme de l'imprimerie S.A.P.I., Tunis, 1932, p. 27.

d'endettement. Mais, la conjoncture au début des années 1930, est marquée par la dépression économique qui secoue la Tunisie. Pour le secteur minier, la régression de la production minière affecte l'exportation, qui enregistre une forte baisse ; elle passe de 3 millions de tonnes à 1.6 million de tonnes pour la période[22] allant de 1929 jusqu'à 1932. Le secteur agricole connaît lui aussi de graves difficultés. Le nombre des ventes judiciaires, qui ne cesse d'augmenter, reflète ces difficultés. Le directeur de l'Agriculture annonce, dans une lettre au Résident général le 30 octobre 1934, que les ventes judiciaires ont triplé[23] entre 1930 et 1933, pour atteindre près de 700 en 1932. Les difficultés touchent également le commerce, où le déficit atteint 900 millions de francs[24] au début des années 1930.

Dans ce contexte de crise, le syndicat bancaire assure pour la Tunisie deux emprunts à partir de 1932. D'abord, un emprunt de 169 millions de francs à 4.5% représenté par des bons de 500 francs, dont 42 millions de francs représentent le solde de l'emprunt de 1920. Le consortium, qui s'accapare 80% des titres de l'emprunt, se compose comme suit : la Banque de Paris et des Pays-Bas, le Crédit Lyonnais, la Société Générale, le Comptoir National d'Escompte, le Crédit Algérien et la Société Marseillaise de Crédit[25]. En 1934, le consortium assure un nouvel emprunt de 5% pour un total de 60 millions de francs. La part du groupe bancaire s'élève à 88% des titres : 47.971 titres sur un total de 53.464 titres[26].

c- Une faible participation dans les emprunts des institutions publiques

La promulgation de la loi des finances de 1932 ouvre la voie aux différents organismes publics de la Tunisie pour emprunter directement auprès des banques françaises. Les organismes publics ne disposent pas, jusqu'à la fin du XIXe siècle, d'une organisation bien définie. C'est seulement à partir de cette date, et à l'occasion de la préparation de

[22] Hassan El Annabi, *La crise de 1929 et ses conséquences en Tunisie*, Tunis, Mémoire pour le certificat d'aptitude à la recherche en histoire, Université de Tunis, 1974-1975, p. 73.

[23] Bahija Chérif Elmansi, *L'usure et les usuriers en Tunisie 1881-1934*, Faculté des sciences humaines et sociales, Tunis, 1993, p. 57.

[24] Mohamed-Moncef M'Halla, 1978-1979, *Le développement du capitalisme dans la Tunisie coloniale (1881-1936)*, Paris, thèse de 3e cycle, Université de Paris VII, p. 405.

[25] Dhafer Bousselmi, « Les emprunts tunisiens et les investissements publics 1920-1956», *op. cit.*, p. 149.

[26] *Ibid.*, p. 154.

l'emprunt de 1902, marqué par de nombreuses réformes, qu'il a paru utile de donner l'autonomie à ces organismes. L'administration du protectorat estime nécessaire de les laisser tous bénéficier de leurs ressources financières et de leur permettre d'en employer le montant à leurs propres dépenses ou au perfectionnement de leur équipement[27]. C'est le décret du 29 juin 1900 qui a conféré au directeur des Finances la gestion financière des institutions publiques dont le budget est publié en annexe au budget général de l'État[28]. Celui-ci exerce une tutelle financière sur ces organismes et se porte donc garant de leurs engagements financiers. Les emprunts directs de ces services publics ne sont pas admis au bénéfice de l'exonération fiscale accordée par l'article 18 du décret du 29 décembre 1929 relative aux emprunts publics des pays sous protectorat, ce qui implique une différence du taux d'intérêt.

Les opérations financières du consortium bancaire avec les différents organismes publics s'avèrent limitées. D'abord, un emprunt à 4% de 500 millions de francs pour le compte de la Régie des ports de commerce de Tunisie en 1947. Pour cet emprunt, c'est le Comptoir national d'escompte qui mène les négociations. La liste du consortium comporte : la Banque de Paris et des Pays-Bas, le Crédit lyonnais, la Société Générale et le Comptoir National d'Escompte[29]. L'emprunt sert à financer les travaux de modernisation et d'approfondissement des ports tunisiens. Le second et dernier emprunt pour cette catégorie est destiné aux Fonds d'aide à la construction d'immeubles d'habitation. Cet organisme est créé par le décret beylical du 17 décembre 1950. Il décide de recourir au consortium pour contracter un emprunt de 500 millions de francs[30], autorisé par le décret du 25 octobre 1951.

3- LES EMPRUNTS TUNISIENS : UN ENJEU CAPITAL POUR LE CONSORTIUM

La politique d'emprunt engagée par la Tunisie pendant le protectorat permet de développer les investissements publics. Ils s'orientent essentiellement vers l'équipement du pays. La participation du syndicat bancaire permet d'assurer l'afflux des capitaux nécessaires, malgré les

[27] Direction générale des Finances, *Compte général de l'administration des finances*, Société anonyme de l'imprimerie S.A.P.I., Tunis, 1913, p. 854.

[28] Georges Guénée, *Les finances tunisiennes, op. cit.*, p. 29.

[29] Dhafer Bousselmi, « Les emprunts tunisiens et les investissements publics 1920-1956 », *op. cit.*, p. 299.

[30] *Ibid.*, p. 306.

contraintes financières qui ont marqué cette politique d'endettement.

A- LES EMPRUNTS : QUELS ENJEUX POUR LE CONSORTIUM ?

Les emprunts tunisiens à partir de 1902 représentent un intérêt capital pour les membres du consortium bancaire. D'abord, ils constituent un placement sûr qui rapporte d'importants profits. Le groupe bancaire s'accapare la majorité des titres des emprunts et bénéficie ainsi des souscriptions recueillies. Notons que la clientèle, spécialement en Tunisie, préfère souscrire dans ce type d'opération où le profit est assuré. C'est le cas, par exemple, pour l'emprunt de 1934, qui enregistre un nombre important de souscriptions malgré le contexte de crise.

L'autre enjeu capital derrière les emprunts tunisiens, c'est le financement de l'équipement du pays. Notons que 80 % du montant des emprunts du consortium sont destinés à des investissements économiques tels les chemins de fer, les routes et les ports (comme pour l'emprunt de 1932, qui consacre 136 millions de francs sur un total de 169 millions pour les chemins de fer). Les membres du syndicat bancaire gèrent en Tunisie d'importants investissements qui bénéficient de l'équipement financé par les emprunts. Les milieux financiers établissent des liens étroits avec les sociétés établies en Tunisie, qui se trouvent sous le contrôle de la Haute banque française. Certains banquiers siègent dans leurs conseils d'administration : Mirabeau à la Compagnie de Gafsa, Mallet à la Société de Djerissa, Rothschild à la Société de Pennaroya[31]. Ainsi, dans le secteur du transport, le groupe le plus influent au sein du comité et du conseil de la Compagnie Bône-Guelma est celui des financiers : Sautter, de la Banque de Paris et des Pays-Bas et Siegfried, au Comptoir National d'Escompte. Par le traité établi avec la Banque de Paris et des Pays-Bas, la Compagnie se trouve sous la Tutelle de cet organisme et la banque trouve donc un intérêt à orienter la plus grande partie des emprunts du consortium vers les chemins de fer[32].

B- LES CONTRAINTES FINANCIERES FACE A LA POLITIQUE D'EMPRUNT DU CONSORTIUM

À partir de 1902, le consortium bancaire assure des emprunts pour le

[31] Mohamed-Lazhar Gharbi, « Impérialisme et réformisme au Maghreb : Histoire d'un chemin de fer algéro-tunisien », *op. cit.*, p. 234.

[32] *Ibid.*

compte de la Tunisie. Mais ce groupe n'a pas pu émettre tous les emprunts, puisqu'il fait face à des concurrents : les emprunts attirent la convoitise des autres institutions financières. En premier lieu, le Crédit foncier de France, à l'occasion de l'emprunt de 1920. En effet, cette institution ne cesse de concurrencer le consortium et réussit à assurer un certain nombre des emprunts, aux dépends du syndicat bancaire, comme ce fut le cas pour l'emprunt de 1920 ou pour certains emprunts destinés à des organismes publics au cours des années 1930. Outre le Crédit foncier, c'est aussi le cas d'autres institutions publiques de crédit, tels la Caisse des dépôts et le Fonds de modernisation qui, à partir de 1945, rivalisent avec le consortium.

Outre la concurrence des autres banques, un autre facteur financier affecte les opérations du syndicat bancaire, à savoir les fluctuations du marché financier. En effet, le contexte était le plus souvent défavorable, comme ce fut le cas au début des années 1930. Les perturbations financières dues au fléchissement des rentes françaises ajournent l'émission de l'emprunt de 1932. Dans cette perspective, le Comptoir national d'escompte, membre du syndicat bancaire qui a émis une partie de l'emprunt de 1920, hésite à participer à l'opération, ce qui trouble le cours des négociations[33]. Les difficultés persistent au lendemain de la Deuxième Guerre mondiale, où l'état du marché financier ne permet pas d'assurer des emprunts obligataires. Les autorités coloniales décident alors de recourir à un emprunt à moyen terme, émis exclusivement sur le territoire tunisien sous forme de bons dénommés « Bons d'équipement ». Mais la souscription est interdite aux banques, notamment aux membres du consortium, pour ne pas concurrencer les bons métropolitains. Le rôle des banques se limite à la réception des souscriptions.

Les contraintes financières se diversifient au lendemain de la Seconde Guerre. En effet, pour consolider les bons d'équipement, l'arrêté du directeur des Finances du 28 février 1952 stipule que l'emprunt de 1952 est réservé uniquement aux compagnies d'assurances et aux institutions publiques françaises et tunisiennes.

Les banques ne sont pas concernées par ce nouvel emprunt, en raison du nombre relativement faible des porteurs et de la forme des titres, représentés par des certificats nominatifs[34]. Face à ces contraintes, le consortium

---

[33] Archives du ministère des Affaires étrangères, série Maroc-Tunisie 1917-1940, carton 404, bobine 27, folio 202, lettre du Résident général au ministre des Affaires étrangères.

[34] Dhafer Bousselmi, « Les emprunts tunisiens et les investissements publics 1920-1956 »,

n'assure aucun emprunt pour le compte du gouvernement du protectorat à partir de 1945 et se contente uniquement de deux emprunts pour les organismes publics tunisiens.

Entre 1881 et 1956, le consortium constitue un partenaire financier capital pour la Tunisie. Ses emprunts reflètent son souci de consolider, non seulement ses intérêts, mais également de servir les intérêts du capitalisme français en dehors du territoire métropolitain.

op. cit., p. 296.

TROISIÈME PARTIE
LA QUESTION ÉCONOMIQUE DANS LES RELATIONS INTERNATIONALES

SECTION 1
RELATIONS BILATÉRALES

CHAPITRE 13
LA REPRISE DES RELATIONS DIPLOMATIQUES ENTRE LA TUNISIE DE BOURGUIBA ET L'ESPAGNE FRANQUISTE EN 1957

Anis BEN ALI

Université de Tunis

Après un XVIe siècle qui a vu des relations de guerre puis d'alliance entre le sultan Mawlay El Hassen El Hafsi et l'empereur Charles Quint puis enfin le départ définitif des Espagnols après leur défaite face aux Ottomans en 1574, les relations diplomatiques entre la Tunisie et l'Espagne allaient être rompues durant presque deux siècles. Ce n'est que vers la fin du XVIIIe siècle que ces relations allaient reprendre par la signature d'un traité de paix entre Charles IV d'Espagne et Hammouda Pacha, Bey de Tunisie en 1791. En effet, l'Espagne renoua avec la Tunisie dix ans après avoir signé un traité avec la Porte Sublime. C'était dans le cadre du projet espagnol de la normalisation des relations avec le monde musulman. Ce choix aboutit à la conclusion du traité de paix, d'amitié et de commerce avec le Maroc (1767), l'Empire ottoman (1782), Tripoli (1784), et Alger (1786)[1].

L'installation du protectorat français en Tunisie marqua la fin de près d'un siècle de relations diplomatiques entre la Tunisie et l'Espagne (1791-1881) en transformant pratiquement la représentation consulaire espagnole à Tunis en un consulat espagnol en la République française. Ce changement, à l'instar de l'installation du Protectorat français en Tunisie, ne se fit pas du jour au lendemain. En effet, l'Espagne, qui ne jouait pas de rôle politique dans la Régence, avait accepté le fait du Protectorat. Les instructions données au consul Carlos Rameau étaient claires : accepter l'installation française, et faire attention à ne pas provoquer de conflit ni avec l'Angleterre, ni avec l'Allemagne. Le diplomate espagnol sut, malgré quelques difficultés, appliquer prudemment ces consignes et, en sa qualité de doyen du corps diplomatique étranger à Tunis, les fit respecter par les autres consuls.

---

[1] *Empreintes espagnoles dans l'histoire tunisienne*, Études réunies par Sadok Boubaker et Clara Ilham Alvarez Dopico, Gijon, Ediciones TREA, S.L. 2011.

Cependant en 1895, « les autorités françaises en Tunisie voulurent liquider définitivement la présence diplomatique espagnole, comme d'ailleurs celle de certains autres pays (...). La France, en 1897, sut faire reconnaître par les Puissances l'assimilation de la Tunisie au territoire français pour tout ce qui concernait les relations extérieures »[2]. En 1939, à la fin de la guerre civile espagnole, on ne comptait que quelque 12.000 Espagnols aient quitté leur pays pour l'Afrique du Nord, s'installant pour la majorité en Algérie (environ 8.000), en Tunisie (environ 4.000) et au Maroc (environ 1.000). Significatif de cet exil en Afrique, en mars 1939, 4.000 marins de la flotte républicaine sortirent de Carthagène à bord de 3 croiseurs et de 7 destroyers à destination, après plusieurs complications à Bizerte, de la Tunisie, protectorat français depuis 1881. Aux côtés des militaires, plusieurs civils, surtout des femmes et des enfants, étaient à bord de ces bateaux. À leur arrivée en Afrique du Nord, les exilés républicains furent internés dans des camps de concentration. Beaucoup d'entre eux furent exploités de façon inhumaine, et plus de 2.000 réfugiés furent réquisitionnés par le gouvernement français pour la construction du train transsaharien (un train qui encerclait les colonies pour mieux les contrôler)[3]. De fait, ce n'est qu'après l'indépendance de la Tunisie en 1956 que les relations entre les deux pays, la Tunisie et l'Espagne, vont reprendre. Dans quelles conditions et quel cadre ces relations allaient-elles être rétablies entre les deux États ? Et qu'est-ce qui a poussé les uns et les autres à se rapprocher et à renouer des relations qui avaient été rompues pendant si longtemps ?

I- LE RAPPROCHEMENT ENTRE LA TUNISIE DE BOURGUIBA ET L'ESPAGNE DE FRANCO

Les relations politiques et diplomatiques entre la Tunisie et l'Espagne se sont inscrites dans le cadre de la diplomatie hispano-maghrébine. Toutefois, à la différence du Maroc et de l'Algérie, les relations diplomatiques avec la Tunisie sont plutôt cordiales. Selon Jorge Dezcallar De Mazarredo

---

[2] Mikel De Epalza, Abdelhakim El Gafsi, « Relations tuniso-espagnoles au XIXe siècle : documents et synthèse », *Les cahiers de Tunisie*, N°101-102, 1978.

[3] Amira Aleya Sghaier, *Les réfugiés espagnols républicains en Tunisie en 1939, in Le Mouvement social* N° 181 (Oct. - Déc., 1997), p. 31-51 ; BACHOUD Andrée. « Les républicains espagnols en Afrique du Nord ». In : *Exils et migrations ibériques au XXe siècle*, n° 3, 2009. *Sables d'exil. Les républicains espagnols dans les camps d'internement au Maghreb (1939-1945)*, p. 11-35 ; Béchir YAZIDI, « Immigration politique et solidarité : Le cas des réfugiés espagnols en Tunisie », *Cahiers de la Méditerranée*, 63 | 2001, p. 91-99.

(diplomate espagnol), « l'ambition tunisienne est tout autre : celle de devenir le 'Bruxelles' maghrébin, la capitale neutre de la région, parce que ni son potentiel économique, politique ou démographique, ne lui permet de jouer un autre rôle que celui de la diplomatie »[4]. De même, dans leur ouvrage, La politique extérieure et de coopération de l'Espagne vis-à-vis du Maghreb, Miguel Hernando de Larramendi et Jésus A. Nuñez Villaverde ont affirmé que « De manière générale, les relations de l'Espagne avec ce pays [la Tunisie] peuvent être considérées comme bonnes dans la mesure où elles ne sont affectées d'aucun type de contentieux. La Tunisie est perçue par l'Espagne comme un pays stable qui favorise l'équilibre dans la zone face à la rivalité traditionnelle entre le Maroc et l'Algérie »[5].

Le général Franco sortit en vainqueur des « républicains » après une guerre civile qui a duré de juillet 1936 à avril 1939. Il prit le pouvoir en tant que chef suprême de l'Espagne et allait le conserver jusqu'en 1975. Condamné par l'ONU et boycotté par la communauté internationale, Franco était à la recherche fébrile de relations avec d'autres pays, outre les Occidentaux et les communistes[6]. Après la seconde guerre mondiale, « le général Franco était effectivement parvenu à donner une nouvelle légitimité

---

[4] Jorge Dezcallar de Mazarredo, *Textos sobre cuestiones conflictivas de África Y Oriente Medio*, Madrid, MAE, 1993, p. 94 : « No existen contenciosos en las relaciones hispano-tunecinas, ni siquiera hay en este caso viejos malentendidos o intentos de utilizarnos a favor de las propias tesis y en contra del otro por la sencilla razón de que la República de Túnez, por razones obvias, no está en el juego de las hegemonías del África del Norte. El juego tunecino es otro : Túnez aspira a convertirse en la Bruselas magrebí, la capital neutral de la región, porque su potencial no la permite otra cosa y porque, hecho inteligentemente se juego puede permitirle representar un papel diplomático en la zona, al de de otra forma no podría aspirar ».

[5] Miguel Hernando de Larramendi y Jésus A. Nuñez Villaverde, *La política exterior y de cooperación de España hacia el Magreb (1982-1995)*, Madrid, Instituto Universitario de Desarrollo y Cooperación, 1996, p. 70. « En términos generales, las relaciones con Túnez pueden considerarse buenas, en el sentido de que no están contaminados par ningún tipo de contencioso. Túnez es visto por España como un país estable que favorece el equilibrio en la zona frente a la tradicional rivalidad entre Marruecos y Argelia ».

[6] Christina Tango, *L'Espagne : Franquisme, transition démocratique et intégration européenne 1939-2002*, Euryopa, Institut européen de l'Université de Genève, 2006 ; Yahia H. Zoubir, Haizam Amirah-Fernandez, *North Africa : Politics, Region, and the Limits of Transformation*, 2008 ; HAIZAM AMIRAH-FERNANDEZ *Spain's Policy Towards Morocco and Algeria : Balancing Relations with the Southern Neighbors* (The Maghreb is one of the priority regions for Spanish foreign policy, together with Europe and Latin America. Spain is the only European country that has a territorial presence in North Africa, and thus land borders with one of its countries, Morocco).

internationale à l'Espagne en une dizaine d'années. Il noua tout d'abord de nouveaux liens avec des États sud-américains (l'Argentine de Perón) et arabes (…) Le déclenchement de la guerre froide lui permit de se targuer d'être le précurseur de l'orientation anticommuniste occidentale »[7]. En effet, le régime franquiste était pro-arabe, et cela s'explique par son soutien au peuple palestinien et son refus de reconnaitre l'État d'Israël. Cette pratique s'explique aussi, sur le plan économique, par l'approvisionnement de l'Espagne en pétrole et en gaz naturel auprès des pays arabes, notamment ceux du Golfe et du Maghreb. Et pour l'application de ce changement, « une nouvelle équipe gouvernementale (non phalangiste) s'est chargée de conduire cette normalisation, certes plus apparente que réelle. Alberto Martín Artajo, ministre des Affaires étrangères de juillet 1945 à février 1957, en est le premier représentant à avoir été nommé »[8]. Afin de gagner la confiance de Washington, le général Franco avait voulu jouer un rôle de défenseur de l'occident contre le communisme en essayant d'établir un pacte méditerranéen, comme celui de Bagdad (1955) et qui regroupe, outre l'Espagne, l'Italie, la France, la Tunisie, le Maroc, la Libye et l'Algérie[9]. Cette stratégie, approuvée par Bourguiba, fut commentée par le diplomate Ridha Klibi :

> *« La vocation méditerranéenne de l'Espagne n'est pas à démontrer, le voyage de Monsieur Artajo, ministre des Affaires étrangères d'Espagne en Turquie est l'un des aspects concrets de l'activité de la diplomatie espagnole dans le bassin méditerranéen. Il y a été question d'un pacte de la Méditerranée dont ce voyage constituerait le premier jalon »*[10].

Le journal ABC rendit compte de ce voyage en ces termes :

> *On a parlé ces derniers temps, assez fréquemment de l'intérêt d'un Pacte de la Méditerranée, d'où l'intérêt éveillé dans les chancelleries et dans les milieux diplomatiques du monde entier par l'initiation adressée par Ankara à M. Artajo…*

---

[7] Anne Dulphy, *Histoire de l'Espagne de 1814 à nos jours*, Nathan, Paris, 1992, p. 74.

[8] *Ibid.*

[9] Mohamed El Mili, *Le Maghreb Arabe entre les calculs des Etats et les aspirations des peuples* (en arabe), Editions Dar Al Kalima, p. 38.

[10] Archives Nationales de Tunisie (Transfert 46/2009), Carton 76, Espagne-Tunisie : Relations bilatérales (Exposé sur les conditions et les avantages de l'ouverture en Espagne d'une mission diplomatique tunisienne par le diplomate Ridha Klibi le 1er février 1957).

Le Pacte de la Méditerranée aura fait un pas en avant et deviendra peut-être une réalité tangible[11].

Une fois l'indépendance négociée et acquise, Habib Bourguiba, le leader de la Tunisie indépendante, suivit une stratégie précise qui visait à arracher la souveraineté, tandis que la France s'était efforcée de préserver sa place particulière[12]. Ce fut pour cette raison que Bourguiba avait cherché à arracher une souveraineté entière par tous les moyens entre 1955 et 1964. L'autonomie, qui est la maîtrise de la politique intérieure, promise aux Tunisiens en 1954 (Discours du Président du Conseil Pierre Mendès-France à Carthage le 31 juillet 1954 devant le Bey de Tunisie S.A Lamine Bey) était devenue effective en 1955 (après la signature des conventions franco-tunisiennes le 3 juin 1955 accordant l'autonomie interne à la Tunisie). L'indépendance, qui comprend la souveraineté extérieure, fut acquise l'année suivante. Mais, il avait fallu du temps, même après l'acte d'indépendance du 20 mars 1956, pour qu'un pays comme la Tunisie réussisse à se frayer un chemin sur l'échiquier mondial. Afin d'atteindre cet objectif, Tunis dut remodeler ses relations avec l'ancienne puissance coloniale, la France, et fonder une diplomatie plus ouverte sur le reste du monde[13].

D'après le témoignage de Ramon Villanueva, qui était un attaché de l'Ambassade d'Espagne en Tunisie vers la fin des années 1950 et le début des années 1960, « L'Espagne tenait à garder de bonnes relations avec la Tunisie. Alors que la France maintenait encore sa présence sur le territoire tunisien, et que se déroulait encore la guerre d'Algérie, l'Espagne avait adopté une attitude neutre et ne voulait pas être impliquée de peur d'importuner son voisin du nord…Nous avions de très bonnes relations avec

[11] ABC, 27 octobre 1956 « La misión española que preside el ministro de Asuntos Exteriores Don Alberto Martin Artajo, incitará hoy en Ankara conversaciones de gran interés político con el jefe del Gobierno turco Sr. Menderes…con frecuencia se ha hablado en estos últimos tiempos de la conveniencia de establecer un Pacto del Mediterráneo, en el que participarían todos los pueblos vinculados a este mar, bien por razones geográficas, bien por razones políticas o de tradición. Existe ya un Tratado del Atlántico Norte y cualquier otra forma de cooperación parcial entre países del bloque anticomunista serviría para completar el cuadro defensivo del mundo del Oeste ».

[12] Samya El Mechat, *Les relations franco-tunisiennes - Histoire d'une souveraineté arrachée 1955-1964*, Paris, l'Harmattan, 2005.

[13] Abdelaziz Chneguir, *La politique extérieure de la Tunisie 1956-1987*, Préface de Robert Frank, L'Harmattan, Paris, 2004, p. 7 ; Fredj Maatoug, *John F. Kennedy, la France et le Maghreb 1957-1963*, Préface de Jacques Thobie, L'Harmattan, Paris, 2012.

la Tunisie mais en même temps, nous avions de très bonnes relations avec la France, surtout quand de Gaulle était au pouvoir, il avait une grande influence sur Franco »[14]. Et poursuivant son propos, il dit en substance : « La relation était très bonne et alors on ne voulait pas déranger de Gaulle. Donc quand il y avait un problème, on se tenait soigneusement à l'écart ; ça c'était un problème bilatéral entre la France et la Tunisie. Ce n'était pas notre affaire. C'était ça notre attitude »[15].

II- L'ESPAGNE VUE PAR LE DIPLOMATE TUNISIEN RIDHA KLIBI[16] EN 1957

Puisque la conquête de l'indépendance n'est pas un acte isolé mais un processus continu qui s'inscrit dans le temps, même après la date officielle à laquelle un pays devient indépendant, Bourguiba chercha à établir des relations diplomatiques, économiques et culturelles avec différents pays, notamment avec l'Espagne du général Franco, boycotté par l'occident. Dans ce cadre, vers la fin de 1956 et le début de 1957, les deux pays « La Tunisie » et « L'Espagne » firent une « redécouverte mutuelle ». Dans une lettre adressée par le diplomate tunisien Ridha Klibi, datée du 1er février 1957 au ministre des Affaires étrangères, Bourguiba (qui était à la fois chef du gouvernement, ministre des Affaires étrangères et ministre de la Défense jusqu'en juillet 1957, date de proclamation de la République)[17], le diplomate

---

[14] Déclarations non publiées de Ramon Villanueva en 2003 (ancien attaché de l'ambassade d'Espagne à Tunis fin des années 1950 et début des années 1960 et ancien ambassadeur d'Espagne à Tunis début des années 1990).

[15] *Ibid.*

[16] Témoignage d'Ahmed Ghezal : « Une petite administration, de grands desseins », publié le 4 mai 2016 (https://www.lediplomate.tn/temoignage-dahmed-ghezal-une-petite-administration-de-grands-desseins/) : « le département comptait un chef de cabinet (Néjib Bouziri, nommé d'abord sous le ministère de Bourguiba et reconduit ensuite avec le Dr Mokaddem), et quelques divisions (services) : division Amérique, NU et organisations internationales : Houcine Ghouayel faisant l'intérim de Zouhaier Chelly, nommé chef de cabinet de Mustapha Filali, secrétaire d'Etat à l'information), division Europe : Ridha Klibi, division Machrek-Afrique : Slim Benghazi, Conseiller juridique : Mustapha Abdessalam… ».

[17] Témoignage d'Ahmed Ghezal : « Une petite administration, de grands desseins », publié le 4 mai 2016 (https://www.lediplomate.tn/temoignage-dahmed-ghezal-une-petite-administration-de-grands-desseins/) : « C'est le 14 avril 1956, en présentant son gouvernement devant l'assemblée constituante, que Bourguiba, président du Conseil, annonce qu'il s'attribue aussi les ministères des Affaires étrangères et de la Défense nationale. C'est l'acte de naissance du département confirmé le 3 mai 1956 par le décret

précité affirma que la Tunisie avait été sollicitée pour un échange de représentations diplomatiques.

Ainsi donc il recommanda ce qui suit : « au moment où plusieurs États sollicitent de la Tunisie un échange de représentations diplomatiques, il serait bon d'étudier les possibilités et les conditions de l'installation d'une représentation tunisienne à Madrid, surtout que l'Espagne vient d'ériger à Tunis une ambassade. Or, bien des liens nous rapprochent de l'Espagne, qu'il conviendrait de renforcer et d'exploiter dans le sens des intérêts tunisiens. C'est ce que nous allons essayer d'entreprendre dans cette étude, mais avant d'aborder les impératifs qui militent en faveur d'une présence tunisienne à Madrid, il serait judicieux de poser quelques-uns des problèmes fondamentaux de l'Espagne tels qu'ils ressortissent de sa position géographique et du contraste de ses économies »[18]. Dans son exposé sur les conditions et les avantages de l'ouverture en Espagne d'une mission diplomatique tunisienne, le diplomate Ridha Klibi expose les caractéristiques et les problèmes fondamentaux de l'Espagne qui ressortent de sa position géographique et du contraste de ses économies.

• Les contradictions géographiques

Klibi note que « la géographie de la péninsule ibérique est une géographie dure et violente et comme pour marteler, c'est un pays d'histoire profonde, du passé vivant »[19]. Puis, il ajoute : « il ne s'agit pas en l'occurrence d'un déterminisme géographique, le premier élément étant l'homme, mais ce dernier subit plus que partout ailleurs ces contradictions géographiques. Aussi y a-t-il des pentes et des directions qu'il nous faut étudier même strictement, si l'on veut comprendre la réalité espagnole »[20]. Ainsi, le diplomate tunisien s'est-il efforcé de donner à ses supérieurs une présentation globale et précise de l'Espagne dans le but de les convaincre de l'importance d'une relation avec l'Espagne. Il n'hésite pas à en faire une présentation minutieuse : « l'unité générale de la péninsule est une réalité de 600.000 km2, dont 100.000 km2 pour le Portugal, forme trapue, carré de

paru dans *le Journal officiel* et portant « réorganisation du ministère des Affaires étrangères ».

[18] Archives Nationales de Tunisie (Transfert 46/2009), Carton 76, Espagne-Tunisie : Relations bilatérales (Exposé sur les conditions et les avantages de l'ouverture en Espagne d'une mission diplomatique tunisienne par le diplomate Ridha Klibi le 1er février 1957).

[19] *Ibid.*

[20] *Ibid.*

800 à 850 km de côté rattaché au continent par un isthme étroit de 100 km, les Pyrénées… »[21] Malgré sa volonté d'être précis, Ridha Klibi commet quelques erreurs géographiques. En effet, les Pyrénées sont une chaîne de montagnes séparant la péninsule ibérique du reste de l'Europe. Elles s'étendent sur plus de 430 km entre l'Espagne et la France et non pas 100 km comme il l'a indiqué. Parlant des conditions géographiques, il décrit « le plateau des Castilles qui joue le rôle de château d'eau et une zone de civilisation préhistorique centrale »[22], et fait une allusion très brève à l'histoire de l'Espagne : « c'est sur ce plateau qu'en 1561, Philippe II installa sa capitale Madrid qui devient le symbole de la royauté »[23].

En voulant séduire son administration et la convaincre de l'importance d'établir une relation avec l'Espagne, le diplomate Ridha Klibi décrit cette dernière avec admiration en ces termes : « ces régions périphériques regardent vers l'extérieur plus que vers l'intérieur. Ces pays côtiers ont une vie maritime assez intense et regardent vers le large, vers l'Amérique à travers l'Atlantique et l'Afrique, l'Orient et l'extrême orient à travers la Méditerranée »[24].

• Les contrastes économiques

Après son exposé sur le côté géographique et historique de l'Espagne, Ridha Klibi détaille les contrastes économiques : « quelques zones sont très riches : le nord-ouest (Pays basque, Asturies, Galicie) ; les plaines côtières d'alluvions ou « Vegas » ou heurtas : région de Grenade, Valence, Malaga, Murcie, pays d'agrumes et de cultures maraichères. À part ces régions, l'Espagne est un pays rude aux terres inutilisables (20% des terres improductives), aux communications difficiles »[25]. D'après le diplomate tunisien, l'Espagne, pays européen, porte des caractéristiques des pays pauvres, se rapprochant des pays du Maghreb fraîchement indépendants : « ainsi une juxtaposition de pays contrastés et dans l'ensemble posant le problème constant de la subsidence. Pays marginal connaissant souvent la misère ; il connaît aussi cette forte poussée démographique qui caractérise

[21] *Ibid.*
[22] *Ibid.*
[23] *Ibid.*
[24] Archives Nationales de Tunisie (Transfert 46/2009), Carton 76, Espagne-Tunisie : Relations bilatérales (Exposé sur les conditions et les avantages de l'ouverture en Espagne d'une mission diplomatique tunisienne par le diplomate Ridha Klibi le 1er février 1957).
[25] *Ibid.*

les pays pauvres (6 millions d'habitants en 1700 ; 10 millions en 1787 ; 22 millions en 1936) »[26].

• Les contradictions humaines

Après avoir présenté l'Espagne comme un pays de contradictions géographiques et économiques, le diplomate tunisien entreprend de dresser un portrait des contradictions humaines. Ainsi, selon lui « le peuple espagnol est féru de politique. Les énergies infatigables de la résistance, les dispersions et les regroupements têtus et inlassables des années, c'est le peuple qui les réalise »[27]. Puis, il ne manque pas d'évoquer la richesse politique et historique de l'Espagne : « elle eut de très bonne heure une vie politique réelle, ses institutions remontent au Concile de Tolède aux Ve et VIe siècles, ces conciles lui donnèrent des institutions qui furent le régime parlementaire le plus vieux de l'Europe »[28]. Ensuite, il essaie de dresser un portrait de l'homme espagnol « le peuple espagnol est éduqué politiquement, il est terriblement individualiste et l'Espagnol a l'esprit « gana » fantaisiste, il a peur de la discipline collective, et par-dessus tout, il a goût de l'égalité plus que l'esprit d'obéissance »[29].

Cette image de l'Espagnol présentée par Ridha Klibi n'est pas celle que les Espagnols veulent donner d'eux-mêmes. En effet, lors de sa visite en Turquie le 26 octobre 1956, le ministre espagnol des Affaires étrangères, Don Alberto Martin Artajo déclara : « L'Espagne, dans l'autre extrémité de la Méditerranée, est une nation travailleuse et un pays qui veut bien se comporter avec les nations aimant la paix. L'Espagne a une grande tradition historique et elle est orgueilleuse de sa liberté, gagnée après de très durs sacrifices »[30].

Sur la présence musulmane de huit siècles en Espagne, il affirme qu'« un fait historique semble avoir pesé sur l'Espagne, c'est la conquête musulmane

---

26 *Ibid.*

27 *Ibid.*

28 *Ibid.*

29 *Ibid.*

30 *ABC*, 27 octobre 1956 : « El ministro de Asuntos Exteriores, Don Alberto Martin Artajo ha declarado que…España, en el otro extremo del Mediterráneo, es una nación trabajadora y un país que desea llevarse bien con todas las naciones amantes de la paz. España -dijo- tiene una gran tradición histórica y está orgullosa de su libertad, ganada después de muy duras luchas».

qui a introduit des diversités ethniques ce qui retarda l'action centrale d'unification, et les régions périphériques conserveront longtemps leurs autonomies et braqueront leur ténacité contre les entreprises d'unification du plateau central »[31]. Ainsi, l'histoire de l'Espagne est-elle résumée en quelques lignes. De fait, Ridha Klibi, formé à l'école coloniale française en Tunisie, a transmis un point de vue français sur le peuple espagnol[32] et sur l'histoire d'Espagne. Ainsi, il n'avait pu se déceler les bienfaits de la présence musulmane en Espagne. En outre, il évita d'aborder l'histoire contemporaine de l'Espagne et surtout la guerre civile espagnole. Or, il ne voulut pas se référer ni même citer le nom de Franco qui était le maître absolu de l'Espagne jusqu'à sa mort en 1975.

Ce silence s'explique par une volonté de la jeune diplomatie tunisienne issue de l'indépendance, de ne pas s'immiscer dans les affaires intérieures des autres États et de ne pas se faire, gratuitement, des ennemis. Prudent, Ridha Klibi n'osa pas s'aventurer et marcher sur un terrain miné, celui de l'histoire contemporaine de l'Espagne sous le régime de Franco. Puis, l'attitude de Franco envers les Républicains rappelle, à moindres degrés, celle de Bourguiba avec les Youssséfistes en Tunisie après l'indépendance. Et même le régime instauré par Bourguiba, tourné vers l'occident, a été dictatorial mais reste incomparable avec celui de Franco. Or, selon les deux résolutions 32 et 39 des Nations Unies sont bien claires « par son origine, sa nature, sa structure et son comportement général, le régime franquiste est un régime fasciste calqué sur l'Allemagne nazie de Hitler et l'Italie fasciste de Mussolini et institué en grande partie grâce à leur aide »[33]. Enfin, pragmatique, le diplomate Tunisien, chercha à tirer profit d'une relation

---

[31] Archives Nationales de Tunisie, Carton 76, Espagne-Tunisie : Relations bilatérales (Exposé sur les conditions et les avantages de l'ouverture en Espagne d'une mission diplomatique tunisienne par le diplomate Ridha Klibi le 1er février 1957).

[32] Anne Dulphy, dans son ouvrage *Entre l'Espagne et la France, l'Algérie des Pieds-Noirs* (Vendémiaire, 2014, p. 11), a parlé du point de vue d'un professeur français au lycée d'Alger qui s'inquiétait, en 1906, de la forte présence d'immigrés espagnols, reprenant à son compte la légende noire d'une Espagne porte de l'Afrique : « Par le sang qui coule dans ses veines, par son tempérament fanatique et brutal, par son indolence, par son fanatisme, l'Espagnol est à demi africain ; n'est-il pas à craindre que, l'action de la race s'ajoutant à celle du climat et lui donnant plus de force, le peuple algérien ne devienne plus espagnol que français ? ».

[33] www.un.org : Résolution 32 Relations entre les membres des Nations Unies et l'Espagne, vingt-sixième séance plénière le 9 février 1946 ; Résolution 39 Relations entre les membres des Nations Unies et l'Espagne, cinquante-neuvième séance plénière le 12 décembre 1946.

avec l'Espagne de Franco bien qu'elle n'étant pas recommandée par les Nations Unies et surtout et qu'elle ne plaisait pas à Paris. La résolution 39 recommande clairement « à tous les membres des Nations Unies de rappeler de Madrid leurs ambassadeurs et ministres plénipotentiaires qu'ils y ont accrédités »[34]. Il faut remarquer que le diplomate Tunisien n'osa pas parler de la relation de contrainte du peuple espagnol avec Franco.

III- LES POSSIBILITES ET LES AVANTAGES DE L'OUVERTURE D'UNE REPRESENTATION DIPLOMATIQUE TUNISIENNE EN ESPAGNE SELON LE DIPLOMATE RIDHA KLIBI

Après avoir terminé son exposé sur l'Espagne du point de vue géographique, économique et humain, Ridha Klibi envisagea des réalisations immédiates possibles qui peuvent suivre l'ouverture d'une ambassade tunisienne à Madrid. En effet, il a présenté les possibilités et les avantages, sur les plans culturel, militaire, économique, politique et diplomatique.

• Les avantages culturels et militaires

Sur le plan culturel, qu'il envisage au premier rang, Klibi avance ceci : « La Tunisie pourrait bénéficier au même titre que d'autres nations du contingent important de bourses d'études supérieures qu'offre chaque année le gouvernement espagnol aux étudiants étrangers »[35]. Ceci n'est autre que le point de vue du spécialiste de la politique étrangère espagnole, Roberto Mesa : « l'Espagne maintient avec la Tunisie des relations amicales parce qu'elles sont, même si c'est regrettable, peu intenses. Amicale sur le plan culturel, la Tunisie est encore politiquement orientée vers la France. Du fait qu'il n'y a aucun contentieux entre la Tunisie et Madrid, il n'y a pas non plus de raison pour que ces relations soient conflictuelles. Ce que l'on pourrait reprocher à l'Espagne, c'est l'absence d'une action culturelle plus décidée, essentiellement dans le domaine de l'enseignement et de la diffusion de la langue castillane »[36]. Puis, vient le côté militaire au second

---

[34] *Ibid.*

[35] Archives Nationales de Tunisie (Transfert 46/2009), Carton 76, Espagne-Tunisie : Relations bilatérales (Exposé sur les conditions et les avantages de l'ouverture en Espagne d'une mission diplomatique tunisienne par le diplomate Ridha Klibi le 1er février 1957).

[36] Roberto Mesa Garrido, « Desconocidos y vecinos » in *España-Magreb : Jornadas sobre España-Magreb*, Sevilla, Fundación El Monte, 1994, p. 12 « España mantiene con Túnez

rang quant à la formation des cadres. « L'Espagne possède des académies militaires très connues à Tolède et à Saragosse ; l'école de San Javier forme les aviateurs et le personnel « rampant » et « volant » ; enfin les écoles navales de Carthagène et de Cadix, aux traditions séculaires, forment d'excellents marins. Toutes les écoles sont susceptibles de former dans le cadre austère et dur du paysage espagnol les chefs de la jeune armée tunisienne »[37], dit en substance Ridha Klibi. Ensuite, il évoque le fait que « l'Espagne fabrique certaines catégories d'armes automatiques modernes et légères… elle exporte cet armement vers les pays sud-américains et vers le Pakistan »[38]. Ainsi, la Tunisie peut-elle s'émanciper de l'ancienne puissance coloniale, la France, en s'approvisionnant en armes depuis l'Espagne. Cela permettrait de gagner en souveraineté.

• Les avantages économiques

Pour le diplomate tunisien Ridha Klibi, les possibilités et les avantages économiques viennent en 3e rang. Il affirme que « le courant commercial tuniso-espagnol pourrait se renforcer et se développer, surtout quand le partenaire tunisien a la main libre »[39]. Il fait alors allusion, selon toute vraisemblance, à la mainmise française sur l'économie et le commerce tunisiens, et ce même après 1956, date de l'indépendance de la Tunisie. Puis, il déclare que « le gouvernement espagnol vient d'inviter le gouvernement tunisien à ouvrir des négociations pour la conclusion d'un accord commercial tuniso-espagnol »[40]. Soulignons que l'Espagne avait alors besoin du phosphate tunisien, dont elle importait à l'époque entre 100 et 200 tonnes, et « un écoulement intéressant sur le marché espagnol de plus de 700 tonnes ont déjà été exportées et 2300 tonnes commandées »[41].

---

relaciones cordiales porque aunque sea de lamentar son de escasa intensidad. Amistosa en el plano cultural Túnez continúa políticamente mirando a Francia. Al no existir ningún contencioso entre Túnez y Madrid tampoco tienen motivo para ser unas relaciones conflictivas. En la columna negativa podría pedírsele a España una acción cultural decidida básicamente en la enseñanza y difusión de la lengua castellana ».

[37] Archives Nationales de Tunisie (Transfert 46/2009), Carton 76, Espagne-Tunisie : Relations bilatérales (Exposé sur les conditions et les avantages de l'ouverture en Espagne d'une mission diplomatique tunisienne par le diplomate Ridha Klibi le 1er février 1957).

[38] *Ibid.*

[39] *Ibid.*

[40] *Ibid.*

[41] *Ibid.*

Concernant les cultures oléicoles, les Espagnols souhaitaient une collaboration plus étroite entre le ministre de l'Agriculture et la section oléicole du département espagnol de l'agriculture. Ce vœu pouvait s'accomplir par l'envoi d'étudiants tunisiens pour la formation d'ingénieurs agricoles spécialisés. Par ailleurs, quoique productrice d'huile d'olive, l'Espagne passait parfois par des pénuries dues à la mauvaise récolte. Le diplomate Ridha Klibi souhaitait dès lors une collaboration plus étroite entre le ministre de l'Agriculture et la section oléicole du département espagnol homonyme. Dans une note du 27 janvier 1957 relative à un projet d'exportation d'huile en Espagne, M. Bannour (service commercial)[42] fait la remarque suivante : « il n'est pas indifférent de souligner que ce n'est pas la première fois, cette année que nous nous trouvons sollicités par l'Espagne pour nouer des relations commerciales plus étroites »[43]. Il ajoute : « on peut même penser que derrière la demande de l'office espagnol de conclure avec nous un accord commercial séparé (cf. note de l'ambassade d'Espagne en date du 11/12/1956), se profilait celle de nous acheter une certaine quantité d'huile d'olive… »[44]. Ensuite, il rappela que deux décrets avaient été publiés au *Journal officiel* espagnol ayant accordé plus de valeur à l'huile d'olive[45].

Enfin, évoquant le volet de l'industrie, Ridha Klibi affirme que « les industriels espagnols contactés seraient disposés à investir en Tunisie et à étudier avec les responsables tunisiens les bases d'une collaboration industrielle entre les deux pays. À cet égard, le récent montage dans le Rif

---

[42] Témoignage d'Ahmed Ghezal : « Une petite administration, de grands desseins », publié le 4 mai 2016 (https://www.lediplomate.tn/temoignage-dahmed-ghezal-une-petite-administration-de-grands-desseins/) : « le département comptait (…) service commercial : Ali Bennour, service culturel : Brahim Turki et Abderrazak Chatta, service consulaire, service central pour l'administration et les finances :Mohamed Boudali assisté par Abdelhay Ben Tahar pour les finances, service du protocole, service des télécommunications (télex et chiffre) : Mohamed Témimi, bureau d'ordre et valise : Ali Belkadhi, et enfin bibliothèque supervisée par Mahmoud Bouali ».

[43] *Ibid.*

[44] *Ibid.*

[45] *Journal Officiel Espagnol* du 20 et 27 novembre 1956 : Décision que les olives pour l'huile et les huiles inférieures pour la consommation ainsi que les huiles de cotons et autres huiles végétales nationales passent sous contrôle de l'Etat ; l'huile d'olive est passée de 20 à 22.5 pesetas.

(au Maroc) d'une fabrique d'armes légères avec le concours de techniciens et de fonds hispano-allemands est un exemple révélateur »[46].

• Les possibilités et les avantages politiques et diplomatiques

Pour terminer, le diplomate tunisien Ridha Klibi se penche sur les volets politique et diplomatique. Il affirme qu'« il serait inutile d'insister sur le caractère méditerranéen de l'Espagne et sur la politique arabe qu'elle mène et qui lui sert tantôt de bouclier contre les puissances coloniales européennes tantôt de monnaie d'échange en vue de son entrée dans le concert des Nations-Unies »[47]. Et là, pour une fois, il fait allusion d'une manière discrète au sort de l'Espagne franquiste après 1945, boycottée par les nations occidentales. On ne peut que constater que, pour la diplomatie tunisienne, il était évident que l'Espagne sortait gagnante de sa relation avec les pays arabes, notamment la Tunisie, et qu'elle était consciente de cette relation de contrainte mais tout de même bénéfique pour les deux pays. Ces derniers voulaient instaurer un rapport « gagnant-gagnant », afin de contrer la pression impérialiste de certains pays occidentaux.

À travers l'Espagne, la diplomatie tunisienne cherchait à pénétrer l'Amérique latine. « Un élément très important est constitué par le rôle de leadership, de guide joué par l'Espagne vis-à-vis des pays latino-américains »[48]. À cet égard, il est à remarquer que les pays d'Amérique du Sud étaient largement représentés à Madrid, et la solidarité et la fidélité de tous ces pays à l'endroit de la Métropole-Espagne étaient plus vives que jamais. Ainsi, pour Klibi, « La Tunisie pourrait, par le truchement d'une représentation diplomatique à Madrid, jouer un certain rôle dans un continent qui prend chaque jour un peu plus d'importance et qui de surcroît est largement représenté au sein des Nations Unies »[49].

Le diplomate Tunisien Ridha Klibi recommande avec enthousiasme l'établissement d'une ambassade tunisienne à Madrid car « la vocation méditerranéenne de l'Espagne n'est pas à démontrer, le voyage de Monsieur Artajo, ministre des Affaires étrangères d'Espagne en Turquie est l'un des

---

[46] Archives Nationales de Tunisie (Transfert 46/2009), Carton 76, Espagne-Tunisie : Relations bilatérales (Exposé sur les conditions et les avantages de l'ouverture en Espagne d'une mission diplomatique tunisienne par le diplomate Ridha Klibi le 1er février 1957).

[47] *Ibid.*

[48] *Ibid.*

[49] *Ibid.*

aspects concrets de l'activité de la diplomatie espagnole dans le bassin méditerranéen »[50]. Et pour conclure, il affirme que « tant du point de vue politique et diplomatique que du point de vue des relations économiques et commerciales, il serait bon, semble-t-il, de songer à une représentation tunisienne à Madrid. Il apparaît en définitive que les avantages qui découleraient d'une telle initiative auraient une portée considérable et qui justifierait les dépenses qu'entraînerait une telle mesure. Cette représentation pourrait bien sûr revêtir plusieurs formes : ambassade, légation, mission économico-commerciale permanente »[51]. Alors Premier ministre, Bourguiba se rend à Madrid le 30 mars 1957, en réponse à l'appel fait par le diplomate tunisien Ridha Klibi le 1er février 1957. Franco avait déjà pris les devants en désignant le premier ambassadeur d'Espagne en Tunisie, Don Gonzalo Ojeda y Brooke[52], le 22 juin 1956[53]. Après sa visite en Espagne, Bourguiba désigne le premier ambassadeur tunisien à Madrid, Hassen Bel Khouja, le16 avril 1957[54].

---

[50] *Ibid.*

[51] *Ibid.*

[52] *ABC*, 23 juin 1956, « Biografía de Don Gonzalo de Ojeda y Brooke : El primer embajador de España en Túnez, D. Gonzalo de Ojeda y Brooke, representaba a España en la capital tunecina desde hace año y media, en cualidad de cónsul general anteriormente. Antes había sido embajador en Caracas. Pertenece a la carrera diplomática desde 1911, y en 1946 alcanzó la categoría de ministro plenipotenciario de primera clase. Entre otros cargos desempeñadas por Don Gonzalo de Ojeda figuran los de consejero de nuestras Embajadas en Buenos Aires y Quirinal, en cargado de Negocios y cónsul general en San José de Costa Rica, ministro en Tokio y cónsul general en Amsterdam ».

[53] *ABC*, 23 juin 1956, Otros acuerdos del consejo de ministros celebrado ayer bajo la presidencia del Jefe del Estado : - Decreto por el que se crea la Embajada de España en Túnez. -Decreto por el que se designa embajador en Túnez al ministro plenipotenciario Don Gonzalo de Ojeda y Brooke.

[54] *ABC*, 17 avril 1957, « El primer embajador de Túnez en Madrid : Túnez 16. Hassen Bel Joya, ex embajador de Túnez en Paris, ha sido nombrado embajador en Madrid. N. de la R. El señor Hassen Bel Joya designado primer embajador de Túnez en Madrid, es una de las más relevantes figuras políticas de su país. Afiliado al partido Néo Destur, cuenta en la actualidad cuarenta años y es doctor en Derecho por la Universidad de Paris. Mientras cursaba sus estudios fue presidente de la Asociación de Estudiantes Musulmanes del Norte de África en Francia. El señor Hassen Bel Joya formó parte de la delegación tunecina que negoció la independencia de su patria con el Gobierno francés, siendo más tarde nombrado embajador en Paris, cargo que ha ocupado hasta fecha reciente. E.F.E. ».

CONCLUSION

Les relations diplomatiques entre la Tunisie et l'Espagne ont été interrompues à deux reprises. Une première fois, du XVIe au XVIIIe siècle, puis une seconde fois par l'établissement du protectorat français en 1881. Après la parenthèse de la colonisation, qui dura 75 ans, les Tunisiens voulaient tenter de redécouvrir le monde. La Tunisie avait besoin d'affirmer sa souveraineté. De son côté, l'Espagne voulait aussi déjouer le boycott international qui lui fut imposé après la fin de la seconde guerre mondiale. Après cette reprise, il y eut des visites officielles de la part du président Bourguiba et de Juan Carlos (le futur Rey) en 1969, et une coopération bilatérale dans les différents domaines. Enfin, ces relations allaient être mises à l'épreuve avec la transition démocratique réussie en Espagne en 1981, alors que la Tunisie sombrait dans la dictature avec le trucage des élections législatives anticipées de 1981. Étudier plus avant le devenir des relations tuniso-espagnoles à partir de 1957 viendrait fort à propos pour parachever cette première réflexion.

CHAPITRE 14
LES DIFFICULTÉS DE LA TUNISIE INDEPENDANTE ET SA STRATEGIE DE COOPERATION AVEC LA FRANCE PENDANT LA PERIODE DE L'ECONOMIE PLANIFIEE (1962-1969)

Chokri HOSNI

Doctorant-Université de Tunis

Au cours des premières années de son indépendance, la Tunisie a dû faire face à de nombreux défis hérités de la période coloniale, tels que les structures économiques et sociales arriérées que la politique libérale adoptée par le gouvernement de l'époque ne pouvait pas améliorer leurs indicateurs. Cela a attiré l'attention de l'élite politique dirigeante sur la nécessité de rechercher d'autres solutions en adoptant une nouvelle forme de développement fondée sur la forte présence de l'État, qui planifie tous les éléments de l'économie et de la société.

Toutefois, compte tenu des faibles capacités financières du pays, la mise en œuvre de ces programmes sera largement liée à la coopération internationale bilatérale ou multilatérale dans le cadre d'une nouvelle vision qui ciblait à évaluer l'ampleur des contributions extérieures provenant de prêts et de subventions et à les intégrer à l'effort global de développement. La France a été l'un des premiers pays sur lequel la Tunisie s'est appuyée pour atteindre les objectifs de ses plans de développement.

Ce travail tentera d'aborder deux idées principales : la première consiste à clarifier le cadre général dans ses dimensions économique, sociale et intellectuelle, ouvrant la voie à l'adoption de l'économie planifiée. La seconde partie tâchera de démanteler et de comprendre les mécanismes de la diplomatie tunisienne à travers ses négociations avec la partie française pour obtenir le maximum de soutien afin d'assurer le succès des projets tunisiens.

I– LA SITUATION GENERALE EN TUNISIE AU DEBUT DE L'EXPERIENCE D'ECONOMIE PLANIFIEE

À travers une lecture contextuelle, cette partie mettra en exergue les indicateurs économiques révélateurs de la crise, et ayant conduit à l'accentuation des difficultés sociales. Il s'ensuivra, paradoxalement, une vaste propagation des nouvelles idées anticapitalistes.

1. INDICATEURS ECONOMIQUES REVELATEURS DE LA CRISE

Dès le début des années 1960 s'annoncent manifestement des signes de fragilité économique, notamment sur le plan financier.

a) Fragilité des activités économiques

L'agriculture est l'épine dorsale de l'économie tunisienne : Bien que la production ait été importante dans les années qui ont suivi l'indépendance, elle a atteint l'indice 137 en 1960 (contre 100 en 1950)[1], ce qui reflète l'excédent réalisé dans le domaine de la production végétale en raison de bonnes conditions climatiques. Cependant, l'agriculture tunisienne se heurte à de nombreux obstacles qui affectent son développement, Il s'agit notamment des extrêmes climatiques et la possibilité de rétention de précipitations, surtout qu'une partie importante de l'activité agricole est basée sur l'agriculture pluviale. Mais, également, le problème de la structure des terres agricoles, qui consiste en deux secteurs clés :

– Le secteur colonial moderne, qui couvre 800.000 ha.

– Le secteur privé, qui est divisé en grands secteurs peu rentables en raison de leur exploitation indirecte et aux micro-entreprises gérées par de petits agriculteurs et ouvriers de la paysannerie qui représentaient plus de 70% des Tunisiens avant les années 1960 et qui souffraient d'une dette paralysante, de la malnutrition et du manque d'éducation et de formation. C'est ce qui a amené l'État à intervenir pour améliorer leur condition de vie en essayant de remédier aux obstacles[2].

La production industrielle, bien que ses indicateurs aient atteint 125 en 1960 (par rapport à l'année de référence 1950)[3], est restée principalement concentrée dans les industries extractives (phosphates, fer, zinc, plomb), qui étaient brutes et n'avaient donc pas de valeur ajoutée élevée. Ce qui a

---

[1] Claude Zarka, « L'économie tunisienne à l'heure de la planification impérative », *Annuaire de l'Afrique du Nord (AAN)*, 1962, p. 214.

[2] Moncef Guen, *Les défis de la Tunisie : une analyse économique*, Paris, l'Harmattan, 1980, p. 115.

[3] Claude Zarka, « L'économie tunisienne à l'heure de la planification impérative », art. cité, p. 214.

nécessité de réfléchir à la création d'un tissu industriel qui répond aux besoins du pays. Les difficultés des secteurs de production ont favorisé le déséquilibre de la situation économique du pays, où tous les indices, y compris la balance commerciale accumulée dans les années 50, ont augmenté régulièrement pour atteindre un sommet en 1960, où ils ne pouvaient couvrir que 63% des importations.

Cela obligera le pays à compter de plus en plus sur l'aide extérieure pour faire face aux énormes dépenses liées au développement. L'épargne de la banque centrale en devises se reflète dans l'importance de cette aide, principalement de l'aide américaine (200 à 250 millions de dollars sur cinq ans. Outre les envois de fonds français (entre 30 et 50 milliards de francs avant 1959), 21 milliards sont alors investis en 1959 et 17 milliards en 1960[4].

b) Difficultés financières

Malgré le développement des recettes fiscales de 30 milliards de francs avant l'indépendance à 45 et 50 milliards de francs entre 1959 et 1960[5], les paris présentés devant le gouvernement d'indépendance et liés aux besoins de la population et à la concentration des institutions exigeaient des possibilités financières considérables bien supérieures à ces revenus.

Cela a conduit le pays à faire face à des pressions croissantes, notamment par le transfert de fonds des propriétaires de capitaux vers les banques françaises, par précaution et par manque de clarté dans l'avenir. Le volume des envois de fonds entre 1952 et 1957 s'élevait à environ 100 millions de francs[6]. Bien que le gouvernement tunisien ait resserré et contrôlé ces transferts en vertu de l'ordonnance du 13 janvier 1959.

La contrebande systématique de capitaux a eu un impact négatif sur les investissements privés étrangers, qui ont connu une baisse de 75% en 1957

---

[4] *Ibid.*, p. 220.

[5] Abdelaziz Chneguir, *La politique extérieure de la Tunisie, 1956-1987*, L'Harmattan, 2004, p. 21.

[6] Mahmoud Farwa, « Gouvernement d'indépendance et indépendance économique », Actes du XIIIe colloque International sur le thème : *L'Indépendance de la Tunisie et les processus de libération dans le monde colonial*, (2006), Publications de l'Institut supérieur d'Histoire du Mouvement National, Tunis, 2010, p. 122.

par rapport à 1949 (la meilleure année après la seconde guerre mondiale) et était estimée à 1439 millions d'euros[7] en 1962.

Les investissements privés locaux étaient représentés par des petits artisans, des marchands et des noms tels que Ben Yedder, Khairia, Meheni, actifs dans le secteur des travaux publics et en association avec des institutions françaises[8].

Sur cette base, le capital national n'avait pas la capacité d'investir et de relever les différents défis auxquels était confrontée l'économie tunisienne à l'époque, d'où la nécessité d'une intervention directe de l'État dans les opérations d'investissement, ce qui a démontré Ben Saleh lorsqu'il a commenté cette situation en déclarant que « La présence de l'État était forte, car au début il n'y avait que l'État »[9].

2. UN DEFI MAJEUR : LES DIFFICULTES SOCIALES

Durant les premières années qui ont suivi l'indépendance, le pays tunisien a connu plusieurs difficultés d'ordre démographique et social, notamment :

– La population a augmenté de 2% par an entre 1956 et 1960. Cette tendance était beaucoup plus rapide que la croissance de la structure de production et le volume des biens disponibles[10].

– Mauvaise répartition de la richesse, selon la publication de l'horizon décennal (1962-1971), on constate que le revenu de 73% de la population est inférieur à 50 dinars par an, tandis que 14% de la population, leur revenu dépasse 90 dinars[11]. Ainsi, la richesse s'est concentrée dans une minorité de la société, ce qui limite l'importance du marché intérieur pour la croissance économique de la Tunisie.

– Le problème du chômage complet ou partiel des Tunisiens. Le nombre de chômeurs a atteint, en 1959, deux cent mille et a pu augmenter rapidement, compte tenu de l'évolution naturelle de la population

[7] Claude zarka, « L'économie tunisienne à l'heure de la planification impérative », *art. cité*, p. 218.

[8] Noura Borsali, *Livre d'entretiens avec Ahmed Ben Salah*, Tunis, 2008, p. 93.

[9] *Ibid.*, p. 88.

[10] Mahmoud Farwa, « Gouvernement d'indépendance et indépendance économique », *art. cité*, p. 125.

[11] Ahmed ben Salah, *La marche de départ, 1962-1969*, Edition Sud, Tunis, 2012, p. 74.

entre 1956 et 1971, qui stipule la nécessité de créer 28.000 emplois par an[12], ce qui rend le chômage structurel et l'un des principaux obstacles à la croissance de l'économie tunisienne et souligne la nécessité de rechercher des solutions sérieuses qui tiennent compte de la croissance naturelle de la population et de la nature des activités économiques capables d'absorber chaque année les nouveaux venus sur le marché du travail.

- Le faible niveau de vie de la population, le revenu annuel moyen par habitant étant de 46000 francs en 1956, contre 300 000 francs pour le citoyen français[13]. Ce qui affectera l'épargne, une composante de la mobilisation des investissements pour les projets de développement.
- Problème de services à la population, par exemple, l'électricité n'est disponible que dans les grandes villes et certaines villes moyennes. Le nombre d'écoles au niveau primaire n'était pas suffisant, seulement 50% des enfants étaient scolarisés à ce moment-là[14].

3. LA PROPAGATION DES NOUVELLES IDEES ANTICAPITALISTES

Depuis le début de l'indépendance en 1956, la politique du gouvernement tunisien en matière de développement repose sur une vision libérale libertaire fondée sur une initiative individuelle locale et étrangère avec le soutien de l'État. Cependant, la détérioration des conditions économiques et sociales et la forte présence de la France dans la vie économique du pays, ainsi que les grands défis auxquels était confronté le gouvernement de l'indépendance, ont soulevé de nombreuses questions quant à la possibilité de poursuivre ces choix. Certains économistes et intellectuels tunisiens ont critiqué le système capitaliste en place et l'ont accusé de ne pas promouvoir la Tunisie sur les plans économique et social, d'où la nécessité de revoir les tendances libérales existantes[15] et d'adopter une nouvelle approche susceptible de sortir la Tunisie de ses difficultés.

Certaines élites ont lié le changement qui devrait être fait à des expériences semblables en Europe de l'Est, où la situation était similaire à

---

[12] *Ibid.*, p. 76.

[13] Mahmoud Farwa, « Gouvernement d'indépendance et indépendance économique », *art. cité*, p. 125.

[14] Ahmed ben Salah, « La marche de départ, 1962-1969 », *op. cit.*, p. 72.

[15] Claude Zarka, « L'économie tunisienne à l'heure de la planification impérative », *art. cité*, p. 213.

celle de la Tunisie, et où la majorité de la population est active dans le secteur agricole. Le revenu par habitant était également faible, allant de 75 à 125 dollars, mais après 1945, en raison de l'adoption de la planification dans ces économies, le revenu général depuis 1947 avait augmenté de 12% par an[16]. Une justification que ces élites jugeaient suffisante pour adopter l'approche socialiste susceptible de faire progresser la Tunisie.

La planification et le suivi de l'économie par l'État n'étaient pas seulement le produit d'une expérience comparative, mais aussi un choix syndical qui ressort du rapport économique préparé par l'Union Générale Tunisienne du Travail (UGTT) depuis 1955, qui liait l'achèvement de l'indépendance politique à l'indépendance économique, qui doit être basé sur une politique avec des objectifs nationaux et populaires. Dans ce contexte, le rapport a appelé à la mise en place d'une politique socialiste fondée sur une économie orientée et des plans de développement[17].

II– LA STRATEGIE TUNISIENNE DE COOPERATION AVEC LA FRANCE DURANT LA PERIODE DE L'ECONOMIE PLANIFIEE

Afin de s'assurer le soutien de la France, la Tunisie a choisi une stratégie qui, tout en tenant compte de la diversification des moyens de développement, s'applique aussi à adopter une ligne politique et culturelle apte à assurer ce soutien.

1– DIVERSIFICATION DES MOYENS DE DEVELOPPEMENT : FINANCIERS ET COMMERCIAUX

Les projets initiés par les gouvernements inclus dans les plans de développement ont été confrontés à un manque important de liquidités financières en raison du déficit budgétaire global, notamment du fait que les revenus étaient insuffisants pour couvrir les investissements prévus. À titre d'exemple nous citons le budget de 1964 qui était fixé à 45 millions de dinars, tandis que les ressources internes n'excédaient pas 30 millions de dinars[18], ce qui rendait le succès du processus de développement largement

[16] *Ibid.*, p. 211.

[17] Mahmoud Farwa, « Gouvernement d'indépendance et indépendance économique », *art. cité*, p. 125.

[18] « Procès – verbales des conversations franco-tunisiennes », Archives Nationales de Tunisie, 2000 / 1, Boite 19.

tributaire de la nécessité de mobiliser les ressources financières nécessaires à la mise en œuvre des plans définis par le gouvernement.

Sur cette base, l'État a choisi de recourir à la dette extérieure, considérée comme l'un des outils du développement, qui permettrait d'obtenir les meilleurs résultats pour l'économie tunisienne. Cela coïncidait avec la forte présence de l'État pour garantir l'indépendance de la décision en matière de choix de développement, ce qui correspond également à la vision de la Tunisie en matière de coopération internationale dans le respect de la souveraineté et des choix des États[19]. En conséquence, la Tunisie a cherché à persuader les autorités françaises d'abandonner les formes de subvention qu'elle utilisait auparavant sous le nom de « procédure de coup par coup » car elle laissait la partie tunisienne ignorante des intentions françaises concernant le niveau total des subventions qui pourraient être incluses dans les plans de développement.

Dans ce contexte, la Tunisie a tenté à plusieurs reprises de proposer une autre solution qui mettrait fin à l'ancienne forme de subvention. Il s'agissait pour la partie tunisienne de connaitre à l'avance le montant total de l'aide. Ce montant sera par conséquent inclus dans le plan de développement garantissant ainsi son succès[20].

Cela fait partie d'une stratégie tunisienne qui a organisé la coopération internationale en évaluant la taille des contributions extérieures et en les intégrant dans l'effort global de développement. Et dans une vision plus globale, combinant la contribution tunisienne et la contribution du pays coopérant et des organisations internationales de manière intégrée dans le cadre des projets à mettre en œuvre[21]. Les entretiens entre les deux pays ont également montré la tentative de la partie tunisienne de donner plus d'une vision aux responsables français pour tenter de mobiliser un soutien financier tel que l'achat de biens d'équipement français.

Il a été suggéré de verser les revenus de la vente de ces biens sur un compte spécial utilisé pour financer des projets de développement, à condition que ces prêts soient à long terme et assortis d'un faible taux

[19] Ahmed Ben Saleh, « La marche de départ, 1962-1969 », *op. cit.*, p. 212.

[20] « Compte-rendu des entretiens entre l'ambassadeur tunisien à Paris et le ministre français des Affaires étrangères », Archives Nationales de Tunisie, 2000/1, Boite 19.

[21] Ahmed Ben Saleh, « La marche de départ, 1962-1969 », *op. cit.*, p. 209.

d'intérêt et d'une longue période de remboursement[22]. D'autre part, l'effort tunisien a dépassé le secteur public français et a tenté de s'ouvrir à l'investissement privé français dans le but de mobiliser un maximum de soutien financier. Telle que la suggestion avancée par l'ambassadeur de Tunisie à Paris, Mohamed Masmoudi, qui a demandé aux autorités françaises d'informer les établissements industriels locaux des projets à mettre en œuvre en Tunisie pour les impliquer, comme le projet des industries chimiques du Maghreb à Gabès.

Dans ce contexte, la Tunisie a cherché à commercialiser ses projets sur le marché français en organisant plusieurs séminaires tels que la présentation de Mansour Moalla sur les caractéristiques économiques et financières de la Tunisie ou la présentation des activités industrielles en Tunisie[23]. En outre, les plans de développement étaient fondés sur le développement des exportations de matières agricoles sur les marchés étrangers, notamment français, afin de mobiliser le plus de ressources financières possibles nécessaires à l'État.

Mais la plupart de ces produits rencontraient de nombreuses difficultés au niveau du marketing, ce qui a poussé la diplomatie tunisienne à rechercher des solutions pour augmenter ses exportations, en particulier les produits suivants :

– Dans le secteur vitivinicole : l'accumulation de production due à la politique de quotas adoptée par la France sur les produits tunisiens promus sur les marchés français, et qui n'étaient pas de grandes quantités. Elle ne dépassait pas 160.000 hl en 1964, soit un dixième de ses exportations traditionnelles[24]. Par conséquent, la politique du négociateur tunisien visait donc à présenter ce problème dans le contexte d'une comparaison entre le quota tunisien faible et l'importante part algérienne. Il a appelé à porter le quota tunisien à 450.000 hl et à 1 million hl, en proposant des solutions pratiques pour mettre en œuvre ces demandes, notamment la prise en charge par la

[22] « Compte-rendu des entretiens entre l'ambassadeur tunisien à Paris et le ministre français des Affaires étrangères », *op. cit.*, Boite 19.

[23] « Conversations entre l'ambassadeur tunisien à Paris et ministre français des Affaires étrangères en 1967 », Archives Nationales de Tunisie, 2000/1, Boite 46.

[24] Cf. Mohamed Sassi, « La difficile transition en matière de politique agricole en Tunisie : les exportations de vin vers la CEE entre 1956 et 1976 », *Vigne et vin en Tunisie à travers l'histoire*, Colloque du laboratoire Diraset (Université de Tunis) à Hammamet, du 29 juin au 1er juillet 2018.

Tunisie d'une partie de la part de l'Algérie que celle-ci ne pourrait pas fournir au marché français[25].

– Dans le domaine des huiles : les huiles tunisiennes ont perdu des avantages fiscaux lors de l'entrée sur les marchés français parce que les intérêts européens estimaient que la Tunisie n'avait aucun accord avec eux, ce qui affectera négativement ses revenus financiers dont elle avait besoin pour être utilisés dans ses projets de développement.

Sur cette base, la Tunisie a demandé à la France d'intervenir auprès des autorités européennes pour maintenir les privilèges fiscaux accordés aux huiles tunisiennes à titre temporaire jusqu'à la fin des négociations avec l'Europe. Elle a fondé sa demande sur deux arguments : le premier concerne le protocole inclus dans le traité de Rome, à la demande de la France, en 1956, concernant la Tunisie et le Maroc et le second est que la Tunisie n'a pas de système différentiel dans le domaine de l'huile d'olive sauf avec la France[26].

Les efforts tunisiens ne se sont pas arrêtés là pour pousser le mouvement d'exportation, mais ont plutôt essayé de surveiller les possibilités de bénéficier de l'aide financière française à d'autres pays en développant une nouvelle vision appelée coopération dans les domaines des opérations triangulaires. Par exemple, lors de sa visite en Indonésie en juillet 1969, le ministre tunisien des Affaires étrangères n'a constaté que les besoins en engrais phosphatés du pays s'élevaient à 100.000 tonnes et que l'aide française au pays avait atteint 6 millions de dinars tunisiens (MDT). Il a proposé l'intervention de la France pour ouvrir le marché indonésien aux engrais tunisiens en échange de l'achat par la Tunisie d'équipements français présentant un intérêt pour l'industrie des phosphates[27].

---

[25] « Conversations entre l'ambassadeur tunisien à Paris et ministre français des Affaires étrangères en 1967 », *op. cit.*, Boite 46.

[26] « Rapport de l'ambassade de Tunisie a Paris sur les difficultés d'exportation des huiles », *op. cit.*, Boite 19.

[27] « Compte-rendu de réunion du comité bilatéral franco-tunisien en novembre 1969 », Archives Nationales de Tunisie, 2000/1, Boite 1.

2- ADOPTION DE METHODES POLITIQUES ET CULTURELLES POUR AMENER LE SOUTIEN FRANÇAIS

Compte tenu de leurs besoins pour mettre en œuvre les plans de développement, les autorités tunisiennes ont jugé le soutien français insuffisant. Et suite à des incidents ayant conduit à des tensions entre les deux pays[28], la diplomatie tunisienne a utilisé de nombreux outils pour solliciter ou développer le soutien de la France. L'approche politique se veut être plutôt pragmatique, et cela se dégage aux niveaux suivants :

- La tentative de la Tunisie d'exploiter les conflits au sein du bloc occidental lui-même, parce qu'elle a réalisé que la stratégie du général de Gaulle n'a pas permis de limiter l'hégémonie américaine en Europe. Cet échec se poursuit également dans le tiers monde, en particulier les pays sur lesquels de Gaulle parie, comme l'Algérie avec sa nouvelle direction qui a succédé à Ben Bella. Sur cette base, la France a commencé à s'orienter vers la Tunisie, considérée par l'ambassadeur tunisien à Paris comme une force qui possède des éléments puissants tels que son rayonnement fort en Afrique, en Asie et même en Amérique latine. Outre le fait d'être un pays limitrophe de la Libye, un pays qui possède d'énormes richesses énergétiques. Tous ces facteurs ont donné à la Tunisie une importance dans la stratégie de De Gaulle. Ce qui a amené les Tunisiens à se considérer comme un partenaire stratégique et à demander à la France d'augmenter leurs subventions[29].
- La Tunisie a également utilisé son soutien au bloc occidental pendant la guerre froide pour faire pression en faveur d'un soutien supplémentaire de la part de la France. Les entretiens franco-tunisiens en témoignent, car ils ont souligné à plusieurs reprises l'inquiétude de la partie tunisienne face à la grave présence des Soviétiques avec leurs navires et leurs armes dans le bassin occidental de la Méditerranée, en

[28] Mohamed Sassi, « Les relations de la Tunisie avec la CEE : les débuts difficiles (1957-1976) », in Mohamed Sassi (Sous la direction de), *Espace méditerranéen : diversité et évolution*, ATHE-SPM, Tunis-Paris, 2020.

[29] « Rapport politique : la Tunisie est devenue un élément important de la stratégie de De Gaulle », Archives Nationales de Tunisie, 2000/1, Boite 49.

particulier en Algérie. Et sur cette base a appelé à plus de soutien économique, en particulier dans le domaine militaire[30].

- Le même outil a été utilisé pendant la cessation du soutien français après la nationalisation des terres en 1964 lorsque l'ambassadeur de Tunisie à Paris a évoqué les qualités du président Bourguiba, fondées sur le réalisme et la modération, en plus de ses prises de position, que la France s'est dite courageuses face à de nombreuses crises internationales, y compris la cause palestinienne, qui l'ont ciblée même au niveau régional, notamment le monde arabe. Sur cette base, la France a été invitée à revoir la politique de sanctions contre la Tunisie car on comprendrait que c'était une punition pour la modération de Bourguiba et une inclination pour les tendances nassériennes dans la région[31].

- Le président Bourguiba a développé son discours politique dans le but de regagner la confiance de la classe politique française quand il s'adressa à l'esprit de l'État-nation pour justifier la nationalisation des terres des colons en disant « La vie de la nation, la raison de l'État doit primer toute autre considération »[32]. Comme s'il voulait aller vers l'esprit politique de l'État français et essayer de le convaincre que la logique de la nation et de ses intérêts - qui sont à la base de l'État français - devrait définir les relations entre les États. Il ne fait aucun doute que ce discours tentera certains des politiciens parisiens et fera de Bourguiba un homme d'État qui peut être consulté et soutenu.

En plus des outils politiques, la diplomatie tunisienne a utilisé la culture pour persuader la partie française d'accroître son soutien à la Tunisie dans tous les domaines.

Quand de Gaulle a demandé à Habib Bourguiba Jr., lors de sa réunion du 4-2-1969, « Que pouvons-nous faire pour la France et la Tunisie ? », le responsable tunisien a souligné qu'il existe dans le monde arabe et en Afrique un attachement et une admiration pour la France et sa civilisation. Mieux encore : face à la demande croissante de plusieurs pays tels que le

---

[30] « Compte-rendu de la séance de travail tenu au Quai d'Orsay du 4 février 1969 », *op. cit.*, Boite 1.

[31] « Entretien entre l'Ambassadeur de la Tunisie a Paris et le secrétaire d'État français aux affaires étrangères », *op. cit.*, Boite 46.

[32] « Extrait de la conférence de presse de M. le président le 25-3-1966 adresse a l'Ambassade de la Tunisie à Paris », *op. cit.*, Boite 49.

Koweït, l'Arabie Saoudite, la Libye et la Mauritanie de recruter des enseignants tunisiens, ces derniers serviront de pont entre l'Afrique-Asie et l'Europe. Ce qui permettra la diffusion de la culture française dans ces régions et ouvrira les marchés de ces pays à la France[33].

Sur cette base, la partie française a été invitée à étendre son soutien culturel à la Tunisie en supportant au moins 50% des dépenses liées aux cadres français opérant en Tunisie, qui supervisent la formation des enseignants tunisiens. Surtout compte tenu de la faible contribution française, de l'ordre de deux milliards de francs par rapport à l'Algérie, où le soutien français atteint 7 milliards de francs français, mais seulement un tiers est utilisé. La stratégie tunisienne est donc de suivre le soutien extérieur français non utilisé pour en profiter.

Dans certaines situations, le négociateur tunisien a également utilisé l'outil historique, comme ce fut le cas après les contraintes imposées aux vins tunisiens pour entrer sur le marché français[34]. Cela a incité le négociateur tunisien à tenter de convaincre les responsables français de la responsabilité historique des Français qui ont planté des vignes en Afrique du Nord, ce qui les rend moralement et historiquement responsables de leurs actes. Il leur a rappelé les paroles du général de Gaulle « ce sont les Français et les Européens qui ont planté la vigne en Afrique du Nord, et cela nous crée des obligations »[35].

Le plan tunisien visait non seulement à augmenter la part accordée par la France aux vins tunisiens, mais à les convaincre de lier leur projet de réforme du secteur vitivinicole de manière à bénéficier à la Tunisie, notamment au niveau technique et financier, ce qui le mettrait en adéquation avec les exigences du marché français.

Dans le même contexte, le colonialisme a été utilisé comme un outil pour convaincre la France du succès de sa mission culturelle en Tunisie et l'a poussé à rétablir sa coopération et son soutien financier après la nationalisation des terres en 1964. Dans ce contexte, l'ambassadeur de Tunisie à Paris, Mohamed Masmoudi, a déclaré au Général de Gaulle :

---

[33] « Compte-rendu de la réunion entre De Gaulle et Bourguiba jr. », *op. cit.*, Boite 1.

[34] Mohamed Sassi, « La difficile transition en matière de politique agricole en Tunisie : les exportations de vin vers la CEE entre 1956 et 1976 », *art. cité.*

[35] « Entretien entre l'Ambassadeur de la Tunisie a Paris et le ministre des Affaires étrangères français », *op. cit.*, Boite 46.

« Parce que les Français ont beaucoup contribué a faire de nous ce que nous sommes c'est-a-dire des hommes libres et dignes...les Tunisiens et la Tunisie attendent de vous que vous les compreniez dans leur manifestation de croissance, dans leur volonté de s'affranchir des préjugés et complexe et dans leur détermination à devenir majeur... la Tunisie est aujourd'hui, grâce à vous, un produit remarquable d'une colonisation réussie et d'une décolonisation non moins réussie, en dépit des hauts et des bas que nous avons connus »[36].

Cela confirme que le parti tunisien était conscient de la mentalité générale qui dominait une partie importante de l'élite politique française, basée sur le complexe de la supériorité face aux pays nouvellement indépendants, mais souhaitait communiquer avec eux dans le cadre du système de pensée et obtenir leur soutien. L'on peut, en revanche, souligner la diversité des instruments de négociation adoptés par la Tunisie vis-à-vis de la France. Ce sont des outils basés sur les constantes humaines générales de la civilisation occidentale et de la Révolution française dans le but de mobiliser autant que possible les subventions et le soutien aux projets de développement pour maintenir la valeur de sa politique étrangère, qui consiste à préserver l'intérêt suprême de la Tunisie.

CONCLUSION

Au cours des années 1960, la Tunisie a vu ses premières expériences de développement qui ont permis de relever les indicateurs économiques et sociaux du pays dans le cadre de programmes que l'État tunisien a tenté de mobiliser toutes ses ressources financières et humaines internes, les investissements publics constituant l'un des principaux éléments de sa mise en œuvre. La coopération internationale, compte tenu de la faiblesse des ressources locales, était l'un des fondements essentiels de cette expérience. La Tunisie, par le biais de relations multilatérales ou bilatérales, a fourni un appui financier, technique et culturel à la réussite des plans de développement. La France a joué un rôle important dans cette coopération. Là où il y a beaucoup d'innovation et de flexibilité, qui consistait à essayer d'accéder à l'aide étrangère au reste du monde ou à offrir un partenariat

[36] Bouhout el Mellouki, *La politique Française de la coopération avec les États du Maghreb 1955-1987*, Tunis, Ed. Toubkal, 1989, p. 158-159.

tripartite afin que les produits tunisiens puissent entrer sur les marchés des subventions françaises.

Malgré la fin de l'expérience en 1969 et le retour aux options libérales, la coopération internationale avec les organisations internationales, tous les États capitalistes et même socialistes demeurait un trait caractéristique de la politique étrangère de la Tunisie. Dans ce contexte, la coopération avec la partie française était l'un des piliers importants de la mise en œuvre des plans de développement dans lesquels les investissements publics et privés étaient étroitement liés. Et cela ouvrira davantage la voie à l'intégration de la Tunisie dans l'économie mondiale.

CHAPITRE 15
POUR UNE HISTOIRE INTERNATIONALE DU FRANC CFA

Olivier FEIERTAG

Université de Rouen Normandie, France

L'histoire économique tarde à négocier le tournant post-colonial. Par comparaison, l'histoire culturelle ou l'histoire du genre ont été plus précocement renouvelées par le changement de paradigme. Sans doute parce que le postcolonial turn trouve son origine, au sein du monde académique anglophone, dans l'essor des *subaltern studies*. La prise en compte du point de vue des perdants de l'histoire, des dominés et des sans voix semble a priori très éloignée des évolutions macro-économiques, des pratiques financières et des politiques monétaires. Le taux de bancarisation ne dépasse pas aujourd'hui en moyenne 15% dans la zone franc. Il tombe à moins de 5% dans les pays les moins avancés comme le Niger. Le franc CFA, c'est d'abord et toujours l'argent des autres.

Cette dichotomie, comme le montre très bien Morten Jerven, explique pourquoi dans le cas de l'Afrique « les économistes ont tout faux »[1]. Mais elle permet aussi de comprendre pourquoi l'histoire monétaire et financière des anciennes possessions impériales françaises reste très largement à faire. L'histoire du franc CFA et plus globalement de la zone franc apparaît plus particulièrement comme un chantier à peine entamé alors même que le sujet fait couler beaucoup d'encre et remplit des bibliothèques entières[2]. Faire l'histoire de la zone franc implique d'abord d'en finir avec le procès - à charge comme à décharge - qui tient lieu presque toujours de problématique principale. De ce point de vue, le moment est peut-être venu de développer une approche résolument post-coloniale du franc CFA et de poser les premiers jalons d'une histoire proprement internationale de la zone franc, de

---

[1] Morten Jerven, *Africa, why Economists get it wrong*, Zed Books, Londres, 2015.

[2] Nous remercions ici les institutions qui ont contribué au financement du programme de recherche HIZOF (Histoire internationale de la Zone franc), notamment la Mission historique de la Banque de France, l'IGPDE et l'université de Kanazawa.

ses institutions et de ses instruments, comme des évolutions de ses marchés et de ses politiques publiques[3].

L'HISTOIRE DE LA ZONE FRANC FACE AU TOURNANT POST-COLONIAL

L'histoire de la zone franc n'a pas encore pris le tournant post-colonial. À charge comme à décharge, la plupart des analyses des « métamorphoses de la zone franc », pour reprendre l'expression de Patrick Guillaumont et Sylviane Guillaumont-Jeanneney[4], restent dominées par ce que Georges Balandier caractérise au début des années 1950 comme la « situation coloniale »[5]. On en trouve une très nette illustration dans l'ouvrage que consacrent en 1956 à la zone franc plusieurs hauts fonctionnaires du ministère de l'Économie et des Finances français, sous la houlette de François Bloch-Lainé, influent directeur du Trésor de 1947 à 1952 : « Pour tous nos associés d'outre-mer, en l'état actuel des choses, la qualité de membre de la zone franc est, matériellement parlant, une faveur qui leur est faite et non un sacrifice qui leur est imposé. Et politiquement, elle n'a rien de honteux »[6].

Le lien monétaire colonial entre la métropole et ses territoires outre-mer est à son apogée dans les années 1950, au moment même où la zone franc atteint son extension maximale. Elle s'étend alors non seulement en Afrique subsaharienne, AOF, AEF et Madagascar, mais également sur le Maghreb, sur la péninsule indochinoise et même en Europe avec l'introduction du franc en Sarre dès 1947. Tout le problème pour la France est de conserver sa « souveraineté monétaire » dans ses territoires coloniaux. La mission que François Bloch-Lainé effectue en Indochine en 1945-1946, aux côtés de l'Amiral D'Argenlieu, le confirme : au lendemain immédiat du coup de

---

[3] L'annonce le 21 décembre 2019 faite conjointement à Abidjan par le président français, Emmanuel Macron, et son homologue ivoirien, Alassane Ouattara, d'acter la disparition du franc CFA et son remplacement par l'Eco à l'échelle de l'UMOA (Union Monétaire Ouest Africaine) en 2020 semble aller en ce sens, même s'il est bien sûr encore trop tôt pour le dire.

[4] Patrick Guillaumont et Sylviane Guillaumont-Jeanneney, Régime de change et mode de développement : les métamorphoses de la zone franc », in *La France et l'outre-mer. Un siècle de relations monétaires et financières*, Paris, CHEFF, 1998, p. 661-669.

[5] Georges Balandier, « La situation coloniale : approche théorique », *Cahiers internationaux de Sociologie*, 1951/N° XI, p. 44-79.

[6] François Bloch-Lainé et *alii, La zone franc*, Paris, PUF, 1956, p. 36.

force des Japonais en mars 1945, qui liquide les restes de l'administration française fidèle au régime de Vichy, et de la proclamation de l'indépendance du Viet Nam par Hô Chi Minh, il s'agit bien de reprendre le contrôle sur la circulation monétaire dans la péninsule et de rétablir un rapport légal entre le franc français et la piastre indochinoise[7]. Dans cette optique, le fonctionnement de la zone franc repose explicitement sur le « pouvoir central » de la France. François Bloch-Lainé y insiste sans détour en regrettant que la Banque de France n'ait jamais vraiment assumé d'exercer ce pouvoir. Tout autre aurait été la position de la France au sein de la zone franc, regrette l'ancien directeur du Trésor, « si la Banque de France avait eu davantage *l'esprit colonial*, si elle ne s'était pas systématiquement tenue en deçà des mers »[8]. Dans le même ordre d'idée, Pierre Moussa, directeur des Affaires économiques et du Plan au ministère de la France d'Outre-mer de 1954 à 1959, souligne toujours en 1960, à la veille des indépendances « l'unité biologique de la zone franc » fusionnant de manière « organique » l'économie de la métropole aux territoires d'outre-mer[9]. Cette perspective « françafricaine » de la zone franc continue à prévaloir bien après le tournant des indépendances. Le franc CFA apparaît ainsi, non sans raisons, comme le dernier vestige du système colonial français[10].

Dans ces conditions, il n'est pas étonnant que toutes les approches critiques de la zone franc se fondent pour l'essentiel sur la dénonciation du néo-colonialisme de ses règles et de son fonctionnement. Dès le début des années 1960, au moment où se met en place le cadre nouveau de la Communauté franco-africaine et que sont conclus les accords monétaires de Matignon le 12 janvier 1962, Hamani Diori, le président du Niger, expose à son homologue sénégalais, Léopold Sédar Senghor, que « l'appartenance à la zone franc reste le lien principal (et quelquefois le seul) qui subsiste entre la France et ses anciennes colonies et protectorats »[11]. Réformer la zone franc consiste dès lors à réduire toujours plus le contrôle exercé par

---

[7] Cf. Hugues Tertrais, « Le rétablissement de la souveraineté financière de la France en Indochine », *in* Michel Margairaz (dir.), *François Bloch-Lainé, fonctionnaire, financier, citoyen*, Paris, CHEFF, 2005, p. 35-50.

[8] Bloch-Lainé (François) et alii, « La zone franc… », *op. cit.*, p. 21.

[9] Pierre Moussa, *L'économie de la zone franc*, Paris, PUF, 1960, p. 59.

[10] Jean-Pierre Bat, *Le syndrome Foccart. La politique française en Afrique de 1959 à nos jours*, Paris, Gallimard, 2012, p. 534. Cf. aussi pour la thèse inverse à partir des mêmes prémices : Michèle Saint Marc, *Zone franc et décolonisation*, Paris, SEDES, 1964.

[11] Archives nationales de France (AN), AG/5 (F) /2880, Lettre de Hamani Diori à Léopold Sedar Senghor du 22 janvier 1962.

l'ancienne métropole sur le fonctionnement des institutions de la zone franc, en particulier sur les instituts d'émission des différents sous-ensembles de la zone. Les accords dits « de coopération monétaire » de 1972 et 1973 illustrent bien cette évolution. La convention signée à Brazzaville le 22 novembre 1972 institue l'Union monétaire de l'Afrique Centrale et rénove l'Institut d'émission en créant la Banque des États de l'Afrique Centrale (BEAC). Quant à l'Afrique de l'Ouest, le nouveau traité est signé à Dakar le 14 novembre 1973. Il crée l'Union monétaire ouest-africaine (UMOA) et modifie les statuts de la Banque Centrale des États d'Afrique de l'Ouest (BCEAO). Le poids des représentants de la France au conseil d'administration de la BCEAO est ramené de la moitié au tiers, puis au septième des sièges. Surtout les règles du compte d'opération sont libéralisées. La réforme des banques centrales de la zone franc est le vecteur principal de la décolonisation du franc CFA.

REFORMER LES BANQUES CENTRALES DE LA ZONE FRANC ET DECOLONISER LE FRANC CFA

Le compte d'opérations est le dispositif principal qui cristallise la relation néo-coloniale. C'est le mécanisme de base du fonctionnement de la zone franc. C'est en quelque sorte le sas par lequel chaque économie nationale de la zone monétaire est reliée au reste du monde. Le compte d'opération constitue une solution au problème des règlements internationaux. Ouvert au nom de la banque centrale de la zone dans les écritures du Trésor public français, le compte d'opérations est uniquement libellé en francs français. Il est alimenté par les recettes engendrées par les exportations des pays de la zone franc. Mais il est débité également des dépenses faites au titre des importations vers la zone franc, y compris venant de France. Sa particularité, comparée aux balances sterling de la zone sterling, est que le solde du compte d'opération peut être à découvert pour permettre de solder un déficit passager de la balance des comptes de la zone franc avec le reste du monde.

C'est ainsi que le compte d'opération est au cœur de la persistance du lien colonial. Il perpétue d'une certaine manière le régime de l'Exclusif colonial de l'époque moderne. Il s'inscrit aussi dans la continuité de la politique du repli impérial des années 1930. Et il est très significatif de ce point de vue que les réformes successives de la zone franc portent précisément sur une augmentation de la proportion des réserves en devises que la banque centrale est autorisée à ne pas changer en francs français afin d'abonder le compte d'opérations : 25% du total dans le cas de la Banque des États d'Afrique centrale à partir de la réforme de ses statuts en 1972. Et même 35% dans le cas de la BCEAO suite à la réforme de ses statuts de 1973. Cette évolution s'accompagne en même temps d'une mutation significative de la gouvernance des banques centrales de la zone franc : transfert du siège de la BEAC de Paris à Yaoundé et du siège de la BCEAO de Paris à Dakar ; « africanisation » des cadres dirigeants des banques centrales à la tête desquelles est nommé pour la première fois un gouverneur africain : le Gabonais Casimir Oyé Mba pour la BEAC et l'Ivoirien Abdoulaye Fadiga pour la BCEAO[12].

L'histoire des mutations institutionnelles de la zone franc depuis le tournant des années 1970 reste ainsi largement tributaire de la grille d'analyse « coloniale » ou du moins « néocoloniale » : la gouvernance de la zone franc est exercée par le truchement d'une technostructure constituée d'une élite très réduite de cadres africains présentés comme les premiers bénéficiaires du franc CFA et comme étroitement soumis aux intérêts économiques bien compris de l'ancienne métropole[13]. Dans cette optique, la dévaluation du franc CFA, survenue le 11 janvier 1994, pour la plupart des observateurs, illustre « effroyablement l'absence de débat si caractéristique des relations-franco africaines »[14]. À cette passivité africaine, une seule explication : « La France est toujours perçue comme la seconde patrie, voire la « matrie », par les dirigeants des pays africains de la zone franc où ils vont continuellement déposer leur cœur et leurs trésors »[15]. Étonnant effet de persistance rétinienne ! Près d'un demi-siècle après la vague des indépendances, la situation coloniale continue de prévaloir comme grille de lecture principale de la zone franc et de ses évolutions. Elle sous-tend ainsi largement le débat actuel sur le devenir de la zone franc : tout le problème consiste à sortir les pays africains de la zone franc de « la servitude monétaire »[16]. L'argument n'est pas nouveau. Dès le début des années 1960, on l'a vu, on reproche aux autorités monétaires de la zone franc de conduire

---

[12] Cf. Vincent Duchaussoy, « Transformations institutionnelles et développement économique dans la zone franc en Afrique de l'Ouest (1960-1990) », *International Journal of Francophone Studies*, 19/1, mars 2016, p. 49-74.

[13] Cf. Tchétché N'Guessan, Gouvernance et politique monétaire. *À qui profitent les banques centrales de la zone franc ?*, Paris, L'Harmattan, 1996 ; David Stasavage, *The Political Economy of a Common Currency : the CFA franc zone since 1945*, Aldershot, Ashgate, 2003.

[14] « Dévaluation », *Politique africaine*, 54, juin 1994, p. 7-8.

[15] *Idem.*

[16] Kako Nubukpo, Martial Ze Belinga, Bruno Tinel et Dembele Demba Moussa, *Sortir l'Afrique de la servitude monétaire. À qui profite le franc CFA ?*, Paris, La Dispute, 2016.

une politique de stabilité monétaire et de sacrifier la croissance économique et l'emploi au totem de la lutte contre l'inflation. On fait grief aujourd'hui aux banques centrales de la zone franc, désormais arrimée à l'euro, de favoriser les intérêts d'une économie financière à la base sociale très étroite au détriment du développement de l'économie réelle, notamment du secteur industriel. Ce n'est d'ailleurs pas la moindre ironie de l'histoire que de constater que ce débat sur le franc CFA semble aujourd'hui aboutir à une décolonisation monétaire véritable, du moins à l'échelle de l'Afrique de l'Ouest, impliquant notamment la suppression de tout représentant de la France dans les institutions monétaires africaines et à la fermeture du compte d'opérations, au moment même où au sein de la zone euro est remis en question le paradigme dominant de la banque centrale indépendante, gardienne de la stabilité monétaire et dont la devise est *custodiam*, pour reprendre le mot de Wilfrid Baumgartner, gouverneur de la Banque de France au moment où est mis en place le comité monétaire de la zone franc, puis ministre des Finances quand sont négociés en 1961-1962 les accords Matignon qui déterminent les statuts des deux instituts d'émission de la zone franc.

L'évolution rapide vers la disparition de la zone franc, amorcée déjà sous la présidence de François Hollande et confirmée de plus en plus nettement depuis l'élection d'Emmanuel Macron, est contemporaine de la crise financière enclenchée à l'été 2007 par la crise des crédits *subprime* qui a remis en question la théorie standard du *central banking* triomphante dans les années 1980 et 1990 et conduit les principaux instituts d'émission du monde à mettre en œuvre des politiques dites aussitôt « non-conventionnelles » ou encore de *quantitative easing* : financement direct de la dette publique des États et politique du crédit très accommodante pour relancer l'activité économique. Surprenante volte-face que la plongée de l'économie mondiale dans la crise globale entraînée à compter du début de 2020 par la pandémie du Corona virus semble confirmer et même renforcer.

On n'est plus très loin de « l'hélicoptère monétaire » (*helicopter money*) dont parlait en 1969 par dérision Milton Friedman, le père du monétarisme. Que la zone franc soit amenée dans ce contexte à se réformer en profondeur en coupant radicalement le lien colonial qui la relie encore moins finalement à la France qu'à la Banque centrale européenne, ne laisse pas d'interroger sur le sens de cette rupture : conversion des autorités monétaires africaines à la *nouvelle vue* sur *le Central Banking* et aux sirènes du *quantitative easing* ou, au contraire, strict maintien de l'orthodoxie monétaire qui aurait en quelque sorte changé de camp ? On ne peut s'empêcher de penser à *Lettres béninoises*[17], l'apologue que l'historien de l'économie, Nicolas Baverez publie en 2014 et qui imagine la visite officielle dans la France de 2040 du directeur général du Fonds monétaire international, un Béninois, appelé au chevet d'un pays au bord de la faillite, pris dans la spirale de l'endettement et soumis à un sévère plan d'ajustement structurel. Une fiction ? Oui, bien sûr. Mais *Lettres béninoises*, un peu à la manière, toutes choses égales par ailleurs, des *Lettres persanes* de Montesquieu, incite à renverser le point de vue comme on obtient une disposition très différente des continents sur un planisphère non plus centré sur l'Europe comme c'est encore la règle depuis les projections de Mercator au XVIe siècle, mais par exemple sur la Chine, véritable Empire du milieu ! C'est précisément ce type de changement de perspective qui est à la base du tournant postcolonial dans les sciences humaines. Tout l'enjeu est donc de tenter d'appliquer cette nouvelle focale à l'histoire de la zone franc. La grille de lecture coloniale (ou néo-coloniale) conserve naturellement toute sa pertinence et il ne s'agit pas, aussi bien, de chercher à prouver le contraire. Mais le rapport colonial, un peu à la façon dont un train peut en cacher un autre, peut masquer les dynamiques internationales à l'œuvre à l'échelle globale et singulièrement au sein du système monétaire international.

ÉCHAPPER AU TRIANGLE D'INCOMPATIBILITÉ

On ne dispose pas d'un très grand nombre de modèles économiques pour penser le fonctionnement et l'évolution des relations économiques internationales. Le modèle libéral des avantages comparatifs tiré de Smith et de Ricardo est sans doute le principal. C'est par rapport à lui que sont définis les modèles protectionnistes, comme chez Friedrich List plus proche en dernière analyse d'Adam Smith que de Karl Marx. Mais ces modèles centrés sur le commerce international n'intègrent pas véritablement le facteur monétaire. La monnaie avant 1914, quand triomphe l'étalon-or, est « un voile » posé sur la réalité des échanges commerciaux. Pour le XXe siècle délivré des chaînes de l'or, relique barbare, et marqué par la *fiat money*, on s'appuie le plus souvent pour analyser les rapports monétaires internationaux sur le modèle dit Fleming-Mundell, qui accole les noms d'un haut fonctionnaire du FMI et de Robert A. Mundell, économiste canadien, prix Nobel en 1999 pour ses travaux qui ont contribué à l'unification monétaire européenne.

[17] Nicolas Baverez, *Lettres béninoises*, Paris, Albin Michel, 2014.

On connaît l'idée de base, formulée au début des années 1960, à l'apogée du monde de Bretton Woods, qui fonde le « triangle d'incompatibilité » de Mundell[18] : dans un système monétaire international donné, on ne peut pas avoir à la fois la fixité des taux de changes, la liberté des mouvements de capitaux et la souveraineté monétaire nationale. À première vue, le modèle de Mundell est parfaitement vérifié par l'histoire de la zone franc. La fixité des changes est garantie par le mécanisme du compte d'opérations. Le taux de change des francs CFA en Francs français est fixé une première fois par la loi du 26 décembre 1945 qui substitue à la parité 1/1 un rapport de 1 franc CFA (Colonies Françaises d'Afrique) pour 1,70 FF. En revanche, la parité 1/1 est maintenue pour les francs émis dans les États du Maghreb (Francs marocains et francs Algéro-tunisiens) et pour les territoires des Antilles et de la Guyane française. On crée également le Franc Pacifique sur la base d'un franc pacifique pour 2,40 FF. Le choix de ces taux de change multiples vise à tenir compte de l'impératif nouveau du développement économique des colonies, « dans l'esprit [de la conférence] de Brazzaville » (René Pleven, ministre des Finances). Il s'agit bien, au sortir de la Seconde Guerre mondiale, de caler le taux de change des monnaies sur l'évolution différenciée des pouvoirs d'achat dans les différentes parties du monde. La fixité de la parité avec le franc CFA ne varie plus jusqu'à la dévaluation décidée en France le 17 octobre 1948 qui fixe un rapport de 1 FCFA pour 2 francs métropolitains. Décision justifiée, une nouvelle fois, par le souci du gouvernement français d'accroître le pouvoir d'achat international des colonies françaises d'Afrique en phase de développement économique rapide[19]. Cette parité, de fait, n'est plus modifiée jusqu'à la dévaluation de 1994 qui dévalorise la parité CFA/FF de 50%. Cette fixité fait de la zone franc un sous-ensemble du système monétaire international de Bretton Woods. Mais sa particularité est de continuer à prévaloir après la rupture des accords de Bretton Woods au début des années 1970. La zone franc constitue ainsi une exception au sein du *non-système* monétaire international qui se traduit par la généralisation des changes flottants et le retour à la spéculation internationale. Seule la création de la zone euro en 1999 offre depuis un autre exemple de régime monétaire où la fixité des taux de change est garantie de manière irrévocable par l'unicité monétaire.

---

[18] Robert Mundell, « A Theory of Optimum Currency Areas », *The American Economic Review*, Vol. 51, n° 4 (septembre 1961), p. 657-665.

[19] Cf. Hélène D'Almeida-Topor, « La création du franc CFA », in *La France et l'outre-mer..., op. cit.*, p. 523-528.

De la même manière, on peut considérer que la liberté des mouvements de capitaux est la règle au sein de la zone franc : « interconvertibilité sans limite », souligne François Bloch-Lainé en 1956, au sein de chacune des trois sous-zones qui constituent la zone franc mais aussi liberté totale des mouvements de capitaux entre chacune des sous-zone et la France en vertu du compte d'opérations et du découvert qu'il autorise. En revanche, les capitaux ne circulent pas librement entre les trois sous-zones : un franc CFA émis en Afrique centrale par la BEAC n'est pas directement transférable en Afrique de l'Ouest. Il doit passer par Paris. En d'autres termes : les francs de la Communauté Financière Africaine ne circulent pas (légalement) dans la zone où circulent les francs de la Coopération Financière en Afrique centrale. Surtout, la liberté de circulation des capitaux entre la zone franc et le reste du monde, l'entrée comme à la sortie, est très strictement contrôlée, on l'a vu, dans le cadre des règles régissant le compte d'opérations. Cette liberté surveillée qui pèse sur les mouvements de capitaux constitue un héritage des circonstances dans lesquelles est née la zone franc dans le cadre de la mise en place du contrôle des changes le 3 septembre 1939 au début de la Seconde Guerre mondiale, déclarée à l'Allemagne « par la France et son Empire ». *Nolens volens*, la zone franc reste donc « un dispositif de défense extérieure » et son caractère protectionniste, très tôt dénoncé par les organisations monétaires internationales, notamment le FMI, ne fait pas de doute. Mais quoi qu'il en soit, la zone franc constitue historiquement à l'échelle du continent africain un espace de libre-échange des marchandises, des capitaux et de la main d'œuvre sans équivalent. La fixité des changes et la liberté des mouvements de capitaux excluent-elles *ipso facto* le troisième côté du triangle de Mundell, à savoir la souveraineté monétaire ?

Tout se joue en effet sur la base du triangle d'incompatibilité. « Le droit de battre monnaie, reconnaît sans détour Bloch-Lainé, a toujours constitué l'un des attributs de la souveraineté »[20]. C'est la question qui concentre depuis l'origine les critiques du franc CFA en Afrique et ailleurs. C'est au nom de cette souveraineté que la Tunisie et le Maroc[21], puis la Guinée de

---

[20] François Bloch-Lainé et *alii, La zone franc…*, p. 31.

[21] Cf. Mohamed Lazhar Gharbi, « Une volonté de décolonisation financière : la création de la Banque centrale de Tunisie 1955-1958 », *Institut des Belles Lettres*, 2003/2, p. 161-178 ; Mohamed Sassi, « La question économique de la Tunisie indépendante : les contraintes d'une transition difficile », contribution au colloque : *1956 en Tunisie et dans le monde arabe*, Institut Supérieur de l'Histoire de la Tunisie contemporaine et Laboratoire DIRASET, 24-26 novembre 2016 ; Olivier Feiertag, *Bank al-Maghrib, l'émergence d'une banque centrale (1959- à nos jours)*, Paris/Rabat, Le Cherche Midi, 2016, p. 67-75 ; Karl Adhépeau, *La Guinée et la zone franc (1958-1987)*, thèse de doctorat

Sekou Touré et le Mali de Mobido Keïta sortent de la zone franc. Et il en va de même pour la Mauritanie en 1972 et pour Madagascar en 1973. La cause semble entendue. Elle mérite pourtant d'être examinée plus avant. Comme le formule très bien le juriste internationaliste, Claude Albert Colliard en 1970, il faut distinguer entre la souveraineté politique et la souveraineté monétaire trop souvent confondues. Plus nettement encore Dominique Carreau suggère que la souveraineté monétaire, depuis au moins la fin du système de Bretton Woods, est collective et qu'elle passe donc nécessairement par des formes de coopération monétaire internationale[22]. C'est également l'idée qui sous-tend la contribution que l'économiste Christian de Boissieu donne au début des années 1980 à l'ouvrage collectif que Charles-Albert Michalet consacre « au défi du développement indépendant » et aux « conditions de la souveraineté économique dans le Tiers Monde »[23].

Dans cette perspective, une histoire véritablement internationale de la zone franc s'impose : quels jeux d'acteurs sous-tendent l'évolution des rapports entre les États africains impliqués dans les évolutions complexes de la zone franc à l'échelle des grandes régions du continent, mais aussi d'une vision panafricaine qui englobe tout autant les grands États, comme le Nigéria, l'Afrique du Sud ou l'Égypte, qui n'ont jamais appartenu à la zone franc ? La création de l'ECO en 2000, future monnaie unique de l'Afrique de l'Ouest intègre ainsi le Ghana, le Liberia, la Sierra Leone, la Guinée-Conakry et la Gambie. Mais l'approche internationale joue également au sein de chacun des sous-ensembles géographiques de la zone monétaire : comment a pu se développer une diplomatie monétaire entre les 14 États membres de la zone franc ? Quelle politique de solidarité peut se déployer, au travers du mécanisme du compte d'opérations, entre des États dont le niveau de développement économique et social est très différent ? Quel rôle joue la Conférence des Chefs d'État, doublée du conseil des ministres de l'Union institués par le traité de 1973 créant l'Union monétaire ouest-

en cours, université de Rouen-Normandie depuis 2016 ; Guia Migani, « L'indépendance par la monnaie : la France, le Mali et la zone franc, 1960-1963 », *Relations internationales*, 133, printemps 2008, p. 21-39.

22 Dominique Carreau, *Souveraineté et coopération monétaire internationale*, Paris, Cujas, 1970 [Préface de Claude-Albert Colliard].

23 Christian De Boissieu, « L'intégration monétaire : l'exemple de la zone franc », *in Charles* Albert Michalet, *Le défi du développement indépendant, les conditions de la souveraineté économique dans le Tiers Monde*, Paris, Les Éditions Rochevignes, 1983, p. 109-138.

africaine ? Quels États, à l'instar de la Côte d'Ivoire qu'on caractérise parfois comme l'Allemagne de l'Afrique de l'Ouest, exercent un rôle d'hégémon à l'échelle du continent ? Et comment l'ancienne métropole influence-t-elle les dynamiques proprement postcoloniales, c'est-à-dire internationales qui régissent de façon croissante les évolutions monétaires de l'Afrique ?

***

Autant de questions qu'une perspective seulement coloniale de l'histoire de la zone franc ne permet pas de poser et qui plaident en faveur d'une approche résolument internationale. Le jeu des rapports de force entre des États dont les économies sont très différentes et dont les trajectoires historiques, y compris précoloniales, sont très diverses, importe autant sinon plus que le poids uniforme de la gestion coloniale.

Une histoire véritablement internationale de la zone franc s'inscrit dans le projet plus global d'une histoire économique postcoloniale. Le chantier est considérable. Il implique un changement de point de vue en rupture avec plusieurs siècles d'européocentrisme.

Cette translation pose néanmoins plusieurs problèmes dont l'épineuse question des sources extra-européennes. On ne peut pas entreprendre une histoire postcoloniale de la zone franc à partir des seules archives conservées en France.

L'actualité d'une histoire internationale du franc CFA ne fait pas de doute. Pour l'Afrique au moment où semble s'accélérer le processus de disparition de la zone franc, mettant les États africains devant un avenir à construire par-delà le temps de la colonisation. Mais pour l'Europe aussi, et singulièrement pour la zone euro, il est loisible de penser que le moment est peut-être venu de tirer, à son tour, les leçons du *précédent* historique de la zone franc.

SECTION 2
LE MULTILATÉRALISME

CHAPITRE 16
LA PROSPERITE DANS LE CADRE DU MULTILATERALISME : SA MISE EN PLACE INSTITUTIONNELLE APRES 1945

Régine PERRON

Université Paris-Seine, France

Il est intéressant de commencer par présenter l'historiographie des relations internationales, pour ensuite se pencher sur la prospérité du système international, qu'est le multilatéralisme. Ce sujet s'insère dans l'histoire des relations internationales, qu'il ne faut pas confondre avec les Relations internationales qui relèvent des Sciences Politiques ou du Droit. Mais il est vrai que l'histoire des relations internationales se nourrit des autres disciplines, et que c'est un domaine par excellence pluridisciplinaire, en considérant aussi bien les sciences politiques que le droit, l'économie, la sociologie et la culture.

L'HISTOIRE DES RELATIONS INTERNATIONALES EN FRANCE

Du point de vue historiographique en France, on se réfère habituellement aux travaux de Jean-Baptiste Duroselle et de Pierre Renouvin. Leur principal ouvrage collectif s'intitule *Introduction à l'histoire des relations internationales*, et est publié en 1964[1]. Cet ouvrage sert toujours de référence en France de nos jours, car il propose une réflexion méthodologique fort complète.

Cette collaboration entre ces deux historiens a illustré la volonté de dépasser *l'histoire diplomatique* pour la remplacer par une vision plus large et complète de l'histoire des relations internationales. Jusqu'aux années 1960, cette histoire des relations internationales s'écrivait sur la base des archives diplomatiques proprement dites, en retranscrivant les conversations entre diplomates. De plus, seule la question de la défense des frontières intéressait cette histoire diplomatique.

[1] Jean-Baptiste Duroselle et Pierre Renouvin, 1964, *Introduction à l'histoire des relations internationales*, Paris, Armand Colin.

Ces deux historiens, Pierre Renouvin et Jean-Baptiste Duroselle, ont alors proposé un modèle d'interprétation en histoire des relations internationales, qui a profondément renouvelé la discipline. C'est ainsi qu'ils ont formulé la notion de « forces profondes », qui caractérisent un pays. Plusieurs forces profondes influencent les relations entre les États, les peuples, et sont précisément les suivantes : « les facteurs géographiques, les conditions démographiques, les forces économiques, au niveau des concurrences et des conflits (intérêts économiques), et au niveau des ententes, les questions financières (les intérêts financiers), le sentiment national, les nationalismes et le sentiment pacifiste (cela concerne les traits de mentalité collective et les grands courants sentimentaux) ».

Pour couronner leur modèle des « forces profondes », Renouvin et Duroselle mettent en valeur le rôle et l'action de l'homme d'État, du décideur, au niveau des centres de décision. Avec cette perspective, plusieurs thèmes synthétiques ont été dégagés et s'avèrent être les plus couramment étudiés :

– la sécurité nationale, en se focalisant sur la défense militaire ;
– la défense économique, qui s'appuie aussi sur la notion de sécurité des intérêts économiques ;
– l'idéal ou l'action politique, en définissant le but ;
– la circulation ou la diffusion culturelle, en examinant son influence et ses répercussions.

Le renouvellement de l'histoire des relations internationales a en fait correspondu à l'après-dernière guerre mondiale, en contribuant à effacer les frontières entre les disciplines, alors bien hermétiques. Face à cette guerre mondiale, il a en effet fallu définir un ensemble de facteurs, permettant de comprendre d'une manière plus globale l'histoire entre les États, l'histoire des relations internationales dans le monde.

Aujourd'hui, l'historiographie des relations internationales s'est enrichie de nouvelles thématiques, comme : « l'histoire impériale, l'histoire globale », « l'histoire de la paix, des organisations internationales et des intégrations régionales » et « l'histoire des conflits, l'histoire de la Guerre froide ».

LA PROSPERITE DANS LE MULTILATERALISME APRES 1945

Cette présentation historiographique des relations internationales permet de situer mon travail sur l'histoire du multilatéralisme. En effet, il se situe dans la droite ligne des travaux de Jean-Baptiste Duroselle et Pierre Renouvin, mais aussi de ceux d'Immanuel Wallerstein, sociologue américain.

Les travaux de Wallerstein se fondent sur la notion de *système-mo*nde, qui met en évidence les relations qui existent entre plusieurs espaces géographiques, l'évolution d'un siècle à un autre, marqué à chaque fois par un pôle dominant différent[2]. La notion de système-monde ne nie pas l'importance de l'État-Nation, mais elle ne le place pas au centre de toute action dans les relations internationales. Elle met surtout en lumière la nature des relations qu'entretiennent les pays entre eux, c'est-à-dire entre le pôle dominant, qui est le pays à tendance hégémonique, la puissance du moment, et les autres espaces qui s'agencent en fonction de ce pôle. Chaque siècle est marqué par un pôle dominant, qui met alors en place un système international qui lui correspond, et qui forge ainsi de nouvelles relations. On peut aussi faire remarquer que le pôle dominant impose sa propre conception de la politique économique, qui est souvent à son avantage. Dans le système-monde, une position hégémonique a ainsi plusieurs facettes : elle peut être économique, idéologique, et/ou militaire, mais la première facette économique est fondamentale pour asseoir une suprématie sur les autres.

Pour revenir au sujet, la prospérité dans le multilatéralisme après 1945 est en grande partie définie par les accords de Bretton Woods en juillet 1944. Quel est l'impact de ces institutions dans les relations internationales et dans l'évolution du multilatéralisme ? Quelle est le degré d'influence de la politique étrangère des États-Unis, alors nouvelle puissance après 1945 ?

Auparavant, je voudrais préciser ce qu'est le multilatéralisme, après avoir étudié les origines, le sens de ce système international, les acteurs et la finalité. Voici la définition proposée : « N'étant pas une théorie économique, le multilatéralisme est une doctrine construite sur la base d'un équilibre, ou d'une moyenne, entre le libéralisme d'Adam Smith et l'interventionnisme de John Keynes. Il a été conçu par Cordell Hull et son équipe du département d'État au sein du gouvernement américain de Franklin D. Roosevelt, après la crise de 1929 et pendant la seconde guerre mondiale. Ce système international a été mis en place à partir de 1945 et caractérise notre temps

[2] Immanuel Wallerstein, 1974, *The Modern World-System, t. I, Capitalist Agriculture and the Origins of the European World-Economy in the Sixteenth Century*, New York/London, Academic Press ; 1981, *t. II, Mercantilism and the Consolidation of the European World Economy, 1600-1750*, New York, Academic Press ; 1989, *t. III, The Second Era of Great Expansion of the Capitalist World-Economy, 1730-1840s*, San Diego, Academic Press.

présent. Il s'appuie sur les institutions multilatérales (internationales et régionales), qui sont définies par des principes moraux, comme la non-ingérence, la non-discrimination et le respect des droits individuels. Les pays adhérant à ce système international sont liés par l'intérêt mutuel ou la réciprocité, afin de réaliser 'l'ordre au-dessus du chaos' sur une base ternaire et égalitaire : la paix et la sécurité, la prospérité et le bien-être »[3].

Après l'ONU, le GATT/l'OMC et le FMI sont les deux institutions économiques et devenues essentielles de ce système multilatéral. Au départ, celles-ci étaient placées sous l'autorité du Conseil économique et social de l'ONU (ECOSOC), mais elles ont fini par acquérir une existence quasi indépendante de l'ONU et des autres institutions. Leur but est d'atteindre la stabilité du système économique qui est déterminée par l'ouverture des échanges commerciaux et par la garantie d'une monnaie internationale. En effet, on ne fait pas de commerce sans monnaie et la monnaie existe grâce aux échanges commerciaux, comme cela a été démontré dans les temps anciens.

DEGAGER LES ENJEUX DES NEGOCIATIONS DU GATT/DE L'OMC

Le débat qui a traversé le GATT a été plutôt technique, à savoir le calcul des baisses des droits de douane : doit-il se faire d'une manière linéaire (c'est-à-dire en faisant la moyenne de tous pour obtenir une baisse générale pour une catégorie de produits) ou bien doit-il se faire en tenant compte des pics élevés des droits de douane sur certains produits, comme c'est le cas des États-Unis, pour les intégrer dans cette moyenne ? Même si cela semble abscons, l'enjeu est de cibler ou non les États les plus protectionnistes pour les amener à baisser leurs droits de douane sur des produits considérés comme « intouchables ». Cette question met le doigt sur le degré d'ouverture des États et, par conséquent, sur leur contribution au système multilatéral, c'est-à-dire sur leur prise en considération de l'intérêt mutuel ou de l'intérêt national.

Ici, nous sommes au cœur de la diplomatie économique, qui induit une nouvelle forme de négociations internationales et nationales, et détermine le devenir du système économique, de la prospérité. C'est pourquoi le multilatéralisme vit un paradoxe qui est celui d'être pour tous mais aussi

[3] Régine Perron, 2014, *Histoire du multilatéralisme. L'utopie du siècle américain de 1918 à nos jours*, Paris, PUPS, Collection « Roland Mousnier », p. 122-123.

pour un, en fonction des enjeux de la puissance concernée. Nous sommes bien dans le sens de l'histoire, tel que l'a formulé Immanuel Wallerstein : d'un siècle à un autre, s'affirme un pôle dominant qui diffuse son système international.

L'objectif du GATT est très clairement défini : viser la réduction des droits de douane et la suppression des restrictions quantitatives aux échanges (quotas et contingentements), sur la base d'un principe fondamental qui est la non-discrimination. Avec ce principe, l'idée de l'accès égal au commerce est valorisée pour tous les pays qui ont signé le GATT. Cependant, le GATT a besoin d'un moyen pour appliquer la non-discrimination : c'est la « Clause de la Nation la Plus Favorisée » (CNPF). La non-discrimination se fonde alors sur la notion de réciprocité. Si un pays offre à un autre une réduction d'un droit de douane sur l'un de ses produits importés, cette réduction doit automatiquement s'appliquer aux autres pays signataires du GATT et d'une manière simultanée (ce qui est différent du bilatéralisme : les avantages d'une baisse de tarif douanier s'appliquent seulement entre les deux partenaires commerciaux concernés). Le GATT prône ainsi une réduction des tarifs douaniers pour tous et en même temps et, grâce à la CNPF, le multilatéralisme a pu fonctionner plus ou moins correctement.

Quant aux pays en voie de développement, une exception à la règle leur est concédée au tout départ avec l'article XVIII du GATT, à savoir qu'ils peuvent relever leurs droits de douane afin de limiter la concurrence dans leurs économies nationales encore fragiles[4]. Cette non-discrimination cherche surtout à établir le *Fair Trade* (le commerce loyal, ouvert et sans distorsions) et non plus exclusivement le *Free Trade* d'avant 14-18 (le commerce libre, le libre-échange). Ce glissement vers une notion de responsabilité morale dans la conduite des affaires commerciales est inhérent au système multilatéral lui-même : c'est le fameux code de bonne conduite, qu'on retrouve dans chaque organisation multilatérale.

Ici, la non-discrimination induit l'idée d'un contrat moral à respecter par ces pays signataires, ce qui conduit le GATT à obtenir un engagement de l'État à se conformer à ces règles selon la réciprocité (ou l'intérêt mutuel). Pour cela, le GATT rend obligatoire le vote à l'unanimité pour prendre des mesures contre le pays en faute afin de régler les litiges commerciaux. Mais, dans la réalité, le règlement à l'amiable est la voie la plus employée pour maintenir une certaine cohésion pacifique entre les pays. Néanmoins, le vote

---

[4] Michel Rainelli, 2011, *L'OMC*, Paris, La Découverte, collection « Repères », p. 32.

à l'unanimité est obligatoire pour la conclusion des négociations commerciales à l'échelle mondiale. C'est pourquoi les grandes négociations commerciales multilatérales s'étalent sur plusieurs années, car il faut obtenir le vote à l'unanimité pour les conclure.

HISTORIQUE DES GRANDES NEGOCIATIONS COMMERCIALES MULTILATERALES

À présent, il est intéressant de retracer brièvement l'historique de ces grandes négociations commerciales multilatérales pour dégager les grandes orientations, qui ont déterminé l'avenir économique des pays.

Dès le départ, le GATT a intégré une exception très importante. Alors que le GATT doit gérer les échanges commerciaux de toutes les marchandises, le commerce des produits agricoles en est exclu. Ces derniers ont fait l'objet d'un traitement spécifique et défini par l'article XI. Les États-Unis protègent leur agriculture depuis la crise de 1929 et ont particulièrement insisté pour obtenir cette clause d'exception[5]. L'agriculture va devenir ensuite le plus important motif de disputes commerciales au sein du GATT, puis de l'OMC, au nom de l'accès égal au marché, alors crucial pour les pays en développement.

Le Kennedy Round des années 1960 est particulièrement marqué par la décision d'exclure désormais les produits textiles des compétences du GATT jusqu'à nouvel ordre, à cause de la très vive concurrence exercée par les pays en voie de développement, alors principaux pays producteurs et exportateurs de textiles. L'Europe et les États-Unis obtiennent l'autorisation d'établir des quotas très élevés sur les textiles venant de l'extérieur. Cette exclusion des textiles du GATT se termine au début des années 2000 et cela a coïncidé avec les exportations massives de la Chine.

L'Uruguay Round de 1986 à 1995 voit la création de l'Organisation Mondiale du Commerce (OMC) à Marrakech en 1994, et introduit les produits agricoles dans ses compétences. De même, après la fin de la Guerre froide en 1989, le nombre subitement élevé des adhésions au GATT des pays membres a poussé les négociateurs à mettre en place une véritable organisation pouvant tous les accueillir dans de nouvelles structures administratives. Désormais, les négociations commerciales ne reflètent plus

[5] William Adams Brown Jr., 1950, *The United States and the Restoration of World Trade. An Analysis and Appraisal of the ITO Charter and the General Agreement on Tariffs and Trade*, Washington D.C., The Brookings Institution.

les alliances idéologiques, mais voient émerger des nouvelles alliances régionales résolues à obtenir un vrai crédit face aux anciennes datant du GATT. Pourtant, quand ce Round a commencé en 1986, on n'était loin de se douter que le mur de Berlin tomberait trois ans plus tard. Ce n'est qu'en 1990, soit un an après la chute du mur de Berlin, que l'idée de créer une véritable organisation a été lancée par le Canada, puis soutenue par la Communauté européenne.

Ce Round est le premier qui prend en considération les revendications des pays du Tiers-Monde qu'on appelle désormais les pays du Sud et qui représentent les 3/4 des pays membres de l'OMC. De plus, ces pays du Sud se sont engagés à appliquer les nouveaux accords de l'OMC, comme les pays développés. Ces accords reprennent les grands principes de base déjà énoncés par le GATT, comme la non-discrimination, le traitement égal (sans dumping) pour les produits importés et nationaux, la baisse des droits de douane et le commerce loyal. Cependant, ses compétences se sont considérablement élargies : l'OMC traite désormais de l'agriculture, des textiles et des vêtements, des services (les banques, les assurances, les transports, les télécommunications), des brevets, des marchés publics, des normes industrielles et de la sécurité des produits, de la réglementation relative à l'hygiène alimentaire, de la propriété intellectuelle… Ce Round va pleinement confirmer l'orientation néo-libérale de l'OMC, qui avait été esquissée lors du précédent. Il ne s'agit plus de réguler le marché mais de le déréguler.

Depuis le milieu des années 1990, le droit de douane perçu par les pays industrialisés est tombé à 5 % pour les produits industriels, alors qu'il était à 40 % en 1947. Mais les pays industrialisés continuent de restreindre les exportations en provenance des pays en développement, avec un droit de douane de 15 % sur les produits semi-finis et finis pour protéger leurs industries de transformation nationale, alors que les droits de douane sur l'exportation de leurs matières premières minérales sont beaucoup plus bas.

Le Doha Round ou cycle de Doha (2001-2013) a pour objectif de répondre aux demandes des pays du Sud parce que ces derniers ont éprouvé des difficultés à appliquer les accords de l'OMC depuis le cycle de l'Uruguay des années 1980. Il s'agit cette fois de réussir les négociations entre le Sud et le Nord. On peut retenir deux grands dossiers parmi les autres. Tout d'abord, ce cycle vise à supprimer tous les obstacles au commerce loyal, comme les subventions, la concurrence à l'exportation et les mesures de sauvegarde spéciales liées à l'agriculture et la pêche, ce que réclament les pays du Sud. Mais les États-Unis et l'Union européenne refusent. C'est le plus gros obstacle qui a conduit à la suspension totale des négociations de Doha. En fait, quatre acteurs jouent un rôle déterminant dans ces négociations sur les produits agricoles : ce sont le Brésil, l'Inde, les États-Unis et l'Union européenne, soit deux pays émergents face aux deux principaux partenaires industrialisés.

Ensuite, le deuxième dossier brûlant du cycle de Doha vise à améliorer l'accès aux marchés des produits industriels (AMNA en anglais), c'est-à-dire réduire les droits de douane sur les produits industriels dont l'exportation présente un intérêt pour les pays en développement. Il s'agit de réduire cette fameuse différence de traitement appliquée par les pays industrialisés aux exportations de produits semi-finis et finis en provenance des pays en développement.

Le cycle de Doha est bien le premier cycle de l'OMC à prendre en compte les revendications des pays du Sud pour un accès plus égal aux marchés agricoles et industriels des pays industrialisés. Mais les pays du Nord demandent en contrepartie que les pays du Sud ouvrent les marchés à leurs services, ce que ces derniers refusent.

Bien mieux que ne l'a fait l'ONU, les cycles de négociations commerciales multilatérales ont été la véritable tribune du multilatéralisme, en mettant autour de la table tous les pays signataires du GATT au départ, puis ceux de l'OMC, afin de toujours favoriser l'ouverture des marchés et la libéralisation des échanges. Ces négociations ont sans conteste contribué à la forte croissance des échanges internationaux depuis la Libération. Dans le cadre de la Guerre froide, le GATT a aussi permis de renforcer le dynamisme du marché occidental face au marché soviétique marqué par les pénuries.

Cependant, le grave problème auquel a été confronté le GATT depuis le départ et qui reste encore d'actualité au sein de l'OMC, est l'égalité entre les partenaires commerciaux (entre les pays industrialisés et les pays en développement). Il dépasse assurément la question de la souveraineté nationale qui a souvent été présentée comme un problème de base. Il faut en effet avoir conscience que l'ouverture des marchés nationaux aux produits extérieurs exige du pays d'avoir les moyens de supporter une baisse des droits de douane sur les produits extérieurs et d'accepter leur mise en concurrence avec les produits nationaux. Il s'agit d'avoir une économie forte, solide et compétitive. Depuis le départ, la fragilité des économies du Tiers Monde ne lui a pas permis d'être un partenaire égal avec les pays industrialisés. Le GATT/l'OMC n'a pas tenu (ou n'a pas pu tenir ?) sa promesse d'égalité entre tous en terme de partenariat commercial.

La paralysie de l'OMC dans le processus du cycle de Doha a conduit de nombreux pays membres à conclure des accords bilatéraux, alors déjà en hausse depuis les années 1990. L'OMC avait pourtant pour objectif de faire disparaître ces accords bilatéraux d'avant-guerre, source de guerres économiques. Ces accords régionaux finissent par représenter la moitié du commerce mondial[6]. Toutefois, la crise que traverse l'OMC après le Cycle de Doha va-t-elle remettre en cause les règles de l'OMC elle-même ? Il faut aussi ajouter les conséquences de la crise financière de 2008-2009 qui se répercutent immanquablement sur les échanges internationaux.

LE ROLE DU FMI DANS LA STABILITE MONETAIRE INTERNATIONALE

L'article 1 des accords de Bretton Woods est très explicite sur les buts et principes du FMI : « promouvoir la coopération monétaire internationale », « faciliter l'expansion et l'accroissement harmonieux du commerce international », « contribuer à instaurer et à maintenir des niveaux élevés d'emplois et de revenus réels et au développement des ressources productives de tous les États-membres », « promouvoir la stabilité des changes, aider à établir un système multilatéral de règlement de transactions courantes, éliminer les restrictions de change qui entravent le développement du commerce et donner confiance aux États-membres, en mettant les ressources générales du Fonds à leur disposition, en leur fournissant ainsi la possibilité de corriger les déséquilibres de la balance des paiements (le budget de l'État) sans recourir à des mesures préjudiciables à la prospérité nationale ou internationale », « conformément à ce qui précède, il s'agit d'abréger la durée et l'ampleur des déséquilibres des balances des paiements des États-membres ».

Au départ, les deux missions principales du FMI se résument à prêter des crédits aux États en difficulté de balance des paiements et à surveiller la stabilité des changes, dans le but d'éviter les décrochages des monnaies, comme cela s'est passé au cours de l'entre-deux-guerres sans concertation entre les pays. Le dollar devient la monnaie internationale de l'après-guerre, fixé à 35 dollars l'once d'or depuis 1934.

[6] Bernard Remiche et Hélène Ruiz-Fabri (dir.), 2010, *Le Commerce international entre bi- et multilatéralisme*, Bruxelles, Larcier.

Le mode d'action du FMI est fondé sur l'assistance mutuelle, ce qui signifie que tous les pays sont concernés en même temps par le problème monétaire que peuvent connaître un ou plusieurs États-membres. À ses débuts, le FMI exerce la régulation puisqu'il est chargé de veiller à l'équilibre entre les pays excédentaires et déficitaires, en leur octroyant des crédits en dollar à des taux bas et à court terme pour éviter la dépréciation inévitable de leur monnaie nationale. C'est l'assistance mutuelle, qui est la règle multilatérale par excellence. Ainsi, le but du FMI se différencie de la banque commerciale privée puisqu'il n'est pas destiné à faire des bénéfices.

Comme le GATT, le FMI instaure un code de bonne conduite, fondé sur l'obligation faite aux États-membres de respecter la parité de la monnaie nationale par rapport à l'or ou au dollar. En aucun cas, l'un d'entre eux peut décider de décrocher sa monnaie de la parité fixée. C'est ainsi que le taux de change fixe est devenue « une relation réciproque, puisqu'il affecte non seulement la politique du pays concerné mais aussi tous les autres pays »[7]. Les ressources financières du FMI, qui servent de crédits aux pays en difficulté, proviennent des quotes-parts fixées proportionnellement à la puissance économique du pays membre. Par conséquent, les États-Unis en fournissent la plus grande part.

À ce niveau, nous entrons aussi dans la sphère diplomatique, plus précisément celle de la diplomatie économique, comme pour le GATT/l'OMC. Les prises de décision quant à l'avenir d'un pays en difficulté sont lourdes de conséquences. En effet, comment les États-membres procèdent-ils pour assister ce pays ? L'État-membre du FMI dispose d'un vote proportionnel à sa quote-part pour approuver l'attribution des crédits. Dans ce cas, les États-Unis disposent d'une très forte influence au sein du FMI. En règle générale, le FMI ne se place pas au-dessus des États. Mais, depuis les accords de la Jamaïque en 1976 qui ont modifié ceux de Bretton Woods, si le FMI a octroyé des crédits à un pays qui a demandé son aide, il exerce un droit de regard sur sa politique économique, en prônant une gestion stricte des deniers. Le FMI évolue au cours du temps, jusqu'à remettre en cause quelques-uns de ses premiers fondements, comme les taux de change fixes et la régulation entre les excédents et les déficits.

---

[7] Stanley W. Black, 1991, *A Levite Among Priests. Edward M. Bernstein and the Origins of the Bretton Woods System*, Boulder, Westview Press, p. 100.

HISTORIQUE DE L'EVOLUTION DU FMI

Les années 1958 à 1973 correspondent à la plus belle période du FMI, qui s'inscrit dans le cadre des Trente Glorieuses. Le FMI intervient à plusieurs reprises auprès des pays européens qui connaissent des balances de paiements fragiles : la Grande-Bretagne, l'Italie et la France. Mais cette belle croissance économique s'est grippée à cause de l'abondance en dollars qui a succédé à leur rareté. Dès lors que le volume de dollars en circulation devient excessif au niveau international, la valeur de cette monnaie finit par être dépréciée. De même, le dollar fait l'objet d'attaques spéculatives depuis 1960 car sa parité fixée à 35 dollars l'once d'or est considérée comme trop basse en raison de la croissance économique.

Selon la logique du FMI, les États-Unis auraient dû recourir à ses crédits pour les aider à réduire leur déficit, ce qui aurait permis de restaurer la confiance dans le dollar en tant que monnaie internationale. Mais ils ne le feront jamais alors que leur déficit atteint des niveaux record[8]. Le 15 août 1971, le président américain Nixon annonce que le dollar n'est désormais plus convertible en or, à cause de la perte vertigineuse de sa valeur liée à des attaques spéculatives. Le dollar est dévalué pour la première fois depuis 1934. Si les accords de Bretton Woods ne sont plus à l'ordre du jour, le FMI n'a pas sombré pour autant. Au contraire, les pays membres lui confient la tâche de mettre au point de nouvelles règles, pour s'adapter au nouveau contexte du système monétaire multilatéral.

De nouvelles règles sont établies par les accords de la Jamaïque le 8 janvier 1976, qui entreront en vigueur en 1978. Elles instituent un premier grand changement par rapport aux accords de Bretton Woods, en inaugurant une nouvelle forme de parité qu'on a appelée flottante – car la parité fixe n'est désormais plus la panacée. Le système monétaire international adopte les taux de change flottants, et désormais fixés par la loi de l'offre et la demande sur le marché. Le deuxième grand changement concerne le taux de change des monnaies fixé entre elles et non plus par rapport à l'or. Le système de l'étalon-or a vécu. Le marché détermine ce taux de change flottant, c'est-à-dire que la valeur d'une monnaie est fixée à la bourse, tout en envisageant une intervention des banques centrales pour la soutenir s'il le faut.

---

[8] Pour toutes ces années décisives pour le système monétaire international, voir Régine Perron, 2018, *Histoire du multilatéralisme, II. L'organisation du bloc occidental dans la compétition économique de 1958 à 1963*, Paris, PUPS.

Le troisième grand changement est que le FMI change de stratégie : jusqu'alors, les pays industrialisés ont bénéficié de ses crédits. À présent, le FMI est orienté vers l'aide aux pays en développement et se rapproche alors de la vocation de la Banque mondiale qui, elle, octroie des crédits sur des projets spécifiques de développement. Ces pays vont devenir prioritaires surtout à partir de 1982, car ils connaissent une situation dramatique à cause d'une dette qui atteint des niveaux record. En 1982, le Mexique est le premier pays à procéder à une cessation de paiements. Pendant les années soixante-dix, les banques commerciales des États-Unis et d'Europe de l'Ouest accordent aux pays du Tiers-Monde de nombreux crédits pour (re) construire leur économie. Mais, après les nouvelles règles de 1976, le dollar est devenu plus cher à cause des taux de change flottants. De plus, les chocs pétroliers des années 1973 et 1975 renforcent le recours aux crédits des banques commerciales de ces pays pour pouvoir régler la facture énergétique. La dette du Tiers-Monde augmente à cause des taux d'intérêt variables selon la valeur fluctuante du dollar.

En 1989, le FMI met sur pied le « consensus de Washington » pour définir les plans d'ajustement structurel appliqués aux pays en développement et en difficulté. Au départ, le FMI intervient surtout en Amérique latine (Mexique, Brésil, Argentine), puis en Afrique. Il instaure des plans de redressement financier ou des programmes d'ajustements, qui sont d'une très grande austérité. Ces programmes préconisent un désengagement croissant de l'État dans les affaires considérées jusque-là publiques (la santé, l'éducation, la défense, par exemple) et une privatisation la plus large possible des activités économiques.

Le FMI a par conséquent changé de nature au cours de son histoire. En 1944, avec les accords de Bretton Woods, sa tâche consistait à surveiller le système monétaire international en favorisant la libre circulation monétaire surtout au niveau des pays industrialisés qui étaient à reconstruire. Puis, avec les accords de la Jamaïque en 1976, le FMI continue à attribuer des crédits aux pays en difficulté mais, cette fois-ci, principalement aux pays sous-développés, en ayant un droit de regard sur la politique économique et financière nationale. Mais il n'exerce plus de contrôle sur le système monétaire international et se contente d'observer et de donner des conseils. La crise financière et économique de 2008-2009 a crûment mis en lumière les débats récurrents sur le FMI, liés au dollar.

Comme le disent Barry Eichengreen et Peter Kenen, « les politiques concernant le développement économique n'ont pas été élaborées dans un cadre comparable. On n'a pas créé d'institution formelle avec un "I" majuscule ou un ensemble de conventions implicitement reconnues pour leur conférer cohésion et crédit. Cette négligence des relations nord-sud n'a rien de surprenant. La plupart des pays en développement n'étaient pas représentés à la conférence de Bretton Woods »[9]. Les clivages se sont alors accentués au sein du système multilatéral et deviennent le talon d'Achille de l'OMC et du FMI, qui, malgré la fin de la Guerre froide, n'ont pas su ou n'ont pas pu renouer avec le sens de l'universalisme, tout comme l'ONU.

[9] Barry Eichengreen et Peter B. Kenen, 1994, « L'organisation de l'économie internationale depuis Bretton Woods : un panorama », *Économie internationale. Revue du CEPII*, n° 59, 3e trimestre 1994, p. 13.

CHAPITRE 17
L'HISTOIRE MECONNUE DES NEGOCIATIONS TUNISO-EUROPEENNES DEPUIS L'INDEPENDANCE

Ahmed BEN MUSTAPHA

Ambassadeur et chercheur en histoire économique et diplomatique

INTRODUCTION

Cette contribution propose une reconstitution de l'histoire méconnue des accords négociés depuis l'indépendance entre la Tunisie et l'ensemble européen pour convenir du cadre juridique devant régir leurs relations économiques et commerciales. Il importe de souligner d'emblée le rôle clé joué par la France dans la priorisation du processus multilatéral de négociation qui est étroitement associée à l'insertion de la Tunisie dans la globalisation économique par le biais des accords d'association et de libre-échange conclus avec la Communauté économique européenne puis avec l'Union européenne. À noter que ces accords seront dès le départ associés aux conventions, crédits et programmes de financement convenus avec le FMI et les institutions financières internationales. Les responsables français souhaitaient préserver ainsi leurs intérêts considérables et leur statut privilégié acquis en Afrique du Nord durant la colonisation. Et ce par l'établissement d'accords commerciaux séparés basés sur le libre-échange entre chacun des pays de la rive Sud et l'ensemble européen.

En vérité, ce cadre de relations, qui demeure toujours en vigueur, sera établi à la faveur d'un rapport de force défaillant et dans un contexte de guerre froide associé aux luttes d'influence entre les deux blocs. Il va se faire aux dépens des négociations prévues pour la concrétisation du protocole d'indépendance du 20 mars 1956 qui sera ainsi marginalisé. Il va imprégner de son empreinte indélébile tout le processus des relations et des négociations initiées depuis l'indépendance entre les deux rives de la Méditerranée. Et il contribuera à fragiliser le processus d'édification de l'État national tunisien.

En effet, il s'agissait de négociations biaisées d'avance et déconnectées des impératifs et des échéances du protocole d'indépendance de 1956 lequel prévoyait la mise en œuvre rapide d'une série de négociations bilatérales avec la France pour le transfert des attributs de la souveraineté à l'État tunisien. De même, elles contredisaient les objectifs assignés à la stratégie de décolonisation économique mise en place par la Tunisie au début des années 1960 dans le cadre des perspectives décennales de développement[1].

Du coup, la caractéristique immuable de ces négociations sera leur caractère foncièrement déséquilibré, qui ne fera que s'amplifier du fait qu'elles ne tenaient aucun compte du sous-développement économique de la Tunisie à peine sortie de la colonisation, et des décalages considérables entre les deux parties en termes de poids économique, de capacités de production et de progrès industriel, scientifique et technologique. C'est pourquoi, nous utiliserons le terme de « négociations » avec beaucoup de réserve car nul n'ignore que les conditions minimales requises pour de vraies négociations mutuellement bénéfiques exigent un minimum d'équilibre et de parité scientifique, technologique et industrielle entre les parties en présence. Or, la Tunisie n'a jamais été un pays industriel car son insertion dans la mondialisation depuis 1972 s'est faite en tant que pays de sous-traitance par le biais de la législation sur l'incitation aux investissements étrangers. Et c'est ce qui explique le bilan tragique de l'accord de 1995 conclu avec l'UE sur le libre-échange industriel. En effet, comment peut-on raisonnablement négocier sur des bases équitables un accord tel que l'ALECA entre un ensemble européen incluant les plus grandes puissances industrielles se situant à la pointe de la quatrième révolution industrielle, et la Tunisie simple pays atelier à l'économie désarticulée, désindustrialisée et surendettée ?

D'ailleurs, le seul argument avancé pour inciter la Tunisie à souscrire à un tel accord, est le bénéfice, tout à fait utopique, d'un marché de 500 millions de consommateurs alors que les entreprises tunisiennes, au potentiel productif et technologique limité, n'arrivent pas à soutenir la concurrence étrangère sur le marché tunisien. En outre, ces négociations ne prennent pas en compte les priorités économiques et sociales ainsi que les exigences souverainistes définies par la constitution tunisienne qui a été complètement marginalisée et ignorée depuis son adoption en 2014. En effet, les orientations stratégiques de la nouvelle constitution réhabilitent le rôle économique et social de l'État tunisien et sont globalement incompatibles avec la globalisation.

---

[1] Chedly Ayari, *Le système de développement tunisien : vue rétrospective 1962-1986*, Centre de Publication Universitaire, Tunis, 2005, p. 33 et pages suivantes.

Enfin, il n'est pas tenu compte du contexte géopolitique international caractérisé par la crise persistante de la mondialisation au même titre que la crise au sein même de l'UE et la désaffection qu'elle suscite en Europe et en Tunisie du fait de son déficit démocratique. De même, il ne faut pas perdre de vue que le libre-échange, en uniformisant la pensée économique et les modes de gestion des échanges internationaux, a grandement contribué au recul de la démocratie en tuant toute possibilité d'alternance des politiques économiques lors des échéances électorales. À ce propos, on peut se reporter à l'ouvrage publié en 2008 par Emmanuel Tood sous le titre « Après la démocratie »[2].

Cet ouvrage n'a pourtant jamais entamé en rien la position constante de la partie européenne dans sa détermination à imposer le libre-échange inégal en tant qu'unique forme d'organisation des relations entre les deux rives de la Méditerranée. L'un des objectifs majeurs de cette contribution est de démontrer que seule, une reconsidération de cette attitude, malheureusement demeurée inchangée, est susceptible d'ouvrir la voie à la nécessaire refonte des relations tuniso-européennes sur des bases plus justes et plus équilibrées.

À ce propos nous examinerons les termes du nouveau partenariat proposé par le G7 à la Tunisie, lors de son sommet tenu à Deauville en mai 2011 qui était censé constituer un nouveau départ dans les relations Nord Sud. Toutefois, il s'est avéré que cette initiative n'impliquait aucun changement majeur de la perception européenne et occidentale des relations Nord Sud se situant en continuité avec l'accord de libre échange des produits industriels de 1995 qui est le précurseur de l'ALECA. Tel sera l'objet de notre première partie également consacrée aux négociations déséquilibrées entamées dans ce cadre depuis 2015.

Quant à notre seconde partie, elle sera dédiée à la première génération d'accords conclus entre la Tunisie et la communauté économique européenne en l'occurrence l'accord d'association de 1969 ainsi que l'accord de coopération signé en 1976 lequel constitue une avancée dans la mesure où il tient compte des priorités économiques tunisiennes et des écarts de développement.

Toutefois, l'évolution du contexte géopolitique de l'époque associée au recul du tiers-mondisme face au retour en force de l'ultralibéralisme par le biais du G7, n'a pas été propice à la mise en œuvre effective de cet accord. Il

---

[2] Emmanuel Tood, *Après la démocratie*, Éditions Gallimard, 2008 Chapitre 6, p. 167 et pages suivantes.

a au contraire insufflé un tournant libéral à la politique économique tunisienne incarné par le Programme d'ajustement structurel conclu entre la Tunisie et le FMI en 1986.

I- LE BILAN DU PARTENARIAT DE DEAUVILLE ET SON IMPACT SUR LES NEGOCIATIONS TUNISIE-UE

A l'instar du processus de Barcelone, le bilan du partenariat de Deauville a été décevant du fait que le G7 n'a pas été en mesure de respecter les engagements d'ordre stratégique y associés notamment celui de faire de la Méditerranée un espace de paix, de sécurité et de prospérité partagée. Il en est de même des promesses non suivies d'effet de restituer à la Tunisie et à l'Égypte leurs avoirs volés et de leur octroyer des aides financières substantielles à des conditions préférentielles.

I-1- LE BILAN NEGATIF DU PARTENARIAT DE DEAUVILLE

Officiellement le sommet de Deauville était censé ouvrir une nouvelle ère dans les relations Nord Sud en initiant un nouveau type de partenariat non réduit à une dimension purement commerciale et prenant en compte les aspirations à la liberté et à la dignité nationale exprimées par la vague de soulèvements qui a ébranlé la région arabe et méditerranéenne. Ce qui supposait la reconsidération de la coopération entre les deux rives exclusivement basée depuis l'indépendance sur des accords de libre commerce inégaux et déséquilibrés imposés par la France et l'ensemble européen à leurs anciennes colonies en Afrique du Nord.

Toutefois, la déclaration finale du sommet de Deauville ne faisait que confirmer et consolider ces mêmes politiques d'insertion de la rive Sud dans la globalisation économique par l'extension indéfinie de l'échange inégal avec l'UE à tous les secteurs de l'activité économique sur la base de l'accord de libre-échange complet et approfondi. Ce faisant, cette déclaration ignorait le lien entre ce schéma de relation injuste et la dégradation continue des conditions de vie des peuples arabes opprimés qui est à la source de leur révolte contre les dictatures.

Elle occultait également les multiples sources de conflits et de tensions en Méditerranée consécutives à l'échec du processus de paix et l'évolution dramatique du dossier palestinien, la montée du terrorisme et l'islamophobie en lien avec les problèmes migratoires, ainsi que la crise de la mondialisation associée au retour du protectionnisme.

Elle ignorait enfin les répercussions déstabilisatrices de la situation en Libye, en Syrie ainsi que l'évolution dramatique de la guerre au Yémen en lien avec la situation explosive dans la région du golfe. Sans compter la résurgence d'une nouvelle forme de guerre froide multidimensionnelle en rapport avec la fin du monde unipolaire et le retour en puissance de la Russie et la Chine sur l'échiquier mondial et méditerranéen.

En somme le G7 n'a fait que reproduire, sous des formes se voulant novatrices, le même schéma de relations déséquilibrées basées sur l'échange inégal dont l'origine historique profonde remonte au basculement des rapports de force en faveur de l'Europe après l'effondrement de la dynastie hafside au XVIe siècle. Ce faisant, la rive Sud avait perdu la maitrise de son destin ainsi que son rôle d'acteur de l'histoire en Méditerranée qui était associé à ses capacités de résistance face aux velléités hégémonistes et conquérantes occidentales[3].

Depuis, ce déséquilibre n'a fait que s'amplifier avec la montée en puissance de l'Europe à la faveur de la révolution industrielle qui a ouvert la voie à l'impérialisme européen et à l'entreprise coloniale française en Afrique du Nord. Le commerce inégal associé aux privilèges accordés à la minorité française et européenne par les accords de capitulation ainsi que l'instrumentalisation de l'endettement ont été les principaux outils utilisés par la France avec l'appui européen pour soumettre la Tunisie et les pays de l'Afrique du Nord.

Après la seconde guerre mondiale, l'Europe, soucieuse de compenser la perte de sa suprématie et sa domination politique et économique à l'échelle internationale, a œuvré en vue de préserver ses zones d'influence en Méditerranée en ayant recours aux mêmes modes opératoires qui demeurent d'ailleurs toujours d'actualité quoique sous des formes rénovées. Et c'est dans ce cadre que se situent les négociations déséquilibrées entamées en 2015 qui, en fait, ont révélé que les gouvernements post révolution n'avaient présenté aucune alternative aux propositions de l'UE. Au contraire, ils ont favorisé l'adoption de certaines dispositions essentielles de l'ALECA par leur insertion dans la législation tunisienne.

Il importe de souligner l'implication directe et ouvertement assumée de la diplomatie française sur la scène politique tunisienne depuis la révolution ce qui n'a pas manqué de susciter les réserves de la société civile et de

[3] Voir l'article du professeur historien Mohamed El Aziz Ben Achour, intitulé « L'agonie de la dynastie Hafside », paru dans la revue *Leaders* du 20 novembre 2016.

nombreux acteurs et activistes politiques en Tunisie. Cette implication, largement ressentie comme une ingérence attentatoire à la souveraineté tunisienne, s'est notamment concrétisée par la participation franco-européenne à l'élaboration de la « stratégie de reconstruction de la Tunisie 2016-2020 par le biais du comité de pilotage de l'économie tunisienne créé au sein de la Banque centrale en 2014.

I-2- LES NEGOCIATIONS DESEQUILIBREES TUNISIE UE AU SUJET DE L'ALECA

Il importe de souligner que depuis l'ouverture officielle des négociations avec l'UE en octobre 2015 et la tenue du premier round en avril 2016, de nombreuses composantes de la société civile tunisienne et méditerranéenne ainsi que les partis d'opposition se sont mobilisés pour dénoncer les dangers de l'ALECA notamment pour l'agriculture et les services tunisiens qui sont les principaux secteurs menacés par l'extension du libre échange inégal.

Ils dénoncent aussi l'opacité et l'absence de transparence qui entourent ces « négociations » reprochant au gouvernement d'avoir accepté de négocier en situation d'infériorité, sans bilan préalable de l'accord de 1995, sans mandat précis de l'assemblée des représentants du peuple et sans avoir élaboré de document de travail tunisien traduisant une vision tunisienne d'avenir des relations tuniso-européennes. Sans compter l'absence de concertations et de débat public sur un dossier aussi capital qui a été sciemment exclu des échéances électorales alors qu'il engage l'avenir de la Tunisie et ses intérêts vitaux.

D'ailleurs, il est significatif que ces négociations d'ordre stratégique, qui engagent les intérêts vitaux de la Tunisie, soient confiées, côté tunisien, au ministère du Commerce alors qu'il s'agit d'un dossier de politique étrangère touchant à l'avenir des relations tuniso-européennes et relevant de ce fait tout naturellement du ministère des Affaires étrangères.

Il est également reproché au gouvernement l'adoption du document européen comme base de négociation alors que celui-ci privilégie la dimension purement commerciale ignorant totalement, les écarts considérables entre les deux parties en termes de potentiel productif, de développement technologique, scientifique ainsi qu'en termes de poids politique et économique à l'international. Sans compter l'extrême précarité et les graves déséquilibres dont souffre l'économie tunisienne désarticulée qui croule sous le poids d'un surendettement désormais insoutenable et ingérable.

En vérité, il est maintenant établi que les gouvernements successifs post révolution se sont engagés d'avance à adopter l'ALECA dont ils ne contestent pas le bien-fondé, et ce, indépendamment des vives inquiétudes qu'il suscite en Tunisie. Et c'est ce qui explique l'absence d'une vision et d'un projet gouvernemental d'autant plus que ce genre d'accord se présente en fait, à l'instar des programmes d'ajustement structurel (PAS) du FMI, sous la forme d'un contrat d'adhésion et de règles figées non négociables pour l'essentiel. C'est pourquoi, il est difficile de concevoir de véritables négociations entre la Tunisie et l'Union européenne tant les rapports de force sont déséquilibrés sans compter l'attitude gouvernementale totalement acquise à l'ALECA.

Dès lors, les discussions ont essentiellement porté sur la segmentation de l'accord qui est « négocié » en axes séparés parallèlement à son inclusion progressive dans la législation tunisienne. Elles portent également sur les calendriers et les délais de mise en œuvre et n'impliquent dès lors aucune concession substantielle tenant compte des intérêts de la Tunisie.

Cette stratégie, destinée à contourner les réserves suscitées en Tunisie par l'ALECA - menée en étroite coordination avec les PAS du FMI initiés depuis 2013 - a déjà touché les secteurs sensibles notamment l'agriculture, les services, la protection des investissements, l'adoption des normes européennes.... et ce en dépit de la position gouvernementale qui prétend que ces secteurs demeurent protégés et que leur ouverture est tributaire de leur mise à niveau à l'instar du secteur industriel dans le cadre de l'accord de 1995.

Il convient de rappeler que cet accord, portant essentiellement sur les échanges industriels, a engendré l'ouverture des marchés tunisiens aux multinationales dans de nombreux autres secteurs notamment les services associés aux produits industriels, la grande distribution, les technologies de l'information et autres. Son bilan chiffré a été désastreux en termes de destruction du tissu productif industriel tunisien et en termes de retombées catastrophiques sur nos équilibres financiers et notre balance commerciale.

Quant au secteur agricole tunisien archaïque et fragilisé, son ouverture avait déjà été entamée sous la pression des institutions financières internationales qui privilégient les cultures d'exportation détenues par les grands agriculteurs au détriment de la petite paysannerie tunisienne précarisée dont la production est destinée au marché tunisien.

S'agissant de la mise en œuvre effective du libre-échange intégral par son insertion dans la législation tunisienne, il convient de signaler les nouvelles lois adoptées depuis 2016 notamment la nouvelle législation sur la promotion de l'investissement, la loi sur l'indépendance de la Banque centrale et ses implications économiques et monétaires ainsi que les lois portant adoption des normes européennes dans la législation tunisienne.

II- D'UN ACCORD A L'AUTRE : OU LE CERCLE VICIEUX DU LIBRE-ECHANGISME

Il importe de souligner que, dès le départ, les pays européens ont traité, en tant qu'ensemble homogène mais de façon séparée avec chacun des pays Nord africains sur la base d'une vision stratégique commune orientée vers la priorisation du libre commerce en tant que cadre privilégié de coopération entre les deux rives. Ce qui a accentué le caractère déséquilibré des accords de première génération conclus entre les deux parties dans les années 1960 et 1970.

II-1- LES ACCORDS CONCLUS APRES L'INDEPENDANCE ENTRE LA TUNISIE ET L'ENSEMBLE EUROPEEN

Au lendemain de l'indépendance, la Tunisie s'est trouvée engagée dans deux processus de négociation, l'un bilatéral avec la France destiné à concrétiser le protocole d'indépendance, et le second avec l'ensemble européen pour établir des rapports d'association basés sur le libre-échange.

Il importe de souligner que la France, soucieuse de préserver son statut privilégié acquis en Afrique du Nord durant la période coloniale, a privilégié son rattachement à l'Europe par des rapports d'association et des accords de libre-échange qui seront conclus entre la Communauté économique européenne et chacun des pays maghrébins.

À cet effet, des dispositions spéciales ont été annexées au traité de Rome qui constitue l'acte constitutif de la CEE. Et c'est dans ce cadre que furent conclus l'accord d'association signé en 1969 ainsi que l'accord de « coopération » de 1976[4]. À noter que cet accord se distingue de par son contenu, dans la mesure où il prend en compte les disparités économiques et les écarts de développement entre les deux parties.

---

[4] Ahmed Ben Salem, *Les relations Tunisie – CEE*, Mémoire soutenu en décembre 1975, Centre d'études, de recherches et de publications de la faculté de droit et des sciences politiques et économiques de Tunis, mars 1979.

Toutefois nous serons amenés à examiner les facteurs géopolitiques qui ont hypothéqué sa mise en œuvre effective et notamment la création du G7 en 1975 dont la vocation principale est la promotion du libre-échange et de l'économie de marché en tant qu'unique forme de gestion des relations économiques et commerciales à l'échelle planétaire.

S'agissant du volet bilatéral des négociations tuniso-françaises, il convient de rappeler que la France s'était engagée en vertu de l'acte d'indépendance à reprendre les négociations avec la Tunisie le 16 avril 1956 en vue de conclure, « *dans des délais aussi brefs que possible et conformément aux principes posés dans le présent protocole, les actes nécessaires à leur mise en œuvre.* » Elle s'était aussi engagée à renégocier l'accord sur l'autonomie interne, maintenu en vigueur par le protocole d'indépendance afin d'en abroger ou modifier les dispositions qui « *seraient en contradiction avec le statut de la Tunisie, État indépendant et souverain* ». Néanmoins, les chercheurs historiens nous révèlent que la France avait demandé que soit priorisée la signature préalable d'un accord définissant « *les modalités d'une interdépendance librement réalisée entre les deux pays* » également mentionnée dans ce protocole.

En vérité, il est maintenant admis que les responsables français étaient, pour des raisons économiques et stratégiques, déterminés à conserver des liens étroits et indéfectibles avec leurs anciennes colonies. L'historiographie française et contemporaine nous apprend en effet, que la France, sortie dévastée, ruinée et affaiblie des deux conflits mondiaux ne pouvait réussir sa reconstruction et retrouver un statut de grande puissance sans garder le contrôle des marchés et des ressources de son empire. Ce qui a hypothéqué les aspirations à l'indépendance de ses anciennes colonies.

Dans son ouvrage publié en 2015, Pierre Vermeren –professeur d'histoire contemporaine à la Sorbonne, spécialiste des mondes arabes et africains du Nord et de la décolonisation– révèle que la France, considérablement affaiblie par la seconde guerre mondiale avait besoin de conserver le contrôle de son empire colonial pour pouvoir se reconstruire. Je le cite « *pour les autorités françaises la France, occupée, détruite et humiliée n'a aucune chance de se relever sans son empire* ». Il précise qu'en 1945 la France était menacée de révolution car occupée par l'armée américaine, elle était dépourvue de capitaux, de monnaie, d'armée indépendante sans compter ses infrastructures dévastées, son peuple vieillissant, et ses élites majoritairement compromises durant l'occupation. Dès lors, « *l'appel à l'empire se révèle donc plus crucial encore que dans les années 1930* »[5].

Ainsi les responsables français de l'époque estimaient, pour des considérations stratégiques vitales, qu'un désengagement total de ses possessions coloniales, priverait la France de ressources humaines et matérielles nécessaires à sa renaissance économique et à la préservation de son statut de grande puissance au plan régional et mondial.

Cette orientation est confirmée par les déclarations de Pierre Mendès France sur l'avenir des relations tuniso-françaises reprises par Samir Saul, dans son ouvrage paru en 2016 qui traite des intérêts économiques français en rapport avec la décolonisation de l'Afrique du Nord. Excluant d'emblée toute forme d'indépendance de la Tunisie « *même future et lointaine* », il n'envisage le futur statut franco-tunisien que dans le cadre d'une association d'États et de territoires unis à la France par des intérêts communs « *suffisamment puissants pour que la permanence de leurs liens soit indiscutable pour chacun de nous* »[6].

Et c'est ainsi que seront hypothéquées, les aspirations à l'indépendance des peuples de la rive Sud au bénéfice de l'Europe et notamment la France soucieuses de préserver et de consolider leurs zones d'influence et leurs intérêts stratégiques en Afrique du Nord et dans le bassin méditerranéen. D'où la marginalisation du processus de décolonisation bilatéral au profit du cadre multilatéral de coopération européen concrétisé par les accords de libre-échange signés en 1969 avec la Tunisie et le Maroc.

Depuis, la mondialisation commerciale inégale basée sur une division internationale inéquitable du travail au détriment du tiers monde et la multilatéralisation des relations économiques internationales va peu à peu s'imposer au détriment des rêves d'émancipation des pays du tiers monde.

En Tunisie, cette période correspond à la fin de l'expérience socialiste de développement associée à la stratégie de décolonisation économique initiée en Tunisie au début des années soixante dans le cadre des perspectives décennales de développement. Elle coïncide également avec la politique

---

[5] Pierre Vermeren, Le choc des décolonisations. *De la guerre d'Algérie aux printemps arabes*, Éditions Odile Jacob, 2015, p. 17 et suivantes.

[6] Samir Saul, *Intérêts économiques français et décolonisation de l'Afrique du Nord (1945-1962)*, Éditions Droz, Genève, 2016, p. 664 et suivantes.

d'ouverture économique sur les investissements étrangers concrétisée par la loi de 1972 sur la promotion des industries exportatrices étrangères.

Certes, la diplomatie tunisienne a continué à œuvrer dans les années 70 en vue de rééquilibrer nos relations avec l'ensemble européen en mettant à profit les acquis réalisés par le mouvement des non-alignés. Et c'est ainsi qu'a été signé en 1976 l'accord de coopération multidimensionnel entre la Tunisie et la CEE qui, s'il avait été mis en œuvre, aurait constitué une avancée dans le sens de l'établissement de relations Nord-Sud plus justes et plus équilibrées.

En effet, il s'agit du seul accord tuniso-européen reconnaissant explicitement les disparités économiques et les décalages des niveaux de développement entre les deux parties. En outre, il engage les pays européens à soutenir les plans de développement tunisiens dans les secteurs productifs industriels et agricoles ainsi que les domaines économiques et sociaux. Et c'est ce que nous allons constater en examinant ses caractéristiques propres comparées à celles de l'accord de 1969.

II-2- LA NATURE ESSENTIELLEMENT COMMERCIALE DE « L'ACCORD D'ASSOCIATION » TUNISIE-CEE DE 1969

La négociation de cet accord sera affectée par l'état des relations instables avec la France jusqu'à la fin des années 1960. Elles aboutiront en 1969 à la conclusion d'un accord quinquennal intitulé « accord d'association entre la Tunisie et la CEE » mais dont le contenu était d'essence purement commerciale tel que voulu par la CEE[7]. En effet ce premier accord n'avait rien d'une véritable association orientée vers la conception et la mise en œuvre d'un projet et d'une vision globale commune de l'avenir des rapports politiques économiques et sécuritaires entre les deux rives.

Sa vocation première telle que précisée dans le préambule consiste à « *éliminer les obstacles pour l'essentiel des échanges entre la communauté économique européenne et la République tunisienne* ». Ce faisant aucun avantage préférentiel n'est concédé à la Tunisie tenant compte de son niveau inférieur de développement.

[7] Mohamed Sassi, « Les relations de la Tunisie avec la CEE : les débuts difficiles (1957-1976) », in Mohamed Sassi (dir.), *Espace Méditerranéen : diversité et évolution*, ATHE-SPM, Tunis-Paris, 2020.

II-3- LES CARACTERISTIQUES DE L'ACCORD DE COOPERATION TUNISIE-CEE DE 1976

A l'opposé, l'accord de 1976 était, au niveau des principes et du contenu, mieux adapté aux besoins et aux attentes de la Tunisie qui avait souhaité dès le départ la conclusion avec la CEE d'un « contrat de développement » tenant compte de ses besoins spécifiques, des écarts de développement et ses priorités dans les domaines de la coopération économique, industrielle et technologique.

Intitulé « accord de coopération », il prend en compte les « *niveaux de développement respectifs* » des deux parties et couvre les différents secteurs de coopération. Dans le préambule qui définit ses orientations stratégiques, il est précisé qu'il s'insère dans le cadre de l'instauration d'un « *nouveau modèle de relations entre États développés et États en voie de développement compatible avec les aspirations de la communauté internationale vers un ordre économique plus juste et plus équilibré* ».

Selon les dispositions de cet accord, la CEE s'engage à contribuer au développement de la Tunisie en tenant compte « des *objectifs et priorités des plans et programmes de développement de la Tunisie* ». Cette coopération diversifiée et multiforme inclut la participation de la CEE à « *l'industrialisation de la Tunisie et la modernisation du secteur agricole de ce pays* » et ce par une « *coopération dans le domaine scientifique, technologique et de la protection de l'environnement* »…

S'agissant du volet commercial, l'article 8 précise que « l'objectif du présent accord est de promouvoir les échanges entre les parties contractantes, en tenant compte de leurs niveaux de développement respectifs et de la nécessité d'assurer un meilleur équilibre dans leurs échanges commerciaux en vue d'accélérer le rythme de croissance du commerce de la Tunisie et d'améliorer les conditions d'accès de ses produits au marché de la communauté ».

À cet effet, les concessions tarifaires octroyées au bénéfice de la Tunisie sont reprises et l'éventail des produits bénéficiaires est élargi sans obligation de réciprocité au profit de la CEE. Ainsi, les produits sidérurgiques, industriels et de l'artisanat auront libre accès au marché commun sans restrictions quantitatives et en exemption des droits de douanes. Quant aux échanges agricoles, ils sont soumis à un système de réductions tarifaires et de calendrier d'exportation.

Dans le domaine de l'énergie, l'apport de l'accord consiste à instituer une coopération dans le domaine « de la recherche, de production et de transformation des ressources énergétiques de la Tunisie et à toutes les activités ayant pour effet de valoriser sur place ses ressources… »

Ainsi, cet accord se distingue par les améliorations notables introduites dans son volet commercial. Il se caractérise aussi par l'adjonction de nouveaux domaines de coopération incluant la coopération économique, financière, technique et énergétique ainsi que le domaine social.

Son importance découle du fait qu'il s'inscrivait pour la première fois dans le cadre d'une nouvelle « *approche méditerranéenne globale et équilibrée* » exprimée lors du sommet de la CEE tenu à Paris en octobre 1972. Mais en dehors de ses mobiles politico-économiques, cette politique méditerranéenne est demeurée sans contenu précis et sans prise réelle sur la nature des relations de la Tunisie avec l'ensemble européen qui sont demeurées d'essence purement commerciale et prioritairement orientées vers l'édification d'une zone de libre-échange avec les pays de la rive sud.

C'est pourquoi, l'accord de 1976 ne connaitra aucun début de concrétisation d'autant plus que sa signature coïncidait avec la création du G7 en 1975 qui incarne le retour en force des préceptes ultralibéraux dans un contexte d'exacerbation de la guerre froide.

II-4 LE G7 : UNE GOUVERNANCE OLIGARCHIQUE SUPRANATIONALE AU SERVICE DU LIBRE-ECHANGE INEGAL

Il importe de souligner l'importance accordée par le G7 à la reprise en main économique des pays touchés par la vague de révoltes arabes afin d'empêcher toute velléité de remise en cause des politiques qui servent leurs intérêts. D'où la rapidité de sa réaction à ces évènements incarnée par le nouveau partenariat de Deauville proposé en mai 2011.

Rappelons que le G7 avait été constitué en 1975 en réaction à la crise économique et financière générée par la guerre de 1973 et le recours par les pays arabes soutenus par l'URSS au blocus pétrolier à l'encontre des USA en raison de leur soutien à Israël. Sa vocation première a été la mise en place d'une gouvernance oligarchique mondiale supranationale basée sur la promotion de l'économie de marché et du libre-échange intégral des biens et services en tant qu'unique forme de gestion des relations économiques et commerciales à l'échelle mondiale[8].

Dès le début des années 1980, ce système revendique le bannissement de toute forme de protectionnisme, de collectivisme et d'organisation socialiste des affaires économiques nationales et mondiales ainsi que la promotion du secteur privé en tant que principal acteur économique aux dépens de l'État national et de ses attributs souverains dans la définition de ses choix économiques.

Rappelons que cette uniformisation de la pensée et de la politique économique va se traduire par un recul de la démocratie en occident tant au niveau national que multilatéral. Il en résulte également un affaiblissement des États nations face au système multilatéral oligarchique dominé par l'occident ainsi que la marginalisation du système des Nations Unies qui est basé sur le principe de l'égalité des États indépendamment de leur poids économique.

Dès lors, les élections supposées démocratiques ne se traduisent plus par une alternance des politiques et des choix économiques qui sont décidées en dehors des frontières par des institutions supranationales non démocratiquement élues qui privilégient les intérêts du capital mondialisé aux dépens de la souveraineté des États et des pouvoirs élus. Ce qui entache considérablement la crédibilité du système démocratique occidental. Ainsi, les tentatives du tiers monde d'accéder au développement par le rééquilibrage des échanges mondiaux ont été sacrifiées par cette multilatéralisation oligarchique des relations internationales. Ce qui a mis un terme aux tentatives initiées au sein des Nations Unies par les non-alignés et les pays nouvellement indépendants pour la mise en place d'un système économique et commercial mondial plus juste et plus équilibré.

En fait, ces tentatives de rééquilibrage des relations internationales sont perçues comme un danger pour les intérêts des grands pays industrialisés et de leurs multinationales qui détiennent des capacités exclusives de surproduction d'échelle planétaire dans les secteurs stratégiques industriels et agricoles dépassant leurs marchés nationaux. D'où leurs besoins pressants et vitaux d'éliminer toutes les entraves au libre-échange afin de préserver leur domination du commerce mondial et étendre leurs marchés à l'infini.

---

[8] Bertrand Badie, *La diplomatie de Connivence Les dérives oligarchiques du système international*, La Découverte, 2011, p. 109 et suivantes.

A noter qu'à la suite de l'effondrement du bloc soviétique, ce système a été étendu par les USA et ses alliés occidentaux au reste de la planète dans le cadre de la mise en place du nouvel ordre mondial unipolaire qui coïncide également avec la création de l'UE. Celle-ci se substitue à la Communauté économique européenne et adopte une nouvelle doctrine diplomatique dite d'intégration à l'égard de son voisinage arabe et méditerranéen.

Cette doctrine repose sur les préceptes ultralibéraux de l'OMC qui préconise le libre-échange illimité des produits industriels, agricoles ainsi que des services et ce par l'élimination totale des barrières douanières et toutes les formes d'obstacles administratifs et réglementaires. Mais face au blocage des négociations au sein de l'OMC sur l'extension du libre-échange aux services et à l'agriculture en raison des réserves de certains pays émergents, l'UE impose aux pays du sud des accords bilatéraux dont celui conclu en 1995 avec la Tunisie portant sur les produits industriels qui prévoit son extension par le biais de l'ALECA[9].

CONCLUSION

Dans son discours d'investiture, le nouveau Président de la République tunisienne, Kais Said, avait réaffirmé le respect par la Tunisie de ses engagements internationaux tout en estimant qu'elle est en droit de demander l'adaptation des accords conclus ou négociés en fonction de ses intérêts bien compris. Compte tenu du bilan des relations et des négociations entreprises depuis l'indépendance avec l'ensemble européen, j'estime que cette position est amplement justifiée s'agissant de nos relations avec nos partenaires du G7 et de l'UE tant au niveau bilatéral que multilatéral.

Il importe de rappeler que la Tunisie et l'UE avaient convenu en 2017, l'initiation d'une réflexion stratégique commune portant sur l'avenir des relations tuniso-européennes. Le ministre tunisien des Affaires étrangères de l'époque, Khemais Jhinaoui avait déclaré que la Tunisie souhaitait sortir de la politique de voisinage et bénéficier d'un nouveau partenariat mieux adapté à ses intérêts et sa démocratie naissante.

C'est pourquoi, il conviendrait de réhabiliter ce dialogue stratégique avec la partie européenne et les pays du G7 afin de tirer les enseignements qui s'imposent du bilan de la coopération tuniso-européenne et de définir en

[9] Maxime Combes, Thomas Coutrot, Frédéric Lemaire, Dominique Plion, Aurélie Trouvé, *Les Naufragés du Libre-échange : de l'OMC au Tafta*, Éditions Les Liens qui Libèrent, 2015, p. 45 et suivantes.

commun les bases de relations futures plus justes, plus équilibrées et mieux adaptées aux besoins spécifiques de la Tunisie en matière de développement.

CHAPITRE 18
RELATIONS ECONOMIQUES TUNISIE-UE : DE LA POLITIQUE MEDITERRANEENNE RENOVEE AU PROCESSUS DE BARCELONE (1992-1995)

Mohamed SASSI

Université de Tunis

INTRODUCTION

À la fin des années 1980 et pendant les années 1990, la région du Maghreb[1] était parmi les rares régions dans le monde à avoir vécu un renversement de situation en termes de croissance économique[2], d'endettement[3] et d'investissements privés[4] là où, très souvent, les dépenses publiques sont mal appropriées ou mal adaptées à la donne internationale[5]. La Politique Méditerranéenne Globale de la CEE a duré près de 20 ans (1972-1992), avec des résultats mitigés[6], à la lumière des résultats économiques escomptés[7]. Le ralentissement de la croissance économique et

---

[1] Bien que l'on traite ici du cas tunisien, les pays du Maghreb (l'Algérie, le Maroc, la Mauritanie, la Libye et la Tunisie) sont concernés par cette étude.

[2] Plusieurs études ont posé la question de la croissance à partir de différents angles : Abdelkader Sid Ahmed, « Emploi et croissance au Maghreb : bilan et perspectives », *Revue Tiers Monde*, Vol. 32, N° 125 (Janvier-Mars 1991), Publications de la Sorbonne, p. 7-37.

[3] Mohamed Benlahcen Tlemçani, « Endettement et restructurations économiques et financières au Maghreb », dans *Revue française d'économie*, volume 6, n° 3, 1991, p. 115-142.

[4] Chedly Ayari, « Les investissements de capitaux privés arabes au Maghreb et au Machreq », *Revue des mondes musulmans et de la Méditerranée*, N° 62, Année 1991, p. 136-140 ; A. Sadoudi, « Réformes et développement en Algérie », http://www.enssea.net/enssea/majalat/0201.pdf, Page consultée le 19 novembre 2019, à 16H00.

[5] Shantayanan Devarajan, Vinaya Swaroop et Heng-fu Zou, « The Composition of Public Expenditure and Economic Growth », *Journal of Monetary Economics*, Vol. 37, 1996, p. 313- 344.

[6] Bichara Khader, « Europe and the Maghreb 1957-2015 », *Rivista di Studi Politici Internazionali*, Nuova serie, Vol. 82, N° 2 (326) (Aprile-Giugno 2015), p. 189-216.

[7] Mohamed Sassi, « Les relations de la Tunisie avec la CEE : les débuts difficiles (1957-1976) », Mohamed Sassi (dir.), in *Espace méditerranéen : diversité et évolution*, ATHE-SPM, Tunis - Paris, 2020.

de l'expansion du commerce international, en plus de la pression accrue des contraintes externes accélèrent la récession des états maghrébins, d'autant plus que les programmes pour améliorer l'environnement commercial et l'investissement y ont été faibles, en comparaison avec d'autres parties du monde. S'imposent ainsi certaines réformes structurelles face aux changements géopolitiques que subit le monde depuis les négociations sur le commerce multilatéral (NCM) de l'Uruguay Round, en 1986[8]. Cette libéralisation attendue des économies maghrébines se trouve bien accueillie par la Rive Nord de la Méditerranée, l'historicité des rapports économiques étant établie[9] et la proximité géographique étant un état de fait.

Ce contexte coïncide avec une volonté du nouveau pouvoir en Tunisie (sous le régime de Ben Ali depuis 1987), qui, depuis 1988, s'applique à s'insérer dans l'économie mondiale, à travers le partenariat avec la CEE. La période de 1992-1995 étant cruciale dans la définition de l'avenir des rapports entre la Tunisie et la Communauté européenne, une approche croisée Nord/Sud s'impose à travers l'analyse du contexte difficile des rapports multilatéraux. En nous basant principalement sur des archives de la Commission européenne et celles du Ministère des Affaires étrangères tunisien, il est question de ressusciter l'histoire de cette convergence d'intérêts régionale à travers laquelle la politique entreprise, de part et d'autre, commence à définir les contours d'une nouvelle forme de partenariat euro-méditerranéen.

I- LE DEBUT DES ANNEES 1990 : LE JEU DU RAPPORT ENTRE LA PMR DE LA CEE ET LA TUNISIE

La nouvelle politique de proximité de la CEE est dictée par des impératifs liés à la fois à l'accélération de la poussée libérale dans le monde et la perspective d'élargissement de la CEE vers les pays de l'Est. Au niveau des pays du Maghreb, ce changement majeur de la donne mondiale se

[8] Le principe le plus important du GATT est celui du commerce sans discrimination, selon lequel chaque pays membre ouvre ses marchés sur un pied d'égalité. Conformément aux clauses inconditionnelles relatives à la nation la plus favorisée, cela signifiait qu'une fois qu'un pays et ses principaux partenaires commerciaux avaient accepté de réduire un tarif, cette réduction était automatiquement étendue à tous les autres membres du GATT.

[9] Cf. Mohamed Sassi, « Les relations de la Tunisie avec la CEE : les débuts difficiles (1957-1976) », *op. cit.* ; Abdelkader Sid Ahmed, « Les relations économiques entre l'Europe et le Maghreb », *Revue Tiers Monde*, Vol. 34, N° 136, L'Europe et le Tiers Monde (Octobre-Décembre 1993), Publications de la Sorbonne, p. 759-780.

traduira au niveau des programmes économiques. Ainsi, la Tunisie se trouve contrainte à poursuivre, depuis 1988, une politique économique relativement libérale qui s'accélèrera à partir de 1992.

1- UN CONTEXTE COMMERCIAL INTERNATIONAL DIFFICILE ET COMPLEXE

Les NCM de l'Uruguay Round de 1986, proposés par Ronald Reagan en 1982[10], s'avèrent être le tournant décisif dans les rapports économiques en Méditerranée. Ce Cycle a négocié le plus ambitieux ensemble d'accords de libéralisation du commerce de l'histoire du GATT. Il en a résulté une nouvelle guerre commerciale entre l'Europe et les États-Unis, avec la mise en application d'accords de libre-échange des États-Unis avec Israël (1985) et le Canada (1988) et finalement l'Accord de libre-échange nord-américain (ALENA) en 1992[11]. Le traité du commercial mondial, adopté à la fin du cycle (fin 1994 à Marrakech), réduira les droits de douane sur les produits industriels (de 40% en moyenne) et les subventions agricoles. Il inclura également de nouveaux accords novateurs sur le commerce des services. Les pays en développement apparaissent, bien plus que l'agriculture ou l'industrie textile, communautaires, comme les grands perdants de ces négociations. La libéralisation débridée du commerce international va entraîner des inconvénients pour eux. Pour ces pays, « la seule solution favorable aurait été la possibilité d'ordonner des mesures collectives de rétorsion contre l'État développé reconnu coupable. Il n'était bien entendu pas question pour les États développés d'accepter la possibilité de telles mesures »[12].

Partout dans le monde, la perspective des accords du GATT commence à se faire sentir et se traduit, en termes géopolitiques et géoéconomiques, par des réactions qui vont de l'accélération des partenariats commerciaux aux

---

[10] Jean-Marc Siroën, « La politique commerciale américaine : une perspective historique », In : *Revue française d'économie*, volume 3, n° 4, 1988. p. 95-124.

[11] Daniel Turp, « L'accord de libre-échange nord-américain (ALENA) et sa procédure générale de règlement des différends », In : *Annuaire français de droit international*, volume 38, 1992. p. 808-822.

[12] Philippe Vincent, « L'impact des négociations de l'Uruguay Round sur les pays en développement », *Revue belge de droit international*, 1995/2, Editions Bruylant, Bruxelles.

rapprochements[13] interétatiques, à travers la formation de blocs économiquement homogènes. C'est d'ailleurs ainsi que se sont formés, dès 1989, des blocs de pays à caractère régional, tels le Marché Commun du Sud (MERCOSUR en mars 1991), l'Union européenne (UE) depuis 1993, ou encore la consolidation de l'ASEAN depuis 1995.

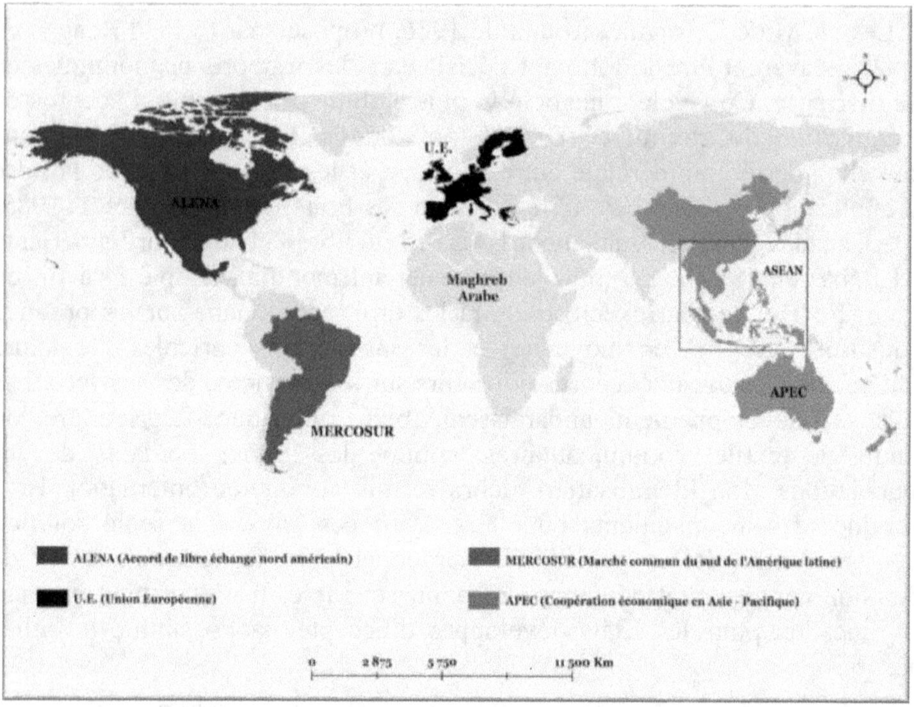

Cartes 1 : Groupements économiques régionaux en 1995

Les pays du Maghreb prennent également conscience du rapprochement de l'échéance de 1994, date à laquelle la Clause de la nation la plus favorisée (NPF) sera effective. Se lance ainsi une première tentative de coordination politique maghrébine à travers la création de l'Union du Maghreb Arabe (UMA), regroupant la Tunisie, le Maroc, l'Algérie, la Mauritanie, et la Libye, avant même de créer les institutions nécessaires

[13] Ceux-ci ayant abouti, en Europe, à la chute du mur de Berlin et à l'appui financier, européen et américain, aux pays de l'Europe de l'Est, en vue de les préparer à s'intégrer à la CEE.

permettant de poursuivre le projet de cette union[14]. Par ailleurs, l'Europe des Douze juge, en novembre 1989, que le dispositif de l'accord signé en 1976 avec les pays du Maghreb est obsolète[15], en vue des changements des réglementations commerciales mondiales.

2- LA « POLITIQUE EUROPEENNE DE PROXIMITE » ET LE MAGHREB

Dans la perspective de réaliser le marché unique de 1992, la CEE tente de renforcer ses liens économiques avec les pays limitrophes, à savoir l'AELE[16], les pays de l'Est et les Pays Tiers Méditerranéens (PTM). L'heure est à la réduction des écarts entre les deux rives de la Méditerranée. C'est ce qui nécessite la mise en place d'une nouvelle stratégie permettant de créer un pôle économique régional en mesure de soutenir la concurrence des États-Unis et des pays de la zone asiatique.

La Commission européenne adopte deux documents qu'elle transmet au Conseil des ministres, l'un technique, faisant le bilan de la politique méditerranéenne de la CEE, et l'autre, définissant les orientations de la PMR. Le premier est élaboré par la section des relations extérieures, de la politique commerciale et du développement, chargée de préparer les travaux en la matière[17], et le second émane du Comité économique et social[18]. Ces documents devraient permettre aux États membres d'engager une réflexion politique profonde à la lumière de la situation politique et économique des PTM d'une part et de la nouvelle dynamique dans ces mêmes domaines, d'autre part.

---

[14] Rafael Bustos, « L'UMA : institutions, fonctionnement et prospective », *L'Ouest saharien*, Hors série, N°9-2, 2009, p. 139-164.

[15] *Le Monde* du 18 novembre 1989.

[16] L'Association Européenne de Libre-échange (AELE) a été fondée le 4 janvier 1960, à la suite de la signature de la Convention de Stockholm. L'accord est rentré en vigueur le 3 mai 1960. Les pays fondateurs sont : la Suisse, le Danemark, la Grande-Bretagne, la Norvège, l'Autriche, le Portugal et la Suède. La Tunisie conclura avec l'AELE un accord commercial en décembre 2004. Le 1er janvier 2008, tous les produits industriels seront totalement exonérés.

[17] Avis élaboré le 16 juin 1989, rapporteur : M. Amato. *Journal officiel des Communautés Européennes*, « Avis sur la politique méditerranéenne de la Communauté européenne du 28/8/1989 (89/C221/05), N° C221/16.

[18] Avis adopté lors de la 268e session plénière – séance du 12 juillet 1989 – par 45 voix pour, 19 voix contre et 17 abstentions.

Se lance ainsi une nouvelle politique de proximité qui consiste à introduire un équilibre dans les relations de la CEE avec les différents groupes de voisins immédiats[19]. Cette politique est justifiée, selon les termes du journal officiel de la CEE, par les changements dans la situation de la géopolitique internationale et la nécessité de redéfinir l'ordre des priorités.

> *L'évolution de la situation politique internationale, le processus de globalisation de l'économie, l'accroissement des déséquilibres Nord-Sud dans le monde et la réalisation du marché unique européen font apparaitre la nécessité de redéfinir le rôle international de la Communauté sur le plan politique et économique*[20].

Pour ce qui est des PTM, le constat fait par la Commission européenne, tel qu'il ressort de son bilan, se place à deux niveaux : celui de l'impact de la politique méditerranéenne dans les années 1970 et 1980 sur les structures économiques, financières et commerciales jugées faibles et insuffisantes, d'une part, et celui de la dégradation économique de ces pays due à des facteurs exogènes (crise économique mondiale) et endogènes (déséquilibres financiers, insuffisance de la croissance économique, chômage élevé, déficience alimentaire, environnement dégradé, etc.). La Commission analyse, entre autres, les causes de la faiblesse des investissements privés européens dans ces pays, et souligne les faiblesses d'ordre économique et structurel. Les politiques économiques sont, en effet, jugées inadéquates et l'environnement administratif n'est pas suffisamment accueillant pour faire face aux enjeux futurs.

Les premiers constats du rapport de la Commission soulignent le fait que la productivité est généralement peu élevée, surtout en comparaison avec la majorité des pays développés ou encore l'Asie du Sud Est, d'autant plus que les marchés nationaux très exigus : l'exiguïté des marchés représente manifestement un handicap, surtout si elle s'accompagne d'entraves à l'exportation sur les marchés immédiatement voisins. Les structures des industries des PTM présentent également des faiblesses énormes : en dehors

---

[19] Les douze PTM avec lesquels la Communauté a conclu des accords sont : Malte, Chypre et la Turquie (accord d'association), le Maroc, la Tunisie, l'Algérie, l'Égypte, la Jordanie, le Liban, la Syrie, la Yougoslavie (accords de coopération), Israël (accord de libre accès). Il s'agit en définitive de l'ensemble des pays tiers du bassin méditerranéen, sauf la Libye et l'Albanie. *Journal officiel des Communautés Européennes*, « Avis sur la politique méditerranéenne de la Communauté européenne du 28/8/1989 (89/C221/05), N°C221/16.

[20] *Ibidem.*

du secteur textile/habillement, l'interdépendance industrielle reste encore peu développée. Les pays tiers méditerranéens ne se trouvent pas vraiment intégrés dans le réseau complexe de la vision du travail interindustrielle qui existe en Europe occidentale. Les industriels européens ne sont donc pas – encore – suffisamment encouragés à créer des joint-ventures avec leurs homologues méditerranéens et ils ne tirent pas tous les avantages de la sous-traitance. Les enjeux sont donc d'ordre politique certes, mais économique principalement.

Sur le plan politique, il s'agit surtout de ne pas laisser « se creuser davantage les écarts de développement économique et social entre la CEE et les pays tiers méditerranéens qui seraient porteurs de « risques et de dangers potentiels » à l'encontre de « la stabilité économique et politique de la Communauté »[21]. Au niveau économique, le document insiste sur les opportunités qui peuvent s'offrir à la Communauté dans la région dans le domaine commercial, industriel et en matière de sécurité des approvisionnements énergétiques (le gaz notamment).

Le « programme Communauté-Méditerranée » s'appuie sur une politique de soutien massif aux économies des pays méditerranéens et le renforcement des processus de démocratisation engagés par un bon nombre d'entre eux.

[21] *Ibid.*

Encadré 1.
Les six volets du « programme Communauté-Méditerranée » de la Commission Européenne

(1) accompagnement du processus d'ajustement économique, avec l'assistance financière du FMI et de la BIRD pour des appuis techniques et financiers, comme alternative de stabilisation macro-économique[22] ;

(2) facilitation de nouveaux investissements privés, à travers des moyens budgétaires limités (tels les capitaux à risque) ;

(3) financement d'investissements à une plus grande échelle, avec priorité pour la création de PME, les projets d'intégration régionale, l'environnement et les programmes d'autosuffisance alimentaire ;

(4) maintien d'un accès ouvert au marché communautaire et appui technique à l'amélioration des structures d'exportation ;

(5) implication plus directe et plus étroite des PTM dans l'évolution de la Communauté en les associant à des programmes communautaires et à des aspects du marché unique (normes, douanes, transports, etc.) ;

(6) renforcement du dialogue économique dans différents secteurs (agriculture, énergie, fiscalité, etc.) y compris au niveau régional.

Source : *Journal officiel des Communautés Européennes*, « Avis sur la politique méditerranéenne de la Communauté européenne du 28/8/1989 (89/C221/05), N° C221/21.

L'un des mérites du document de la Commission est d'avoir inscrit de manière explicite les intérêts et les relations entre les deux régions dans un cadre géopolitique. La politique volontariste de la CEE à cette époque offre la possibilité pour les pays du sud de trouver un terrain de dialogue favorable à la collaboration. Ainsi, par exemple, « les prêts et les aides non remboursables de la Communauté ne doivent s'effectuer ni sous forme d'aides à la balance des paiements, ni en tant qu'aides traditionnelles au

[22] Journal officiel des Communautés Européennes, « Avis sur la politique méditerranéenne de la Communauté européenne du 28/8/1989 (89/C221/05), N° C221/21.

développement (plus adaptées aux pays pauvres), mais plutôt sous forme de soutien aux adaptations structurelles »[23]. Le nouvel engagement de la CEE à modifier sa politique envers les PTM, semble être, de part et d'autre de la Méditerranée, une nouvelle opportunité historique à saisir. C'est ainsi que commence, en décembre 1990, la Politique Méditerranéenne Rénovée (PMR).

> *... Suite à l'adhésion de l'Espagne et du Portugal, des protocoles additionnels ont été conclus avec les PTM qui ont permis d'améliorer les concessions accordées pour les produits agricoles. Jusque-là, la politique méditerranéenne de la Communauté avait suivi une approche traditionnelle construite sur deux piliers, des concessions commerciales d'une part, et une coopération financière de l'autre, axée pour l'essentiel sur une aide-projet classique. Fin 1989, la Commission, sur la base d'un bilan de la politique de la Communauté en Méditerranée d'une part, et d'autre part suite aux changements géopolitiques résultant de la chute du mur de Berlin, a communiqué une analyse des relations telles qu'elles étaient à ce moment avec les PTM et proposé des pistes pour une réactualisation de cette action dans le document « Vers une politique méditerranéenne rénovée », compte tenu des défis qui se présentaient à l'Europe et à ses partenaires au Sud. Cette réorientation, la Politique Méditerranéenne Rénovée (PMR), adoptée par le Conseil en décembre 1990, tout en renforçant l'action déjà en cours, a introduit une dimension nouvelle, donnant un élan plus dynamique aux relations avec les PTM en renforçant l'action de la Communauté, à travers notamment un appui aux réformes économiques afin de soutenir et d'encourager les processus d'ouverture et de réformes structurelles entreprises par certains pays méditerranéens*[24].

[23] *Ibid.*

[24] Commission Européenne, « La politique méditerranéenne de l'Union européenne », Fiche d'information (MEMO/94/63), 19 octobre 1994, https://ec.europa.eu/commission/presscorner/detail/fr/MEMO_94_63, Site consulté le 29 novembre 2019, à 22h37.

3– LE NOUVEAU CADRE DE COOPERATION ET LES RAPPORTS INTERMAGHREBINS

Le nouveau cadre de coopération que la Commission propose sera largement inspiré des accords d'association conclus avec la Pologne, la Tchécoslovaquie et la Hongrie. D'après les experts de la Communauté, il va y avoir un accord cadre CEE/Pays de l'UMA qui va être adopté et aménagé selon les spécificités, les contraintes et les souhaits de chacun des trois pays du Maghreb. Il est à préciser que la conclusion des nouveaux accords ne sera pas liée à l'avancement de la construction maghrébine.

Les nouveaux accords auront pour objectif d'atteindre, endéans une période de 10 à 15 ans, la réalisation du libre-échange CEE-Pays du Maghreb et la mise en place d'un espace euromaghrébin complémentaire à l'Espace Économique Européen. La partie communautaire a donné son accord pour engager, dès ce moment, des consultations portant sur l'élaboration des études suivantes :

– une étude sur « le coût de la Non -UMA », à l'instar de l'étude sur « le coût de la non-Europe » ;

– une étude sur « l'avenir des relations CEE-Tunisie, avec sa composante relative à la zone de libre échange ».

Ces études seront élaborées par des équipes conjointes d'experts CEE/UMA.

Les contacts exploratoires au niveau des experts devraient être suivis par une « confrontation politique ». En fait, la nouvelle approche de la Communauté, exprimée déjà dans la communication de la Commission du 29 avril 1992 sur le « nouveau partenariat euromaghrébin » devrait non seulement se baser sur les différents mécanismes existants (notamment dans le cadre de la PMR), mais aussi mettre en place de nouveaux instruments et cadres à même d'assurer l'impact économique, politique et social souhaité. À cet effet, la partie communautaire estime éminemment souhaitable que le ministre des Affaires étrangères tunisien se rende à Bruxelles, à l'instar de son homologue marocain, pour une visite de travail d'une journée (pour entretiens avec Delors et Matutes) et ce, avant le Sommet Européen prévu pour le 15 juin 1992 et qui aura à examiner les propositions de la Commission concernant l'avenir des relations CEE/Pays du Maghreb.

II- L'OUVERTURE ECONOMIQUE DE LA TUNISIE FACE A LA NOUVELLE « POLITIQUE DE PROXIMITE » DE LA CEE

Le début des années 1990 représente un tournant dans l'histoire économique et diplomatique avec l'Europe. Pourtant, les relations intermaghrébines ne semblent pas avoir été suffisamment mises au point pour faire face à la nouvelle donne géopolitique. Mais, côté tunisien, le redressement de la situation du déséquilibre commercial et structurel devient la première priorité du Gouvernement de Hamed Karoui, chargé par le Président Ben Ali.

1- LA PERSPECTIVE LIBERALE : UNE PERSPECTIVE SOUS CONDITIONS ?

Lors du Conseil des Ministres de la Communauté de février 1990, le débat sur la question de la PMR a mis en perspective les rapports avec les pays du Maghreb. Mais la question a été placée au dernier point de l'ordre du jour. La priorité, à cette époque, est celle des relations CEE/Europe Centrale et Orientale. C'était l'occasion pour le Conseil des ministres tunisien d'appuyer les efforts d'intégration au sein de l'UMA et de confirmer la nécessité de renforcer la coopération avec les Pays Tiers Méditerranéens (PTM). Il faut bien constater que le débat à ce propos ne semble pas avoir représenté un enjeu important jusque-là pour ce qui concerne la Tunisie[25]. De quoi faire ressentir, du côté tunisien, la frustration et l'urgence. En effet, on redoute alors les risques d'une possible aggravation de la situation pour la Tunisie, à l'approche du rendez-vous de Maastricht de 1992. D'autre part, les éventuels accords préférentiels avec certains pays de l'Est ne seront pas sans conséquences.

La Commission Nationale (1988)[26] pour les relations avec la CEE tente d'analyser la situation pour ainsi relativiser les choses, eu égard aux enjeux et implications, d'une part, et aux risques liés au positionnement

---

[25] Rapport de l'Ambassade de Tunisie à Bruxelles, « Réunion du Conseil « Affaires Générales » de la Communauté », Archives Nationales de Tunisie, Versement 33/2012, Boîte 13.

[26] Cette Commission a été créée en mai 1988 sous la recommandation du Président Zine el Abidine Ben Ali. Présidée par Mondher Znaidi (Secrétaire d'Etat à l'Industrie et au Commerce à l'époque), elle regroupe diverses compétences de l'administration, de l'université et du monde des affaires. Réf. Lettre du ministre de l'Economie nationale au ministre des Affaires étrangères (Mohamed Boughzala) du 9 mai 1988. Archives Nationales de Tunisie, Versement du Ministère des Affaires étrangères, 33/2012, Boîte 13.

international de la CEE, d'autre part. Les premières analyses semblent, aux yeux de cette commission, plutôt rassurantes dans l'ensemble. Tout compte fait, la PMR de la Communauté comporterait des conséquences positives et négatives sur l'économie tunisienne dont il faut saisir l'ampleur. Nonobstant, le soutien de la CEE à la Tunisie dépendra largement des efforts de libéralisation et du degré d'ouverture de son économie à la libre-concurrence[27].

Le processus des réformes économiques (financières, fiscales, douanières et de structure) s'est engagé dans le sens de l'ouverture de l'économie, plaçant ainsi la Tunisie en bonne position pour bénéficier des soutiens conditionnels de la Communauté. À cet égard, la Tunisie tente de se prévaloir de cet effort pour un accès privilégié au financement concessionnel. On sait qu'en 1992, l'Europe communautaire demeure le premier partenaire de la Tunisie avec :

– 77% des exportations tunisiennes ;

– 71% des importations ;

– 87% des investissements étrangers ;

– 66% de la coopération financière ;

– 89% des recettes touristiques[28].

Cependant, le financement externe de la Tunisie en provenance de la Communauté reste en retrait par rapport à ses importations. C'est une situation de distorsion que la diplomatie économique tunisienne devrait rectifier pour retrouver l'équilibre des rapports commerciaux avec la CEE. D'où la nécessité de conforter sa position de partenaire privilégié : elle doit miser sur les multiples avantages qu'offre sa législation financière et fiscale, de nature à lui faciliter l'accès au partenariat en question.

En outre, l'importance relative du tourisme communautaire et la proximité des frontières maritimes de la Tunisie devraient lui faciliter le soutien de la CEE pour la protection de son écosystème. Par ailleurs, la priorité qu'accorde la Tunisie à son développement agricole devrait également trouver écho auprès de la Communauté. En outre, en raison de sa

27 « Rapport de Commission Nationale pour les relations avec la CEE » fait par Afif Hendaoui le 18 mars 1990. Archives Nationales de Tunisie, Versement du MAE, Boîte 13.

28 « Les relations Tunisie-Union européenne : évolution et perspectives en prévision du nouvel accord », Archives Nationales de Tunisie, versement 33/2012, Boîte 16.

position, la Tunisie peut au moins compter sur le maintien de ses courants d'exportation agricole et peut-être aussi sur une amélioration du libre-accès de ses produits industriels.

S'agissant des futurs élargissements de la CEE vers les pays de l'Est, la question est préoccupante au regard de la diplomatie économique tunisienne[29]. La question devrait être traitée avec beaucoup de vigilance. À moyen terme, la Tunisie ne devrait pas craindre outre mesure d'éventuels accords privilégiés entre la CEE et certains pays de l'Est. Jusqu'alors, l'évolution politique de ces pays reste encore incertaine et la restructuration de leur économie n'est pas une tâche aisée. De plus, la réunification de l'Allemagne est de nature à créer une zone d'influence mark, essentiellement constituée par les pays de l'Est, sous la double influence de l'Allemagne de l'Est et des liens historiques et géographiques avec ces pays. Cette évolution pourrait, semble-t-il, donner plus de temps pour la restructuration de l'économie tunisienne, tout en aménageant ses rapports avec la CEE.

2– LA DIVERSIFICATION DE LA PRODUCTION DE SOUS-TRAITANCE

La Tunisie, voulant traduire sa stratégie d'intégration à l'économie régionale (la CEE en particulier), a mis en place une stratégie axée sur la privatisation et la sous-traitance. C'est ainsi que le VIIIe plan de développement (1992-1996) est allé au-delà des réformes structurelles. La restructuration de l'économie tunisienne s'est traduite par la diversification de ses exportations et une meilleure maîtrise de certains créneaux, tels certains produits chimiques, certains produits des industries mécaniques (l'électronique) et de nouvelles gammes dans le textile (la bonneterie). Cette diversification est naturellement gênée par les mesures non-tarifaires, ainsi que par le recours non compensé aux clauses de sauvegarde. Ce sont des détails nés de la réaction positive et constructive, en vue de retrouver une économie compétitive et intégrée à l'économie mondiale *via* le rapport avec la CEE.

Cela ne fait que confirmer l'idée que la remise en cause partielle de la non-réciprocité serait très coûteuse pour la Tunisie si elle intervenait trop tôt. La question de la dette publique et privée reste encore posée à cette

[29] Entretien avec Tahar Sioud, ex-ambassadeur de la Tunisie à Bruxelles, Entretien réalisé le 9 novembre 2019 par l'auteur à Tunis.

époque. Bien que la Tunisie reste en très bonne position pour maximiser les avantages qu'elle pourrait retirer de la nouvelle politique méditerranéenne de la Communauté, elle devrait résolument diversifier ses marchés d'écoulement en prospectant plus intensément d'autres régions industrialisées et en initiant une politique commerciale rigoureuse, à l'adresse de certains pays africains, entre autres.

3– LA VOLONTE D'INTEGRER L'ECONOMIE MONDIALE (OU LE VIIIe PLAN DE DEVELOPPEMENT)

Le projet économique du gouvernement tunisien, annoncé avec le VIIIe plan, s'attache à :

> *Permettre à l'économie de passer à un nouveau palier de croissance durable... C'est alors que des objectifs ambitieux sont lancés dans une perspective d'ouverture et de libéralisation économique. Cette évolution requiert une vigilance accrue et un effort soutenu, dans la mesure où elle s'opère dans un environnement marqué par des mutations et changements rapides et profonds et par des défis nombreux d'une acuité grandissante aux plans interne et externe*[30].

Au niveau interne, il s'agit d'améliorer l'efficacité de l'économie, de renforcer la capacité concurrentielle des entreprises et de dynamiser davantage les banques. Le niveau externe passe, en conséquence, par la définition et la mise en œuvre d'une nouvelle stratégie de coopération internationale, plus particulièrement avec l'Union européenne, principal partenaire de la Tunisie[31]. Ayant déjà été établies (la fiscalité, politique financière, la politique du commerce extérieur, etc.), des mesures libérales, allant de la libéralisation de l'importation aux privatisations, ont été lancées :

---

[30] « Entretiens exploratoires Tunisie-CEE : les objectifs du VIIIe plan », Rapport du 6 mai 1992, Versement 33/2012, Archives Nationales de Tunisie, Boîte 14.

[31] *Ibid.*

Tableau 1. Réformes de libéralisation économique en Tunisie en 1992

La fiscalité	**Introduction de la TVA et réforme de la fiscalité directe dans le sens de la simplification, la transparence et l'équité.**
Libéralisation de l'importation	**85% des importations sont libres**
Libéralisation des prix	**82% des prix à la production sont libres.** **Marge de distribution de 52% mesurée en termes de production**
Libéralisation de l'investissement	**Suppression de l'agrément sauf pour les secteurs bénéficiant d'avantages.**
Privatisation des entreprises publiques	**95 opérations de privatisation totale ou partielle ont été réalisées.**

Source : « Entretiens exploratoires Tunisie-CEE : les objectifs du VIIIe plan », Rapport du 6 mai 1992, Versement 33/2012, Archives Nationales de Tunisie, Boîte 14.

À ces réformes s'ajoutent celles du système financier, qui vont de l'amélioration du contrôle des banques et de la réglementation prudentielle et la suppression de l'autorisation préalable de la Banque Centrale pour l'octroi de crédits en passant par la réforme du marché monétaire et l'introduction de nouveaux produits (bons du Trésor, certificats de dépôt, billets de trésorerie, libéralisation des taux d'intérêt débiteurs et créditeurs) et le financement du budget de l'État aux conditions du marché, aux augmentations des taux d'intérêt préférentiels et à la réduction de l'assiette des crédits préférentiels.

La Tunisie considère que l'importante ouverture économique qu'elle a déjà réalisée et qu'elle compte parachever au cours des premières années du VIIIe plan constitue un pas très important pour l'adoption de toutes les composantes de l'économie de marché ou mieux encore d'une économie moderne.

Cette vision réformatrice devrait aboutir à la libéralisation du Commerce extérieur. Les réformes économiques entreprises n'ont de sens que si elles sont accompagnées d'un dialogue sectoriel dans les domaines de l'industrie et de l'agriculture entre la Tunisie et la CEE. Monsieur Amor Saafi, Directeur Général du Commerce Extérieur, souligne, lors de l'entretien exploratoire du 7 mai 1992, la nécessité d'une politique de codéveloppement qui devrait contribuer « à la réalisation des objectifs fixés par le VIIIe plan et assurerait les transferts technologiques requis pour le développement de la Tunisie »[32]. L'apport communautaire semble jusque-là indispensable pour l'action de restructuration et de modernisation des PME, de manière à les mettre en phase avec celles de leurs homologues européens.

III– 1992 : OUVERTURE D'UNE NOUVELLE PAGE DE NEGOCIATIONS

La coopération euro-méditerranéenne, lancée par la CEE, est supposée avoir un contenu ambitieux : un effort financier, le développement d'une coopération régionale, un appui à l'ajustement structurel pour les pays méditerranéens menant une politique d'ouverture et de réforme économique... Sans oublier son objectif de mettre en œuvre un véritable partenariat euro-méditerranéen. Une attention particulière a été portée à l'égard des pays du Maghreb quand les chefs d'État et de gouvernement se sont prononcés, à Lisbonne, en juin 1992, en faveur de l'établissement d'un « partenariat euromaghrébin » qui devrait favoriser la poursuite de la modernisation des systèmes économiques, et ce à travers « l'augmentation substantielle des investissements privés et plus particulièrement de « joint-ventures » euromaghrébines, en vue de promouvoir les activités créatrices d'emploi »[33].

1- VERS UN NOUVEAU CONTRAT MEDITERRANEEN : LA TUNISIE COMME MODELE DE PARTENARIAT NORD-SUD

Malgré la complexité de la situation régionale surtout avec la consolidation géopolitique en faveur des pays de la CEE, l'attitude de la diplomatie tunisienne demeure positive et constructive.

a- Les conversations exploratoires et leurs aboutissements positifs

Les nouveaux contacts exploratoires entre la Tunisie et la CEE ont lieu entre le 6 mai 1992 et le 24 novembre 1993, date à laquelle un mandat est adopté par la Commission européenne en vue de négocier un accord

[32] Entretien exploratoire du 7 mai 1992, Archives nationales de Tunisie, Versement 33/ 2012, Boîte 18.

[33] « Déclaration du Conseil européen sur les relations euromaghrébines », Lisbonne, juin 1992.

d'association. La commission européenne démarre sa mission à travers ses contacts exploratoires avec le Maroc (4-5 mai 1992 à Rabat), puis avec la Tunisie, une fois qu'« un signal politique » du Parlement Européen a été donné. Elle démontre ce faisant que les initiatives qu'elle est en train d'entreprendre ne se limitent pas au Maroc, mais qu'elles s'adressent aux trois pays du Maghreb. À cet égard, des contacts, dans le même cadre, ont pu avoir lieu également avec l'Algérie et ce, à l'occasion de la tenue du Conseil de Coopération CEE-Algérie.

Les premiers contacts exploratoires entre la Tunisie et la CEE depuis la signature de l'Acte Unique européen (AUE)[34] ont lieu à Bruxelles du 6 au 8 mai 1992[35]. Les experts tunisiens sont alors présidés par Monsieur Tahar Sioud[36], et ceux de Commission Européenne par Monsieur Eberhard Rhein[37]. Leur objectif : les perspectives des relations entre les deux parties. D'ores et déjà, l'on constate un changement positif dans l'attitude des experts communautaires et comme une prédisposition certaine de leur part pour apporter, dans le cadre d'un nouvel accord de coopération, différents instruments de coopération évoqués par la Tunisie.

Lors de ces premières discussions, la Tunisie semble apporter des réponses adéquates aux principales préoccupations et propositions de sa représentation diplomatique. L'ouverture économique démontre de fait l'existence d'une volonté de libération adaptée à la mise en place d'un véritable partenariat[38]. De son côté, la délégation de la CEE trouve satisfaction à amorcer une négociation basée sur des valeurs communes. Les signes annonciateurs d'un nouveau partenariat réussi commencent à apparaitre. Les attitudes et les intentions ont un sens. La preuve, c'est que,

---

[34] Le 17 février 1986, neuf états membres ont procédé à la signature de l'AUE, suivis par le Danemark (suite au résultat positif d'un référendum), l'Italie et la Grèce le 28 février 1986. Ratifié par les Etats membres au cours de l'année 1986, l'Acte unique est entré en vigueur le 1er juillet 1987. Il ouvre la voie à l'Union européenne qui prendra forme avec le traité de Maastricht. Cf. *Journal officiel des Communautés européennes (JOCE)*, 29.06.1987, n° L 169. [s.l.]. ISSN 0378- 7060. « Acte unique européen », p. 1.

[35] Compte-rendu des premiers contacts exploratoires Tunisie-CEE concernant l'avenir des relations Tunisie-Communauté européenne (Bruxelles, 6-8 mai 1992), 18 mai 1992. Archives Nationales de Tunisie, Versement 33/2012, Boîte 14.

[36] Alors Directeur Général Europe au Ministère des Affaires étrangères.

[37] Directeur, chargé des relations avec les Pays Méditerranéens à la Direction Générale des Relations Extérieures.

[38] Entretien avec Tahar Sioud, chef de la Diplomatie tunisienne à l'époque, ex-Ambassadeur de la Tunisie à Bruxelles, entretien réalisé le 9 novembre 2019 à Tunis par l'auteur.

en ce qui concerne le maintien et la diversification des exportations agricoles tunisiennes, pour la première fois, Monsieur Rhein, considère que la reconduction du quota « d'huile d'olive » après 1993 est possible. C'est d'ailleurs ainsi qu'une déclaration commune relative aux droits de la colonie européenne installée en Tunisie et de la colonie tunisienne installée dans les états membres pouvait s'inclure dans le volet social du nouvel accord. Mieux encore, une coopération plus hardie dans les domaines de la normalisation, du soutien aux PME, de la formation et du transfert technologique, des investissements extérieurs et d'appui au processus de convertibilité du dinar est envisagée.

La situation des équilibres budgétaires a également été au vif des débats. Ainsi, le sujet du recyclage de la dette a été évoqué par Monsieur Amor Saafi, Directeur Général du Commerce extérieur au Ministère de l'Économie Nationale, qui s'est réjoui de trouver, pour la première fois, une trace dans le document de la Commission concernant la question de la dette. Ahmed El Karam, de la délégation tunisienne également, directeur des Échanges et du Commerce Extérieur de la Banque Centrale, propose des solutions dans le cadre d'un ensemble de réformes monétaires. Son idée principale consiste en la création d'une institution financière euromaghrébine, avec la possibilité d'un libre-accès de la Tunisie aux ressources hors-protocole de la BEI, à l'instar du Brésil et du Chili. S'articule autour de cette idée le programme des réformes monétaires en cours ou prévues en Tunisie, notamment dans la perspective d'aboutir, par étapes, à la convertibilité de la monnaie tunisienne.

b– La coordination intermaghrébine en panne

Parallèlement aux discussions tunisiennes avec la CEE de la fin 1992, les négociations exploratoires CEE-Maroc se sont achevées après trois rounds de négociations exploratoires. Les autorités marocaines ont annoncé d'une manière solennelle leur intention de négocier et de conclure un nouvel Accord d'Association (de Partenariat) avec la CEE. En effet, les contacts avec le Maroc ont abouti, le 9 décembre 1992, à l'approbation par la Commission d'un projet de mandat de négociation en vue d'un nouvel accord. Celui-ci n'apporterait pas au Maroc le moindre avantage financier, ni aucune ouverture sensible au niveau du libre-échange agricole souhaité. Toutefois, celui-ci dissimulerait, d'après certaines informations du ministère des Affaires étrangères tunisien[39], un arrangement tacite et secret entre le Maroc et l'Espagne, arrangement en vertu duquel le Maroc coopérerait étroitement avec l'Espagne pour le contrôle de l'immigration illégale à destination de l'Espagne et en contrepartie, cette dernière faciliterait l'accès des produits agricoles marocains sur le territoire espagnol en vue de leur écoulement sur le marché communautaire.

Aux yeux de la diplomatie tunisienne, cette manière de procéder de la part des autorités marocaines n'est pas sans incidences sur l'avenir des relations Tunisie-CEE :

- Au cas où la décision d'institution d'une ZLE ne serait pas prise par la Tunisie, les contraintes contractuelles à l'échelle multilatérale (Accords du GATT) demeurent entières.
- Le Maroc aurait avec Israël le privilège d'être, dans la Méditerranée, parmi les pays avec lesquels la CEE entretient des relations particulières et qui ne feraient par conséquent plus partie de la « Politique Méditerranéenne de la CEE ».
- L'incidence médiatique de l'annonce d'un tel évènement ferait détourner l'essentiel des intentions de délocalisation industrielle et des projets de partenariat vers cette destination.
- La Tunisie n'aurait plus la possibilité d'infléchir et d'influencer la directive de négociation d'un Accord instituant une ZLE si une décision ultérieure de conclure un tel accord était prise ; il lui serait proposé dans ce cas de s'aligner sur la directive de négociation proposée par le Maroc.
- L'annonce faite en ce qui concerne la convertibilité courante du dinar tunisien gagnerait davantage en crédibilité et aurait un impact plus significatif sur les investisseurs étrangers au cas où une décision de conclure ledit accord serait prise.

La situation dans la région maghrébine passe une période de turbulence après la vague de terrorisme de 1990. La situation commence à s'améliorer et à se stabiliser fin 1993 et début 1994 avec l'avènement d'un nouveau

[39] « Point de la situation au niveau de la Communauté et des contacts exploratoires Maghreb/CEE », document non daté (début 1993 ?), Archives du MAE, 33/2012, Boîte 14.

Gouvernement Redha Malek[40]. Mais le poids de ce pays est indéniable dans l'évolution globale de la Région. Le problème libyen[41] et l'embargo contre ce pays prévu pour le 15 avril 1994 s'ajoutent également aux quelques problèmes d'instabilité au sein de la Région maghrébine.

Certes, la question de l'équilibre régional en Méditerranée passe par la préservation des acquis, dont l'augmentation de l'enveloppe financière destinée à la Tunisie. Mais le plus important et opportun, selon Tahar Sioud, c'est de prévoir une meilleure répartition des ressources financières disponibles dans le cadre du paquet DELORS, où les pays sud-méditerranéens ne disposent que de 10% de l'enveloppe globale contre 38% pour les PECO et 51% pour les autres pays tiers, y compris les ACP, et d'allouer une partie des nouvelles ressources financières européennes provenant des pays contributeurs nets qui feront partie de l'Europe élargie, notamment la Suède, l'Autriche et la Norvège, à la mise à niveau des économies maghrébines.

Les mois suivants, une série de contacts exploratoires entre les experts tunisiens et européens ont lieu. Les discussions se déroulent dans un premier temps autour des questions liées à l'approche multisectorielle à adopter (PME, dette, investissement, transfert technologique, service social, etc.)[42]. Les autres débats ciblent le volet commercial (agricole et autre)[43]. Il s'agit de définir les politiques et les engagements actuels ainsi que le programme de libéralisation économique et les mesures d'accompagnement qui peuvent en découler. Les critères pour un libre-échange sont clairs à ce niveau :

- la suppression des autorisations d'importation ou de tout autre titre équivalent pour les produits échangés ou pour une partie d'entre eux ;
- la suppression totale ou partielle des droits de douane appliqués aux produits en question.

---

[40] Redha Malek, né le 21 décembre 1931 à Batna et mort le 29 juillet 2017 à Alger, est un homme d'État algérien, chef du gouvernement de 1993 à 1994. Il avait publié plusieurs ouvrages dont : *Tradition et révolution - L'enjeu de la modernité en Algérie et dans l'Islam*, Paris, Sindbad, 1993.

[41] Koskenniemi Martti, « L'affaire du différend territorial Tchad/Libye (arrêt de la Cour internationale de Justice du 3 février 1994) » In : *Annuaire français de droit international*, volume 40, 1994, p. 442-464.

[42] PV de réunion du 3 septembre 1992, Archives Nationales, Boîte 14.

[43] PV de réunion du 15 octobre 1992, Archives Nationales, Boîte 14.

2– VERS UNE CONVERGENCE RELATIVE

En dehors de quelques questions problématiques liées au secteur agricole, les négociations avanceront vers une convergence relative mais peu satisfaisante.

A– LE PROBLEME AGRICOLE ET LA QUESTION DE L'HUILE D'OLIVE

Le volet agricole est celui qui demeure le plus risqué pour la stabilité des échanges tunisiens avec l'UE. Le secteur agricole en Tunisie continue à occuper une place importante dans l'économie. Entre 1987 et 1992, sa part dans le PIB s'élevait à 18% et contribuait aux recettes d'exportation par un apport en devises d'environ 12%. L'oléiculture demeure l'une des principales composantes du secteur agricole tunisien. Il est même loisible de considérer l'huile d'olive comme le baromètre des rapports équitables ou non avec l'UE, compte tenu du caractère agricole de l'économie tunisienne orientée durant la période coloniale par les autorités françaises vers le marché européen. En 1993, la forêt oléicole compte environ 55 millions d'arbres. Elle s'étend sur le tiers de terres labourables en Tunisie (113.340 exploitations, couvrant 1,4 million d'hectares) et fait vivre directement et indirectement près d'un million de personnes.

La Communauté européenne a toujours constitué un marché traditionnel pour les exportations de l'huile d'olive tunisienne. Ce produit bénéficiait, depuis 1976 et avant l'élargissement de la CEE à la Grèce (1981) puis à l'Espagne et au Portugal (1986), de l'accès privilégié sans limitation de quantités. Le protocole additionnel de 1987 a modifié l'accord de 1976 et a fixé un contingent annuel d'exportation d'huile d'olive non traitée à 46.000 tonnes. La renégociation du protocole additionnel de 1987 à l'Accord de coopération a abouti à la reconduction pour trois années (1991-1993) du contingent aux mêmes conditions que le protocole précédent. Cet accord, signé le 8 mars 1991, vient à échéance le 31 décembre 1993.

C'est ainsi que lors du Conseil de l'Union européenne du 16 décembre 1993, un nouveau mandat a été donné à la Commission, imposant un nouveau cadre juridique qu'il faut prendre en compte. Le texte permet à la

Commission de disposer du pouvoir de négocier tout nouvel accord (une ZLE en l'occurrence) selon de nouveaux principes[44] :

1– L'exclusion des produits agricoles du domaine des négociations. Leur examen se fera à partir de la 5e année de mise en œuvre de la ZLE[45].

2– L'application de la réciprocité dans le cadre régissant les échanges commerciaux.

3– La contribution financière de l'UE au programme de mise à niveau sera limitée et dans les meilleurs cas, ne sera arrêtée qu'après l'entrée en vigueur du Nouvel Accord.

4– Le maintien des restrictions quantitatives des quotas du textile (pantalons et tissus de coton) et de l'agro-alimentaire.

5– Les principes directeurs qui régissent les mécanismes des règles d'origine seront les mêmes que pour l'Espace Économique Européen.

6– L'examen de l'accord de reconnaissance mutuelle de certification est reporté pour une date ultérieure.

7– La suppression des restrictions quantitatives pratiquées par la Tunisie devient effective dès l'entrée en vigueur de l'Accord.

Lors des nouvelles négociations, certains risques sont de nouveau apparus. Il existe, aux yeux de la Commission européenne, certaines difficultés à reconduire par l'UE le quota d'huile d'olive accordé à la Tunisie. Monsieur Helmut Stadler[46], expert de la Commission, justifie cela par deux raisons :

1– Les négociations de l'Uruguay Round dictent d'ores et déjà à la Communauté européenne de réduire ses exportations subventionnées de 21% et d'abaisser les subventions de l'ordre de 36%. Or, dans l'UE, l'huile d'olive est un produit subventionné.

[44] Ministère tunisien de l'Économie nationale, « Nouvel accord Tunisie-UE : négociations du titre II relatif à la libre circulation des marchandises », mai 1994, Rapport du 3 mai 1994, 11 p., Archives Nationales de Tunisie, versement 33/2012, Boîte 19.

[45] Cette ZLE a été créée à partir de 1997-1998 (à la suite de la signature de l'Accord d'association du 17 juillet 1995), mais son développement a été échelonné suivant des étapes pour lesquelles des conditions préalables ont été à chaque fois imposées, de sorte que le processus n'est pas allé jusqu'à son aboutissement et que, de ce fait, un accord de libre-échange dans le domaine agricole n'a jamais été renégocié.

[46] « Compte-rendu de la réunion tuniso-communautaire relative à l'Huile d'olive », du 8 juillet 1993. Archives nationales, Boîte 15.

2– La réforme de la PAC entraînera une baisse de 20% dans le soutien accordé aux producteurs, d'où une augmentation du prix de l'huile d'olive à la vente et un détournement de la consommation vers les huiles de graine[47].

Le Directeur de l'Office National des Huiles (ONH) n'a pas manqué de rappeler au responsable européen les liens séculaires qui unissent la Tunisie à l'Europe et qui remontent à l'époque où Rome achetait de l'huile à Carthage, insistant sur le fait que l'olivier est un facteur de stabilité socio-économique pour la Tunisie et qu'il conviendrait de baser les rapports Tunisie-UE sur une vision futuriste de coopération et de complémentarité et non sur des calculs commerciaux. Comprenant les préoccupations tunisiennes, la partie communautaire a affirmé que, bien qu'elle ne soit pas dans l'obligation d'acheter de l'huile d'olive à la Tunisie, elle ne cherche pas à imposer une décision unilatérale. Il est question de trouver une solution « viable » qui pourrait ne pas exclure totalement le contingentement. Parmi les solutions qui s'offrent : la mise à profit, par les opérateurs tunisiens, des circuits de distribution européens d'huile d'olive de par le monde, notamment aux États-Unis, et de collaborer pour la conquête de nouveaux marchés, au Brésil et en Argentine en particulier.

Dans ce secteur la Tunisie avait déjà entrepris des mesures concrètes destinées à développer la consommation interne de l'huile d'olive, à supprimer le monopole de l'ONH, à diversifier les activités d'exportation des opérateurs privés, à proposer de nouveaux marchés, à améliorer la quantité et le conditionnement, etc. Ces mesures s'inscrivent dans le cadre d'un vaste programme de réformes définies dans le PAS du secteur agricole et tiennent largement compte des engagements de la Tunisie pris lors de la négociation de l'Accord de 1991, relatif au régime de l'huile d'olive. D'ailleurs dans le cadre de ces réformes, la Tunisie souhaite porter le quota de 46.000 tonnes à au moins 60.000 tonnes, la production annuelle globale étant passée de 100.000 tonnes à la signature du Protocole additionnel à 160.000 tonnes en 1993. Par ailleurs, les représentants de l'Italie et l'Espagne[48], pays producteurs d'huile d'olive, sont tout à fait conscients de

[47] Rapport du 11 novembre 1993 du Ministère des Affaires Etrangères de Tunisie : « Huile d'olive. Réunion Tunisie-CEE », ANT, versement 33/2012. Boîte 15.

[48] « Séance de Travail consacrée à l'huile d'olive », Rapport 25 octobre 1993 de l'Ambassade de Tunisie à Madrid à propos d'un dîner de travail informel organisé le 23 octobre 1993. Présents, MM. Barrero (Secrétaire Général Ministère de l'Agriculture espagnol chargé de la production), Walter Luchetti (Directeur général au Ministère italien

l'importance du secteur oléicole en Tunisie et disent « ne pas imaginer la CEE laisser tomber la Tunisie dans ce domaine ».

La Communauté, qui dans un premier temps a émis des réserves quant à la reconduction du contingent d'huile d'olive pour les années suivantes, a fait part, lors de la réunion des experts des deux parties le 9 novembre 1993 à Bruxelles, de sa disposition à proroger ledit régime pour deux ans (1994-1995), avec un prélèvement fixe calculé sur la base de la moyenne arithmétique des prélèvements des six dernières années, soit 7,82 Ecus/100 kg[49]. La reconduction de ce régime est établie sous forme de règlement communautaire ; ce qui constitue dans ces circonstances une solution acceptable pour la Tunisie. Cette démarche évite en effet le recours à l'avis du parlement européen et l'éventuel blocage de la part de certains états-membres, grands producteurs d'huile d'olive. Mais, en définitive, la libération des échanges agricoles est inscrite comme un objectif de seconde priorité.

Un examen conjoint devrait avoir lieu dès la 5e année de l'accord en vue de fixer des mesures de libéralisation réciproques applicables dès la 6e année. Diverses améliorations sont proposées pour une liste de produits nouveaux ou des produits bénéficiant déjà d'un accès préférentiel particulier au marché français, qui sera dès lors « communautarisé ». Des accroissements de 3% chaque année seront consentis entre 1997 et 2000. Le principal écueil dans la mise au point du mandat a concerné ce régime d'accès de l'huile d'olive tunisienne. Le régime triennal en cours, qui arrive à son terme fin 1993, prévoit une garantie d'écoulement de 46.000 tonnes/an avec une réduction du prélèvement. La Tunisie n'obtient pas de réponse à sa demande d'institution d'un régime définitif portant sur 60.000 tonnes/an. Il convient de noter d'ailleurs, à ce sujet, que la Commission est appelée à se prononcer sur une définition vague du mandat, notamment pour ne pas préjuger des éventuelles conclusions du GATT.

Sur cette base de l'ensemble des préoccupations tunisiennes mais également du programme économique tunisien (le VIIIe plan), une nouvelle proposition de mandat est adoptée le 24 novembre 1993 par la Commission

---

pour la coordination des politiques agricoles, alimentaires et forestières). ANT, versement 33/2012, Boîte 15.

[49] Rapport du 11 novembre 1993 du Ministère des Affaires étrangères de Tunisie : « Huile d'olive. Réunion Tunisie-CEE », ANT, versement 33/2012, Boîte 15.

en vue d'un accord euromaghrébin avec la Tunisie[50]. La conclusion d'un tel accord avec la Tunisie est considérée par la Commission « comme un pas de portée géostratégique qui marquerait la volonté d'ouverture et de solidarité de la Communauté vis-à-vis de ses voisins directs au Sud »[51].

B- VERS UN PROJET DE PARTENARIAT : UNE NOUVELLE APPROCHE DE DIALOGUE

Les changements d'attitude de la CEE se traduisent par un cadre nouveau préparant à de nouveaux liens contractuels qui construiront la base d'une nouvelle approche communautaire. La position de directives de négociation de la Commission européenne met l'accent sur un ensemble de nouveaux paramètres de collaboration :

Au niveau du dialogue politique : à l'instar de ce que prévoient désormais les accords conclus par la Communauté avec des pays tiers, les prochains accords euromaghrébins comporteraient un important volet de dialogue politique. Au-delà de l'intérêt que présente par lui-même un tel dialogue, celui-ci permettrait les échanges de vues informels sur des sujets d'intérêt commun, et le cas échéant de promouvoir une plus grande convergence de vues entre le Maghreb et la Communauté : « Un dialogue politique régulier sera instauré entre les parties. Il pourra porter sur tous les sujets présentant un intérêt commun pour celles-ci et visera à promouvoir une meilleure compréhension réciproque et une plus grande convergence de vues »[52]. Le dialogue politique vise également à établir des liens durables de solidarité, ainsi qu'à instaurer de nouvelles formes de coopération et d'appuyer les efforts entrepris par la Tunisie dans le sens d'un développement de la coopération régionale maghrébine. L'objectif est d'établir ce dialogue au niveau des ministères, des directeurs politiques et des parlementaires.

À l'échelle de la coopération économique, technique et culturelle, les accords auront un contenu plus large, avec comme objectif général de favoriser toutes les formes de coopération, et par ce biais, le rapprochement et les interdépendances. Aucun domaine de coopération et de dialogue n'est *a priori* exclu. L'accent sera mis sur les éléments favorisant le

[50] Commission des Communautés Européennes, « Recommandation à négocier un accord euro-maghrébin d'association avec la Tunisie », Document Confidentiel, 24 novembre 1993. ANT, 33/2012, Boîte 15.

[51] *Ibid.* (Recommandation), p. 16.

[52] Commission des Communautés Européennes, *Ibid.*, p. 16, Document Confidentiel, 24 novembre 1993, p. 22, Archives Nationales de Tunisie, 33/2012, Boîte 15.

développement, comme les questions macro-économiques, les investissements, la coopération en matière statistique, des normes douanières, de rapprochement des législations ainsi que l'environnement, la science et la technologie, l'éducation, les infrastructures, le tourisme. Il faudra assurer l'instauration ou la poursuite d'un dialogue et d'une coopération sur les questions sociales (drogue, démographie, migrations, etc.) et culturelles. Cette partie des accords sera par essence ouverte, pour permettre l'apparition de nouveaux domaines de dialogue et d'échanges, en fonction des besoins et des circonstances.

Au niveau de la coopération financière, si le cadre est fixé pour les années à venir par les quatrièmes protocoles financiers et par la coopération financière horizontale, la coopération financière pourrait être, le moment venu, adaptée, quant à ses instruments et ses objectifs, aux nouveaux besoins des partenaires. Les protocoles financiers s'appliqueront jusqu'en 1996. Le moment sera alors venu de dresser un bilan de ce type de coopération et d'en dégager les avantages et éventuellement les limites. D'autres instruments pourraient être envisagés, qu'ils soient additionnels ou alternatifs, qui tiennent compte de l'expérience acquise dans la coopération avec les pays de l'Europe centrale et orientale.

C- LES TRANSFORMATIONS CONTRACTUELLES FONDAMENTALES : VERS UN REGAIN DE CONFIANCE

La vision de la Commission englobe également des aspects importants du commerce et de la coopération commerciale. Le domaine commercial est évidemment essentiel, aussi bien en termes de développement économique qu'en termes d'interdépendances. À ce titre, il est le symbole même de la volonté de partenariat qui doit animer le Maghreb et la Communauté. La création d'une zone économique ouverte, zone d'échanges et de solidarité, devra constituer l'un des objectifs essentiels des accords euromaghrébins.

La Commission se voit proposer de prévoir, sous une forme ou une autre, l'amélioration du régime des échanges en tenant compte d'une part de l'importance de ce secteur pour la Tunisie et de la nécessité de lui assurer un régime d'échanges fiable, et d'autre part, de l'impact de la réforme envisagée de l'OCM (Organisation Commune Européenne du Marché) ainsi que des obligations qui découleront pour la CEE de la conclusion de l'Uruguay round[53]. La conception d'un régime définitif sera conçue à partir de 2001. Dans l'intervalle, la Commission devra suggérer des formules « intermédiaires » non définies à ce stade, vraisemblablement la reconduction en l'état du régime en cours jusqu'à cette échéance.

S'ouvre ainsi la voie à la Conférence de Barcelone : « *La Conférence euro-méditerranéenne des ministres des Affaires étrangères, tenue à Barcelone les 27 et 28 novembre 1995, a constitué l'acte fondateur de ce partenariat solide et durable. Les États participants, les 15 membres de l'UE et les 12 partenaires des rives sud et est de la Méditerranée, ont adopté une Déclaration assortie d'un Programme de travail* »[54].

CONCLUSIONS

Cet article visait à présenter l'état des négociations diplomatiques entre la Tunisie et la Communauté européenne dans une période relativement courte de trois années, mais cruciale, durant laquelle la construction de l'Europe se consolide et tend de plus en plus à s'élargir. Ses conclusions ne seront dès lors que partielles et inscrites dans une problématique autrement plus étalée dans le temps et plus complexe.

Toutefois, dans le cadre temporel qui nous occupe, force est de constater que, d'une manière très habile, et dans le but d'éviter les freins politiques, le versant européen délègue à la Commission, sa partie administrative et donc pérenne, tout ce qui relève des discussions préliminaires avant signature des accords de coopération – tout en limitant très fortement cette délégation dans le domaine agricole, toujours très délicat à traiter (notamment parce que tous les états qui constituent la communauté européenne n'ont pas une même économie, et que certains d'entre eux, souvent les plus pauvres et les plus assistés, sont eux-mêmes des pays agricoles). Tout se passe comme si l'on négociait bel et bien, mais en l'absence de l'acteur principal.

Voilà qui ne facilite guère les choses pour la partie tunisienne. En effet, la superstructure économique de la Tunisie a toujours présenté un déséquilibre manifeste entre l'importance séculaire du secteur primaire, celle du secteur tertiaire, boostée depuis l'indépendance, et un tissu industriel lacunaire, très

[53] Parlement européen, Direction Générale des Études, Les négociations agricoles dans la cadre de l'Uruguay Round du GATT, Document de travail, juin 1993, disponible sur web : http://aei.pitt.edu/42666/1/A6362.pdf, consulté le 9 décembre 2019, 15h35.

[54] La politique européenne de la France. IVe Conférence ministérielle euro-méditerranéenne, Marseille, 15-16 novembre 2000.

pauvre notamment en ce qui concerne les activités de transformations des matières premières en produits finis et semi-finis. Cette carence est imputable, à la fois, à la faible diversité de ses ressources naturelles, mais aussi à la jeunesse de fait du pays, fortement handicapé par des siècles de dépendance politique, à l'instar de toutes les autres parties du globe jadis colonisées, tenues dans l'incapacité à la fois d'analyser avec tous les outils nécessaires l'état du monde, et de prendre les décisions qui leur auraient mieux convenu.

L'ouverture libérale voulue par le benalisme, si elle était bien indispensable à l'accès de la Tunisie à la modernité, y compris économique, a dramatiquement mis en évidence ses failles, même si la commercialisation relativement réussie de ses atouts (dont le tourisme) a permis durant une certaine période, d'en limiter les effets. Il n'en reste pas moins que, outre l'obligation impérieuse de se développer sur le plan intérieur, le pays doit s'ouvrir sur l'extérieur en accueillant les produits visés par les accords – des accords qui restent timides dans l'absolu parce que supervisés par des règles internationales plus contraignantes encore –, et que ce qu'il peut offrir en contrepartie reste pour le moins indésirable : la quadrature du cercle aurait sans doute été plus facile à résoudre… agricole, toujours très délicat à traiter (notamment parce que tous les états qui constituent la communauté européenne n'ont pas une même économie, et que certains d'entre eux, souvent les plus pauvres et les plus assistés, sont eux-mêmes des pays agricoles). Tout se passe comme si l'on négociait bel et bien, mais en l'absence de l'acteur principal.

Voilà qui ne facilite guère les choses pour la partie tunisienne. En effet, la superstructure économique de la Tunisie a toujours présenté un déséquilibre manifeste entre l'importance séculaire du secteur primaire, celle du secteur tertiaire, boostée depuis l'indépendance, et un tissu industriel lacunaire, très pauvre notamment en ce qui concerne les activités de transformations des matières premières en produits finis et semi-finis. Cette carence est imputable, à la fois, à la faible diversité de ses ressources naturelles, mais aussi à la jeunesse de fait du pays, fortement handicapé par des siècles de dépendance politique, à l'instar de toutes les autres parties du globe jadis colonisées, tenues dans l'incapacité à la fois d'analyser avec tous les outils nécessaires l'état du monde, et de prendre les décisions qui leur auraient mieux convenu.

L'ouverture libérale voulue par le benalisme, si elle était bien indispensable à l'accès de la Tunisie à la modernité, y compris économique, a dramatiquement mis en évidence ses failles, même si la commercialisation relativement réussie de ses atouts (dont le tourisme) a permis durant une certaine période, d'en limiter les effets. Il n'en reste pas moins que, outre l'obligation impérieuse de se développer sur le plan intérieur, le pays doit s'ouvrir sur l'extérieur en accueillant les produits visés par les accords – des accords qui restent timides dans l'absolu parce que supervisés par des règles internationales plus contraignantes encore –, et que ce qu'il peut offrir en contrepartie reste pour le moins indésirable : la quadrature du cercle aurait sans doute été plus facile à résoudre…

CHAPITRE 19
TEMOIGNAGE :
PRESENTATION DE L'ACCORD D'ASSOCIATION TUNISIE - UNION EUROPEENNE EN 1995

Tahar SIOUD

Ex-ambassadeur de Tunisie à Bruxelles
Ancien ministre du Commerce

Les mutations économiques qui s'opèrent à l'échelle internationale créent une dynamique dont les ondes atteignent tous les pays et conduisent à un nécessaire recentrage pour se situer au mieux dans le paysage économique et commercial mondial.

L'accord qui a été signé le 17 juillet 1995, établissant une association entre la Tunisie d'une part et les communautés européennes d'autre part, s'inscrit dans cette logique d'appartenance à une zone méditerranéenne et revêt une importance particulière.

En effet, celui de 1976 arrivant à son terme en 1995, la Tunisie se devait de consolider ses acquis dans cet espace par la conclusion d'un accord de libre-échange avec l'Union européenne, faute de quoi elle risquait de perdre purement et simplement le bénéfice des avantages dont elle avait pu disposer jusque-là.

Et de fait, l'accord était, au niveau des principes et du contenu, mieux adapté aux besoins et aux attentes de la Tunisie, laquelle avait souhaité dès le départ la conclusion avec la CEE d'un « contrat de développement » tenant compte de ses besoins spécifiques, des écarts de développement respectifs et de ses priorités dans les domaines de la coopération économique, industrielle et technologique.

Intitulé « accord de coopération », il prenait en compte les « niveaux de développement respectifs » des deux parties et couvrait les différents secteurs de coopération. Dans le préambule qui définissait ses orientations stratégiques, il était précisé qu'il s'insérait dans le cadre de l'instauration d'un « nouveau modèle de relations entre États développés et États en voie de développement, compatible avec les aspirations de la communauté internationale vers un ordre économique plus juste et plus équilibré ».

Selon les dispositions de cet accord, la CEE s'engageait à contribuer au développement de la Tunisie en tenant compte « des objectifs et priorités des plans et programmes de développement de la Tunisie ». Cette coopération diversifiée et multiforme incluait la participation de la CEE à « l'industrialisation de la Tunisie et à la modernisation du secteur agricole de ce pays » et ce, par une « coopération dans le domaine scientifique, technologique et de la protection de l'environnement » ....

L'importance de cet accord découle du fait qu'il s'inscrivait pour la première fois dans le cadre d'une nouvelle « approche méditerranéenne globale et équilibrée », exprimée lors du sommet de la CEE tenu à Paris en octobre 1972, et la politique méditerranéenne rénovée (PMR) de 1991 survenue à la suite des nouveaux élargissements et de la chute du Mur de Berlin.

Il convient de souligner que le nouvel accord d'association se caractérisait par un intérêt porté essentiellement aux produits industriels en provenance de la Communauté (puisque les produits manufacturés tunisiens étaient déjà admis librement) et impliquait la suppression par la Tunisie des droits de douane et taxes d'effet équivalent, selon un calendrier explicité dans la première partie du document.

Les produits agricoles font partie intégrante de l'accord, tout en occupant une place à part puisqu'un délai a été fixé pour l'examen de ce volet au 1er janvier 2001, maintenant ainsi le système des quotas de façon provisoire.

C'est également le cas des services, dont l'examen est prévu au plus tard cinq ans après l'entrée en vigueur de l'accord, bien que les deux parties soient signataires du GATS et s'octroient mutuellement le statut de la NPE.

Faut-il relever par ailleurs que cet accord est réalisé avec le principal partenaire de la Tunisie, sinon le plus important, au niveau des flux d'échanges commerciaux soit un taux plus élevé au niveau des échanges globaux de la Tunisie ; au niveau des flux touristiques (qui représentent 9/10e des touristes et assurent environ 72 % des recettes touristiques), au niveau des flux financiers enfin, avec des investissements extérieurs approchant les 90% de l'ensemble.

Précisons que l'accord entre la Tunisie et l'Union européenne représente le premier accord euro-méditerranéen d'association, avec pour objectif la création progressive d'un espace économique euro-méditerranéen dans lequel les marchandises, les capitaux et les services circuleront librement.

L'accord prévoit la création progressive d'une zone de libre-échange sur une période de douze ans. La Tunisie procédera par étapes au démantèlement de la protection tarifaire vis-à-vis des exportations des produits industriels en provenance de la communauté, composée à l'époque de 15 États membres.

Des préférences importantes et réciproques dans les échanges agricoles ont été prévues par l'accord, ainsi qu'une vaste coopération économique et financière : libéralisation des échanges de marchandises, mais aussi progression dans la voie de la libéralisation des services et des capitaux.

L'accord, qui a été signé le 17 juillet 1995, comprend 96 articles (37 p.) des déclarations communes portant sur 15 articles, 7 annexes, 5 protocoles. Il entrera en vigueur dès sa ratification par les 16 Parlements des pays signataires, ceux des 15 pays de la Communauté et l'Assemblée nationale tunisienne). Il consacre l'établissement d'une Zone de Libre-échange entre la Tunisie et la Communauté Européenne.

La coopération prévue s'appliquera de façon privilégiée aux domaines d'activité subissant des contraintes et des difficultés internes, ou affectés par le processus de libéralisation de l'ensemble de l'économie tunisienne, et plus spécialement par la libéralisation des échanges entre la Tunisie et la Communauté. De même, elle portera prioritairement sur les secteurs propres à faciliter le rapprochement des économies tunisienne et communautaire, notamment ceux générateurs de croissance et d'emplois. Elle encouragera l'intégration économique intra-maghrébine par la mise en œuvre de toute mesure susceptible de concourir au développement de ces relations.

Elle adoptera, comme composante essentielle et dans le cadre de la mise en œuvre des différents domaines de la coopération économique, la préservation de l'environnement et des équilibres économiques. Par ailleurs une coopération financière sera mise en œuvre en faveur de la Tunisie selon les modalités qui seront arrêtées d'un commun accord entre les parties au moyen des instruments les plus appropriés à partir de l'entrée en vigueur de l'accord.

Les domaines d'application de cette coopération seront :

– la facilitation des réformes visant la modernisation de l'économie ;

– la mise à niveau des infrastructures économiques ;

– la prise en compte des conséquences sur l'économie tunisienne de la mise en place progressive d'une zone de libre-échange, notamment sous l'angle de la mise à niveau et de la reconversion mises en œuvre dans les secteurs sociaux.

D'autres domaines de coopération sont également prévus par l'accord, notamment l'éducation et la formation, la coopération scientifique, technique et technologique, l'environnement, l'agriculture et la pêche, l'énergie, le tourisme, le blanchiment d'argent, et la lutte contre le trafic de drogues.

CONCLUSIONS

Pour la Tunisie, qui s'était engagée il y a neuf ans dans un programme de libéralisation et d'ajustement structurel tendant à établir les mécanismes du marché (à travers la liberté du commerce extérieur), à encourager l'initiative privée et à activer la privatisation des entreprises publiques, l'accord d'association avec l'Union européenne se place donc dans l'ordre naturel des choses.

Il convient de souligner que la perspective ouverte par l'accord d'association représente une nouvelle étape, un nouveau palier à franchir. C'est la poursuite d'une même trajectoire inaugurée par le choix de l'ouverture et l'adoption de l'économie de marché. C'est l'aboutissement d'un choix stratégique basé sur des considérations objectives et d'intérêt national.

Faut-il rappeler que l'adhésion de la Tunisie au GATT était déjà un engagement à accepter le principe de la liberté des échanges et de l'élimination de toutes les barrières tarifaires ?

D'ailleurs, l'accord de 1995 entre la Tunisie et l'UE s'intègre dans le cadre du nouveau système commercial international et met fin au précédent accord de 1976 qui s'était retrouvé en contradiction avec les principes de l'OMC car accordant à la Tunisie des avantages non réciproques.

De surcroît, l'Europe représente pour la Tunisie un partenaire incontournable avec :

– 90 % de ses investissements étrangers,
– 90 % de ses ressources touristiques,
– 80 % de ses échanges commerciaux.

Cette nouvelle étape, qui est aussi nécessaire qu'inévitable, n'en était pas moins souhaitée par la Tunisie, qui accepte de relever le défi dans l'intérêt de son économie, en se préparant à affronter la concurrence sur son propre marché.

La connaissance des effets et des implications de raccord permet une meilleure approche des problèmes qui seront soulevés pour la mise en œuvre de solutions appropriées, afin d'être en mesure d'atténuer les répercussions négatives et concrétiser les retombées bénéfiques pour l'entreprise et par voie de conséquence pour l'économie nationale.

Il y a lieu de souligner au préalable que la presque totalité des produits manufacturés tunisiens accèdent déjà librement au marché européen. Il s'agit donc du démantèlement de la protection tunisienne au profit des produits en provenance de l'UE.

L'accord consacre donc le choix d'une stratégie de progressivité dans le démantèlement tarifaire. Un calendrier a été établi sur 12 ans, au bout desquels il ne peut plus y avoir de droits de douane ni de taxes d'effet équivalent pour les produits en provenance de l'Union européenne. La réciprocité est ainsi adoptée.

Cette stratégie de progressivité vise à assurer les conditions indispensables pour une évolution sélective et simple. C'est ainsi que le processus de démantèlement commence par la catégorie de produits qui ne sont pas fabriqués localement.

Les produits dits « sensibles » sont non seulement inscrits en fin de processus mais ils bénéficient d'une période de préparation à la concurrence puisque le démantèlement tarifaire qui lui concerne ne débute que 4 ans après entrée en vigueur de l'accord.

CHAPITRE 20
L'AVENIR DES RELATIONS TUNISIE-UNION EUROPÉENNE : POUR UNE APPROCHE AMBITIEUSE EN DEUX TEMPS

Afif CHELBI

Ancien Ministre de l'Industrie

Le peuple tunisien a, par la seule force de ses convictions, opéré en janvier 2011 une révolution pacifique au cours de laquelle les aspirations populaires reflétaient les valeurs universelles de liberté, de dignité et de justice sociale. Aujourd'hui, la transition démocratique tunisienne est à la croisée des chemins, elle est gravement menacée par une économie fortement fragilisée générant des troubles sociaux en mesure de déstabiliser le pays et de porter atteinte à son intégrité territoriale.

La déstabilisation de la Tunisie, dans un Maghreb tourmenté, porterait directement atteinte à la sécurité de l'Europe. La sécurité de la Tunisie, îlot démocratique, c'est la sécurité de l'Europe. Cette convergence d'intérêts et la communauté de nos destins s'inscrivent dans la continuité des relations historiques et singulières de l'Union européenne avec la Tunisie, premier pays ayant signé les Accords d'Association. Ces relations ont progressivement permis de lever les verrous quant aux Droits de l'Homme et à la démocratie, distinguant la Tunisie qui, avec près de 80% de ses échanges économiques tournés vers l'Europe, est plus étroitement intégrée à l'Union européenne que certains pays membres. De fait, la Tunisie répond pleinement aujourd'hui aux critères de Copenhague.

Si la Tunisie continue de bénéficier d'un fort courant de sympathie, l'appui de la communauté internationale en général et de l'Union européenne en particulier a été pour le moins parcimonieux, malgré un certain nombre d'engagements : en juin 2011, le G-8 a adopté une résolution pour un plan de soutien à la Tunisie, considérée comme bien public universel. Plus récemment, en septembre 2016, une commission du Parlement Européen appelait à un Plan « Marshall » Tunisie.

Certes, les transitions démocratiques engendrent souvent une perte de croissance avant la reprise. La reprise tarde du fait, notamment, du contexte géopolitique et sécuritaire. La révolution n'a pas de prix, mais elle a un coût. Le risque est que l'UE attende que la Tunisie ait achevé sa transition pour l'aider, alors qu'elle a besoin de cet appui pour éviter que cette phase récessive ne dure trop longtemps, ce que ni son économie, ni sa société ne peuvent endurer.

Ces développements dictent un sursaut et, notamment, la conceptualisation d'une nouvelle relation à l'Europe transcendant le cadre de la Politique Européenne de Voisinage qui, en dépit du principe de différenciation, fait de la Tunisie un pays parmi d'autres, diluant ainsi toute sa singularité parmi les pays de la rive sud de la Méditerranée.

La définition d'axes futurs de collaboration devrait se baser sur les acquis historiques en liaison avec l'accord d'association, déjà signé en 1995 avec l'UE. D'où la nécessité de faire le point sur l'impact de cet accord sur la Tunisie d'aujourd'hui, avant d'esquisser l'avenir des relations Tunisie-UE dans une perspective à moyen et à long terme.

I- L'IMPACT DE L'ACCORD D'ASSOCIATION ENTRE LA TUNISIE ET L'UNION EUROPEENNE (UE) SUR L'ECONOMIE TUNISIENNE[1]

En 1995, lorsque la Tunisie a signé l'accord d'association instaurant une Zone de Libre-Échanges (ZLE) avec l'UE (qui ne concernait que le secteur industriel), certains prédisaient la perte d'un tiers du tissu industriel de 100.000 emplois et que son industrie n'allait pas supporter le choc de l'ouverture. Cependant, plus de 20 ans après, on peut affirmer que l'ouverture du secteur industriel a été un véritable catalyseur pour la modernisation des entreprises grâce au fait que cette opération, suite à plusieurs études d'impact, a été graduée par filières, s'est étalée sur 12 ans et a été accompagnée du programme de mise à niveau (contrairement à certains pays africains qui ont perdu une bonne partie de leur tissu industriel faute d'une telle démarche graduée).

[1] Cette partie a fait l'objet d'une présentation au séminaire organisé à Tunis le 26 Septembre 2019 par le CASE (Centre de recherche sociale et économique) et le FEMISE (Forum euro-méditerranéen des instituts de sciences économiques).

La meilleure évaluation de l'accord de ZLE peut être tirée d'Eurostat :

	1995	2018
Export Industriel	**3**	**10 milliards d'euros**
dont textile	**1,2**	**2,8**
dont IME	**0,4**	**3,2**
Emplois Industriels	**400.000**	**600.000**
Nbre d'entreprises UE en Tunisie	**1350**	**3.200**

Source : Eurosat, 2019.

Mais plus que ces chiffres c'est la transformation profonde opérée au sein de certaines entreprises : les entreprises CAO/DAO étaient moins de 10 en 1996, elles sont plus d'un millier vingt ans plus tard, avec un taux d'encadrement de 9 à 17 % (voir enquêtes ITCEQ sur l'impact du PMN). Plusieurs entreprises ont réalisé des vidéos très parlantes sur leur situation avant et après mise à niveau.

La part, dans les exportations, des secteurs à contenu technologique (électronique, composants automobile/aéronautique, textile technique) est passée de 12 % en 1995 à 25 % en 2010. La part des secteurs traditionnels, quant à elle, est passée de 88 % à 75 %.

C'est un résultat significatif, même si la remontée des filières aurait dû être plus rapide. L'objectif assigné était d'atteindre 50 % de contenu technologique pour les exportations en 2016. Dire que la ZLE n'est pas une réussite est un non-sens mais, bien entendu, on aurait pu mieux faire, notamment si l'appui aux entreprises avait été plus fort, à la fois de la part de l'État tunisien et de l'Union européenne.

En effet, le processus de mise à niveau, initié en 1996 en accompagnement de la signature de l'accord d'association avec l'Union européenne a permis à de très nombreuses entreprises tunisiennes d'améliorer sensiblement aussi bien leur outil de production que leurs méthodes managériales. Près de 5000 entreprises, soit l'essentiel du tissu industriel, ont réalisé au moins un programme de mise à niveau, certaines en ont réalisé plus de 5.

Et, contrairement à une idée reçue, la mise à niveau a été financée à plus de 80 % par la Tunisie à travers le FODEC (fonds financé par une taxe parafiscale de 1 % sur le chiffre d'affaires des entreprises), pour une moyenne de 60 millions de dinars par an en appuis de ce fonds aux entreprises, ce qui a généré une moyenne de 500 millions de dinars par an d'investissements de mise à niveau par les entreprises sur plus de 20 ans (1996 à 2018). Cet appui a donc été somme toute modeste, et l'État tunisien aurait pu faire beaucoup mieux en termes de facilitations administratives, d'accès au crédit, d'infrastructures technologiques et logistiques… Par exemple, notre très grand retard en matière portuaire porte un grand préjudice à la compétitivité de nos entreprises.

L'UE a bien mis en place le PMI (Programme de Modernisation Industrielle), puis le PCAM (Programme d'appui à la Compétitivité des entreprises et de la facilitation de l'Accès aux Marchés), mais la contribution, pour significative qu'elle fût qualitativement, n'a représenté que plus ou moins 10 millions de dinars par an entre 1996 et 2016, soit moins de 20 % de l'intervention du FODEC et une part négligeable de l'effort national de mise à niveau. Depuis 2016, ces programmes européens ont pris fin. Il est certain que cet appui européen aurait pu être beaucoup plus consistant, néanmoins, l'apport essentiel de l'UE reste évidemment la confirmation du libre accès au marché européen pour nos entreprises.

Aujourd'hui, la situation de l'industrie tunisienne est critique, et nous sommes face à un vrai risque de désindustrialisation. Les chiffres suivants illustrent ce propos : de 2012 à 2018, les exportations tunisiennes vers l'UE stagnent autour de 9 à 10 milliards d'euros, pendant que le Maroc, largement dépassé par la Tunisie jusqu'en 2012, a doublé les siennes, passant de 7 à 16 milliards d'euros. Pour remédier à cela, nous avons proposé un plan de relance comportant une centaine de mesures et nous avons élaboré, en collaboration avec la profession, un projet Pacte de compétitivité global et plusieurs projets de pactes sectoriels.

Ces pactes, support-clés d'une Initiative industrie tunisienne 4.0 ont pour objet de mobiliser et de coordonner les actions de l'État et du secteur privé dans le cadre d'une république contractuelle, en vue de construire un secteur industriel compétitif, innovant et à forte valeur ajoutée. Ces engagements constituent un contrat programme couvrant la période 2020-2024. Dans ce cadre, l'État s'engagerait sur la mise en œuvre d'une stratégie de développement industriel et technologique articulée sur les 100 mesures et actions proposées, réparties selon deux types d'instruments de politique industrielle : les instruments horizontaux et les instruments sectoriels. En contrepartie, le secteur privé s'engagerait sur la concrétisation des objectifs d'investissement, d'exportation, de création d'emplois, de développement technologique et de responsabilité sociale de l'entreprise.

Élaborés sur la base d'une analyse approfondie de la situation économique et sociale, de l'historique des politiques économiques et des perspectives d'évolution en Tunisie et dans le monde, ces pactes reposent sur le principe que seule une politique économique basée sur la sauvegarde, la relance, la discrimination positive en faveur des secteurs productifs peut permettre d'atteindre les objectifs d'un scénario de croissance. Par contre, une politique économique « *business as usual* » ouvrirait la voie à un scénario de récession, à la désindustrialisation et à la sortie de la Tunisie du monde de la création de valeur.

Par ailleurs, un hommage doit être rendu aux entreprises tunisiennes, autant aux entrepreneurs qu'aux salariés. En effet, la force de la Tunisie, c'est l'existence de milliers d'entreprises de niveau international qui connaissent à fond les marchés mondiaux et les nouvelles technologies. La principale richesse de la Tunisie, ce sont surtout ses entreprises existantes ou en devenir. Les parties prenantes sont appelées à préserver « nos entreprises » et à accompagner leur développement.

L'économie tunisienne est, de fait, devant un tournant historique, surtout dans le contexte international actuel. Il y a certes des incertitudes, mais il y a aussi de grandes opportunités offertes par les évolutions constatées dans notre principal marché cible, celui de l'UE, avec notamment le renchérissement des pays de l'Est. Il est donc question de mettre notre pays en condition de saisir ces opportunités. C'est l'objectif de tels pactes.

II- QUEL AVENIR POUR LES RAPPORTS TUNISIE-UE[2] ?

Aujourd'hui, la Tunisie démocratique doit concevoir *un mode plus ambitieux de relations avec l'Union européenne,* car le statut de « partenaire privilégié » dont elle bénéficie depuis 2012 n'apporte pas d'avancée concrète par rapport au statut antérieur défini dans le cadre de la « politique de voisinage ». Il s'agit d'envisager une nouvelle étape qui offrirait une visibilité politique et stratégique aux relations avec l'UE et ce, par l'intermédiaire d'une coopération plus large et plus approfondie.

C'est dans un cadre stratégique amélioré que doivent, à notre avis, se situer les relations entre la Tunisie et l'Union européenne, lesquelles relations devraient se répartir selon deux axes principaux :

- *À l'horizon* 2030 : « Tout sauf les institutions » : statut de quasi-adhésion.

[2] Cette partie a fait l'objet d'un article de l'auteur publié par l'ITES en 2017, dans le cadre de l'étude « Tunisie 2025 ».

– Sur 5 ans : Un Plan « Type Marshall » Tunisie.

1- « TOUT SAUF LES INSTITUTIONS »

Notre désir de tracer l'objectif ambitieux de *quasi-adhésion* de la Tunisie à l'UE (« tout sauf les institutions ») se justifie amplement par les considérations précédentes. Il est, en outre, conforté par la réussite de l'expérience de la zone de libre-échange (ZLE) Tunisie-UE, le bilan de cette expérience sur plus de 20 ans (1995-2016) étant du type *win-win*. Ainsi, si la Tunisie a plus que triplé ses exportations vers l'UE durant la période retenue, l'UE a plus que doublé ses exportations vers la Tunisie, devenue le premier pays sud-méditerranéen d'implantation des PME européennes. Plus de 3.000 entreprises européennes implantées constituent en effet autant de partenariats ayant renforcé leur compétitivité vis-à-vis de la concurrence asiatique en particulier. « Tout sauf les institutions » serait un accord d'intégration approfondie et globale avec l'UE, dépassant le cadre du statut avancé et du partenariat privilégié. Il se traduirait par tous les droits et obligations d'un pays membre, sauf la représentation dans les institutions – c'est-à-dire, en particulier :

- La libre circulation des personnes et des biens : cela voudra dire notamment que les Tunisiens seront exemptés de visas et que toutes les restrictions aux échanges de biens et services seront levées de part et d'autre ;
- L'accès aux fonds structurels, aux fonds régionaux, aux fonds d'appui à l'innovation et à la R&D, la reconnaissance des diplômes, le plein accès au programme Erasmus...

Ce saut qualitatif est d'autant plus nécessaire que le partenariat entre la Tunisie et l'UE, théoriquement de haut niveau, stratégique et privilégié ne répond pas en réalité à ces qualificatifs. Il constituerait pour la Tunisie un objectif mobilisateur amplifiant la visibilité de l'Union européenne auprès de l'opinion publique tunisienne.

De fait, depuis 2011, l'UE a accordé à la Tunisie 1,2 milliard d'euros sous forme de dons et 800 millions à titre de prêts concessionnels, ce qui conduit de nombreux observateurs à estimer que l'UE semble ne pas avoir réalisé, suffisamment à temps, que **la Tunisie constitue une pièce maîtresse pour la stabilité dans la région et que, pays particulier, elle devrait bénéficier d'une attention particulière.**

Cet objectif ambitieux, « Tout sauf les institutions », proposé à l'horizon 2030, devrait être précédé, sur un terme plus court (5 ans au maximum), d'un Plan « Marshall » Tunisie qui comprendrait, outre un appui financier significatif, un certain nombre de facilitations constituant un pas vers l'objectif final.

2- LE PLAN « TYPE MARSHALL » TUNISIE

Il s'agirait d'un programme d'appui international dans lequel l'UE prendrait une large part, aux côtés de l'ensemble des bailleurs de fonds internationaux, en appui au Plan tunisien de développement économique et social 2016-2020.

Ce Plan, ainsi que l'étude « La Tunisie en 2025 » menée par l'ITES, visent à engager la mise en œuvre d'*un nouveau modèle de développement, plus équilibré régionalement, plus inclusif socialement, plus durable écologiquement et plus ambitieux en termes d'intégration à l'Europe*. Il a fondamentalement pour ambition de préserver le modèle sociétal tunisien bâti sur l'autorité de l'État de droit, la démocratie, le rôle central joué par les femmes, la quête de plus de justice sociale et de libertés individuelles et une éducation fondée sur des valeurs universelles et porteuse de modernité.

Il érige la jeunesse en cause nationale transversale. Il vise également à faire de la Tunisie une plateforme de production et d'innovation, une *véritable Euromed Valley*, le Nearshore européen des industries et des services à forte valeur ajoutée.

Ce Plan se compose d'une série de grandes réformes et de nombreux projets relevant de tous les secteurs et de toutes les régions du pays et répartis en 6 axes :

Axe 1 : La lutte contre le terrorisme ;
Axe 2 : Le développement éthique de la gouvernance publique et la lutte contre la corruption ;
Axe 3 : L'initiative pour la croissance, l'innovation et l'emploi ; l'éducation, la formation professionnelle et la recherche scientifique ;
Axe 4 : Le plan Ambition Régions ;
Axe 5 : Le Plan Vert : Energie, Eau, Agriculture, Ressources naturelles, environnement et développement durable ;
Axe 6 : Le Nouveau Contrat Social.

Ce Plan prévoit en particulier un effort massif d'investissements publics et privés (Sécurité, Infrastructures, Désenclavement des Régions, Éducation/Formation/Recherche scientifique, etc.). Les besoins de financement sont de l'ordre de 60 milliards d'euros sur 5 ans.

Pour y faire face, la Tunisie comptera tout d'abord sur ses propres forces. L'épargne nationale représentera les 2/3 des besoins, tout en nécessitant inévitablement des financements extérieurs (IDE, Emprunts et Dons) couvrant le tiers restant de ces besoins.

Le Plan « Type Marshall » Tunisie s'élèverait donc à 20 milliards d'euros sur 5 ans. Ceux-ci se décomposent en emprunts concessionnels pour 11 milliards d'euros, en Investissements Directs Étrangers pour 6,5 milliards d'euros et en dons pour 2,5 milliards d'euros.

La conférence « Tunisie 2020 », organisée à Tunis en novembre 2016, a déjà permis de mobiliser près de 50 % de cette enveloppe (entre accords signés et promesses). Il s'agit d'en parachever l'action.

Au-delà de ce volet purement financier, le Plan « Type Marshall » Tunisie comprendrait un certain nombre de mesures, notamment :

– L'assouplissement des restrictions à l'entrée au marché européen pour certains produits tunisiens (simple transformation pour les produits textiles, relèvement des quotas d'huile d'olive, etc.) ;

– Le parachèvement des négociations, en cours, sur la libéralisation des échanges agricoles et des services (ALECA) ss ;

– Le relèvement des quotas migratoires ;

– L'accroissement du nombre d'étudiants tunisiens dans le cadre du programme ERASMUS, etc.

En résumé, il convient de souligner cinq raisons majeures pour une relation exceptionnelle de l'UE à la Tunisie :

1– Le Monde est en récession démocratique depuis plus de 10 ans. *La Tunisie* s'érige en exception. Elle doit, de ce fait, être considérée comme « *un bien public universel* » et devenir une cause européenne ;

2– Si la Tunisie, aux avant-postes de la lutte anti-terroriste, était déstabilisée, c'est l'Europe qui le serait également dans son sillage. Pour l'UE, investir sur la Tunisie serait rentable et moins coûteux que la passivité. « *Lorsqu'on parle de guerre, on parle en milliards d'euros, lorsqu'on parle de développement, c'est en millions d'euros* » ;

3– La Tunisie se distingue dans son environnement et au sein de la rive sud-méditerranéenne par le fait d'avoir érigé la lutte contre la corruption en priorité nationale. S'attaquer au crime organisé, fléau du XXIe siècle, constitue une cause nationale qui doit être appuyée par l'UE en tant que composante d'une intégration plus poussée ;

4– Pays méditerranéen, ouvert, à l'économie compétitive, la Tunisie a pleinement réussi la mise en place d'une ZLE avec l'UE, respectant toutes ses obligations, c'est donc un pays fiable disposant d'atouts importants et offrant de nombreuses opportunités d'investissement et de partenariat ;

5– La Tunisie, à la croisée de l'Europe, du Maghreb et de la profondeur sahélienne, peut s'ériger en État pivot valorisant ses atouts vis-à-vis des pays du Sahel africain et relayer l'influence européenne dans le cadre de partenariats triangulaires *win-win.*

Ce potentiel pourrait être dopé par une habile insertion de la Tunisie dans le projet chinois de routes de la Soie (OBOR), valorisant son attractivité auprès du partenaire européen et amplifiant la marge de manœuvre et de négociation des autorités tunisiennes. Cette relation exceptionnelle pourrait être intitulée « Partenariat 21 (pour le XXIe siècle) » ou « Partenariat pour l'avenir ».

Enfin, si la crise libyenne constitue actuellement un grave danger, elle est susceptible demain, une fois résolue, de se transformer en opportunité dans le cadre du vaste chantier de reconstruction à venir. L'engagement d'une stratégie de partenariat entre la Tunisie et l'UE dans ce domaine pourra être profitable aux deux parties qui, compte tenu de leurs atouts respectifs, pourront faire face efficacement à la vive concurrence des autres intervenants aspirant à se positionner sur la scène libyenne, à l'instar de la Russie, de la Chine, de l'Inde, de la Turquie, de l'Égypte, etc.

CONCLUSION

La Tunisie est aujourd'hui à un tournant historique avec une transition démocratique, perdurant presque une décennie sans remonter la « courbe en J » de la croissance ; menacée par tout ce qui aggrave la crise économique et les conflits sociaux, elle peine à retrouver une transition économique susceptible de relancer la croissance et l'emploi.

S'il est normal qu'un pays en transition connaisse des difficultés économiques, il est néanmoins constaté que, dans les transitions réussies, la croissance reprend au terme de 3 à 5 ans sur le modèle d'une « courbe en J ». Or, la Tunisie a entamé sa neuvième année de crise. Si cela perdurait, cela risquerait de conduire à l'échec de notre transition.

La Tunisie est donc aujourd'hui à un tournant historique avec une transition menacée par l'économique et le géopolitique, la crise libyenne la plaçant en première ligne dans la lutte anti-terroriste et dans le contrôle de la vague migratoire aux confins Sud de l'Europe.

C'est pourquoi il est essentiel que l'UE marque sa solidarité et son appui aux efforts de la Tunisie, par l'élaboration d'un nouveau partenariat qui sera en mesure d'offrir l'élan décisif apte à permettre à la Tunisie d'assurer à l'horizon 2030 sa sécurité, de relancer durablement son économie et de parfaire sur le long terme son ancrage démocratique.

ÉPILOGUE ET CONCLUSIONS

CHAPITRE 21
LE TRAVAIL DES ENFANTS EN TUNISIE DANS UNE ECONOMIE TRADITIONNELLE EN CHANGEMENT (XIXe-XXe SIECLES)

Olfa BOUDAYA

Université de Sfax

INTRODUCTION

Dans l'historiographie tunisienne, l'histoire de l'enfance est fortement attachée à celle de la famille[1] et à celle de l'éducation[2], mais rarement à l'histoire économique. Pourtant, les XIXe et XXe siècles révèlent une réalité sociale où les enfants tunisiens des deux sexes sont mis au travail à un âge précoce, d'une part, et où l'économie traditionnelle profite du travail des enfants à l'instar des sociétés préindustrielles[3]. En dépit de leur omniprésence, les enfants au travail sont presque absents dans l'histoire économique de la Tunisie. Devant l'absence de ces acteurs dans l'historiographie tunisienne, cette étude se propose de reconstituer, à l'aide

---

[1] Abdelwahed Mokni, *Al-Ḥayāt al-ᶜāʾiliyya bi-jihat Ṣafāqus bayna 1875–1930 : dirāsa fī at-tārīkh al-ʾijtimāᶜī wa al-jihawī*, Sfax, Publications de la Faculté des Lettres et des Sciences Humaines de Sfax, 1996, p. 277-291 ; Abdeljelil Temimi (dir.), *Famille morisque : femmes et enfants, actes du VIIe symposium international d'études morisques*, Zaghouan, Fondation Temimi pour la recherche scientifique et l'information, 1997, 438 p. ; Temime-Blili L., *Histoire de familles, mariages, répudiations et vie quotidienne à Tunis, 1875-1930*, Tunis, Script, 1999, 278 p. ; Fatma Jrad, *Al-ᶜāʾila wa al-ḥayāt al-ᶜāʾiliyya, 1881-1956*, Tunis, Institut Supérieur d'Histoire de la Tunisie Contemporaine, 2015, 468 p.

[2] Plusieurs travaux sont réalisés sur l'enseignement traditionnel, religieux, congréganiste et moderne aux époques précoloniale et coloniale, dont : Noureddine Sraieb, *Colonisation, décolonisation et enseignement, l'exemple tunisien*, Tunis, Institut national des sciences de l'éducation, 1974 ; Madiha Machrafiyya, *Al-madāris al-ḥurra al-firansiyya fī al-bilād at-tūnisiyya, 1855-56/1885-86*, Tunis, Miskiliani, s.d. ; François Arnoulet, « L'enseignement congréganiste en Tunisie aux XIXe et XXe siècles », *Revue des mondes musulmans de la Méditerranée*, 72, 1994, p. 26-36 ; Mokhtar Ayyachi, Écoles et société en Tunisie (1930-1958), Tunis, Cérès, 2003 ; *Fī tārīkh al-madrasa at-tūnisiyya, khulāṣat 32 qarn min al-kitāba wa al-maᶜrifa wa at-taᶜlīm (1101 av. J.-C.-2007)*, Tunis, CPU, 2012 ; Hayet Mejri, *Min "taᶜlīm aṣ-ṣibyān" ilā at-taᶜlīm al-ibtidāʾī fī madīnat Tūnis fī al-ᶜahd al-ᶜuthmānī*, Tunis, Arabesques, 2014.

[3] Anette Faye Jacobsen, « Child Labor in Developing Countries », in *Encyclopedia of Children and Childhood in History and Society*, New York, Thomson Gale, 2004, vol. 1, p. 157-159

des sources disponibles, les fragments de cette histoire durant la période contemporaine à partir de récits de voyage, d'enquêtes anthropologiques, d'études scientifiques, de rapports officiels de l'administration coloniale, de sources iconographiques, de statistiques et de textes législatifs. Cette étude se situe au carrefour de l'histoire socio-économique, de l'anthropologie historique ainsi que de l'histoire de l'enfance.

L'économie tunisienne traditionnelle repose sur le travail des enfants des deux sexes. Ces mineurs sont intégrés dans les différentes activités économiques afin d'assurer la transmission du savoir-faire professionnel ainsi que la production destinée au marché local selon les exigences des différents secteurs économiques. Alors que l'espace professionnel est aménagé en fonction de la division sexuelle du travail (masculin-public/féminin-privé), le système économique traditionnel est basé sur la trilogie maître-compagnon-apprenti, dans les corporations des milieux urbains, et sur l'exploitation de la terre à la campagne. Cependant, la reproduction des structures socioprofessionnelles traditionnelles, déjà en crise au XIXe siècle, subit une distorsion sous la colonisation française. Cette dernière modernise, progressivement, les secteurs économiques tunisiens en liant l'économie locale au marché international et en introduisant des changements socioéconomiques profonds. L'économie traditionnelle devient de plus en plus informelle par rapport aux nouvelles exigences en matière de formation (apprentissage/compétences), de production et de rentabilité. Ce changement n'est pas sans effets sur l'enfant dont le travail précoce est remplacé par l'école, l'enseignement professionnel et la législation relative à la protection des enfants dans le travail.

I- ENFANCE ET ECONOMIE TRADITIONNELLE : UNE SOCIALISATION SEXUEE ET INEGALITAIRE

1) LES GARÇONS : UN APPRENTISSAGE PRECOCE ET INEGALITAIRE

L'enfance est une notion imprécise dans la société traditionnelle, malgré l'existence de plusieurs étapes dans cet âge. Ce dernier s'étend, grossièrement, de la naissance à la puberté dans la mesure où l'enfant ou le mineur (*ṣaghīr*) s'oppose à l'adulte (*bāligh, kabīr*)[4]. Quand l'enfant échappe à la forte mortalité infantile typique des sociétés traditionnelles, il est destiné, aussitôt, à toutes les activités des adultes. Simultanément, il fait l'objet d'une socialisation sexuée suivant un système de valeurs qui favorise le garçon par rapport à la fille. Selon la division sexuelle du travail fortement codifiée, les garçons travaillent en dehors du foyer tandis que les filles sont destinées aux rôles d'épouses et de mères et, secondairement, à la production artisanale dans un cadre privé ou semi-privatif. L'enfant de sexe masculin est intégré au milieu du travail, selon ses compétences et son appartenance sociale, après une courte durée d'enseignement. L'enseignement traditionnel est religieux. Il est basé sur l'école coranique (*kuttāb*). Cet enseignement détermine la promotion sociale des individus et des familles par l'accès aux études supérieures et aux fonctions religieuses, juridiques ou administratives tant privilégiées par une société hiérarchisée[5]. Origines sociales et activités économiques sont fortement liées. Les hautes fonctions sont réservées à l'élite sociale (*aᶜyān*) et aux savants (ᶜulamāᵓ), qui relèvent, très souvent, de la même lignée familiale. L'accès à ce groupe social n'est pas interdit, mais il est accaparé par certaines familles en fonction de leur position sociale supérieure (*wajāha*) et de leur origine supposée noble (*sharaf*)[6]. À côté de cette élite socioprofessionnelle, il existe des corporations artisanales fortement organisées autour d'un corps de métiers hiérarchisé selon leur valeur économique et symbolique, comme celui des bonnetiers (*shawwāshīn*), des parfumeurs (*ᶜaṭṭārīn*), etc., autour de la grande mosquée de la ville[7].

Le commerce et l'artisanat constituent les piliers de l'économie urbaine. Les souks les plus riches sont réservés au commerce des parfums, d'orfèvrerie et de bijoux, des étoffes de luxe comme la soie, etc. Ces souks

[4] A. Giladi, « Ṣaghīr », *Encyclopédie de l'islam*, Leiden-Paris, E. J. Brill-Maisonneuve et Larose, 1993, t. 8, p. 849.

[5] Mongi Smida, « La Tunisie husseinite au XIXe siècle », in Azzeddine Guellouz et *al., Les Temps Modernes (941-1247 H./1534-1881)*, tome 3 de l'*Histoire générale de la Tunisie*, Tunis, Sud Éditions, 2010, p. 339-340.

[6] Cf. Mohamed El Aziz Ben Achour, *Catégories de la société tunisoise dans la deuxième moitié du XIXe siècle, les élites musulmanes*, Tunis, INAA, 1989, p. 139-154 ; Abdelwahed Mokni, *An-nukhab al-ijtimāᶜiyya at-tūnisiyya zaman al-istiᶜmār al-firansī (1881-1956) : al-ashrāf wa al-baldiyya mithālan*, Sfax, Publication de la Faculté des Lettres et des Sciences Humaine, 2004, p. 238-244.

[7] Ahmed Abdesselem, « La sémantique sociale de la ville d'après les auteurs tunisiens des XVIIIe et XIXe siècles », in Abdelwahab Bouhdiba et Dominique Chevallier (dir.), *La ville arabe dans l'islam*, Tunis-Paris, CERES-CNRS, 1982, p. 50-51.

occupent le centre des villes où une élite de marchands et d'artisans figure au sommet de la hiérarchie spatiale[8]. Toujours est-il que ces métiers reçoivent leurs lettres de noblesse en fonction des rentes qu'ils assurent et du réseau commercial dont ils relèvent depuis des siècles. Les grands artisans, marchands et propriétaires transmettent à leurs fils les secrets et les normes du métier au même titre que la filiation et le patronyme familial[9]. Le garçon envoyé au *kuttāb* doit s'initier, aussitôt, au métier de son père. L'enseignement cède aux heures supplémentaires dans la boutique ou l'atelier paternel où l'enfant commence à observer les tâches et le processus de l'exécution du métier.

Fig. 1 et 2 : Quand les parents transmettent les métiers « nobles » à leurs fils Herbert Vivian M. A., *Tunisia and the modern Barbary pirates*, New York, Longmans-Green, 1899, p. 255. *La France en Tunisie*, Paris, G. Carré et C. Naud, 1897, p. 81.

[8] Mohamed El Aziz Ben Achour, *Catégories de la société tunisoise…, op. cit.*, p. 140-142.

[9] Abdelwahed Mokni, *An-nukhab al-ijtimāᶜiyya at-tūnisiyya zaman al-istiᶜmār al-firansī…, op. cit.*, p. 204.

À sūq al-ᶜAttārīn *et dans les bazars riches, des enfants bien vêtus posent au milieu des marchandises destinées à une clientèle aisée et des touristes en quête d'exotisme. Cette mise en scène de la réussite sociale traduit l'enjeu des familles riches à transmettre leur patrimoine aux descendants de sexe masculin pour assurer leur notoriété socioéconomique et perpétuer leur nom.*

En dehors de cette minorité de privilégiés et de fonctionnaires, la majorité des familles moins aisées ou pauvres envoient leurs enfants aux différents patrons pour apprendre un état et garantir leur avenir, quitte à rompre les études. En même temps que l'instruction religieuse, l'enfant « reçoit une sorte d'éducation technique »[10] ou un apprentissage professionnel : « pendant trois ou quatre jours de la semaine, il déserte l'école ; il passe son temps dans les ateliers : il dévide les écheveaux du tisserand ; il aide le menuisier, il assiste au travail du cordonnier et du brodeur »[11]. Ces enfants sont destinés aux métiers qui s'étendent vers les marges de la ville les métiers ceux « moins nobles » et polluants, comme les forgerons (*al-ḥaddādīn*), les teinturiers (*aṣ-ṣabbāghīn*), les tanneurs (*ad-dabbāghīn*), etc. Dans cet univers des classes laborieuses, « l'ouvrier tunisien travaille en plein air ; les échoppes ouvrent sur la rue les larges baies qui leur servent à la fois de porte, d'étalage et de fenêtre : l'enfant se blottit, en passant, dans un coin de la boutique, et ses yeux lui donnent peu à peu une éducation pratique »[12]. Observation et habitude constituent les fondements de cet apprentissage traditionnel : « Comme l'industrie musulmane vit de traditions, l'enfant n'a pas d'autre apprentissage à faire pour s'habituer aux travaux de l'âge mûr »[13].

L'apprentissage est dur et long. L'enfant doit apprendre les différentes tâches du métier. Intégré de bonne heure au monde des adultes, il développe un *habitus* qui consiste à imiter les gestes, les paroles et à assimiler le métier dans son intégralité où chaque règle est intériorisée et chaque détail est respecté pour reproduire non seulement le métier, mais aussi tout ce qui s'y rattache : matières premières, production, clientèle, réseau, etc. Tout commence par le respect de la hiérarchie professionnelle. L'enfant apprenti doit se soumettre à l'autorité de ses supérieurs plus âgés et expérimentés.

[10] Paul Lapie, *Les civilisations tunisiennes : musulmans, israélites, Européens, étude de psychologie sociale*, Paris, Félix Alcan, 1898, p. 119.

[11] *Idem.*

[12] *Idem.*

[13] *Idem.*

L'organisation intérieure des corporations repose sur une division tripartite hiérarchisée : patron (*m^c^allim*), compagnon (*qalfa*) et apprenti (*ṣānaᶜ*). Dans certains métiers, il existe un grade d'apprentissage intermédiaire entre l'apprenti et le compagnon, le demi-compagnon (*nufs qalfa*), obligatoire chez les tisserands en soie (*ḥrāyriyya*) et les cordonniers (*blāghjiyya*)[14]. La durée de l'apprentissage varie suivant les métiers : elle peut atteindre, par exemple, quatre ou cinq ans pour les menuisiers (*najjārīn*). Le passage d'un grade à un autre est possible mais il est soumis à des règles. L'accès au grade de compagnon ne s'accompagne d'aucune procédure particulière ni d'aucun examen professionnel. Accompagné de deux autres maîtres, le patron présente son apprenti à *l'amīn* lorsqu'il le juge digne d'être nommé compagnon : c'est le cas des bonnetiers (*shawwāshiyya*). Tous les apprentis deviennent compagnons, mais ceux-ci ne peuvent tous devenir maîtres, surtout quand une opposition ou un conflit existe entre maîtres et compagnons[15].

Les apprentis teinturiers réalisent les tâches les plus difficiles de ce métier pénible : apprentissage oblige ! La teinturerie est une industrie polluante et nocive. Au niveau de l'espace urbain, elle occupe une position marginale par rapport aux activités « nobles ». Dans la France du XIXe siècle, les lois relatives au travail des enfants interdisent le travail des mineurs dans les métiers qui utilisent des produits chimiques nuisibles à leur santé.

Fig. 3 : Apprentis teinturiers à Tunis (1897)
La France en Tunisie, Paris,
G. Carré et C. Naud, 1897, p. 181.

[14] Pierre Pennec, *Les transformations des corps de métiers de Tunis sous l'influence d'une économie externe de type capitaliste*, doctorat, Géographie, Tunis, ISEA-AN, 1964, vol. 1, p. 33-34.
[15] *Idem.*

Fig. 4 : Atelier de décorations en plâtre au musée du Bardo
Cartes postales de Tunisie, Fonds Pierre d'Espezel, 1915-1930-Bibliothèque de l'Hôtel de ville, Paris, FECP XIX/75.

Les décorations en plâtre du musée du Bardo (naqsh ḥdīda) sont réalisées par les mains des enfants. Des œuvres tant appréciées par les admirateurs de l'art abstrait. Mais à regarder ces enfants, il faut imaginer à quel âge ils sont déjà mis en apprentissage pour cultiver cette adresse et cet art et habituer leurs corps au rythme de ce travail minutieux.

Contrairement au système d'apprentissage en vigueur en France jusqu'au début du XXe siècle, la mise en apprentissage des enfants tunisiens ne fait l'objet d'aucun contrat écrit. La durée de l'apprentissage et le nombre des apprentis ne sont pas fixés par les règlements ni par la coutume ; la durée du stage varie selon les aptitudes de l'apprenti, pour lequel aucun âge minimum n'est exigé. Dans certains métiers, des garanties sont prévues pour le maître comme pour l'apprenti[16]. En dehors d'un cadre écrit et codifié, l'apprentissage en Tunisie perpétue des normes anciennes et intériorisées. Le patron exerce une autorité très étendue. Il assure aussi bien l'apprentissage professionnel de l'enfant que son éducation. Il remplace le père dont il use le pouvoir correctionnel qui sous-tend le pouvoir patronal, tous deux propres à la société patriarcale. Un proverbe dit : *On n'apprendra aucun métier si on ne verse pas de larmes* (*illī mā ysaqqaṭ damᶜa mā yaḥfadh ṣanᶜa*).

Dans le monde rural, tout est structuré autour de l'agriculture où règne une économie de subsistance basée sur la propriété privée (détenue essentiellement par l'aristocratie traditionnelle) et collective de la terre, exploitée par le métayage (*khmāsa*)[17], les ouvriers agricoles et la

---

[16] Pierre Pennec, *Les transformations des corps de métiers de Tunis…, op. cit.*, p.

[17] Ali Mahjoubi, *L'établissement du protectorat français en Tunisie*, Tunis, Publications de

transhumance à laquelle s'adonnent les tribus pour assurer leur subsistance. Dénués de ressources, les ouvriers agricoles doivent travailler chez les agriculteurs riches moyennant un contrat de *khmāsa*. Aussitôt, après les labours, le *khammās* louera ses services à la journée pour préparer son affranchissement : il va cueillir des olives, piocher les vignes, etc. À la moisson, le propriétaire est obligé de fournir des journaliers à chacun de ses *khammās*. Mais il s'y soustrait très souvent, et paie une petite indemnité au *khammās*, qui fait travailler sa femme et ses enfants pour alléger ses dettes[18]. En dehors de ce mode d'exploitation de la terre, plusieurs activités s'offrent aux enfants paysans pour permettre à leurs familles de survivre en travaillant pour le compte d'agriculteurs tunisiens ou, plus tard, pour celui de colons français et européens. Ils sont alors destinés, de bonne heure, aux travaux agricoles (labour des champs, garde des troupeaux, cueillette, moisson, etc.). Les bergers sont généralement des enfants et la surveillance des bovins consiste à venir prendre le troupeau le matin à la ferme et à le ramener au coucher du soleil. La colonisation perpétue ces anciennes structures du travail agricole où les enfants constituent une main d'œuvre à coût dérisoire. En 1896, les frais de garde sont calculés par tête de bétail à raison de 1,20 à 2 francs pour l'année alors que les animaux âgés de moins d'un an en sont exempts[19].

---

l'Université de Tunis, 1977, p. 30 ; Hédi Timoumi, *Tārīkh Tūnis al-ijtimāᶜī, 1881-1956*, Sfax, Dar Mohamed Ali Hammi, 2001, p. 61, 117-137.

[18] Jules Saurin, *Constitution de la propriété et les contrats de culture indigènes en Tunisie*, Paris, Nancy, Berger-Levrault, 1897, p. 34.

[19] *La Tunisie, agriculture, industrie, commerce*, Paris-Nancy, Berger-Levrault, 1896, p. 61.

Fig. 5 : Jeune berger tunisien (1937)
Albert Soulillou,
« *Splendeurs et misères tunisiennes* »,
Regards, 1 avril 1937, p. 8.

La photographie de ce « jeune berger arabe », couvert de haillons, surprend un corps en mouvement, dont le torse, en partie dénudé, témoigne de la condition sociale des jeunes ouvriers agricoles et d'une érotisation coloniale de la pauvreté « indigène ».

Par ailleurs, les enfants accompagnent leurs familles pendant les saisons des moissons, des vendanges et de la cueillette des olives. La récolte des olives est effectuée à la tâche. Dans le nord, le prix payé oscille entre 6 et 8 francs, lorsque la récolte est bonne, et entre 12 et 16 francs, lorsqu'elle est médiocre. La mesure prise pour unité est le *qafîz* (5,184 hl) dont la cueillette nécessite cinq journées d'hommes à 0,60 franc., quatre journées de femmes à 0,30 franc et six journées d'enfants à 0,30 franc, soit un total de 6 francs. Il est à noter que le prix indiqué pour les bonnes récoltes peut augmenter à cause de la pénurie de la main-d'œuvre, ce qui arrive en cas de bonne récolte générale au Sahel et au nord, desservis par une main-d'œuvre nomade. Dans le sud, le salaire est représenté par une part de la récolte[20]. En 1903, pour les travaux faciles comme la cueillette des olives et la vendange, des femmes, des enfants et même des hommes touchent de 0,60 à 1,20 franc par jour[21].

---

[20] *Idem*, p. 64-65.

[21] Robert Wastelier Du Parc, *Étude sur la colonisation en Tunisie*, Lille, Imp. L. Danel, 1903, p. 16.

Enfants et femmes bédouins envahissent les oliveraies du Sahel durant la saison de la cueillette des olives avant de les acheminer tout droit vers les pressoirs. Cette main d'œuvre ne profite que des miettes de l'industrie et du commerce d'huile d'olive.

Fig. 6 : La cueillette des olives au Sahel (1904) https://www.delcampe.net/fr/collections/cartes-postales/tunisie/tunisie-la-cueillette-des-olives-animee-638589733.html

Généralement, la condition de l'enfance rurale est façonnée par le rythme du calendrier agricole. Là, les filles apprennent autant les tâches féminines que celles des hommes et partagent la condition de leur milieu social où la femme assume d'énormes charges de la vie quotidienne. Visibles à l'œil du voyageur européen, ces filles constituent une main d'œuvre économiquement invisible et paradoxale. La société traditionnelle accorde une valeur virile à l'économie, alors que les enfants et les femmes y sont productifs.

2) LES FILLES : UNE MAIN D'ŒUVRE INVISIBLE MAIS TRES PEU OU PAS REMUNEREE

Tandis que le jeune garçon est envoyé au *Kuttāb* pour apprendre le Coran et les premières règles de l'orthographe, la fille doit commencer son éducation et son instruction au domicile. Alors que le garçon est plus visible dans l'espace public, la fillette peut sortir non voilée, mais elle ne peut pas l'accompagner. Aucune école ne lui est destinée jusqu'à l'avènement du protectorat. Vers cinq ans, on commence à l'initier à la couture, au tricot et aux autres travaux manuels[22]. Les filles restent cantonnées dans l'espace de la vie privée. Dès leur tendre enfance, elles sont soumises à un apprentissage

[22] Mohamed S. Sellami, « La femme musulmane », *Revue tunisienne*, 3e année, n° 11, juillet 1896, p. 434.

des tâches féminines ordinaires : entretenir le foyer et la famille et élever les enfants. Dans les villes, les filles apprennent à être enfermées au domicile paternel jusqu'à ce qu'elles se marient pour rejoindre le domicile conjugal. Tout ce qu'elles apprennent relève de leur entourage intime : mères, sœurs, grands-mères, tantes, cousines, voisines, etc. Au sein de ce groupe domestique restreint, elles apprennent par l'observation et la participation selon un emploi de temps trop chargé du matin au soir.

Dans ces milieux citadins, les jeunes filles sont envoyées à la maison de la maîtresse (*dār al-mᶜallma*) moyennant une somme modique le jour de leur entrée. Cette unique institution destinée à la population infantile féminine remonte au Moyen Âge[23]. Dans chaque quartier, une maîtresse se charge d'apprendre aux filles, de cinq à douze ans, la couture, le tricotage, la broderie et les soins du ménage. Toujours est-il que cette maîtresse jouit de l'estime des habitants du quartier et de leur confiance. La fille se rend, le matin, à cette sorte d'école de travaux manuels et n'en sort que le soir pour rentrer chez ses parents. Les filles sont réparties en groupes selon le travail assigné : l'un s'occupe de la propreté de la maison, et l'autre prépare le repas de la maîtresse, sous sa direction. Les plus âgées font la lessive alors que les plus jeunes passent leur temps à s'amuser sous l'œil vigilant de la maîtresse ou à confectionner des effets pour leurs poupées[24]. Ces attractions finissent par les habituer à fréquenter la maison. Tout comme le patron pour les garçons, la maîtresse exerce sur les filles une autorité morale. Elle « leur apprend à être polies, et, à leur arrivée chez elle comme à leur départ, elles doivent toutes lui baiser la main ». Puisque cette éducation est donnée gratuitement aux filles, l'avantage de la *mᶜallma* est de former des élèves capables de lui broder des habits qu'elle fait vendre pour son compte, ou de recevoir de temps en temps, et particulièrement aux fêtes, des cadeaux de la part des parents de ses élèves. Quand la fille ne fréquente plus cette « école », elle aide sa mère dans le ménage, elle sort rarement et, quand elle sort, elle est voilée. À la puberté, on l'habitue à l'idée d'avoir un mari[25].

Si les travaux domestiques sont si nombreux et variés dans les villes, ils sont restreints, mais plus durs à la campagne. La paysanne doit chercher l'eau à plusieurs kilomètres, ramasser le bois qu'elle rapporte en fagots au

---

[23] Mohamed Saïd, *Madkhal ilā tārīkh aṭṭifl wa aṭṭufūla bi Ifrīqiyya fī al-ᶜaṣr al-wasīṭ, muqāraba unthrūbūlūjiyya*, Tunis, éditions Latrach, 2015, p. 202-204.

[24] Mohamed S. Sellami, « La femme musulmane », *op. cit.*, p. 434.

[25] *Idem*, p. 434-435.

logis, moudre son blé, cuire son pain et préparer le repas[26]. La fille rurale est plus visible que sa consœur citadine. Quand elle observe et aide sa mère, elle apprend toutes les tâches qu'elle devra remplir plus tard. Partout, le mariage précoce destine les filles aux obligations de la vie conjugale et familiale. Ces tâches sont vitales aussi bien pour le groupe domestique que pour la communauté villageoise ou tribale. Outre les soins ménagers et les travaux des champs, le tissage est l'activité artisanale la plus commune de ces milieux et relève d'habitude des occupations féminines quotidiennes. La laine est le matériau le plus utilisé pour confectionner les habits, les draps et les tapis (*zarbiyya, margūm, klīm*).

Le tissage est la principale activité artisanale de la fille rurale dont les techniques et les gestes sont pluriséculaires. Le Sud tunisien est célèbre par ses différentes étoffes fabriquées à partir de matériaux naturels et locaux. Il devrait sa renommée aux petites mains de ces futures artisanes habiles et à leurs gestes partagés entre la matière et les outils.

Fig. 7 : Tissage à la main dans le Djérid
Source : *La France en Tunisie*, Paris, G. Carré et C. Naud, 1897, p. 178.

Sans doute, le travail des enfants dans la société traditionnelle s'inscrit-il dans la longue durée, mais sans être figé. Déterminé par le rythme de la vie économique, politique et sociale, il est perturbé par les crises récurrentes et les aléas de la conjoncture.

[26] Tahar Haddad, *Notre femme, la législation islamique et la société*, Tunis, Maison tunisienne de l'édition, 1978, p. 153.

II– QUAND L'ENFANCE LABORIEUSE SUBIT LES ALEAS ECONOMIQUES

1) L'ARCHIPEL DES PETITS METIERS ET DE SOUS-EMPLOIS

La mise en apprentissage relève des stratégies des familles dont l'objectif consiste à garantir le placement de leurs enfants de sexe masculin à qui incombent les futures charges. Certes, leur apprentissage n'est pas rentable à court terme. Mal payé ou impayé, l'enfant ne devient rentable qu'à partir du moment où il commence à travailler pour son propre compte. Cependant l'initiation précoce au travail permet à l'enfant d'apporter un revenu d'appoint au budget familial et de transmettre les techniques et le savoir-faire ancestral. C'est ainsi que plusieurs familles engagent leurs enfants dans le monde des petits métiers dans une économie où le formel et l'informel se confondent

Fig. 8-9-10-11 : Enfants et petits métiers à Tunis et à ses environs (XIXe-XXe siècles)

Charles Lallemand, *Tunis et ses environs*, Paris, Maison Quantin, 1890, p. 169, 191 ; Douglas Sladen, *Carthage and Tunis, the old and new gates of the Orient*, London, Hutchinson, 1902, vol. 2, p. 342 ; Albert Soulillou, « Splendeurs et misères tunisiennes », *Regards*, 1 avril 1937, p. 8.

quand il s'agit de la main d'œuvre infantile. Les récits de voyage décrivent les différents petits métiers observés partout et souvent exercés par des enfants. Bien qu'ils résultent des aléas de l'économie traditionnelle et de ses crises[27], les petits métiers prolifèrent davantage avec le déclin de l'économie locale et de l'artisanat suite à l'ouverture de la Tunisie sur les marchés des pays industriels depuis le XIXe siècle, et au remplacement progressif de l'artisanat utilitaire par les marchandises importées[28].

Qu'ils soient porteurs d'eau, cireurs, portefaix (*ḥammāl*), garçons de café, vendeurs de journaux ou de petits bouquets de jasmin, acrobates, charmeurs de serpents, musiciens ambulants, petits guides de touristes, etc., ces enfants sont dépourvus d'enseignement et d'encadrement et destinés à la rue et au monde de la déviance.

En constituant une main-d'œuvre à faible coût, sinon gratuite, les enfants sont soumis à une forme de servitude familiale ou extrafamiliale. Plus encore, ils sont exposés à la promiscuité et à l'exploitation. Au foyer, les filles sont exploitées pour réaliser des travaux d'aiguille ou certaines étapes de production (comme la *shāshiyya*)[29], presque identiques au *sweating system* européen où les filles sont surexploitées par leurs parents ou patrons[30]. Toutefois, d'autres enfants des deux sexes vivent dans la mendicité, poussés au vol et à la prostitution aussi bien féminine que masculine. Les voyageurs signalent souvent la mendicité des enfants, nomades à l'intérieur ou à l'extérieur des villes ou près des sites archéologiques. À Carthage, Paul Sabatier décrit, en 1896, « quelques fillettes bédouines couvertes de haillons » qui l'entouraient « en réclamant le sou traditionnel » alors il se payait « en photographiant leur image, que donnera une idée peu flatteuse du beau sexe de cette contrée »[31].

---

[27] Khelifa Chater, *Dépendance et mutations précoloniales, la régence de Tunis de 1815 à 1857*, Tunis, Publications de l'Université de Tunis, 1984, 568-585 ; Mohamed Lazhar Gharbi, *Impérialisme et réformisme au Maghreb : histoire d'un chemin de fer algéro-tunisien*, Tunis, Cérès, 1994, p. 47-55.

[28] Dominique Champault, *Tunisie, artisanat en Médina de Tunis*, Paris, Unesco, 1969, p. 5.

[29] Lucette Valensi, « Islam et capitalisme, production et commerce des chéchias en Tunisie et en France aux XVIIIe et XIXe siècles », *Revue d'histoire moderne et contemporaine*, t. 16, juillet-septembre 1969, p. 377-378.

[30] Pierre Pierrard, *Enfants et jeunes ouvriers en France XIXe-XXe siècle*, Paris, Éditions ouvrières, 1987, p. 60.

[31] Paul Sabatier, *Deux semaines en Tunisie et en Algérie*, 1896, (manuscrit), p. 86-87.

Dans la rue al-Djezira, à Tunis, le même auteur rencontre deux petites filles bédouines, dont l'une porte un petit enfant, et qui, « sur la promesse d'un sou pour chacune, elles se laissent photographier »[32]. En outre, les touristes peuvent acquérir un « objet d'intérêt » à Carthage « pour quelques centimes auprès des enfants bédouins du voisinage ». Sans le savoir, ces enfants vendent des objets de valeur historique clandestinement, alors qu'ils sont « si soigneusement surveillés par les autorités que tout objet de valeur est rarement trouvé entre leurs mains »[33].

Fig. 12 : Filles bédouines à Tunis
Paul Sabatier, *Deux semaines en Tunisie et en Algérie*, 1896 (manuscrit), p. 86 ; 108.

À Carthage ou à Tunis, les Bédouins attirent les touristes européens. La mise en scène du vagabondage et de la mendicité révèle la supériorité de la colonisation par rapport à la pauvreté « indigène », d'une part, et le voyeurisme occidental violant l'intimité infantile, d'autre part.

Fig. 13 : Des fillettes mendiantes de Carthage

[32] *Idem*, p. 108.

[33] Herbert Vivian M. A., *Tunisia and the modern Barbary pirates*, New York, Longmans-Green, 1899, p. 180.

2) LES ENFANTS ENTRE LES CRISES ECONOMIQUES ET LA MARGINALITE SOCIALE

Malgré l'abondance de l'époque coloniale, la Tunisie a connu des crises économiques et sociales de type capitaliste. La colonisation profite essentiellement aux Européens et à une élite tunisienne aux dépens d'une majorité mal intégrée dans une économie à double vitesse. Dans les années 1930, la Tunisie connaît une extension inouïe du chômage et une dégradation des conditions de vie : exode rural, prolifération des bidonvilles, mendicité et disettes[34]. Affamés et dénudés, les enfants sont les plus vulnérables et les plus touchés[35] par la crise économique, étant en butte à la misère et au vagabondage. À Tunis précisément, « l'on voit chaque nuit l'affreux spectacle de bandes de gosses chercher un coin de portail pour dormir. Ils s'entassent à sept ou huit les uns contre les autres, sur le sol, enveloppés dans des feuilles de journaux volés. Des gosses, qui, par dizaines de milliers n'ont pas d'abris, n'ont rien d'autre à manger que ce qu'ils chapardent, que les restes qu'ils ramassent autour des soukhs, des gosses qui par grandes bandes n'ont plus de pères, plus de mères, parce que ces êtres-là étaient eux-mêmes tellement démunis de tout, que ce sont les gosses qui les ont fuis pour ne pas vouloir que la France ce soit cela ! Et que sa présence là-bas, n'ait eu, par la faute des brigands multimillionnaires des deux cents familles intéressées aux plantations et aux mines, que le résultat de faire d'une des plus belles races d'enfants du monde une horde de louveteaux affamés ! »[36]. Face à cette situation, les autorités recourent aux rafles nocturnes pour expédier ces enfants sans-abri « comme des wagons de scories le plus loin possible vers le sud » où « ils remontent à pied de bordj en bordj » en quête d'une « poignée de semoule, un peu d'huile, un fruit ». Mais en remontant tout le littoral, « ils sont de nouveau fascinés par la grande et resplendissante Tunis qui les a chassés » et de laquelle ils seront réexpédiés « dans le sud pour qu'ils recommencent leur ronde infernale »[37].

---

[34] Abdesslem Ben Hamida, *Capitalisme et syndicalisme en Tunisie de 1924 à 1956*, Tunis, Faculté des Sciences Humaines et Sociales, 2003, p. 173.

[35] Noureddine Dougui, Leila Adda, Hédi Jalleb, *La société tunisienne et l'exploitation coloniale*, Tunis, ISHMN, 1997 (en arabe).

[36] Albert Soulillou, « Splendeurs et misères tunisiennes : la ronde des rats et des gueux de la Hara », *Regards*, 1er avril 1937, p. 20.

[37] *Idem.*

La misère du quartier juif de Tunis n'échappe pas à ce tableau sombre où les filles sont incitées à la prostitution accompagnées de proxénètes « pour vanter la marchandise au client et discuter du prix »[38]. Dès le XIXe siècle, les voyageurs européens signalent la prostitution précoce des filles tunisiennes juives et des mères proxénètes qui trafiquent de leurs filles de quatorze à quinze ans auprès de touristes européens en quête d'exotisme sexuel, en sacrifiant même des fillettes de douze ans[39]. Au XXe siècle, filles et garçons tunisiens de toutes confessions sont exploités dans la prostitution, la pédérastie et la pornographie[40]. Fillettes pré-pubères et jeunes garçons, en partie dévêtus ou complètement nus, posent devant l'objectif des photographes professionnels[41].

En Tunisie, l'œuvre de Lehnert et Landrock n'exclut ni pédérastie, ni prostitution infantile[42].

Fig. 14 : Filles tunisiennes devant la photographie pornographique [1904-1914] Lehnert et Landrock : Tunisie, Deux jeunes filles au jasmin et au sein dénudé http://www.kapandji-morhange.com/html/fiche.jsp?id=8120350&np=1&l-ng=fr&npp=150&ordre=&aff=1&r=

[38] *Idem.*

[39] Pierre Giffard, *Les Français Tunis*, Paris, Victor Havatd, 1881, p. 128-132.

[40] Michel Mégnin, « André Gide, Rudolf Lehnert et la poésie arabe, images et la réalité de la pédérastie en terre d'Islam », *Bulletin des amis d'André Gide*, vol. 33, n° 146, avril 2005, p. 153-178 ; François Pouillon, Michel Mégnin, « Le miroir aux alouettes : destin sociologique des images du nu indigène », *L'Année du Maghreb*, VI/2010, p. 19-45.

[41] Pierre Centlivres et Micheline Centlivres-Demont, « Une étrange rencontre, la photographie orientaliste de Lehnert et Landrock et l'image iranienne du prophète Mahomet », *Études photographiques*, 17/2005, p. 4-15.

[42] Michel Mégnin, « Lehnert & Landrock (« L&L ») », in François Pouillon (éd.), *Dictionnaire des orientalistes de langue française*, Paris, Karthala, 2012, p. 625-626

Il s'agit d'une colonisation sexuelle aussi bien des femmes orientales, en l'occurrence maghrébines[43], que des mineurs des deux sexes. La production des images sexuellement attractives dans des décors fastueux comme de simples objets sexuels traduit un fantasme érotique autour de l'inaccessible et de l'illégalisme sexuel. La mise en scène de cette sexualité illégale (pédophilie, hébéphilie, éphébophilie) dans les photographies et les cartes postales n'est que l'indication d'un tourisme érotique dans les colonies qui se nourrit de la marginalité de sa masse juvénile.

> *Filles bédouines parées de bijoux et coiffées de jasmin dont le regard doux, le sourire espiègle et le sein dénudé suscitent les désirs d'une clientèle en quête de la « chair fraîche ».*

Dans ce contexte où interfèrent économie traditionnelle et économie coloniale, la main-d'œuvre infantile est exploitée, puisqu'elle est rentable, peu exigeante et facile à manipuler. À côté des produits agricoles stratégiques (huile d'olive, vigne), le secteur des mines constitue le moteur de l'économie tunisienne (chemins de fer, ports, exportation). Alors qu'en France, les enfants travailleurs sont de moins en moins exploités dans la grande industrie minière, en Tunisie, l'enfance est visible dans tous les secteurs économiques. Cependant, ce travail est provisoire car la main-d'œuvre infantile comblerait la pénurie temporaire en main-d'œuvre qualifiée. Les mines et les carrières emploient des ouvriers majoritairement tunisiens dont des enfants âgés de moins de seize ans protégés par les décrets des 17 juillet 1908 et 15 juin 1910.

---

[43] Christelle Taraud, *La prostitution coloniale, Algérie, Tunisie, Maroc (1830-1962)*, Paris, Payot, 2003, p. 291.

Tableau n° 1 : Les enfants âgés de moins de 16 ans employés dans les mines et les carrières de Tunisie en 1910-1911-1912

Année	Nombre global d'ouvriers occupés	Répartition		Dénombrement par nationalité			Enfants âgés de moins de 16 ans	
		À l'intérieur	À l'extérieur	Français	Étrangers	Tunisiens	À l'intérieur	À l'extérieur
1910	16.573	7.075	9.498	327	4.588	11.054	15	589
1911	15.787	6.740	9.047	315	4.460	10.500	12	500
1912	18.969	10.252	8.657	334	3.331	15.072	101	71

Source : A. de Keppen, *L'industrie minérale de la Tunisie et son rôle dans l'évolution économique de la Régence*, Paris, Comité central des houillères de France-Chambre syndicale française des mines métalliques, 1914, p. 260.

En 1910-1911, les mineurs de seize ans représentent moins de 4% de la population ouvrière et ils sont essentiellement employés à l'extérieur des mines et des carrières. En 1912, leur nombre régresse sensiblement (presque 1% de la population ouvrière). Cependant, ils travaillent à l'intérieur des mines. Dans le cadre de l'instruction professionnelle, une école réservée aux enfants est créée, en 1909, dans l'agglomération minière de Metlaoui. Au début de son fonctionnement, 41 enfants tunisiens sont inscrits à cette école, où des maîtres mineurs et chefs d'ateliers de la Compagnie de Gafsa leur enseignent des notions pratiques relatives à l'industrie extractive. Le programme de l'école consiste à faire une pépinière d'apprentis mineurs et à permettre dans la mesure du possible le recrutement, sur place, d'une population ouvrière et même de fournir des contremaîtres qualifiés pour l'industrie minière. En 1911, l'école reçoit de nombreux ouvriers mineurs venus jusqu'ici de Kabylie ou de Tripolitaine[44].

[44] A. de Keppen, *L'industrie minérale de la Tunisie...*, *op. cit.*, p. 264-265.

Les gestes de ce jeune s'adaptent aux cavités de la galerie. Son corps est façonné par la pauvreté et par le travail au profit de la compagnie minière.

Fig. 15 : Un jeune au fond d'une mine de Metlaoui : galerie [1952 ?] https://www.delcampe.net/fr/collections/cartes-postales/tunisie/cpa-mine-de-metlaoui-travail-en-galerie-tunisie-747997-717259852.html

III– LA PROTECTION DE L'ENFANCE : L'ECOLE, L'ENSEIGNEMENT PROFESSIONNEL ET LES LOIS SOCIALES

1) L'ECOLE N'EST PAS POUR TOUS : LA SCOLARITE INEGALE

À partir du XIXe siècle, l'enfant cesse d'être comme un adulte en miniature en Occident. La scolarité étend l'âge de l'enfance tandis que les lois sociales protègent enfants et adolescents aussi bien dans le travail que dans la famille et les différents milieux sociaux en misant surtout sur leur enseignement. En Tunisie, ce changement est très lent. Les garçons des milieux aisés sont les premiers à fréquenter les écoles françaises et franco-arabes. Les filles tunisiennes de culte juif fréquentent l'école bien avant leurs consœurs musulmanes. Les enfants ayant reçu leur certificat d'études primaires peuvent poursuivre l'enseignement secondaire et même supérieur.

Très minoritaires, ceux-ci sont destinés à l'administration et aux professions libérales (médecine, pharmacie, droit). Majoritaires, les enfants non scolarisés et analphabètes sont destinés aux différentes activités économiques et à la rue.

Tableau n° 2 : Scolarisation des enfants tunisiens de culte musulman de 1920 à 1955 (en milliers)

Année / Enfants	1920	1925	1930	1935	1940	1945	1950	1955
Non-scolarisés	**440**	**441**	**476**	**510**	**576**	**630**	**650**	**616**
Scolarisés	**12**	**24**	**35**	**42**	**47**	**66**	**113**	**224**
Scolarisables	**452**	**467**	**511**	**552**	**623**	**696**	**763**	**840**

Source : Salah-Eddine Tlatli, *Tunisie nouvelle, problèmes et perspectives*, Tunis, Imp. Sefan, 1957, p. 234.

Malgré les progrès réalisés en matière d'enseignement des enfants tunisiens, la scolarisation reste très inégalitaire en fonction du sexe et des origines sociales, nationales ou cultuelles. Les Européens sont privilégiés par rapport aux enfants tunisiens musulmans : en 1949, ils sont scolarisés à 94% contre 12% pour les seconds. Les filles sont toujours moins scolarisées que les garçons alors que les milieux urbains sont plus favorisés par rapport aux campagnes. L'inégalité concerne aussi les stratégies sociales. L'élite cherche à intégrer leurs enfants dans le projet colonial moderne. En revanche, pour la masse, les autorités coloniales développent un enseignement « minimaliste » et complété par un enseignement professionnel visant à former la main-d'œuvre nécessaire à l'économie coloniale[45]. Aussi, les « indigènes » scolarisés rivalisent-ils les colons qu'ils dépassent déjà en nombre.

[45] Habiba Naffati, Ambroise Queffélec, « Le Français en Tunisie », *Le Français en Afrique, revue du réseau des observatoires du français contemporain en Afrique*, n° 18, 2004, p. 19-21.

2) L'ECOLE PROFESSIONNELLE : ENTRE LA REALITE TUNISIENNE ET LA PROPAGANDE COLONIALE

Fig. 16 : Atelier d'enseignement professionnel pour filles à Tunis dans les années 1930.
Source : *Notes sur la Tunisie*, Paris, Imp. Henri Muller, 1937, p. 31.

En 1908, le Résident général Gabriel Alapetite réclame Sébastien Charléty pour exercer les fonctions d'inspecteur général de l'Enseignement professionnel des indigènes et de directeur de l'Enseignement public à Tunis (1908-1919). Au congrès de l'Afrique du Nord de 1908, il présente un rapport sur l'enseignement des indigènes et propose des réformes qu'il réalise ensuite en partie. Il s'agit de transformer les écoles en centres de formation pratique plutôt que d'en faire des centres de culture théorique[46]. En 1914, il écrit : « L'intérêt que les Français de la Régence attachent à un enseignement qui prépare à l'agriculture, au commerce et à l'industrie un personnel et une main-d'œuvre plus habiles, donnent à la méthode tunisienne au moins une valeur d'exemple et d'indication »[47]. Il s'agit de créer un enseignement primaire et professionnel adapté aux besoins du pays.

D'après ces programmes, l'enfant « indigène » étudie le français usuel, et les éléments des sciences physiques et naturelles, par « l'observation raisonnée des réalités ». Il s'agit « de greffer sur le tronc commun d'un

[46] Jean-François Condette, *Dictionnaire biographique, tome 2 de Les recteurs d'académie en France de 1808 à 1940*, Paris, Institut national de recherche pédagogique, 2006, p. 110-111.

[47] Sébastien Charléty, « L'enseignement professionnel des indigènes en Tunisie », *Revue pédagogique*, t. 64, janvier-juin 1914, p. 421.

enseignement primaire scientifique, partout où l'activité économique des habitants était assez spécialisée pour le permettre, un enseignement professionnel régional, susceptible de retenir l'homme au pays : ici un enseignement agricole ; là un enseignement de pêche et navigation ; à Kairouan, célèbre autrefois pour ses couvertures de laine, une école de tissage ; pour les filles, des écoles de broderie, de dentelles, de tissage et de teinture des tapis, etc. »[48]. Les autorités coloniales « ont eux aussi continué cette formation pratique bien que, consacrée par de nouvelles institutions. La politique française de l'enseignement pratique féminin trouva ainsi sa parfaite expression dans les écoles de filles musulmanes qui deviennent à partir de 1944 : les centres de formation professionnels féminins (CFPF) »[49].

> *Sous l'œil vigilant des maîtresses, les jeunes filles sont groupées au milieu des artisanes pour observer et apprendre les différentes étapes de la fabrication des tapis : cardage, filage, manipulation des métiers à tisser, etc. Ces petites filles apprennent « l'essentiel » pour « se suffire à elles-mêmes ».*

Les écoles professionnelles s'efforcent de combler les interstices de l'enseignement public, déjà inégalitaire. Par ailleurs, la formation professionnelle constitue le caractère majeur de prise en charge des enfants recueillis par les orphelinats, par les centres d'accueil des enfants abandonnés et par les colonies pénitentiaires. Cependant, l'enseignement professionnel demeure étroitement lié à l'économie coloniale (la petite colonisation par les orphelins français ou chrétiens) en réduisant les enfants tunisiens à une main d'œuvre utile et efficace sans envisager pour autant sa promotion socioprofessionnelle. Quelle protection est-elle assurée à l'enfant travailleur et non scolarisé ?

3) L'EMERGENCE D'UNE POLITIQUE DE PROTECTION DE L'ENFANCE

Dès 1906, les groupements socialistes constitués en Tunisie appellent à l'application des lois sociales de la métropole. Anticolonialistes et antimilitaristes, les socialistes de la Tunisie appellent à une justice sociale,

48 Charles Petit-Dutaillis, « Sébastien Charléty (1867-1945) », *Revue historique*, t. 195, fasc. 1, 1945, p. 5-6.

49 Souad Bkalti, « Formation professionnelle et travail féminin au temps de la colonisation », in Dalenda Largueche (dir.), *Histoire des femmes au Maghreb, culture matérielle et vie quotidienne*, Tunis, CPU, 2000, p. 297-298.

surtout en matière du travail, de syndicalisme et de l'éducation des Tunisiens[50]. À partir de 1911, les socialistes en Tunisie (la Fédération tunisienne de la S.F.I.O.) se préoccupent de l'enseignement laïque, dénoncent l'emprise des congrégations sur l'instruction en Tunisie et appellent à la diffusion de l'enseignement public parmi les populations tunisiennes[51]. En évaluant trente ans d'instruction en Tunisie, les socialistes dénoncent la politique scolaire du protectorat puisque « les Arabes du bled, comme ceux des villes, restent dans l'ignorance la plus crasse » et que « la classe pauvre » ne peut envoyer ses enfants aux écoles franco-arabes car elle « préfère aussi voir les enfants gagner quelques sous par jour dès leur jeune âge »[52]. Jusqu'à la fin de la seconde guerre mondiale, la protection de l'enfance en Tunisie est dérisoire, laissée à l'initiative privée et aux associations à caractère religieux, en l'occurrence les sociétés de bienfaisance musulmane à partir des années 1930.

Les lois scolaires façonnent l'âge de l'enfance tandis que le Code pénal de 1913 fonde la justice des mineurs en fixant la minorité pénale à 13 ans. La loi relative au travail commence à peine à aménager un espace propre à l'enfant en fonction des restrictions imposées par la législation métropolitaine. Plusieurs décrets beylicaux réglementent le travail dans la Régence dont celui du 15 juin 1910 qui détermine « les conditions spéciales du travail des enfants du sexe masculin, âgés de moins de seize ans, dans les travaux souterrains des mines et carrières »[53]. Le décret réglementant le travail dans les établissements industriels et commerciaux s'inspire très étroitement de la législation française, notamment le décret du 3 mai 1893. La réglementation concerne l'hygiène et la sécurité du travail ainsi que la limitation de la journée de travail à dix heures et l'interdiction du travail des enfants de moins de douze ans « s'ils n'ont pas l'aptitude physique nécessaire pour l'exécution des travaux qui leur sont confiés » (décret beylical du 15 juin 1910, directement inspiré de la législation française), le repos hebdomadaire (décret beylical du 17 juillet 1908). Quant aux mineurs de seize ans, la durée maximale de travail est de dix heures et ils ne peuvent, non plus que les femmes, travailler ni au-delà de neuf heures du soir, ni

---

[50] Béchir Tlili, *Libéralisme, socialisme et syndicalisme*, t. 2 de *Crises et mutations dans le monde islamo-méditerranéen contemporain (1907-1918)*, Tunis, Publications de l'Université de Tunis, 1978, p. 126-131 ; 192-194.

[51] *Idem*, p. 337-338.

[52] *Idem*, p. 414-415.

[53] A. de Keppen, *L'industrie minérale de la Tunisie... op. cit.*, p.268-269.

avant cinq heures du matin. Cette disposition est reprise dans les circulaires du ministère du Travail des 12 octobre 1911 et 20 février 1912[54].

Le décret relatif à l'emploi des femmes et des enfants dans l'agriculture est promulgué le 18 février 1954[55]. Selon le législateur, les risques inhérents à l'exercice d'un travail sont toujours plus considérables pour les femmes et les jeunes gens que pour les adultes du sexe masculin. Si les travaux agricoles semblent moins dangereux que les travaux industriels, l'emploi des enfants et des femmes révèlera des abus et des risques. Les inspecteurs du travail agricole ont le droit d'exiger le renvoi des enfants de moins de douze ans, quand le travail excède leurs forces et ceux de douze à seize ans en cas de maladie ou d'infirmité apparentes. Du reste, les enfants âgés de dix-huit ans ne peuvent être employés à aucun travail entre 21 heures et 4 heures, sauf en cas de soins urgents et indispensables à donner au bétail ou à la basse-cour. Le repos de nuit doit avoir une durée de douze heures consécutives au minimum[56].

L'absence des données ne permet pas d'apprécier l'application des mesures protectrices introduites par la législation. Cependant, les statistiques permettent d'interpréter la condition de la population infantile au début de l'indépendance (tableau n° 2). En 1955, la Tunisie compte une population scolarisable de 840 000 enfants de 6 à 14 ans, parmi lesquels 25% seulement sont scolarisés, alors que 75% de ces enfants sont destinés non seulement au travail, mais aussi à l'école de la rue[57] et à la délinquance, puisque « le mal, c'est la sombre masse des non-scolarisés »[58]. Après la Deuxième Guerre mondiale, la Tunisie est en butte à la question de la délinquance juvénile et de son acuité. La gravité de cette délinquance est liée à la pauvreté du pays et à ses difficultés structurelles telles que l'absence de sources d'énergie rentables, le manque de capitaux, les déficiences naturelles et économiques[59]. Quand l'analphabétisme et le travail précaire se conjuguent

[54] Jean-Pierre Le Crom et al., *Histoire du droit du travail dans les colonies françaises (1848-1960), Rapport pour la mission droit et justice*, décembre 2016, p. 12.

[55] Archives Nationales de Tunisie, série SG, s/série SG5, carton 273, dossier 6, s/dossier 5 : *Projets de décrets relatifs à la réglementation du travail dans l'agriculture, paiements des salaires, emploi des femmes et des enfants et les congés payés (1953-1954).*

[56] *Idem*, documents n° 50 et 51.

[57] « L'enseignement et ses problèmes », *L'Etudiant tunisien, organe de l'Union Générale des Étudiants de Tunisie*, mars 1958, p. 6-7.

[58] Salah-Eddine Tlatli, *Tunisie nouvelle, problèmes et perspectives, op. cit.*, p. 233.

[59] Tahar Djaziri, « L'enfance délinquante en Tunisie », *Mémoires du CHEAM*, 1954, p. 5-6.

avec la misère des familles, de nombreux enfants échappent aux structures de la socialisation (famille, école et atelier). L'école obligatoire et gratuite constitue l'enjeu principal de l'État d'indépendance comme un espace vital qui permettra de construire la jeune république et son contrat social, mais le jeune État tunisien pourra-t-il assurer l'enseignement de cet effectif ?

CONCLUSION

L'interruption des études et la mise des enfants au travail sont souvent une nécessité dans les milieux sociaux pauvres. Par contre, la scolarisation massive de la jeunesse n'est pas sans équivoque. À la veille de l'indépendance, P. Magnin remarque, à juste titre, que l'avenir sera difficile dans un pays petit et pauvre, où il faudrait créer chaque année des dizaines de milliers d'emplois nouveaux : « c'est donc le chômage qui attend les masses de jeunes qui arrivent annuellement à l'âge du travail »[60]. Après plus de soixante ans, la situation de la jeunesse devient paradoxale. Alors même que le travail est prohibé durant l'enfance et l'adolescence, partagées désormais entre la famille et l'école, la jeunesse n'échappe ni au travail précoce[61] ni au chômage à la fin de la scolarité. De plus, la crise économique de 2008 a révélé une situation économique vulnérable où l'école devient incapable de promouvoir tous ses enfants et de les protéger contre les inégalités et les tentations de la contrebande et du terrorisme surtout avec l'invasion de l'économie parallèle.

---

[60] P. Magnin, « La jeunesse tunisienne en 1954 », *Documents nord-africains, études sociales nord-africaines*, n° 168, janvier 1955, p. 1.

[61] *Enquête nationale sur le travail des enfants en Tunisie, 2017*, Tunis, Institut national de la statistique/Bureau international du Travail, 2017, p 39.

CHAPITRE 22
L'APPORT DE LA METHODE BIOGRAPHIQUE A L'ANALYSE ET LA PERIODISATION DES TRAJECTOIRES SPATIO-TEMPORELLES DES CENTRES DECISIONNAIRES A TUNIS (1956-2006)

Ezeddine DRISSI

Université de Tunis

INTRODUCTION

Si à l'heure actuelle la délocalisation d'activités économiques, essentiellement celle des centres de production, suscite beaucoup d'intérêt dans un contexte de mondialisation et de forte compétition entre les métropoles internationales qui s'efforcent de consolider leurs attributs fonctionnels et symboliques, d'autres dynamiques, plus ou moins liées à cette évolution, sont moins considérées bien que leurs enjeux soient non négligeables.

La mobilité de l'activité décisionnaire dans l'espace urbain tunisois est encore très mal connue bien qu'elle ait marqué intensément la structure de la métropole par son emprise et son impact matériel en étant aujourd'hui un des facteurs le plus actifs de sa dynamique. Ce mouvement est à la source et à la charnière des nouvelles organisations et viennent surtout bouleverser la vision statique de l'espace urbain et considéré comme un révélateur pertinent pour renouveler l'approche et découvrir une nouvelle manière de regarder les espaces urbains métropolitains.

L'appréciation des trajectoires individuelles des acteurs décisionnaires permet, en effet, de retracer et d'expliquer l'histoire de l'espace local en termes de structure, de morphologie et de centralité. La connaissance de la profondeur historique de cette question contemporaine permet d'apprécier ses formes d'actualisation dans le présent et de fournir des clefs pour prévoir son évolution future ce qui aura des conséquences sur le devenir de la ville.

L'objectif de ce papier est de tenter de mieux rendre compte de la géographie propre de l'activité décisionnaire, champ non constitué théoriquement et peu exploré empiriquement, en mettant en avant son pouvoir organisateur et discriminatoire sur l'espace métropolitain de Tunis considéré comme une réalité complexe en évolution permanente. Il s'agit ainsi de comprendre l'évolution du système métropolitain en essayant de comprendre les conduites spatio-temporelles des acteurs décisionnaires et voir si nous pourrons envisager une périodisation « mobilitaire », c'est-à-dire dégager des phases de mobilité corrélées avec les expériences de développement adoptées en Tunisie.

1. CADRAGE CONCEPTUEL ET MÉTHODOLOGIQUE

1.1. DEFINITION DE L'ACTEUR

Traiter de la mobilité des centres décisionnaires ne peut se faire sans délimiter au préalable les contours de l'objet de l'étude synonyme de l'unité d'observation et d'analyse. Le problème du choix d'une définition précise pour un concept que l'on se propose d'étudier n'est pas qu'un simple exercice de style ; il détermine en effet l'objet et l'étendue même d'une recherche. Selon POPPER (1990), « *une définition en sciences ne doit pas s'établir en commençant par vouloir donner un signifié à un signifiant* », c'est-à-dire ici à poser la question : qu'est-ce que le concept de centre de décision ? Elle consiste, au contraire, à produire d'abord un énoncé du problème ou de l'observation, et ensuite à lui attribuer un nom.

Le langage commun utilise plusieurs vocables tels que *entreprise, société, firme, institution,* etc. pour désigner toute activité d'ordre social, économique ou politique. Assez proches les uns des autres, ces termes correspondent à la fois à des contextes et approches spécifiques qui ne sont plus totalement, à l'heure actuelle, satisfaisants vis-à-vis des mutations théoriques. Il nous semble que l'organisation constitue le terme le plus générique et le plus adapté, car il englobe la dimension interne de l'entreprise et sa mission externe. Selon la conception de CROZIER et FRIEDBERG (1977), on peut dire que l'organisation est une réponse au problème de l'action individuelle : « *dès qu'une activité ne peut être menée à bien par un individu unique, isolé, par le seul exercice de ses propres capacités, se pose alors le problème de l'action collective, dont l'organisation est la réponse* ». Elle est donc essentiellement un cadre structuré pour une action et peut être approchée et perçue comme activité (une activité c'est le fait même d'organiser), objet (c'est le résultat de l'action de l'activité et de l'organisation) ou entité sociale (c'est une entité sociale qui a une existence propre), et analysée selon quatre angles qui se focalisent chacun sur un aspect particulier : comme un lieu de production (fonction de production), un lieu de distribution de revenus (fonction financière), un lieu de relations sociales (dimension humaine), et enfin et surtout un lieu de décision.

L'organisation, vue comme lieu de décision est confirmée par MINTZBERG (1990) « *ce qui distingue avant tout, une organisation formelle d'un quelconque rassemblement d'hommes - d'une foule, d'un groupe informel - c'est la présence d'un système d'autorité et d'administration, personnifié par un ou plusieurs managers dans une hiérarchie plus ou moins structurée et dont la tâche est d'unir des efforts de tous dans un but donné* ». Elle nous renvoie, au delà des considérations générales relatives à l'organisation, à mieux définir l'unité d'observation objet de notre travail, en l'occurrence, le centre décisionnaire. Dans notre cas, on s'intéresse à la dimension interne de l'organisation et on la considère comme un lieu de décision et de commandement, elle fait des choix et prend des décisions qui engagent soit sa structure interne ou son environnement externe.

Quelle que soit la définition retenue, la décision est essentielle pour le maintien en vie et le développement de toute organisation car elle est un préalable à toute action. Si la décision peut émaner de plusieurs niveaux hiérarchiques de l'organisation, notre intérêt s'oriente plutôt vers la haute hiérarchie synonyme du sommet stratégique qui exerce une force de commandement par laquelle il conserve le contrôle sur la prise de décision et il réalise la coordination par la supervision directe sur les niveaux hiérarchiques intermédiaires et inférieurs. Eu égard au sommet hiérarchique, nous sommes amenés à faire la distinction et le choix entre deux adjectifs qualificatifs qui semblent avoir, à première vue, la même signification : décisionnel ou décisionnaire ? Le *décisionnel* est un adjectif qui a un rapport à une décision, tandis que le *décisionnaire* est un adjectif qui se dit d'un pouvoir de prendre de décisions en dernière instance. Du fait que le centre de décision, selon notre conception, correspond parfaitement au pouvoir détenu par une haute hiérarchie administrative qui lui permet de trancher en dernière instance, appelé désormais centre décisionnaire.

La décision renvoie donc à une caractéristique fondamentale de l'unité d'observation et d'analyse de notre étude à savoir la fonction d'encadrement, de direction et de commandement. Le mot centre désigne le lieu de décision et de pouvoir. Il évoque le pouvoir et le monopole des décisions dans les différents domaines et surtout en matière de déroulement de l'activité d'organisation.

L'administration centrale ou le siège social de l'entreprise[1] seront classés comme centre de décision si seulement ils remplissent la condition de non-regroupement dans le même local des deux activités de direction et de production de biens. En effet le comportement spatial des activités productives est susceptible de paraître très différent. Une agence bancaire, un bureau d'assurance ou un établissement de production industrielle n'ont pas ni la même conduite ni la même logique de localisation et de mobilité que celle du centre décisionnaire, d'autant plus qu'ils lui sont tous subordonnés.

Le centre décisionnaire est par excellence un lieu de déroulement des fonctions administratives. Le législateur tunisien les précise bien en les qualifiant par « *les fonctions des organes de direction des sociétés : présidents-directeurs généraux, présidents des conseils d'administration, directeurs généraux, gérants des sociétés, les contrôleurs des sociétés et leurs commissaires aux comptes* »[2]. Étant le « *lieu du principal établissement dans lequel se trouve l'administration effective de la société* »[3], nous élargissons le champ du centre décisionnaire pour inclure le siège social dans la mesure où il abrite les fonctions dites de décision, de direction, de commandement tout en respectant la restriction de co-regroupement de l'activité décisionnaire et de l'activité de production.

Notre intérêt sera focalisé sur la mobilité des administrations centrales décisionnaires qu'elles soient publiques, privées ou mixtes. Notons au demeurant que cette définition du champ sectoriel semble être validée par celle de ROCHEFORT (1976), qui ventile le tertiaire de décision en trois grands types de pouvoir en interrelation : pouvoir du tertiaire public (politique et administratif), pouvoir de production, représenté par les sièges sociaux des entreprises industrielles ou de services, et enfin pouvoir financier, représenté par les sièges sociaux des banques et des sociétés financières.

En résumé, le centre de décision, tel qu'il a été défini, est doté de plusieurs caractéristiques qu'il convient d'en tenir compte afin de mieux

[1] Pour une raison d'habitude, on utilise, d'une façon non délibérée, le terme d'entreprise pour désigner toujours l'organisation comme lieu et centre de décision.

[2] Article 3 du CSC (Tunisie).

[3] Article 10 du Code des Sociétés (Tunisie) stipule la mention obligatoire de la forme, la durée, la raison ou la dénomination sociale, le siège social, l'objet social et le montant du capital social dans les statuts de la société.

saisir son profil et comprendre ses logiques, ses stratégies, ses aptitudes et ses aspirations :

- *Statut juridique* : en tant qu'une entité jouissant d'une personnalité juridique, le centre décisionnaire est ainsi considéré comme une ***personne morale*** reconnue par la loi qui lui confère des attributs relatifs à la dénomination (raison sociale), la fonction (activité), le statut, la taille, l'adresse, etc.
- *Adresse* : lieu où le centre décisionnaire exerce ses activités ou ses fonctions. On parle souvent d'immeuble ou d'*immobilier d'entreprise* pour évoquer un bâtiment ayant pour fonction d'abriter une ou plusieurs activités de l'entreprise. Dans notre cas, il s'agit de bureaux qui accueillent les différents services et départements centraux à caractère strictement administratif indispensables au bon déroulement de l'activité de l'administration décisionnaire d'une organisation donnée. Les occupants de cet immobilier d'entreprise peuvent être, selon le cas et les moyens, propriétaires ou locataires. Dans tous les cas, le centre de décision doit avoir une adresse postale équivalente à sa localisation géographique et synonyme de son existence juridique et physique. L'entité juridique (organisation) et physique (immobilier d'entreprise) couplée à l'adresse sont les trois supports permettant de définir, de comprendre, et de caractériser la mobilité spécifique d'une activité si particulière.

1.2. CHAMP SPATIAL D'INVESTIGATION

Il faut signaler d'emblée que nous nous sommes heurté au problème du choix de la zone d'enquête. Bien que l'objet géographique corresponde administrativement au gouvernorat de Tunis, soit 21 délégations (figure 1), l'étude de la mobilité des centres décisionnaires s'appuyant sur la méthode biographique ne va pas porter sur la totalité du gouvernorat. La combinaison de trois critères a permis la délimitation de l'aire d'investigation et d'analyse :

- densité des entreprises par délégation ;
- existence d'au moins un point de regroupement décisionnaire dans chaque délégation ;
- prédominance de l'emploi tertiaire pour la population active par délégation.

Une unité administrative ne serait donc retenue si seulement si elle réunit simultanément les trois conditions de la densité, la prédominance de l'emploi tertiaire et de l'existence d'un point de regroupement décisionnaire. En effet, le deuxième critère en rapport avec le regroupement ponctuel vient remédier à la variable densité qui peut souvent biaiser le choix par l'inégale étendue de la superficie des délégations. C'est ainsi que toutes les unités périphériques se trouvent éliminées pour obtenir un univers d'étude composé de dix délégations qui apparaissent en gris foncé sur la figure 1 : la Médina, Bab Bhar, Bab Souika, Omrane, Menzah, Cité Elkhadra, Bouhaïra, Sidi Béchir, Séjoumi et Bardo. C'est sur cet espace ainsi défini s'étendant sur une aire de 70.551 km², soit presque un tiers (32.4%) de la superficie totale du gouvernorat de Tunis, plans d'eaux non inclus que notre étude se focalise. Bien que ces unités ne soient pas homogènes du point de vue socio-économique, elles sont contiguës et semblent former schématiquement la partie centrale et péricentrale de la ville de Tunis avec une extension vers le nord.

Au-delà des dix délégations choisies, nous serons amenés à procéder à une nouvelle stratification spatiale. Il s'agit d'effectuer une nouvelle sélection des lieux et quartiers au sein de chaque unité administrative pour identifier et choisir les sujets à enquêter. Pour ce faire, nous avons sélectionné prioritairement les nouveaux quartiers et centres d'affaires. Notre raisonnement consiste dans le fait que les nouvelles opérations immobilières sont, *a priori*, les espaces captifs de la grande majorité des acteurs mobiles recherchés.

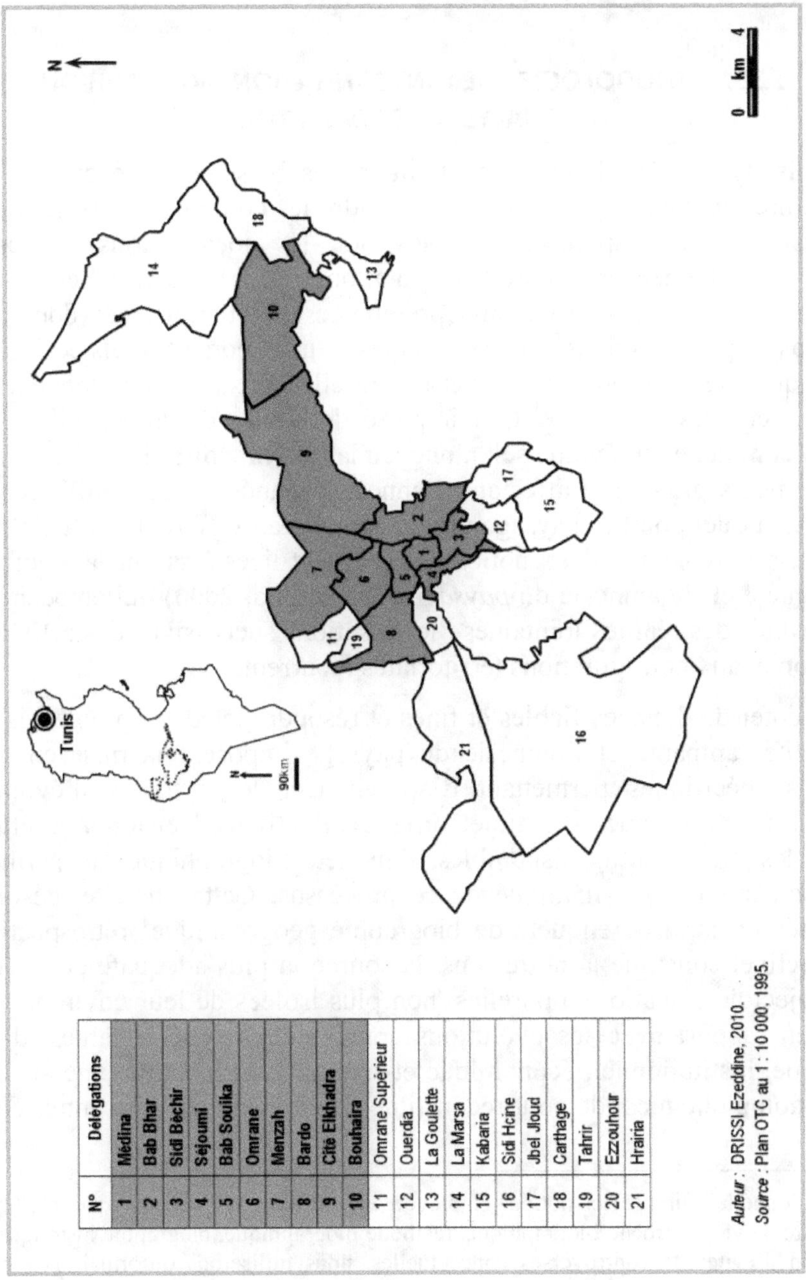

Fig. 1 : Gouvernorat de Tunis :
découpage administratif et délégations retenues.

1.3. METHODOLOGIE : DE L'INVESTIGATION BIOGRAPHIQUE A L'ANALYSE DES TRAJECTOIRES

Trois types de données sont indispensables pour reconstruire les trajectoires spatio-temporelles et comprendre les comportements des acteurs étudiés : données spatiales précises sur les localisations successives (adresses), données temporelles (datations des transferts) et données thématiques sur les motivations (préférences). Toutefois, ces données ne sont pas disponibles dans la mesure où les fournisseurs officiels des données statistiques ne les produisent pas et lorsqu'elles existent, ne répondent pas à certains critères. De surcroit, il importe de souligner que la ville est un milieu complexe qui évolue selon une tendance lente difficile à détecter. Les changements graduels l'affectant d'année en année rendent difficile de se rappeler à quel point le paysage urbain actuel était différent il y a cinquante ans. Cela renvoie aux deux notions intimement liées à savoir la « normalité rampante » et l'« amnésie du *paysage* » (Diamond, 2006) qui empêchent de se souvenir des réalités lointaines : localisations successives des activités de décision et aux configurations territoriales récurrentes.

Se doter de données fiables et fines et résoudre les deux problèmes de la normalité rampante et l'amnésie du paysage imposent la mise en œuvre d'outils spécifiques permettant d'appréhender les rythmes d'évolutions multiples et imbriqués des trajectoires de l'activité décisionnaire étudiée. Parmi les divers outils disponibles, l'enquête biographique qui permet de saisir au mieux la dynamique de ce processus. Cette enquête, désormais amendée et baptisée enquête de biographie géographique[4] rétrospective et prospective, constitue, à notre sens, la source la plus adéquate pour l'étude des trajectoires spatio-temporelles, non plus isolées de leur environnement, mais en rapport avec les évolutions contextuelles concomitantes, d'ordre politique, institutionnel, économique et spatial. Elle constitue une ouverture méthodologique féconde pour reconstituer les trajectoires des centres dans le

[4] Etant donné la pluralité des notions employées et leur caractère polysémique (récit de vie, histoire de vie, approche biographique, méthode biographique, biographie historique, etc.) et afin d'éviter de controverses conceptuelles, nous utiliserons désormais nos propres concepts d'"*enquête de biographie géographique*" pour qualifier le questionnaire de recherche écrit et de "*données de biographie géographique*" pour désigner les données de sources orale ou écrite ayant pour objet l'itinéraire spatial existentiel du sujet (centre décisionnaire).

passé, apprécier ses formes d'actualisation dans le présent et mieux prévoir leurs comportements futurs envisagés.

L'enquête auprès d'un échantillon de 341 centres décisionnaires, couplé à un procédé d'appariement d'informations moyennant plusieurs sources complémentaires (archives, journaux, annuaires, témoignages, observations personnelles, etc.) et à un relevé de coordonnées géographiques à l'aide d'un GPS, a permis la reconstitution des trajectoires et la mise en place d'un Système de Suivi Spatio-Temporel de Localisations (SSSTL). Ainsi, les changements successifs d'adresses sont localisés dans un espace géographique circonscrit et contemplé sur une période temporelle. Cette période doit être suffisamment longue afin d'être en mesure de suivre à la fois les trajectoires des centres décisionnaires et les changements spatiaux étudiés.

Eu égard à l'échelle temporelle, il importe de préciser que notre thématique s'intéresse à la période 1956-2006. Le choix de ces bornes, inférieure (1956) et supérieure (2006), et donc du champ temporel d'investigation et d'observation s'est fait pour dégager les logiques et les tendances des comportements spatiaux. Il semble intéressant de chercher à comparer les comportements des centres dans leur mobilité sur un laps de temps assez long (50 ans) afin de saisir quand et dans quels milieux l'intensité de la mobilité varie, et quand et dans quels milieux se modifie le sens des trajectoires.

L'analyse des trajectoires, des fréquences et des durées de séjour est susceptible d'apporter des informations importantes sur les comportements spatiaux des centres mobiles et leurs implications territoriales et métropolitaines. On s'appuiera sur la notion mathématique de vecteur pour caractériser et relever les propriétés spatiales telles que le profil, la longueur et l'orientation.

2. RESULTATS D'ENSEMBLE

2.1 FLUX : ORIENTATIONS ET INTENSITES DIFFERENTIELLES

Le taux de mobilité totale (le nombre de centres qui changent d'adresse à l'intérieur de la même entité administrative et ceux qui franchissent la limite de cette zone) rapporté au nombre total de centres enquêtés) est égal à 95 %. La lecture du tableau 2 fait ressortir plusieurs remarques importantes :

Tableau 2. Table de mobilité inter et intra délégations

Délégations de destination (j) / Délégations d'origine (i)		1	2	3	4	5	6	7	8	9	10	Flux total émis par la délégation (i) (Effectif)	Fréquence
		Médina	Bab Bhar	Bab Souika	Omrane	Menzah	Cité Elkhadra	Bouhaïra	Sidi Béchir	Séjoumi	Bardo		
1	Médina	0	5	7	0	4	4	8	0	0	0	28	0.09
2	Bab Bhar	4	75	4	0	28	0	36	0	0	0	147	0.45
3	Bab Souika	2	8	0	0	0	0	8	0	0	0	18	0.06
4	Omrane	0	0	0	0	8	0	12	0	0	0	20	0.06
5	Menzah	0	4	0	0	8	0	12	0	0	0	24	0.07
6	Cité Elkhadra	0	0	0	0	0	0	3	0	0	0	3	0.01
7	Bouhaïra	0	0	0	0	0	0	0	0	0	0	0	0.00
8	Sidi Béchir	1	15	0	0	0	0	9	0	0	0	25	0.08
9	Séjoumi	0	16	0	0	8	0	11	0	0	0	35	0.11
10	Bardo	0	4	0	0	0	8	12	0	0	0	24	0.07
Flux total reçu par la délégation j (Effectif)		7	127	11	0	56	12	111	0	0	0	324	1
Fréquence		0.02	0.40	0.03	00	0.17	0.04	0.34	00	00	00	1	1

La première impression qui se dégage à la vue du tableau ci-dessus est la faiblesse des liens entre les unités administratives en matière de transfert des centres décisionnaires. En effet si le nombre total de flux interzones s'élève théoriquement à 100, le nombre des flux réels interzones n'est que de 28, soit 28% du total de flux théoriques possibles entre les 10 délégations.

La deuxième remarque est en rapport avec les échanges dissymétriques. En effet, le nombre de centres qui se déplacent de l'unité administrative (i) à (j) diffère de celui déplacé ou échangé de (j) vers (i). Sans conduire à des conclusions définitives, cette dissymétrie reflète le caractère répulsif et attractif de chaque délégation et c'est ainsi qu'une comparaison des indices d'attractivité et d'émissivité pour chaque délégation montre qu'ils sont toujours inégaux (tableau 3). Les destinations les plus attractives sont au nombre de trois en l'occurrence les délégations de Bab Bhar, Bouhaïra et Menzah avec respectivement des effectifs 127, 111 et 56 centres décisionnaires accueillis soit des indices d'attractivité de 0.4, 0.34 et 0.17. En revanche, on révèle la faible attractivité des autres délégations où on enregistre seulement 12 centres reçus par Cité Elkhadra soit un indice d'attractivité égal à 0.04, 11 pour Bab Souika équivalent à une attractivité de 0.03, 7 pour la Médina avec un indice de 0.02, et des valeurs nulles pour les délégations de Sidi Béchir, Omrane, Bardo et Séjoumi.

Tableau 3. Indices d'émissivité et d'attractivité (y compris transferts intra-muros)

	Délégation	Indice d'émissivité IEi	Indice d'attractivité IAi
1	Médina	0.09	0.02
2	Bab Bhar	0.45	0.40
3	Bab Souika	0.06	0.03
4	Omrane	0.06	0.00
5	Menzah	0.07	0.17
6	Cité Elkhadra	0.01	0.04
7	Bouhaïra	0.00	0.34
8	Sidi Béchir	0.08	0.00
9	Séjoumi	0.11	0.00
10	Bardo	0.07	0.00
	Total	**1**	**1**

Les tendances qui se dégagent des flux interdélégation et des soldes migratoires (figure 2) montrent de profonds écarts entre les unités territoriales. C'est ainsi qu'une opposition entre deux ensembles administratifs et spatiaux est mise en avant. Le premier bénéficie d'un solde migratoire positif et renferme par ordre décroissant les délégations de Bouhaïra (+111), Menzah (+32) et Cité Elkhadra (+9). Quant au second, il enregistre un solde négatif et compte le reste d'unités. Il s'agit d'une dualité géographique qui se profile à Tunis depuis quelques années entre la partie sud et ouest (répulsive) et la partie nord et nord-est (attractive).

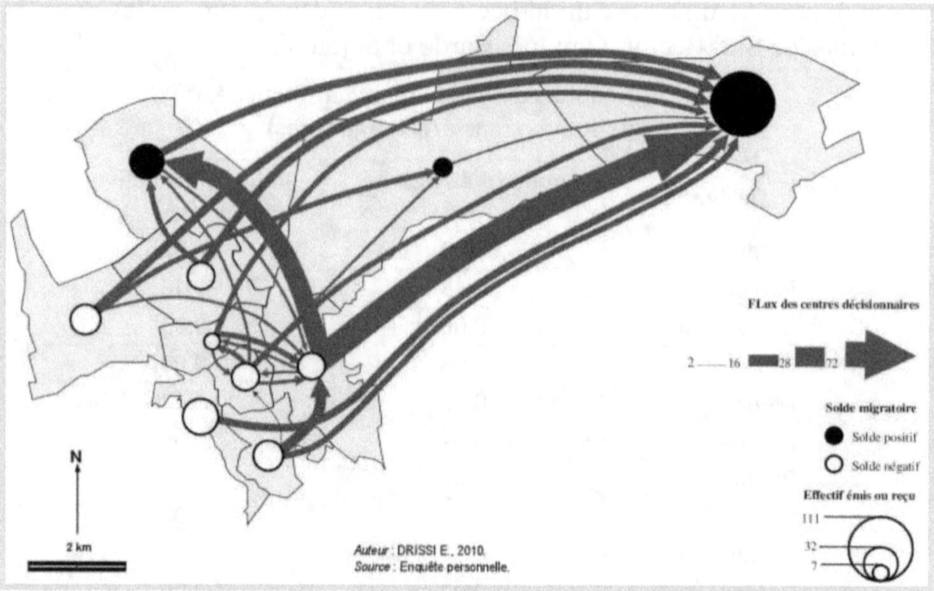

Fig. 2 : Flux interdélégations et soldes migratoires.

Au-delà du solde migratoire négatif de Bab Bhar, on peut toutefois considérer statistiquement que cette délégation continue à être une destination attractive pour les centres décisionnaires. Ceci est attesté par le nombre élevé de centres (75) qui sont restés captifs à cet espace administratif (mobilité *intra-muros*). Ce constat du poids substantiel des transferts *intra-muros* effectués dans la délégation de Bab Bhar impose de l'approcher de près. L'analyse de ce type de mobilité de proximité (faible portée spatiale) à une échelle plus fine (intersecteurs) est en mesure non seulement de se rendre compte des mouvements des centres de décision mais aussi et surtout de dévoiler comment ils concourent à la dynamique et remodelage l'hypercentre.

Les transferts intra-muros des administrations centrales dans cette délégation représentent en effet plus qu'un cinquième (22 %) des centres enquêtés et à peu près un quart (23.1%) du total des centres mobiles. La figure 3 montre la particularité de la mobilité entre les quartiers. On remarque d'emblée l'existence de deux ensembles l'un ayant un solde migratoire négatif où on compte six quartiers (Bab Bhar, Mongi Slim, Sidi Bahri, Hédi Chaker) et l'autre affichant un solde positif où on dénombre trois quartiers (Habib Thameur, Hadaek et Taïeb Mhiri). Le premier groupe a émis 10 flux (60 centres) en direction du deuxième et n'a reçu en retour qu'un seul flux interne (2 centres) provenant de Bouhaïret Tounes. Les flux et les soldes migratoires font ressortir le glissement spatial de l'hypercentre vers les secteurs situés à l'est. Cette frange coïncide avec les zones de Lafayette, Mohamed V, Montplaisir et Bourgel, Hadaek et Taieb Mhiri qui forment les nouveaux quartiers d'affaires de l'hypercentre. *À contrario*, l'ancien noyau central (Bab Bhar) et les quartiers situés à l'ouest (sauf Bouhaïret Tounes) dans la zone transitoire entre la cité historique (La Médina) et la ville Basse sont désertés par l'activité directionnelle. Quant au secteur de Bouhairet Tunis, bien qu'il est doté d'une bonne position géographique (proximité du centre-ville et accueil du port de Tunis), il se trouve en revanche stigmatisé et dévalorisé. Cette déperdition s'explique par son héritage fonctionnel lié à l'activité portuaire (dépôts, garages, bâti dégradé, etc.) qui vient de cesser dernièrement. Il semble qu'avec la transformation du port de Tunis en port de plaisance dans le cadre du projet du Lac Sud qui fait du surplace, le quartier de Bouhairet Tounes en particulier et l'hypercentre en général, vont certainement se modifier.

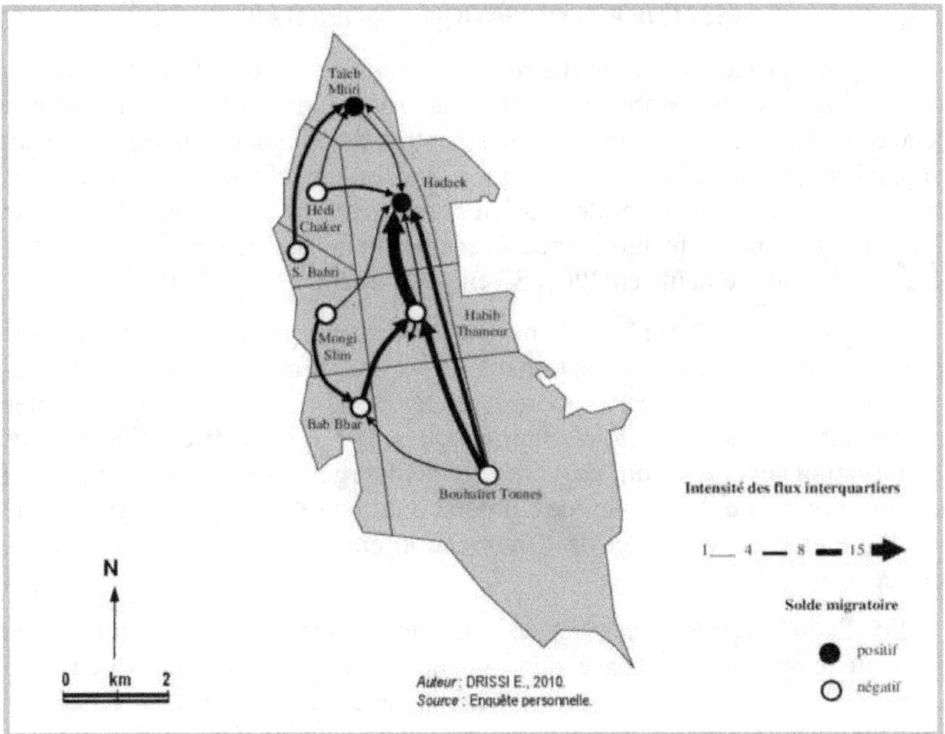

Fig. 3 : Délégation de Bab Bhar : mobilité interquartiers.

Mis à part quelques exceptions, les résultats montrent nettement que les flux des centres décisionnaires mobiles s'orientent globalement des zones situées au sud et à l'ouest vers celles du nord et du nord-est. Ce constat met en évidence la forte attractivité des délégations de Bouhaïra, Menzah, Cité Elkhadra et dans une moindre mesure Bab Bhar et la répulsion pesante de Sidi Béchir, Séjoumi, Bardo, Médina, Bab Souika, Omrane. Il semble que le processus de mobilité de ces acteurs décisionnaires ait contribué énormément à une inégalité territoriale et fonctionnelle entre les sous-espaces urbains de la ville de Tunis. Une dualité spatiale se met ainsi en place et se traduit par un appauvrissement et d'une marginalisation des zones périphériques situées au sud et à l'ouest et d'une consolidation du contenu directionnel de la frange nord et nord-est. La régénération fonctionnelle de la capitale dans un souci de la transformer en une métropole internationale et de l'intégrer à son environnement euro-méditerranéen aura des retombées positives mais semble accentuer les inégalités aux niveaux socio-économique et environnemental.

2.3 ANALYSE FREQUENTIELLE : ESSAI DE PERIODISATION « MOBILITAIRE »

Un premier examen de la distribution annuelle des transferts des centres opérés sur l'axe de temps qui s'étale sur 50 ans (1956-2006) autorise une lecture différenciée de la mobilité des centres de commandement, en faisant apparaître une forte variation fréquentielle où on compte d'un coté, des fréquences d'occurrence nulles pour les années 1956, 1957, 1961, 1964 et de l'autre coté, une forte turbulence événementielle attestée par des effectifs élevés : 47 mouvements en 2000, 33 en 1999 et 2001 et 26 en 1997.

L'étude de la temporalité ne suffit pas de resituer la dynamique processuelle en enchaînant les transitions les unes aux autres, il est tout aussi important de les situer par rapport à des temporalités externes préexistantes au déroulement des trajectoires individuelles. Il s'agit, en effet, d'étudier les perturbations exogènes qui provoquent les divergences comportementales et ce au travers de l'examen de l'interaction entre les sphères de la vie politique et économique et de l'imbrication entre les diverses temporalités des centres mobiles.

En d'autres termes, cet effet de contexte ou de période s'applique aussi bien au temps qu'à l'espace dans la mesure où un événement peut être considéré comme un effet d'enchaînements de causes. Quelles que soient les tendances de stagnation, ralentissement ou progression des mouvements de transfert, l'analyse segmentée dans le temps fait apparaître les traits propres à chaque période. S'il est vrai que la mobilité est statistiquement dépendante du temps, elle est aussi tributaire d'autres facteurs économiques et politiques que l'on peut qualifier d'effet de période et aussi d'effet d'âge. En fait, c'est à ces multiples curiosités relatives à la dimension temporelle du mouvement étudié et en particulier à la vérification de l'hypothèse qui stipule l'existence d'une jonction entre les mouvements de déplacements et l'effet de contexte que s'adresse cette section.

2.3.1 Interaction mobilité et systèmes politico-économiques

L'environnement n'est pas constant car chaque période est caractérisée à la fois par des événements politiques et économiques. Sans avoir la même intensité ni la même régularité, ces événements qui traduisent la transition d'un modèle économique à un autre sont susceptibles d'influencer la conduite spatiale des centres de décision

Dans cet ordre d'idée, on peut s'appuyer sur l'effet de période pour expliquer les changements de comportements et d'attitudes spatiaux des centres décisionnaires. L'action du temps historique sur les conduites spatiales des acteurs peut être étudiée de plusieurs manières. Dans ce qui suit on s'intéressera au surgissement d'événements « historiques» envisagés comme "système cyclique" reposant sur des équilibres politico-économiques. Ces événements sont qualifiés d'« effets de période » dans la mesure où chaque période coïncide avec une organisation du système politique et économique qui aboutit à une planification de l'espace où le processus de mobilité est susceptible de s'opérer.

L'objectif est de voir si le passage de la Tunisie d'une politique économique à une autre a été de nature à influencer l'occurrence des mobilités spatiales. En d'autres termes, nous allons, vérifier si les déménagements des centres décisionnaires dépendent du contexte économique, politique et institutionnel. Le caractère libéral ou dirigiste, centralisé ou décentralisé d'un État peut selon nous, plus ou moins, modeler la pratique de la mobilité des agents économiques en général et des centres décisionnaires en particulier. En d'autres termes, il s'agit de relever s'il est possible d'instituer des phases de transition de la mobilité de l'activité décisionnaire corrélées à des effets de contexte et de période.

Pour se faire, les résultats de l'analyse fréquentielle effectuée selon un niveau de granularité temporelle discrète et fixe (datations annuelles) sont décomposés selon deux échelles ayant de nouvelles unités de mesure. La première consiste à situer les transferts dans le temps par son association à un niveau de granularité de 3 à 5 ans équivalent à l'étendue des plans économiques triennaux et quinquennaux tunisiens. Quant à la seconde, elle est découpée en périodes d'observations temporelles plus grossières d'inégales amplitudes s'agissant des expériences de développement politique et économique. Chacune des deux échelles correspond à un continuum temporel délimité de part et d'autre par un événement particulier ou un phénomène précis.

2.3.1.1 Congruence mobilité et planification

La Tunisie a choisi de procéder périodiquement à l'élaboration de plans[5] de développement économique qui constituent un cadre d'orientation et de planification pour la réalisation d'objectifs visant la croissance économique du pays.

Il ressort du tableau 3 que le nombre de transferts a connu une évolution croissante d'un plan économique à un autre. Toutefois, cette allure positive ne peut pas masquer les deux points d'infléchissement qui marquent une première chute des mouvements pour la période postcoloniale (1956-1961) et au cours du premier plan triennal 1962-1964. La deuxième chute s'est opérée récemment dans la mesure où après un pic de transferts (159) enregistré au cours du neuvième plan 1997-2001 on a assisté à un retournement de situation puisque le nombre a considérablement baissé pour atteindre seulement 44 mouvements au cours de l'avant-dernier plan quinquennal 2002-2006.

[5] On signale que la planification a commencé en Tunisie au début des années 60 avec le lancement du premier plan qui a porté sur une période de trois ans (1962-1964) puis le deuxième quadriennal soit sur une période allant de 1965 à 1968. Pour des raisons méthodologiques et d'harmonisation, nous avons opté pour un découpage en plans quinquennaux. Il importe toutefois de noter que la période 1956-1961 n'a pas fait l'objet d'un plan spécifique.

Tableau 3 : Répartition des transferts par plans triennal, quadriennal ou quinquennal

Auteur : DRISSI E., 2010. Source : Enquête personnelle.

	Plans	Nombre de transferts	Part en %
-	1956-1961	5	1.2
1er	1962-1964	3	0.7
2e	1965-1968	6	1.4
3e	1969-1972	7	1.7
4e	1973-1976	18	4.3
5e	1977-1981	28	6.7
6e	1982-1986	34	8.1
7e	1987-1991	55	13.1
8e	1992-1996	61	14.5
9e	1997-2001	159	37.8
10e	2002-2006	44	10.5
	TOTAL	**420**	**100**

L'analyse de la répartition de ces mouvements par période de trois, de quatre ou de cinq ans révèle et confirme la répartition très contrastée des fréquences avec une très nette prépondérance pour le plan quinquennal 1997-2001 soit un peu plus d'un tiers (37,8 %) du nombre total des mouvements, suivi par les deux plans 1987-1991 et 1992-1996 (tableau 8.1). Remarquons aussi que les très faibles valeurs relèvent des plans qui viennent juste au lendemain de l'Indépendance (1956). C'est ainsi qu'au cours des périodes 1957-1961, 1962-1964 et 1965-1968 on recense seulement 14 transferts répartis respectivement comme suit : 5, 3 et 6. Cette périodisation temporelle de la mobilité des centres directionnels mérite d'être éclairée davantage car elle pose la question de l'incidence de l'indépendance du pays, avec tout ce qu'on sous-entend de décolonisation et de reconfiguration spatiale de l'espace central de la capitale nationale.

Pour tenter d'expliquer la faiblesse relative des transferts à l'aube de l'indépendance (1956-1968), il est important de noter qu'à cette époque, les centres, qu'ils soient privés ou publics, ont le plus souvent hérité des anciens locaux du colonisateur français. La priorité des instances nationales de l'époque était la nationaliser l'administration tunisienne et de la mettre en route afin de répondre aux exigences de la construction de la nouvelle république et de son économie.

Il nous semble que l'abondance des anciens locaux délaissés progressivement par les autorités françaises s'est répercutée sur le comportement spatio-temporel de plusieurs centres décisionnaires qui ont profité de cette opportunité surtout ceux appartenant au secteur public. En revanche, la forte turbulence constatée à partir du septième plan (1987-1991) coïncide exactement avec le début de l'application du plan d'ajustement structurel (PAS) entamé fin 1986. En revanche, les retombées des mesures politico-économiques prises dans ce cadre ont été constatées plus tard. S'il s'agit bel et bien d'une relation directe de cause à effet, elle se réalise cependant en différé. C'est ainsi que les plans quinquennaux de (1992-1996 et 1997-2001) ont récolté les "bienfaits" du quinquennat précédent en enregistrant d'importants événements de transfert. Le nombre de transferts a en revanche chuté au cours du dernier plan quinquennal (2002-2006). Ceci pourrait s'expliquer d'un côté par la durée de l'enquête qui s'est achevée au milieu de 2006 et d'un autre côté par le fait qu'une partie de centres enquêtés (les plus mobiles) ont atteint la « *phase de saturation* » qui se caractérise par une sorte de captivité spatiale dictée par une plus ou moins satisfaction du dernier choix. Cette saturation « mobilitaire » ne concerne pas toutefois les centres peu mobiles (trajectoire à profil simple) et ceux immobiles dans la mesure où ils sont des acteurs potentiellement mobiles. Cette mobilité potentielle est attestée par 48 transferts spatiaux projetés à moyen terme (2006-2010) et dont certains ont été déjà réalisés ou sont en cours de réalisation.

Au-delà de la répartition inégale des mouvements de déménagement selon les plans économiques officiels qui ne reflètent pas fidèlement les orientations politiques structurelles du pays en raison de la faible étendue temporelle, il importe de saisir les comportements temporels des acteurs sur une période qui incarne des expériences de développement.

2.3.1.2 Congruence mobilité et expériences de développement

D'emblée, il semble qu'on ne peut pas aborder l'étude de la répartition temporelle des transferts des centres de décision sans se référer au modèle global de développement initié par les pouvoirs publics et qui embrasse les orientations actuelles et futures dans les domaines économique, politique, social et touchent tous les niveaux de la hiérarchie administrative et spatiale (niveaux local, régional et national). Par ailleurs, les décisions et les mesures prises dans le cadre de ces politiques sont en rapport avec le développement de tous les secteurs d'activité qui permettent à l'État un contrôle politique et une régulation économique en étroite corrélation avec l'espace. En effet, ces modèles de développement incarnent incontestablement des interactions complexes directes et indirectes entre les décisions politico-économiques de l'exécutif central et les comportements spatiaux des centres directionnaires.

L'analyse de la distribution des transferts des centres décisionnaires en fonction des expériences de développement entreprises par la Tunisie depuis l'indépendance (1956) jusqu'au 2006 nous fournit une grille d'appréciation notable. Il ressort du tableau 4 que le pays est passé au cours des cinq dernières décennies par quatre grandes phases de développement qui pourraient être identifiées et caractérisées par des orientations politiques et économiques assez spécifiques. Indépendamment de l'influence de l'étendue temporelle de chaque période, une très inégale occurrence des transferts des centres de décision est clairement remarquée entre les quatre périodes.

Tableau 4. Répartition des transferts par expérience de développement

Auteur : E. DRISSI, 2010. Source : Enquête personnelle

	1956-1961	**1962-1969**	**1970-85**	**Depuis 1986**
Expérience de développement	*Libérale + rôle plus ou moins important de l'État*	*Dirigiste (système collectiviste)*	*Libérale sous contrôle étatique*	*Libérale* (Programme d'Ajustement Structurel) Accession GATT (1990) Accord de Partenariat UE (1995) Accession OMC (1995)
Nombre De transferts	**5 (1.2 %)**	**10 (2.4 %)**	**74 (% 17.6)**	**331 (% 78.8)**
Phases de transition de La mobilité	**Phase A pré-transitoire :** *Mobilité très limitée*	**Phase B transitoire :** *Mobilité Faible*	**Phase C post-transitoire :** *Mobilité en augmentation*	**Phase D de maturation :** *Mobilité importante*

C'est ainsi qu'on souligne la prédominance de la dernière phase avec 331 opérations soit 79 % de l'ensemble total contre 74 (17.6 %) pour la troisième, 10 (2.4 %) pour la seconde et seulement 5 (1.2 %) pour la première expérience de développement. À partir de cette répartition nous avons essayé de retracer la transition de la mobilité de l'activité directionnelle. Ainsi, nous avons obtenu cinq grandes phases : phase pré-transitoire (A) : mobilité très limitée, phase transitoire (B) : mobilité faible, phase post-transitoire (C) : mobilité en augmentation et en fin la phase de maturation (D) : mobilité importante.

Il convient désormais d'expliciter les effets de contexte les plus manifestes et propres à chaque phase qui ont concouru de près ou de loin à favoriser ou entraver la mobilité des acteurs étudiés.

Phase pré-transitoire (A) : première expérience libérale (1956-1961)

Au total, bien que les politiques adoptées attestent d'une orientation libérale, les efforts de cette courte période transitoire sont portés par l'État qui détient tous les pouvoirs et amorce les initiatives d'investissement. Il s'agit d'une période où le système politico-économique a eu comme priorité la construction d'un État naissant orienté vers le renforcement des institutions de souveraineté. Il semble que cette courte étape pourrait se superposer avec la première ***phase pré-transitoire (A)*** de la mobilité qui se caractérise par ***une mobilité spatiale très limitée*** des centres de décision

Phase transitoire (B) : l'impact idéologique de l'expérience socialiste 1962-1969

Il parait que la politique socialiste, basée sur ses fondements idéologiques marxistes, expérimentée de 1961 à 1969 en Tunisie, n'ait pas œuvré à la croissance de la ville de Tunis en tant que capitale nationale. La mobilité des centres de décision pourrait être un bon révélateur de son faible dynamisme spatial dans la mesure où seules 10 opérations de transferts dans l'espace de neuf ans ont eu lieu. C'est ainsi qu'on propose de baptiser cette période de phase transitoire (B) qui correspond à une faible mobilité spatiale.

Phase post-transitoire (C) : deuxième politique libérale (1970-1986)

Les résultats de la mobilité des centres décisionnaires mettent en évidence l'importance relative des mouvements de transfert au cours de cette deuxième expérience libérale. On dénombre en effet 74 transferts soit une moyenne annuelle à peu près égale à 5. La conjoncture politique et économique a eu des incidences sur le comportement spatial des centres décisionnaires. Dans un premier temps, il a fallu beaucoup de temps pour rayer les méfaits de l'expérience socialiste et gagner la confiance des institutions financières internationales et des investisseurs privés pour les impliquer dans des projets locaux. Ce n'est qu'à partir de 1973-74 que l'économie nationale a profité de la rente pétrolière pour réaliser quelques projets ponctuels d'aménagement et d'infrastructure pour renouveler l'image de la capitale. Enfin, il semble que le retournement de la conjoncture économique de 1982-1986 a provoqué un mouvement de ralentissement du processus de la mobilité soit par la création d'un climat défavorable soit par la détérioration de la situation financière des entreprises et de leurs créanciers, qui a pu conduire soit à différer ou carrément annuler des décisions de déménagement.

Au final, bien que cette période (1970-1986) soit économiquement très mitigée, elle peut néanmoins correspondre à la troisième ***phase post-transitoire*** (C) de la mobilité qui se caractérise par des transferts en augmentation.

Phase de maturation (D) : troisième expérience libérale (1986-2006)

Pour surmonter la crise, dès la fin de 1986 le gouvernement se met officiellement d'accord avec le Fonds Monétaire International (FMI) sur la mise en place du Programme d'Ajustement Structurel (PAS). Ce dernier a constitué la base du VIIe Plan de développement économique et social (1987-1991) et n'a pu réellement démarrer qu'à la suite du changement politique du 7 novembre 1987. Depuis le lancement du nouveau programme de privatisation en 1987, le gouvernement a totalement ou partiellement privatisé 203 entreprises, dont de grands établissements publics. Ratifiant le GATT en 1990 puis adhérant à l'Organisation Mondiale du Commerce en 1995, la Tunisie doit alors développer la compétitivité de ses produits et améliorer ses avantages comparatifs, pour augmenter les exportations de ses produits et avoir un accès plus libre aux marchés internationaux, par la mise à niveau globale de son économie. De plus, un accord d'association signé avec l'Union européenne le 17 juillet 1995 supprime progressivement les barrières douanières d'ici 2008.

À partir de cette présentation des caractéristiques contextuelles du système politique et économique de la période (1986-2006), il parait évident que les chiffres concernant les transferts des centres décisionnaires confirment l'existence d'une conjonction entre la mobilité spatiale opérée au niveau métropolitain et les changements du système politique et économique adoptés à l'échelle nationale sous une impulsion internationale. Les centres mobiles interagissent avec le système politique, économique et juridico-institutionnel au cœur de trois niveaux scalaires enchevêtrés. Il s'agit d'un processus de « géolocalisation » qui renvoie aux transformations résultant des forces locales et globales qui affectent l'espace urbain. Dans cette optique, la libéralisation, l'ouverture et la privatisation sont donc des conditions *sine qua non* pour impulser le mouvement des centres de commandement. C'est ainsi que dans ce contexte politique et économique libéral en perpétuelle évolution, nous avons assisté à la plus forte mobilité. On compte 331 mouvements de transferts des centres décisionnaires dans la ville de Tunis soit à peu près 80% du total des mouvements enregistrés dans l'espace de 20 ans. La moyenne annuelle s'élevant à 16,5 déménagements témoigne de la forte mobilité de l'activité directionnelle.

Plus généralement, l'accroissement de la mobilité depuis 1987 pourrait s'expliquer par le climat économique et politique sain qui a encouragé et incité les centres à venir s'implanter dans de nouveaux locaux. Également, la grande fluidité des marchés immobiliers, liée partiellement au contexte immobilier et économique à Tunis (accroissement de l'offre, disponibilité des terrains, incitations fiscales…), peut expliquer en partie ladite progression de la mobilité. Somme toute, il s'agit d'une *phase de maturation (D)*, marquée par une mobilité importante, qui se superpose à un système de développement politique et économique libéral.

Compte tenu de ce qui a été présenté, quelques remarques méritent d'être soulevées.

D'abord, il faut souligner que cette interprétation doit être tempérée, compte tenu des types de changements (politiques et économiques) qui se caractérisent par des temps de latence distincts. Les conséquences d'un changement de politique économique ne peuvent en effet se faire sentir qu'après un délai nécessaire pour que les acteurs décisionnaires agissent et adaptent une stratégie spatiale. La deuxième remarque part du fait que cette typologie de la mobilité en différentes phases en parfaite concordance avec des phases de développement économique pourrait renfermer d'autres étapes futures dans la mesure où l'espace étudié est appelé à se dilater considérablement vers d'autres directions pour engendrer *a priori* d'amples mouvements.

Au final, il en découle que l'environnement n'est pas constant car chaque période est caractérisée à la fois par des événements politiques et économiques. Sans avoir la même intensité ni la même régularité, ces effets de période sont susceptibles d'influencer la conduite spatiale des acteurs décisionnaires et par conséquent la dynamique territoriale et le projet métropolitain tunisois.

CONCLUSION

Trois observations serviront de conclusion.

La première souligne, l'apport indéniable du double transfert méthodologique et conceptuel effectué a fait naître une nouvelle connexion transdisciplinaire. En effet, la méthode d'investigation biographique et la notion de trajectoire ont considérablement contribué à la bonne compréhension du processus de la mobilité de l'activité décisionnaire dans sa complexité. Si l'analyse des trajectoires a contribué au décryptage des propriétés comportementales différentielles desdits acteurs, il n'en reste pas moins que quelques aspects ressortent avec une acuité certaine, en particulier en ce qui concerne les relations aux territoires.

La seconde observation, l'hypothèse relative à l'enchevêtrement des expériences où se tressent les données individuelles et collectives se trouve confirmée. Il importe, néanmoins, de souligner que si le temps macroscopique influence le temps microscopique, *a contrario*, l'examen spatio-temporel montre que les trajectoires individuelles reconstruites ont permis de retracer l'évolution d'un ensemble territorial. Ainsi, l'espace central et péricentral de Tunis connaît une recomposition territoriale et fonctionnelle où on assiste à un passage du système urbain d'une centralité urbaine traditionnelle monocentrique à un nouveau système polycentrique.

Ultime remarque : La Tunisie vit depuis le 14 janvier 2011 l'un des moments les plus critiques de son histoire contemporaine et le projet métropolitain tunisois fait de surplace. Cet échec reflète surtout une inertie décisionnaire gouvernementale en matière de l'aménagement du territoire et on espère que le pays sortira du labyrinthe avec une réelle volonté de redorer l'image de la Tunisie et de sa métropole Tunis.

BIBLIOGRAPHIE

Adnen Hayder, 1985, « Le commandement des entreprises et l'organisation de l'espace en Tunisie », *Revue Tunisienne de Géographie*, n° 14, p. 95-143.

Alain Reynaud, 1976, « Les centres de décision des États-Unis », *L'Espace Géographique*, n° 1, p. 67-72.

Alfred Chandler, 1977, « The visible hand : the managerial revolution in American business », Cambridge, Belknap Press, 608 p.

Améziane Ferguene, Ezeddine Ben Hamida, 1998, « Les implantations d'entreprises off-shore en Tunisie : quelles retombées sur l'économie ? », *Maghreb Machrek*, n° 160, p. 50-68.

Anne Aguilera, 2002, « Services aux entreprises, centralités et multipolarisation. Le cas de Lyon », *Revue d'Économie Rurale et Urbaine*, n° 3, p. 397-422.

Annie Goyer, 1996, « Le marché et les acteurs de l'immobilier de bureaux dans la communauté urbaine de Strasbourg », Thèse de doctorat, Université Louis Pasteur, 442 p.

Bernadette Merenne-Schoumaker, 1996, « La localisation des services », Paris, Nathan, 191 p.

Bertrand Munier, 1994, « Décision et cognition », Revue Française de Gestion, vol. 39, p. 79-91.

Brigitte Baccaïni, 1994, « Comportements migratoires et cycle de vie », *Espace, Population, Sociétés*, n° 1, p. 61-74.

Christophe Demazière, 2000, « Entreprises, Développement *économique* et espace urbain », Paris, Économica, 189 p.

Claire Bidart, 2006, « Crises, décisions et temporalités : autour des bifurcations biographiques », *Cahiers Internationaux de Sociologie*, Volume 120, p. 29-57.

Claude Heurteux, 1993, « L'immobilier d'entreprise », Paris, PUF, Que sais-je ?, 127 p.

Claude Raffestein, 1980, « Pour une géographie du pouvoir », Paris, LITEC, 249 p.

Daniel Bertaux, 1997, « Les récits de vie. Perspective ethnosociologique », Paris, Nathan, 128 p.

Daniel Courgeau, 1989, « Analyse démographique des biographies », Paris, INED, 268 p.

Douglas M Brown, 1979, « The location décision of the firm : an overview of theory and evidence », *Papers*, vol. 43, Tokyo, The Regional Science Association, p. 23-39.

Edgar Hoover, 1948, « The location of economic activity », New York, McGraw-Hill Book Company, 310 p.

Eva Lelièvre, Catherine Bonvalet, Xavier Bry, 1997, « Analyse biographique des groupes : les avancées d'une recherche en cours », *Revue Population*, n° 4, p. 803-830.

Gabriel Wackermann, 1989, « La mobilité des firmes et ses effets sur la population active. L'exemple de l'espace transfrontalier du Rhin Supérieur », *Bulletin de l'Association des Géographes de France*, n° 2, p. 103-109.

Habib Dlala, 2006, « Démographie des entreprises dans l'industrie du textile et de l'habillement en Tunisie », *Méditerranée*, n° 1-2, p. 125-133.

Henry Mintzberg, 2003, « Le pouvoir dans les organisations », traduit de l'anglais par Paul Sager, Paris, Edition d'Organisation, 688 p.

Hubert Jayet, 1994, « Mobilités spatiales », dans Robert Ferras, Denise Pumain et Antoine Bailly (dir), *Encyclopédie d'Économie Spatiale*, Paris, Economica, p. 239-245.

Isabelle Verjat, 1994, « Confrontation de deux approches de la localisation spatiale », *L'Année Psychologique*, vol. 94, n° 3, p. 403-424.

Jacques Brun, 1993, « La mobilité résidentielle et les sciences sociales : transfert de concept et questions de méthodes », *Les annales de la Recherche Urbaine*, n° 59-60, p. 2-14.

Jared Diamond, 2006, « Effondrement. Comment les sociétés décident de leur disparition ou de leur survie », Traduit de l'anglais par BOTZ A. et FIDEL J.-L., Paris, Gallimard, 648 p.

Jean Maezieux, 1996, « Nouvel immobilier d'entreprise et dynamique urbaine », dans Gabriel Wackermann (dir.), *Nouveaux espaces et systèmes urbains*, Paris, SEDES, p. 61-69.

Jean Marie Miossec, 1988, « L'évolution des quartiers centraux de Tunis », Actes de symposium international : *Éléments sur les centres-villes dans le monde arabe*, Tours, p. 131-150.

Jean Rivero et Jean Waline, 1998, « Droit administratif », Paris, Dalloz, 529 pages.

Jean-Bénoît Zimmermann, 1998, « Nomadisme et ancrage territorial : propositions méthodologiques pour l'analyse des firmes-territoires », *Revue d'Économie Rurale et Urbaine*, n° 2, p. 211-230.

Jean-Claude Passeron, 1990, « Biographies, flux, itinéraires, trajectoires », Revue Française de Sociologie, n° XXXI/1, p. 3-22.

Jean-Pierre Chanteau, 2001, « L'entreprise nomade. Localisation et mobilité des activités productives », Paris, L'Harmattan, 236 p.

Jean-Pierre Lévy et Dureau Françoise (dir.), 2002, « L'accès à la ville : les mobilités spatiales en questions », Paris, L'Harmattan, 411 p.

Jérôme Vicente, 2002, « Externalités de réseaux vs Externalités informationnelles dans les dynamiques de localisation », *Revue d'Économie Rurale et Urbaine*, n° 4, p. 535-552.

Marc Albouy, 1978, « Modèles d'organisation et formes de pouvoir », *Revue Économique*, n° 4, p. 730-753.

Maurice Boisvert, 1985, « L'organisation et la décision : les grands théoriciens de l'organisation », Paris, Éditions d'Organisation, 169 pages.

Michel Menjucq, 1997, « La mobilité des sociétés dans l'espace européen », Paris, LGDJ, 478 p.

Michel Rochefort, 1976, « Les activités tertiaires : leur rôle dans l'organisation de l'espace », Paris, CDU et SEDES, 78 p.

Michel-Jean Bertrand, 1984, « Une Approche de la forme urbaine de la centralité. Des indices de localisation et d'affinités d'équipements publics », *Annales de Géographie*, n° 520, p. 666-686.

Nicole Pohl, 2001, « Mobility in space and time : Challenge of theory international economics», New York, Edition Springer, 221 pages.

Olivier Bouba-Olga, 2006, « Les relations entreprises-territoires : un construit institutionnel et social », *Économie et sociétés*, « Hors-série », n° 41, p. 477-496.

Paul Claval, 1978, « Espace et pouvoir », Paris, PUF, 257 p.

Peter Allen, 1978, « Dynamique des centres urbains », *Sciences et Techniques*, n° 50, p. 15-19.

Peter Haggett, Andrew Cliff, Allan Frey, 1977, « Locational analysis in human geography », London, Edward Arnold, 601 p.

Philippe Aydalot, 1978, « La mobilité des activités et de l'emploi, Résultats d'une enquête nationale menée auprès des grandes entreprises », *Revue d'Économie Rurale et Urbaine*, n° 3, p. 297-328.

Philippe Aydalot, 1980, « L'entreprise dans l'espace urbain », Paris, *Economica*, 161 p.

Pierre Bourdieu, 1986, « L'illusion biographique », *Actes de la Recherche en Sciences Sociales*, n° 62-63, p. 69-72.

Pierre Signoles et Robert Escallier, 1995, « Les nouvelles formes de la mobilité spatiale dans le monde arabe », Tome 2, 475 p.

Ronald Skeldon, 1997, « Migration and development : A global perspective », Edinberg, Weslay Longman, 253 p.

Véronique Dupont, Christophe Guilmoto, 1993, « Mobilités spatiales et urbanisation. Théories, pratiques et urbanisation », *Cahiers des Sciences Humaines*, vol. 29, n° 2-3, p. 279-294.

Vincent Kaufmann, 2000, « Mobilité quotidienne et dynamiques urbaines : la question du report modal », Lausanne, 252 p.

Wilbur Zelinsky, 1971, « The hypothesis of the mobility transition», *The Geographical Review*, vol. 61, p. 219-249.

CONCLUSION

Dominique BARJOT & Mohamed SASSI

À coup sûr, il existe un renouveau historiographique majeur en Tunisie. Il concerne notamment l'histoire économique, en plein regain de vigueur, et aussi, celle des relations internationales. Comme Mohamed Sassi l'a bien souligné lors de son introduction à la table ronde « Histoire économique et des relations internationales en Tunisie à l'épreuve des nouvelles mutations (8-9 mars 2019)[1], une nécessité s'impose afin de revisiter l'histoire économique de la Tunisie dans une perspective réellement internationale.

1/ UN RENOUVEAU DE L'HISTOIRE ÉCONOMIQUE DE LA TUNISIE AUJOURD'HUI

1-1/ APPORTS EXTERNES : L'ALLEMAGNE ET LA FRANCE

À cet égard, les apports externes sont bienvenus : ainsi ceux de la *business history*, dont le Professeur Harm G. Schroeter a rappelé les raisons du succès. Il s'agit en effet d'un secteur porté par les historiens de l'économie, dès 1956, avec la fondation d'une revue le Zeitschrift von Unternchmengeschichte (ZUG). Pourtant, dans les années 1960, elle avait mauvaise réputation : il s'agissait d'une histoire anecdotique et hagiographique, rémunératrice, mais peu considérée, les firmes s'opposant aux investigations archivistiques par peur d'une focalisation sur leur passé nazi. En 2020 au contraire, son image a totalement changé : il s'agit d'un secteur hautement estimé en histoire économique, capable, avec le soutien des entreprises du produire une histoire bien écrite par des historiens professionnels et portée par une société spécifique, le GUG, l'organisation de ce type la mieux établie au monde. Cette histoire a donné naissance ainsi à de nombreuses thèses. Trois facteurs principaux expliquent ce

[1] Organisée par Mohamed Sassi les 8 et 9 mars 2019, d'abord à la Bibliothèque nationale le 8, puis aux Archives nationales le lendemain. Cette table ronde a été introduite par Monsieur Habid Sidhom, Recteur de l'Université de Tunis. Elle a réuni 30 chercheurs, dont quatre Français et un Allemand, et deux Marocains.

changement : les historiens sont devenus plus critiques avec l'histoire d'entreprise, tandis que les firmes réagissent à de futures demandes ou challenges et que les business historiens se montrent actifs et capable de proposer des solutions originales.

À une moindre échelle, les mêmes évolutions se retrouvent en France (Dominique Barjot). Bien que concurrencée par l'histoire culturelle, mais aussi par celle d'autres disciplines proches (gestion, économie historique, sociologie), l'histoire économique y fait montre d'un dynamisme certain, qui se nourrit d'un renouvellement des champs de recherche. Longtemps dominée par une grande tradition d'histoire économique et sociale (F. Braudel, G. Duby, E. Labrousse), solidement ancrée dans une tradition marxiste et centrée sur l'analyse des cycles de l'économie, elle s'est ouverte à de nouveaux champs de recherche : histoire de l'État et des relations économiques internationales, histoire des modes spatiaux de développement (districts industriels, clusters), histoire de la consommation, histoire des réseaux techniques et/ou sociaux, histoire de l'innovation technologique. C'est toutefois, comme en Allemagne, l'histoire des entreprises, entendues au sens large (y compris les microentreprises agricoles ou du secteur des services), qui apparaît encore aujourd'hui le principal moteur de ce dynamisme, grâce à l'ouverture des archives d'entreprises à l'essor d'une *business history* appliquée scientifique, à la création de comités ou d'association à vocation historique et à la naissance de revues *ad hoc (Annales Histoire Sciences Sociales ou Histoire, Économie et Société* sont de plus relayées par Le Mouvement Social, Entreprises et Histoire ou la Revue Française d'Histoire Économique.

1-2/ APPORT INTERNE : L'HERITAGE HISTORIOGRAPHIQUE TUNISIEN

L'héritage interne tunisien est loin d'être négligeable, compte tenu des avancées de l'historiographie nationale. C'est ce qu'ont bien montré Mohamed Lazhar Gharbi et Ridha Shili. Traitant de « savoir historique et histoire économique de la Tunisie », le premier revient sur l'historiographie classique, laquelle insiste sur la richesse de l'ère moderne (Fernand Braudel), puis la crise du XIXe siècle (Jean Ganiage). Celle-ci est aujourd'hui discutée, notamment dans le sens où elle serait l'un des facteurs majeurs de la colonisation. Elle fait l'objet de nouvelles lectures autour de thèmes tels que l'économie extravertie, le conservatisme du patronat colonial, l'ampleur et les effets positifs et négatifs de l'outillage économique ainsi que du rôle spécifique de l'Algérie. En outre de plus en plus de travaux portent aujourd'hui sur l'indépendance et le développement économique postérieur par-delà l'expérience Ben Salah. En définitive, le bilan de l'histoire économique tunisienne reste modeste.

De son côté, R. Shili est revenu sur l'héritage de l'historiographie française : ceux des grandes revues telles que la *Revue Historique*, la *Revue d'Histoire moderne et contemporaine*, la *Revue d'Histoire Économique et Sociale* (aujourd'hui *Histoire, Économie et Société*) et, surtout, les *Annales Économie, Société, Civilisations* (aujourd'hui *Annales Histoire Sciences Sociales*) ; celle de l'école française d'histoire coloniale (dont l'ouvrage *L'Esprit économique impérial*, publié par la SFHOH en 2008, constitue un aboutissement). Dans un contexte marqué par la préoccupation du long terme, les approches quantitatives et l'intérêt croissant porté à l'histoire des entreprises, mais aussi le témoignage des hauts fonctionnaires (F. Bloc-Lainé) et des décideurs économiques (E. Giscard d'Estaing), l'histoire des relations franco-tunisiennes a été renouvelée par l'intérêt porté au néo-colonialisme (Y. Lacoste, P. Bairoch) et par les approches postcoloniales (P. Vermeren).

2/ UNE HISTORIOGRAPHIE CENTRÉE AUTOUR DE TROIS THÈMES

Trois thèmes dominent cette renaissance historiographique.

2-1/ LA TUNISIE ET LA FRANCE A L'EPOQUE MODERNE ET CONTEMPORAINE

Le premier concerne la Tunisie et la France à l'époque moderne et contemporaine. Safia Hamdi s'est intéressée aussi à « La Seine en chantier : pouvoir municipal et politique économique à Paris au XVIIIe siècle ». Elle montre que la Seine a constitué l'espace fondateur du pouvoir municipal parisien. Au XVIIIe siècle la prévôté des marchands s'est transformée en pure administration royale, dont la fonction représentative passe au second plan derrière les fonctions urbanistique et d'aménagement du territoire. Othmane Barhoumi a mené des « Recherches sur l'histoire de la pêche et des éponges à Sfax aux XVIIIe et XIXe siècles ». Il s'agissait d'une matière première industrielle exploitée depuis la haute antiquité, qui a assuré à Sfax une grande prospérité à partir du XVIIIe siècle. Il en a résulté de la part de l'État l'instauration d'une ferme d'impôt (*Lizzma*) permettant de contrôler et de tirer avantage d'un produit destiné surtout à l'exportation.

De son côté, Alfa Boufdaya a étudié « Le travail des enfants en Tunisie : une économie traditionnelle en changement XIXe et XXe siècles ». En échappant peu à peu à la forte mortalité infantile de l'ancien régime démographique, les enfants sont de plus en plus soumis à une socialisation sexuée favorisant le garçon par rapport à la fille. Garçons dans l'espace public et filles dans la vie privée constituent une main-d'œuvre rentable pour les familles ainsi que pour les corporations professionnelles. Mais cette intégration précoce dans le monde du travail n'est pas sans danger : exploitation dans de petits métiers, promiscuité, violence physique et morale. Cette situation change sous la colonisation grâce à l'école et à la mise en place de l'enseignement professionnel. Cette importance de l'éducation a été bien mise en valeur par Lazhar Sakhraoui « Le Collège Sadiki de Tunis (1875-1956), histoire d'une entreprise économique pionnière de l'évènement au déclin ». Il fut le premier à instaurer un système éducatif moderne, autour d'un mixte de sciences exactes (algèbre, astronomie, sciences de la nature) et d'humanités (histoire, géographie) tout en jouant un rôle primordial dans l'essor économique de la régence.

2-2/ L'ECONOMIE TUNISIENNE A L'EPOQUE DU PROTECTORAT FRANÇAIS

Un second axe concerne l'économie tunisienne à l'époque du protectorat français. La Tunisie a attiré de façon précoce les entreprises françaises de travaux publics. Tel fut le cas de la Société de Construction des Batignolles, à travers notamment la Compagnie de Bône-Guelma (Rang-Ri Park, « La stratégie de la Société de Construction des Batignolles en Afrique du Nord, les Chemins de Fer de Bône-Guelma »). Fondée en 1875 par la SCB avec le concours de Paribas et du Comptoir d'Escompte de Paris, cette compagnie connut, à partir de 1876, un essor spectaculaire. En dépit d'un équilibre financier fragile, parce que dépendant de la garantie de l'État, elle devint, grâce à la seule Tunisie, de plus en plus prospère entre 1887 et 1914, au profit de ses promoteurs, mais aussi de la Tunisie.

« La Tunisie » fut bien une « terre d'innovation pour les entrepreneurs français de génie civil, de bâtiment et de travaux publics ». (Dominique Barjot). À partir des années 1880, les entreprises françaises se réorientèrent massivement vers les marchés de l'Empire français, par suite d'une contraction profonde de la demande métropolitaine et de la grande dépression mondiale. Tel fut le cas de la SCB avec la construction du port de Tunis et du chemin de fer de Bône-Guelma, mais aussi de la maison Hersent, des frères Fougerolle et des Grands Travaux de Marseille à Bizerte.

Cette activité se trouva relancée dans les années 1920 grâce aux travaux d'électrification et à l'édification de structures à grande portée (Fourré et Rhodes, Boussiron). Ralentis dans les années 1930, les travaux reprirent après 1945, notamment dans le domaine routier et dans la construction des grands barrages (Campenon Bernard, Dumez).

L'exploitation des ressources minérales fondait largement cette mise en valeur : ainsi avec le sel (Zeineb Mejri, « La production du sel en Tunisie pendant la colonisation française »). Connu depuis l'Antiquité, le sel (gemme ou marin) était propriété de l'État, mais exploité tantôt en régie, tantôt par des sociétés concessionnaires. Tel fut le cas de la Compagnie Générale des Salines de Tunisie (COTUSAL), qui fusionna en son sein toutes les salines les plus importantes de l'époque. Barrée en France et en Algérie par le niveau trop élevé des droits de douane, elle s'orienta vers la vente aux pays scandinaves, tout en condamnant ses ouvriers à de conditions de travail très dures, génératrices de fortes tensions sociales, et en créant des pollutions graves.

Les grands travaux d'infrastructure et les investissements miniers supposaient la collecte d'abondants capitaux. Dhafer Bousselmi a étudié ainsi « Les banques et le financement des emprunts tunisiens pendant la période coloniale (1881-1950) ». Ces investissements n'ont pu être couverts que par recours à l'emprunt et, donc, aux banques métropolitaines. Celles-ci jouèrent donc un rôle fondamental dans le développement économique colonial, notamment en raison de perspectives de profit ouvertes dans le pays avant la Première Guerre mondiale. Il y eut aussi des banquiers privés de moindre taille, à l'instar de W.A. Rondeau (« Karima Sahbani, « Histoire d'un banquier privé en Tunisie entre deux époques (1901-1999) ». Actif à Ferryville, il y fonda sa propre banque et y joua un rôle important dans d'autres institutions bancaires.

L'économie tunisienne demeurait cependant très fragile, comme le montre Adel Daboub (« Crises de subsistance en Tunisie 1943-1956 et dysfonctionnement du régime colonial »). Aux conséquences désastreuses des batailles de la Seconde Guerre mondiale vint s'ajouter, entre 1943 et 1956, une période d'années sèches et de catastrophes naturelles. Elles contribuèrent de manière déterminante et souvent sous-estimée à ébranler les bases du système colonial français. C'est pourquoi les autorités françaises tentèrent de développer l'électrification pour répondre aux besoins croissants de la consommation interne tunisienne (Hafsa Saidi, « Forces hydroélectrique (société mixte) 1952-1962 »). En raison du coût élevé des importations de charbon s'engagea, entre 1952 et 1957, un important effort de constructions de centrales hydroélectriques : telle fut l'origine de la constitution de la société des Forces Hydroélectriques de Tunisie (FHET) en 1952.

2-3/ LA TUNISIE A L'EPOQUE COLONIALE ET POSTCOLONIALE

L'on comprend mieux ainsi les difficultés du passage de l'époque coloniale à celle postcoloniale. La colonisation s'accompagne en effet de l'emprise croissante des groupes d'intérêt, comme le montre l'exemple des chambres électorales (Hanene Zaouali, « Les chambres électorales, un organe de pouvoir au service de la prépondérance coloniale en Tunisie 1881-1914 »). Réunies auprès des pouvoirs publics, ces chambres avaient pour fonction de fournir des avis au Résident Général sur ces questions agricoles en commerciales. Il y en eut cinq (Tunis 1885, Bizerte 1902, Chambre d'agriculture de Tunisie 1902, Chambre du Sud 1905). Elles permettaient de représenter auprès de l'administration les principaux groupes de pression agricoles, industriels et commerciaux. Celle de Tunis en particulier, non seulement informa la Résidence générale, mais les grands commerçants, qui la dominaient, influèrent sur les décisions de l'autorité politique française.

Chokri Hosni s'est posé, pour sa part, la question de la « Coopération tuniso-française au cours de la première décennie de l'économie planifiée (1962-1971) ». Durant les premières années de son indépendance, la Tunisie a dû faire face à de graves défis économiques et financiers, qui ont poussé au développement de la planification et de l'intervention de l'État. Ils ont été aggravés par les contraintes sociales : croissance démographique rapide, inégalité de la répartition des richesses, analphabétisme, chômage, carence des services publics, diffusion des conceptions anticapitalistes. Dans ces conditions, le nécessaire soutien français n'a pas permis au pays d'échapper à la dépendance économique : il en a résulté une influence grandissante du capital français et une dépendance accrue vis-à-vis de la France.

Les conséquences de l'inégal développement constituent encore aujourd'hui un axe de recherche important, susceptible de permettre l'appel à de nouvelles méthodes scientifiques. Ezeddine Drissi a fourni, par exemple, un « Essai de périodisation des trajectoires spatio-temporelles des sièges sociaux bancaires (1956-2006). Le cas de Tunis ». La mobilité de sièges sociaux apparaît ainsi comme l'une des clés d'interprétation des implications territoriales et fonctionnelles du développement spatial dans une métropole émergente au sein d'un pays méditerranéen en voie de développement.

3/ LES RELATIONS INTERNATIONALES COMME CHAMP SPÉCIFIQUE D'ÉTUDES

Les relations internationales ouvrent des perspectives très larges à la recherche historique tunisienne d'aujourd'hui. Bien entendu, les approches bilatérales conservent toute leur pertinence, mais, de plus en plus, les impératifs multilatéraux tendent à devenir un objet d'étude majeur.

3-1/ LE BILATERALISME COMME VISION HISTORIQUE

Tandis que Rachida Tili Sellaouti traitait de « La diplomatie comme expérience de l'autre », Anis Ben Ali s'est intéressé à « La reprise des relations diplomatiques entre la Tunisie de Bourguiba et l'Espagne franquiste en 1957 ». Rompues une première fois vers la fin du XVIe siècle, les relations hispano-tunisiennes ont repris de 1791 à 1881, avant d'être à nouveau stoppées par la colonisation française. Avec l'indépendance, Bourguiba, parce que soucieux d'émanciper son pays de l'influence française, a cherché à établir des lieux avec de nombreux pays occidentaux, dont l'Espagne. De son côté, le régime franquiste était très isolé, d'où le développement de relations entre les deux pays.

Plus classiquement, la Tunisie n'a pu échapper à la nécessité d'une coordination avec la zone franc. Tel est l'objet de l'analyse d'Olivier Feiertag (« Les enjeux d'une histoire internationale de la zone franc : échapper au triangle d'incompatibilité »). En effet, les évolutions de la zone franc de 1939 à nos jours sont vues en général au prisme des rapports entre la France et ses anciennes colonies, ouvrant la voie à une confirmation de la nature impérialiste du franc CFA. Néanmoins l'histoire de la Zone franc comporte aussi une dimension internationale. Elle concerne les relations entre États membres d'une même zone monétaire, mais aussi les rapports de force directs, entre grandes puissances rivales ou alliées, ou indirects, à travers le jeu des institutions monétaires et financières internationales, le FMI et la Banque mondiale au premier chef. Cette prise en compte de l'histoire de la Zone franc d'un point de vue international aboutit à remettre en cause le triangle d'incompatibilité de Mundell : fixité des taux de change, liberté des mouvements de capitaux et souveraineté monétaire peuvent donc coexister sous condition de la garantie de la souveraineté monétaire de chacun des États membres par des mécanismes de coopération internationale.

Les relations bilatérales concernent également les rapports internes au Maghreb. Pour la Tunisie, il existe aussi un modèle marocain (Tahar El

Qour, « Contribution des entreprises publiques à la diplomatie économique du Maroc : Étude de cas sur la base d'un cadre conceptuel intégrateur »). De fait, les entreprises publiques marocaines constituent l'un des acteurs clés de la diplomatie économique de l'État chérifien. Cela se traduit par une internationalisation accrue de ces entreprises publiques et par des exigences nouvelles en matière de gouvernance. Elles concernent la vision stratégique et l'accompagnement de ces entreprises par l'État, les formes et les structures de l'organisation, les modes et processus de contrôle, la politique des ressources humaines et les cultures d'entreprise.

3-2/ MONTEE EN PUISSANCE DES IMPERATIFS MULTILATERAUX

Les travaux d'histoire des relations internationales s'intéressent de plus aux dimensions multilatérales et, donc, au multilatéralisme. Ainsi que le rappelle Régine Perron dans sa contribution (« La prospérité dans le cadre des multilatéralismes : sa mise en place institutionnelle après 1945 »), le multilatéralisme et un système international mis en place au lendemain de la Seconde Guerre mondiale, dont le but est d'apporter une solution aux désordres de l'avant-guerre, eux-mêmes provoqués par le Premier Conflit mondial et la crise des années 1930. Les États-Unis le concrétisant par les accords de Bretton Woods de juillet 1944. Le volet économique du système repose sur le Fonds Monétaire International (FMI), le GATT en charge du commerce international et devenu OMC en 1995, la Banque Internationale de Reconstruction et de Développement (BRID), plus tard inclus dans la Banque Mondiale.

Ratifiés par 44 pays, ces accords visent à mettre en place un ordre monétaire international stable, à favoriser la libéralisation des échanges commerciaux entre les nations, à aider à la reconstruction et au développement économique rapide des pays frappés par la guerre. L'interdépendance ainsi établie entre les pays les empêche de se faire la guerre, sous peine d'être tour ruiné, point de vue bien formulé par Cordell Hull, le Secrétaire d'État de F.D. Roosevelt. À l'origine, ces institutions fonctionnent sur la base d'un compromis entre libéralisme classique et keynésianisme, afin de parvenir à un équilibre entre sécurité, prospérité et bien-être, trois principes fondateurs du multilatéralisme. Au début des années 1970, la vision keynésienne est remise en cause par les visions néo-libérales de Von Hayek et de Friedman. La prospérité prend ainsi le pas sur le bien-être, tandis que la sécurité demeure la condition de la paix.

Mohamed Sassi illustre bien ce renouveau de la vision des relations internationales (« Relations économiques Tunisie-UE : de la « Politique méditerranéenne rénovée » au « Processus de Barcelone » (1992-1995) »).

Depuis 1963, la coopération entre la Tunisie et la CEE puis l'UE (Union européenne) est passée par plusieurs étapes. Cette évolution a été dominée par les relations historiques très fortes entre la Tunisie et la France, mais a été influencée par ces efforts en vue de trouver une cohérence entre la constitution d'une Europe forte et l'émergence d'une zone de proximité pro-européenne. La période 1992 à 1995 s'est avérée cruciale pour la relation Tunisie-UE et, de manière plus large, les rapports économiques en Méditerranée. La Tunisie a été en effet le premier pays à signer un accord de partenariat avec l'UE, ouvrant la voie, mais sans succès, à la possibilité d'une intégration régionale. Deux facteurs ont joué, d'une part l'adoption par l'UE de la « Politique européenne rénovée » en 1992, suite à la chute du mur de Berlin et à l'élargissement vers les pays de l'Est de l'Europe ; de l'autre, l'avènement, en 1987, d'un régime libéral optant pour plus de privatisation et d'ouverture économique.

Dans cette perspective, Radhi Meddeb s'interroge sur « La Tunisie face à l'ALECA : quel avenir des relations tuniso-européennes ? ». S'appuyant sur des relations anciennes, profondes et multiples, l'Europe propose à la Tunisie un ancrage plus fort passant par un accord complet et approfondi (ALECA ou Accord de Libre Échange Complet et Approfondi) concernant aussi des secteurs fragiles, comme agriculture et les services. Mais cette proposition européenne engendre la peur et l'appréhension, sans analyse sereine et objective. Sans doute cela s'appuie-t-il en partie sur des réalités objectives (Jamal Laouidi, « Asymétrie des échanges commerciaux entre les Tunisie et l'UE. Problématique des régimes *on-shore et off-shore* »).

Mais ce rapprochement entre la Tunisie et l'UE revêt en même temps une dimension plus directement démocratique (Dr Abderrahman Ladgham, « Stratégie de lutte contre la corruption à travers la coopération internationale : défis, succès et échecs »). En 2011, la coalition au pouvoir a voulu répondre aux demandes populaires : liberté, démocratie, justice sociale et lutte contre la corruption. En dépit des efforts alors développés, à l'intérieur comme à l'extérieur (restitution des biens mal acquis évadés), les résultats ont été décevants : loin de se satisfaire de vagues notions d'éthique et de campagnes sporadiques contre les pots de vin, il faut prendre en compte la corruption comme un problème grave, provoquer un bouleversement des habitudes et du mode de gouvernance, entreprendre des réformes profondes et consacrer l'état de droit.

4/ DE NOUVEAUX DÉFIS HISTORIOGRAPHIQUES EN PERSPECTIVE

Ce colloque en histoire économique était le premier du genre en Tunisie et a investigué dans plusieurs directions qui sont autant d'axes pour des recherches futures. C'est sans doute le premier de ses mérites. Il aura dressé le tableau des recherches déjà abouties ; il aura également présenté les écoles dont les chercheurs tunisiens peuvent s'inspirer pour creuser leurs propres problématiques dans cette matière particulière. Nous nous devons toutefois d'insister sur le fait qu'il n'y a pas encore de réflexion organisée en matière d'histoire économique en Tunisie, où rappelons-le, les spécialités enseignées se déclinent de l'histoire ancienne aux histoires médiévale, moderne et contemporaine, soit une répartition de la recherche certes présente ailleurs dans le monde, mais sans doute insuffisante pour interroger l'ensemble des pratiques observables, notamment aujourd'hui, sur le plan local comme sur la manière dont notre pays dialogue avec l'international.

Cependant, nul historien n'est obligé d'en rester là : après tout, le passé, qui est son sujet de prédilection, devrait également être utilisé pour éclairer les problématiques du présent. L'historien aujourd'hui a donc beaucoup à faire pour être à même de suggérer des réponses aux problèmes de la société actuelle et dans cet ordre d'idées, l'histoire économique pourrait guider les responsables politiques dans leurs choix idéologiques et pratiques.

Bien que la Tunisie ait, de fait, une très riche histoire s'étendant sur des millénaires, elle n'en est pas moins un pays jeune, peu habitué à la transparence, même en période de transition. C'est ainsi que, pour l'histoire des entreprises, par exemple, qu'elles soient publiques ou privées, des pans entiers d'archives sont manquants ou non accessibles. Or, l'histoire, si elle veut pouvoir assumer sa mission collective, ne peut s'encombrer des secrets, petits ou grands… Il faut donc que l'histoire économique telle que nous l'envisageons soit de nature à renverser les tabous qui existent encore lorsqu'il est question des manières dont l'argent circule et fructifie.

Ainsi donc, l'avenir de l'histoire économique en Tunisie est étroitement lié à une réelle collaboration entre les chercheurs et les entreprises, dans leur singularité ou dans leurs institutions collectives, mais il dépendra tout autant de la collaboration du syndicat qui, peut-être parce qu'il est unique, a acquis un poids considérable dans le lancement d'activités économiques, mais aussi dans leurs blocages, quels qu'ils soient.

Depuis l'indépendance, l'économie tunisienne hésite entre le collectivisme et le libéralisme sans parvenir à réaliser les atouts de l'un et de l'autre, parce que nous ne sommes pas parvenus à concilier les intérêts particuliers et ceux de la Communauté. Il en va sans doute d'une assimilation malencontreuse entre capitalisme et impérialisme sur laquelle seraient venus se greffer l'avidité de ceux qui, en alternance, ont gagné en puissance. D'une certaine manière, notre économie est entravée par des décisions anachroniques et/ou en désaccord avec la généralisation à l'échelle mondiale du libéralisme. La question n'est même pas de savoir s'il faut diaboliser ou encenser ce dernier : ce qu'il faut, c'est aller dans le sens où va le monde, ne pas être dans la réaction mais de se donner les moyens d'être « proactifs », c'est-à-dire de ne plus subir un ordre du monde dans lequel nous ne serions même pas des figurants. Autrement dit, une histoire économique décomplexée pourrait être l'instrument d'une réconciliation entre le monde des affaires et l'ensemble du peuple tunisien – réconciliation sans laquelle notre avenir à tous restera sombre et incertain.

RÉSUMÉS & ABSTRACTS

Othman BARHOUMI

Résumé

Recherches sur l'histoire de la pêche aux éponges à Sfax au XIXe siècle

Bien que les documents dans nos archives soient rares en ce qui concerne la pêche de l'éponge « Nachef», dans la région de Sfax, l'utilisation de ce produit s'est intensifiée et s'est diversifiée depuis le XVIe siècle. L'exploitation des éponges aurait débuté depuis des périodes anciennes, leur usage semble avoir commencé chez les Grecs puis les Romains et les Crétois avant de s'étendre à d'autres régions de la Méditerranée, telles que la Turquie et la Tunisie beylicale. Le commerce de cette matière florissante a eu un impact positif sur les recettes de l'état au XIXe siècle, ce qui explique l'instauration d'une ferme d'impôt « Lizzma » dont l'objectif était de gérer et de contrôler la production d'un produit maritime orienté principalement vers le commerce extérieur.

Abstract

Research on the history of sponge fishing in Sfax in the 19th century

Though records in our archives are scarce for the sponge "Nachef" fishery in the Sfax area, the use of this product has been diversified and intensified since the 16th century. Sponge exploitation has begun as an industrial material since ancient periods in the eastern basin of the Mediterranean, and especially in the Greek islands. Our research focuses on the history of a maritime product that was part of Tunisian exports in the modern era. Sponge fishing was known almost on the northern Tunisian coasts and Cap Bon, and mainly in the region of Sfax and the Gulf of Gabes, which were closely open to shops with the eastern basin of the Mediterranean.

Dominique BARJOT

Résumé

L'histoire économique en France aujourd'hui

Les évènements récents ne cessent de nous rappeler combien notre histoire est économique. Même si l'histoire économique n'occupe pas, en France, la place qu'elle tient dans les pays anglo-saxons, elle a connu pourtant, depuis les années 1970, un profond renouvellement. D'une histoire économique globale, d'inspiration largement marxiste, les historiens économistes sont passés à des interrogations plus microéconomiques autour de domaines pionniers (l'analyse des réseaux, l'histoire économique de l'État, les relations économiques internationales, le développement économique régional et, de façon plus récente, l'histoire des produits, du patrimoine industriel et des mondes coloniaux). Deux domaines paraissent cependant manifester le dynamisme le plus grand : l'histoire de l'innovation d'une part, celle des entreprises de l'autre. Pour survivre et se renforcer, l'histoire économique doit s'ouvrir à nouveau aux sciences sociales, notamment à l'économie et à la gestion, tout en acceptant les débats de méthodes et d'interprétation. Il n'est pas de science sans controverses scientifiques même vives.

Abstract

Economic history in France today

Recent events are a constant reminder of how economic our history is. Even if economic history in France does not occupy the place it does in Anglo-Saxon countries, it has nevertheless undergone a profound renewal since the 1970s. From a largely Marxist-inspired global economic history, economic historians have moved on to more microeconomic questions around pioneering fields (network analysis, the economic history of the State, international economic relations, regional economic development and, more recently, the history of products, industrial heritage and colonial worlds). However, two areas seem to show the greatest dynamism : the history of innovation on the one hand, and the history of business on the other. In order to survive and strengthen, economic history must open up again to the social sciences, especially economics and management, while accepting debates on methods and interpretation. There is no science without scientific controversies, however lively they may be.

Dominique BARJOT

Résumé

La Tunisie : terre d'innovation pour les entrepreneurs français de génie civil, de bâtiment et de travaux publics

À partir des années 1880, les entreprises françaises de travaux publics durent faire face à la conjonction d'une contraction profonde et durable des marchés de travaux publics et de bâtiment en métropole ainsi que de la grande dépression économique mondiale. Les marchés de l'Empire français offraient alors des débouchés majeurs, à l'instar de la Tunisie. Tel fut le cas pour la Société de Construction des Batignolles (SCB) avec la construction du port de Tunis et du chemin de fer de Bône -Guelma, mais aussi d'Hildevert Hersent père et fils, de Fougerolle Frères et des Grands Travaux de Marseille (GTM) à Bizerte. Cette activité se poursuivit activement dans les années 1930, grâce aux travaux d'hydrauliques et d'électrification (GTM, Société Générale d'Entreprises ou SGE), mais aussi de nouveaux aménagements portuaires (Société Anonyme Hersent) ou l'apparition de nouvelles opportunités techniques (ponts et ouvrages à grande portée en béton armé (Boussiron, Entreprises Fourré et Rhodes). Ralentis dans les années 1930, malgré le réarmement et la poursuite de l'électrification, et la Seconde Guerre mondiale, les travaux reprirent à partir de 1945, avec intensité, dans le secteur routier (Société Routière Colas, SCREG, SACER, etc.), mais aussi des grands ouvrages (barrages de Ben Métir et de

Nebeur construits respectivement par Campenon Bernard et Dumez). Si les Entreprises Fourré et Rhodes ou Boussiron y conservèrent une activité soutenue jusqu'aux indépendances, d'autres s'effacèrent (SAH), mais d'autres encore y développèrent leurs activités, jusqu'en 1974 et au-delà, comme Dumez.

Abstract

Tunisia : a land of innovation for French civil engineering, building and public works contractors

From the 1880s onwards, French public works companies had to cope with the combination of a deep and lasting contraction of the public works and construction markets in metropolitan France and the great global economic depression. The markets of the French Empire then offered major opportunities, as in Tunisia. This was the case for the Société de Construction des Batignolles (SCB) with the construction of the port of Tunis and the Bône-Guelma railway, but also for Hildevert Hersent father and son, Fougerolle Frères and Grands Travaux de Marseille (GTM) in Bizerte. This activity was actively pursued in the 1930s, thanks to hydraulic and electrification works (GTM, Société Générale d'Entreprises or SGE), but also new port developments (Société Anonyme Hersent) or the appearance of new technical opportunities (bridges and long span reinforced concrete structures (Boussiron, Entreprises Fourré and Rhodes). Slowed down in the 1930s, despite rearmament and the pursuit of electrification, and the Second World War, work resumed from 1945 onwards, with intensity, in the road sector (Société Routière Colas, SCREG, SACER, etc.), but also on major structures (Ben Métir and Nebeur dams built respectively by Campenon Bernard and Dumez). While the Fourré and Rhodes or Boussiron companies maintained a sustained level of activity there until independence, others were wound up (SAH), but still others developed their activities there until 1974 and beyond, such as Dumez.

Anis BEN ALI

Résumé

La reprise des relations diplomatiques entre la Tunisie de Bourguiba et l'Espagne franquiste en 1957

Les relations diplomatiques tuniso-espagnoles ont été rompues une première fois vers la fin du XVIe siècle (expulsion des armées espagnoles de Don Juan d'Autriche par les Ottomans en 1574). Cela a inauguré plus de deux siècles de gel apparent des relations tuniso-espagnoles jusqu'à 1791. Ces relations ont repris dans le cadre d'une normalisation des relations entre l'Espagne des Bourbons et le monde musulman. De nouveau, ces relations ont été rompues par la parenthèse du protectorat français entre 1881 et 1956. Ces relations vont être rétablies dans un contexte de contrainte aussi bien pour les Tunisiens que pour les Espagnols. Bourguiba, leader de la Tunisie indépendante était soucieux d'émanciper son pays de la domination française, a cherché par tous les moyens d'établir des relations avec de nombreux pays occidentaux. Le général Franco, dictateur de l'Espagne après sa victoire contre les républicains, mais isolé sur la scène internationale (résolution 39 des Nations Unies : le régime franquiste est un régime fasciste calqué sur l'Allemagne nazie de Hitler…), a cherché à son tour d'établir des relations avec le monde arabe et notamment la Tunisie en 1957.

Abstract

The resumption of diplomatic relations between Bourguiba's Tunisia and Franco's Spain in 1957

The Tunisian-Spanish diplomatic relations were broken for the first time by the end of the XVIth century (expulsion of the Spanish armies of Don Juan of Austria by the Ottomans in 1574). This inaugurated more than two centuries of apparent freezing of Tunisian-Spanish relations until 1791. These relations were resumed as part of a normalization of relations between the Spain of the Bourbons and the Muslim world. Again, these relations were broken by the parenthesis of the French protectorate between 1881 and 1956. These relations would be restored in a context of constraint for both Tunisians and Spaniards. Bourguiba, leader of independent Tunisia was anxious to emancipate his country from French domination, sought by all means to establish relations with many Western countries. General Franco, dictator of Spain after his victory against the Republicans, but isolated on the international scene (UN resolution 39: the Franco regime is a fascist regime modeled on Nazi Germany Hitler ...), sought to turn to establish relations with the Arab world and especially Tunisia in 1957.

Ahmed BEN MUSTAPHA

Résumé

L'histoire méconnue des négociations tuniso-européennes depuis l'indépendance

Cette contribution propose une reconstitution de l'histoire méconnue des accords négociés depuis l'indépendance entre la Tunisie et l'ensemble européen pour convenir du cadre juridique devant régir leurs relations économiques et commerciales. Elle souligne les motivations des responsables français et européens qui ont privilégié dès le départ le rattachement de la Tunisie à l'Europe par des accords de libre commerce basés sur l'échange inégal. Les accords de nouvelle génération, initiés dans les années 1990, vont au-delà du libre-échange commercial car ils visent à l'intégration économique totale de la Tunisie à l'espace européen. Cette politique, demeurée inchangée depuis l'indépendance a été reconduite après la révolution par le G7 et l'Union européenne par le biais des négociations engagées pour la conclusion de l'accord de libre-échange complet et approfondi. Son bilan, largement défavorable à la Tunisie est dû au caractère foncièrement inéquitable de ces accords qui sont le fruit de négociations déséquilibrées ne prenant pas en compte les décalages considérables des niveaux de développement entre les deux parties. L'un des objectifs majeurs de cette contribution est de démontrer que seule, une reconsidération de l'attitude, demeurée inchangée de la partie européenne est susceptible d'ouvrir la voie à la nécessaire refonte des relations tuniso-européennes sur des bases plus justes et plus équilibrées. À cet effet, l'auteur appelle à la réhabilitation du dialogue stratégique déjà convenu avec la partie européenne et les pays du G7 afin de tirer les enseignements qui s'imposent du bilan de la coopération tuniso-européenne et de définir en commun les bases de relations futures plus justes, plus équilibrées et mieux adaptées aux besoins spécifiques de la Tunisie en matière de développement. La finalité de cette nouvelle approche est l'initiation de vraies négociations non limitées au cadre multilatéral du G7 et de l'UE. En effet, il importe de nouer également un dialogue bilatéral avec les principaux partenaires et bénéficiaires de cette coopération déséquilibrée et notamment la France, l'Allemagne, l'Italie et les USA.

Abstract

The little-known history of Tunisian-European negotiations since independence

This contribution proposes a reconstruction of the little-known history of the agreements negotiated since independence between Tunisia and the European group to agree on the legal framework which should govern their economic and commercial relations. It also highlights the motivations of French and European officials who since the first years after independence favored Tunisia's attachment to Europe through free trade agreements based on unequal trade. Indeed the new generation agreements initiated in the 90s go beyond free trade because they aim at the total economic integration of Tunisia into the European space. This policy, which has remained unchanged since independence, was renewed after the revolution by the G7 and the European Union through negotiations for the conclusion of the full and deep free trade agreement. Its record, which is largely unfavorable to Tunisia, is due to the fundamentally inequitable nature of these agreements, which are the result of unbalanced negotiations that do not take into account the considerable differences in development levels between the two parties. One of the major objectives of this contribution is to demonstrate that only a reconsideration of the attitude, which has remained unchanged on the European side, is likely to pave the way for the necessary overhaul of European Tunisian relations on fairer and more balanced bases. To this end, the author calls for the rehabilitation of the strategic dialogue already agreed with the European side and the G7 countries in order to draw the necessary lessons from the assessment of Tunisian European cooperation and to define jointly the bases of future fair more balanced relationships that better suited Tunisia's specific development needs. The purpose of this new approach is to initiate real negotiations that are not limited to the multilateral framework of the G7 and the EU. Indeed, it is also important to establish a bilateral dialogue with the main partners and beneficiaries of this unbalanced cooperation, particular with France, Germany, Italy and the United States.

Olfa BOUDAYA

Résumé

Le travail des enfants en Tunisie dans une économie traditionnelle en changement (XIXe-XXe siècles)

Grâce à un corpus varié, cette recherche explore le travail des enfants aux XIXe et XXe siècles et se situe au carrefour de l'histoire socio-économique, de l'anthropologie historique et de l'histoire de l'enfance. Dans l'économie traditionnelle, les relations se définissent en fonction de l'ordre hiérarchique et de l'appartenance sociale. Garçons dans l'espace public et filles dans la vie privée, constituent une main d'œuvre rentable pour les familles (salaire d'appoint, transmission intergénérationnelle du savoir-faire professionnel et technique) ainsi que pour les corporations de métiers où règne un système codifié autour d'un long apprentissage et du pouvoir patronal. Cependant, leur intégration précoce dans le monde du travail n'est pas sans risques : enfants exploités dans des petits métiers, promiscuité, violence physique et morale, etc. La colonisation opère un changement par l'introduction de l'école et de l'enseignement professionnel, mais au profit d'une minorité de la population infantile. En s'inspirant des lois métropolitaines de protection de l'enfance, la législation coloniale tente d'organiser le travail des enfants. En misant sur la jeunesse dans la construction de la jeune nation, l'État de l'indépendance devra gérer une condition infantile façonnée par des structures hybrides.

Abstract

Child labour in Tunisia : a changing traditional economy (19th and 20th centuries)

Through a varied corpus, this research explores child labour in the nineteenth and twentieth centuries at the crossroads of socio-economic history, historical anthropology and the history of childhood. In the traditional economy, relations are defined according to hierarchical order and social affiliation. Boys in the public area and girls in the private life, constitute a profitable work force for families (extra pay, intergenerational transmission of professional and technical know-how) as well as for trade corporations which reign a codified system across a long professional apprenticeship and the patronage authority. However, the early integration into the world of work puts children at risks : exploitation in small trades, promiscuity, physical and moral violence, etc. Colonization makes a change by the introduction of school and vocational education, but for the benefit of a minority of the child population. Inspired by the metropolitan laws of child protection, colonial legislation attempts to organize the work of children in Tunisia. By focusing on youth in the construction of the young nation, the state of independence will have to manage an infant condition shaped by hybrid structures.

Dhafer BOUSSELMI

Résumé

Les banques et le financement des emprunts tunisiens pendant la période coloniale (1881-1956).

Le sujet traité dans cette contribution l'insère d'emblée dans une orientation historique. Cette orientation est d'autant plus approfondie s'agissant d'un domaine très restreint relatif au monde de la finance publique dans un contexte colonial. Partant de l'esprit de Jules Ferry qui assurait que l'entreprise coloniale ne coûterait pas au budget français, l'étude de la politique du financement public par la voie des emprunts nous accule à comprendre comment et pourquoi s'est opéré le revirement. Dans ce sens, la France a fait d'énormes réalisations au niveau budgétaire. Le recours à l'emprunt permet d'alimenter les investissements nécessaires à une véritable mise en valeur de la Tunisie. Pour maintenir cette politique, l'État colonial n'hésite pas, au fil des années, de prendre les réformes financières indispensables pour résister aux fluctuations économiques. Il a recours également aux concours des institutions financières privées et publiques de crédit. Dans ce cadre, les banques métropolitaines jouent alors un rôle important dans les affaires économiques et financières de la Tunisie coloniale. Elles permettent de fournir les capitaux nécessaires aux investissements publics sous forme d'emprunt. Leur stratégie consiste à aider le pays à instaurer son équipement économique pour défricher le terrain aux investissements privés. Le choix des emprunts par les banques trouve son explication dans le fait que ce type de placement demeure sûr et rentable en dépit de la fluctuation de la conjoncture politique et économique du pays ou à l'échelle internationale. La genèse d'un réseau bancaire dans une économie coloniale révèle également les choix des milieux financiers qui cherchent à développer leur réseau local afin de suivre de près les investissements privés dont les banques assurent le financement. Les relations entre les milieux politiques et financiers sont l'une des caractéristiques de l'époque coloniale en Tunisie. Une alliance stratégique qui explique les modifications successives du cadre législatif. Cette politique accentue l'intervention des milieux financiers français dans les affaires économiques et financières du pays. Cet essai tente d'analyser la politique des banques françaises, qui assurent les emprunts tunisiens et de comprendre les rouages de ce mécanisme de financement qui a marqué toute la période coloniale.

Abstract

Banks and financing of Tunisian loans during the colonial period (1881-1956)

The subject treated in this contribution inserts it from the start in a historical orientation. This orientation is all the more thorough as it concerns a very limited field relating to the world of public finance in a colonial context. Starting from the spirit of Jules Ferry who ensured that the colonial enterprise would not cost the French budget, the study of the policy of public financing by means of borrowing forces us to understand how and why the turnaround took place. In this sense, France has made enormous achievements at the budget level. The use of the loan makes it possible to feed the investments necessary for a true development of Tunisia. To maintain this policy, the colonial state does not hesitate, over the years, to take the necessary financial reforms to resist the economic fluctuations. It also uses the assistance of private and public financial credit institutions. In this context, the metropolitan banks play an important role in the economic and financial affairs of colonial Tunisia. They provide the capital needed for public investment in the form of loans. Their strategy is to help the country establish its economic equipment to clear the ground for private investment. The choice of borrowing by banks is explained by the fact that this type of investment remains safe and profitable despite the fluctuation of the political and economic situation of the country or internationally. The genesis of a banking network in a colonial economy also reveals the choices of financial circles that seek to develop their local network in order to closely monitor private investments financed by banks. The relations between political and financial circles is one of the characteristics of the colonial era in Tunisia. A strategic alliance that explains the successive changes in the legislative framework. This policy accentuates the intervention of the French financial circles in the economic and financial affairs of the country. This essay attempts to analyze the policy of the French banks, which ensure the Tunisian loans and to understand the workings of this mechanism of financing which marked the whole colonial period.

Afif CHELBI

Résumé

L'avenir des relations Tunisie - Union européenne : pour une approche ambitieuse en deux temps

Près de 25 ans après la signature, en 1995, de l'accord d'association instaurant une Zone de Libre Échanges (ZLE) avec l'UE, le choc de l'ouverture du secteur industriel a été, contrairement aux prédictions de non-résistance à ce choc, un véritable catalyseur pour la modernisation des entreprises car cette ouverture a été graduée, par filière, étalée sur 12 ans et accompagnée du programme de mise à niveau. Aujourd'hui, la Tunisie démocratique doit concevoir un mode plus ambitieux de relations avec l'Union européenne, car le statut de « partenaire privilégié » dont bénéficie la Tunisie depuis 2012, n'apporte pas d'avancée concrète par rapport au statut antérieur défini dans le cadre de la « politique de voisinage ». Il s'agit d'envisager une nouvelle étape qui offrirait une visibilité politique et stratégique aux relations avec l'U.E. et ce par l'intermédiaire d'une coopération plus large et plus approfondie. En d'autres termes : un statut de quasi-adhésion de la Tunisie à l'UE « tout sauf les institutions ».

Abstract

The future of Tunisia - European Union relations : for an ambitious two-step approach

Almost 25 years after the signing, in 1995, of the association agreement establishing a Free Trade Zone (FTA) with the EU, the shock of the opening of the industrial sector was, contrary to predictions of non-resistance to this shock, a real catalyst for the modernization of businesses because this opening has been graduated, by sector, spread over 12 years and accompanied by the upgrading program. Today, democratic Tunisia must devise a more ambitious mode of relations with the European Union because the status of "privileged partner" which Tunisia has enjoyed since 2012 does not bring any concrete progress compared to the previous status défined in the framework of the "neighborhood policy". It is a question of envisaging a new stage which would offer political and strategic visibility to relations with the EU. This was through a wider and deeper cooperation. In other words : a status of quasi-accession of Tunisia to the EU (everything except the institutions).

Adel DEBOUB

Résumé

Crises de subsistances de la fin de la période coloniale 1944-1955 et dysfonctionnement du système colonial en Tunisie

En plus des conséquences désastreuses des batailles de la Seconde Guerre mondiale qui se sont déroulées sur son territoire sur les infrastructures, sur l'économie, et sur les finances ; la Tunisie a eu à souffrir, durant plus d'une décennie, de la succession d'années sèches et de catastrophes naturelles de tous genres dont l'impact fut calamiteux sur le bon fonctionnement du Protectorat. Plusieurs secteurs de l'économie et de la société furent sinistrés et l'impact sur les grands équilibres fut d'une telle ampleur que la politique de l'État Colonial s'en est ressentie. L'objectif du présent papier est d'aborder la nature des différentes calamités qui ont secoué la dernière décennie de la colonisation française en Tunisie, et analyser leurs conséquences sur les différents secteurs. Nous dresserons ensuite le bilan des solutions préconisées et des politiques établies par l'Administration française afin d'évaluer à quel point les crises de subsistance furent un facteur supplémentaire dans le dysfonctionnement du régime colonial et ont-elles accentué sa fragilité dans le contexte du développement du mouvement d'émancipation nationale tunisien d'après-guerre.

Abstract

Subsistence crises of the end of the colonial period 1944-1955 and dysfunction of the colonial system in Tunisia

In addition to the disastrous consequences of the battles of the Second World War which took place on its territory on the infrastructures, on the economy, and on the finances ; Tunisia has suffered for more than a decade from the succession of dry years and natural disasters of all kinds, the impact of which has been calamitous on the proper functioning of the Protectorate. Several sectors of the economy and society were devastated and the impact on the major balances was so great that the policies of the Colonial State were affected. The objective of this paper is to discuss the nature of the various calamities which have shaken the last decade of French colonization in Tunisia, and to analyze their consequences on the various sectors. We will then take stock of the solutions recommended and the policies established by the French Administration in order to assess to what extent the subsistence crises were an additional factor in the dysfunction of the colonial regime and did they accentuate its fragility in the context the development of the Tunisian national emancipation movement after the war.

Ezeddine DRISSI

Résumé

L'apport de la méthode biographique à l'analyse et la périodisation des trajectoires spatio-temporelles des centres décisionnaires à Tunis (1956-2006)

Si à l'heure actuelle la délocalisation d'activités économiques, essentiellement celle des centres de production, suscite beaucoup d'intérêt dans un contexte de mondialisation et de compétition entre les métropoles internationales, d'autres dynamiques, plus ou moins liées à cette évolution, sont moins considérées bien que leurs enjeux soient non négligeables. La dynamique métropolitaine est intensément marquée à Tunis par un mouvement de déplacement particulier, fort sélectif, celui de la mobilité des sièges sociaux qui constitue le facteur le plus actif de sa dynamique. Ce travail vise à renouveler l'approche de l'économie urbaine à partir de la reconstitution et de l'étude des trajectoires spatio-temporelles des sièges sociaux bancaires, considérées comme un révélateur pertinent pour décrypter leur histoire spatiale et ses implications territoriales et fonctionnelles dans une métropole émergente d'un pays méditerranéen en voie de développement. L'intérêt de ce papier réside dans le fait qu'il rend compte de la géographie propre de l'activité décisionnaire en mettant en avant non seulement son pouvoir organisateur et discriminatoire sur l'espace métropolitain mais montrer aussi que les comportements spatiaux s'opèrent dans un contexte complexe où s'imbriquent le politique et l'économique au cœur d'un système multiscalaire. Tout choix s'opère au final en s'inclinant totalement ou partiellement devant les pratiques et les stratégies des pouvoirs publics, des collectivités territoriales locales et des acteurs supranationaux. L'analyse fréquentielle des mouvements de transferts ayant lieu entre 1956-2006 a fait apparaître quatre grandes phases de mobilité en étroite corrélation avec des forces résultant d'un emboîtement d'échelles. Il s'agit d'une conjonction entre la « transition mobilitaire » et l'effet de l'environnement évolutif.

Abstract

The contribution of the biographical method to the analysis and periodization of the space-time trajectories of the decision-making centers in Tunis (1956-2006)

While the relocation of economic activities, mainly those of the production centers, is currently attracting a great deal of interest in a context of globalization and competition between international metropolises, other dynamics, are less considered although their stakes are not negligible. A particular, intensive and selective type of mobility – the mobility of decision-making centers – has left its mark on the dynamics of the city of Tunis. This research seeks to extend the urban economy approach, starting from the analysis of "decisional mobility", a process that it is considered to animate urban areas and is thus a key to decoding and study of the trajectories of the bank headquarters considered as a relevant revealer to decipher their spatial history lived and its territorial and functional implications in an emerging metropolis of a developing Mediterranean country. The interest of this paper lies in the fact that it reports on the specific geography of decision-making activity by highlighting not only its organizing and discriminatory power over the metropolitan area, but also showing that spatial behavior takes place in a complex context where politics and economics are interwoven at the heart of a multi-scalar system. Any choice is ultimately made by fully or partially bowing to the practices and strategies of government, local authorities and supranational actors. Based on frequency analysis of transfers that occurred between 1956- and 2006, we demonstrate that embedded scale forces trigger four mobility stages. This is a conjunction between the mobility transition and the effect of the changing environment.

Tahar EL QOUR & Ahmed BELFAHMI

Résumé

Contribution des entreprises publiques à la diplomatie économique du Maroc : étude de cas sur la base d'un cadre conceptuel intégrateur

Les entreprises publiques constituent des acteurs clés dans la dynamique économique et sociale du Maroc. Elles contribuent, également, en tant qu'acteurs de plus en plus actifs, à la diplomatie économique du pays notamment en Afrique. Ce qui se traduit en fait par une internationalisation accrue de ces entreprises publiques et par des exigences nouvelles en matière de gouvernance, sachant que le contenu, le mode opératoire et les approches de la diplomatie économique et des acteurs connaissent des évolutions considérables en relation avec la mondialisation et la globalisation. La présente communication a pour objectif de mener une réflexion sur un cadre conceptuel qui intégrerait des dimensions ayant fait l'objet de recherches ou d'études antérieures en matière d'intervention des entreprises publiques à l'international de manière générale et en matière de diplomatie économique en particulier. Pour cela, nous avons retenu des dimensions relatives à la vision stratégique et à l'accompagnement des entreprises par l'État, aux formes et structures de l'organisation, aux modes et processus de contrôle, à la politique des ressources humaines et à la culture d'entreprise et ses relations avec ses parties prenantes. Par référence à ce cadre conceptuel, nous présentons les résultats de l'étude du cas d'une entreprise publique qui concoure à la diplomatie économique du pays à travers les activités qu'elle exerce en Afrique.

Abstract

Contribution of State Owned enterprises to Morocco's economic diplomacy : Case study based on an integrative conceptual framework

State Owned Enterprises are key players in the economic and social dynamics of Morocco. Those Enterprises also contribute, more and more actively, to the country's economic diplomacy, particularly in Africa. This implies in fact an increased internationalization of these State Owned Enterprises and new requirements in terms of governance knowing that the content, the operating modes and the approaches of the economic diplomacy and the actors progress considerably in relation with the globalization. The purpose of this paper is to reflect on a conceptual framework that incorporates dimensions that have been the subject of previous research or studies on the involvement of internationally in general and in economic diplomacy in particular. With reference to this conceptual framework, we present the results of the case study of a public company that contributes to the country's economic diplomacy through its activities in Africa. In this way, we consider that mastered processes and the clarification of the relationship within the State Owned Enterprises and between these and their partners, constitute the key element of an effective contribution of these companies to the country's economic diplomacy. For this, we have retained dimensions relating to the strategic vision and the support of companies by the State, the organization's forms and structures, the modes and processes of control, the human resources policy and the corporate culture and its relationships with its stakeholders.

Olivier FEIERTAG

Résumé

Pour une histoire internationale de la zone franc

Les évolutions de la zone franc de 1939 à nos jours sont généralement vues au prisme des rapports entre la France et ses anciennes colonies. Cette approche aboutit à confirmer la nature néocoloniale du franc CFA. Pour autant, l'histoire de la Zone franc revêt aussi une dimension internationale qu'il s'agisse des relations entre les États membres d'une même zone monétaire ou encore des rapports de force directs entre grandes puissances rivales ou alliées ou indirects à travers le jeu des institutions monétaires et financières internationales, le FMI et la Banque mondiale en tête.

Considérer l'histoire de la Zone franc d'un point de vue international permet ainsi de remettre en question le triangle d'incompatibilité de Mundell : fixité des taux de change, liberté des mouvements de capital et souveraineté monétaire peuvent coexister à la condition que des mécanismes de coopération monétaire internationale puissent garantir la souveraineté monétaire de chacun des États-membres.

Abstract

Internationalizing the history of the franc zone

The evolution of the franc zone from 1939 to the present day is generally seen through the prism of relations between France and its former colonies. This approach confirms the neocolonial nature of the CFA franc. However, the history of the Franc Zone also has an international dimension whether it is the relations between the Member States of the same currency area or even direct power relations between major rival or allied or indirect powers through the game of international monetary and financial institutions, the IMF and the World Bank in mind.

Considering the history of the Franc Zone from an international point of view thus makes it possible to question Mundell's incompatibility triangle : exchange rate fixity, freedom of capital movements and monetary sovereignty can coexist on condition that international monetary cooperation mechanisms can guarantee the monetary sovereignty of each of the Member States.

Safia HAMDI

Résumé

La Seine en chantier : pouvoir municipal et politique économique à Paris au XVIIIe siècle

Cette communication se propose d'étudier la problématique de la dimension institutionnelle, sociale et culturelle du fait économique en relation avec des dossiers traités par l'Hôtel de Ville de Paris sous l'Ancien Régime, en l'occurrence les projets d'aménagement de la Seine. L'urbanisme parisien de la fin du XVIIIe siècle et les projets qui lui sont liés prennent une dimension particulière à la lumière d'une part des relations sociales et économiques qu'abrite le fleuve à cette époque et d'autre part le rôle attribué aux édiles municipaux dans ce vaste chantier d'embellissement : la Seine considérée comme étant l'espace fondateur du pouvoir municipal parisien. La réalisation de ces projets représente un véritable enjeu qui a un lien avec les notions de voirie, de police, de domaine public, de fiscalité…et qui met en relation plusieurs parties : les trésoriers de France, le Bureau de La Ville, le contrôle général des finances, le Conseil du Roi. Au XVIIIe siècle la prévôté des marchands s'est transformée en pure administration royale dont la fonction représentative était presque entièrement mise entre parenthèses, les réformes imposées par le ministère en 1679-1681 ayant constitué le point de basculement de l'identité corporative de l'Hôtel de Ville parisien. Les archives du Bureau de la Ville de Paris (la sous-série H2) permettent de voir de plus près l'aspect contractuel de la réalisation d'un édifice public, la confection d'un ouvrage public répond forcément à des préoccupations d'ordre pratique, esthétique et politique. La municipalité parisienne doit veiller à la préparation des projets, à leurs réalisations et à leur contrôle. Plusieurs questions peuvent être formulées au sujet du rapport entre pouvoir municipal et politique économique : Quelles sont les possibilités d'action offertes au corps de ville dans ces projets ? La défense des privilèges communautaires ? Contraintes financières et pression monarchique ? Des choix fiscaux qui interrogent également le lien social ?

Abstract

The Seine under construction : municipal power and economic policy in Paris in the 18th century

This presentation proposes to examine the issue of the institutional, social and cultural dimensions of economic fact in relation to the files dealt with by Paris City Hall under the old regime, namely the development projects of the Seine. Paris urban planning of the end of 18th century and the related projects take a particular dimension with respect first to the economic and social relations that the river holds at that time and second to the role attributed to the municipality councilors in the vast project of embellishment : the Seine as the space of basic power of Paris municipality. The realization of such projects represents a real stake in terms of roads, police, public domain, taxation... involving different other parties : the treasurers of France, the Bureau of the city, the general finance controller and the king's council. In the 18th century, the provost of merchants turned into a mere royal administration whose representative function was almost entirely put in parentheses, as the reforms imposed by the ministry in 1679-1681 constituted the shifting point in the corporate identity of the city of Paris. The archives of the Bureau of the city of Paris (the sub-series H2) allows to see more closely the contractual aspect of the construction of any public building, requiring that any public building should take into account some practical, aesthetic and political conditions. Paris municipality must ensure the preparation of projects, their realization and their control. Several questions can be asked concerning the relationship between municipal power and economic policy. What are the possible actions at the disposal of the city hall in these projects : defending the community privileges? Making fiscal choices that raise questions regarding the social bond?

Chokri HOSNI

Résumé

Les difficultés de la Tunisie indépendante et sa stratégie de coopération avec la France pendant la période de l'économie planifiée (1962–1969)

Au cours des premières années de son indépendance, la Tunisie a dû faire face à des nombreux défis transmis par la période coloniale : fragilité des activités économiques, un secteur agricole qui se heurte à des extrêmes climatiques et défiance de la structure des terres agricoles, une production industrielle fondée sur les industries extractives, une balance commerciale qui couvre 65 % des importations, transfert des capitaux vers les banques françaises, un volume faible d'investissement privé et étranger, chômage engendré par la mauvaise répartition de la richesse et la rapide croissance de la population. Ce qui a focalisé l'attention de l'élite dirigeante sur la recherche des solutions basées sur la présence forte de l'État à travers une nouvelle forme de développement économique et social. Afin d'assurer le soutien de la France, la Tunisie a persuadé la France d'abandonner les formes de « procédure de coup pour coup » et d'adopter une enveloppe globale d'aide qui sera incluse dans le plan de développement, de financer ses projets de développement, de commercialiser ses produits et augmenter ses exportations. La diplomatie tunisienne a aussi utilisé des méthodes politiques et culturelles pour gagner le soutien français. Tels que son rayonnement fort en Afrique, Asie et Amérique latine ; son soutien au bloc occidental pendant la guerre froide ; et son rôle dans la diffusion de la culture française et le soutien des intérêts de la France dans le tiers monde.

Abstract

The difficulties of independent Tunisia and its cooperation strategy with France during the period of the planned economy (1962–1969)

During the first years of its independence, Tunisia had to face many challenges transmitted by the colonial period : fragility of economic activities, an agricultural sector facing climatic extremes and distrust of the structure of agricultural land, an industrial production based on the extractive industries, a trade balance covering 65% of imports, transfer of capital to French banks, a low private and foreign investment, unemployment due to the poor distribution of wealth and the rapid population growth. This has focused the attention of the ruling elite on finding solutions based on the strong presence of the State through a new form of economic and social development. In order to ensure France's support, Tunisia persuaded France to abandon the forms of "coup pour coup procedure" and to adopt a global aid package which will be included in the development plan, finance its development projects, market its products and increase its exports. Tunisian diplomacy has also used political and cultural methods to gain French support including its strong influence in Africa, Asia and Latin America ; its support for the Western bloc during the Cold War ; and its role in spreading French culture and supporting French interests in the Third World.

Zeineb MEJRI

Résumé

La production du sel en Tunisie pendant la colonisation française

Depuis l'Antiquité, la Tunisie a toujours produit une quantité importante de sel. Cependant, ce n'est qu'avec la colonisation française que l'exploitation des salines a connu son apogée de sorte que le sel est devenu une des ressources les plus rentables de l'économie coloniale en Tunisie. Par ses deux types (sel gemme et sel marin), le sel était le monopole de l'État. Mais cela n'empêche que l'exploitation du sel est assurée soit par l'État soit par des particuliers. Ces derniers ne peuvent procéder à l'exploitation qu'en vertu de concessions accordées par la Direction Générale des Travaux Publics. La production du sel a connu un progrès très important dû à l'évolution du nombre des entreprises. Ainsi, à partir du mois d'octobre 1949 la Compagnie Générale des Salines de Tunisie COTUSAL (filiale du groupe français Salins) devient la société dominante dans le secteur après avoir fusionnée les sociétés des salines les plus importantes de l'époque. L'accroissement de la production était toujours accompagné d'un certain nombre de problèmes liés à ce secteur. Ne pouvant pas être vendu, ni en France ni en Algérie à cause des taxes douanières exorbitantes, ni aux restes des pays méditerranéens qui sont également producteurs, le sel tunisien devait trouver des débouchés dans les pays scandinaves devenus avec le temps les plus grands consommateurs de ce produit. Et comme la majeure partie de la production était exportée vers ces pays lointains, le prix du fret était un élément important et déterminant des marchés conclus. En outre, la concurrence était très âpre sur le marché du sel notamment avec les pays dépourvus de toutes législations sociales qui peuvent en cas de crise agir plus facilement sur leur prix de revient. Par ailleurs, l'exploitation des salines à travers le pays a généré d'autres types de problèmes d'ordre écologique et foncier : ainsi, les habitants du Sahel (Sousse, Monastir et Mahdia), les agriculteurs et les pêcheurs ont porté plainte contre les sociétés qui exploitaient les salines à cause de la pollution et des nombreux dégâts qu'ils ont endurés. À cela s'ajoutent l'insécurité et le vagabondage causé par l'abus des pouvoirs de certains agents employés par les concessionnaires des salines ou par les contrebandiers de sel. Les ouvriers des salines, travaillant dans des conditions lamentables, ont subi de l'injustice et de l'oppression de la part de leurs patrons. Cette situation les a incités à manifester des revendications syndicales très fortes surtout à partir des années cinquante.

Abstract

Salt Production in Tunisia during the French Colonization

Since ancient times, Tunisia has produced a significant amount of salt. But it was only during the period of French colonization that the exploitation of salt works reached its peak so that salt became one of the most profitable resources of the colonial economy in Tunisia. By its two types (salt and sea salt), salt was the monopoly of the state. But this does not prevent that the exploitation of salt is ensured either by the State or by individuals. The latter can only operate under concessions granted by the General Directorate of Public Works. The production of salt has made a very important progress due to the evolution of the number of companies. Thus, from October 1949, the Compagnie Générale des Salines de Tunisie COTUSAL (subsidiary of the Salins' French group) becomes the dominant company in the sector after having merged the companies of the most important salins of the time. The increase in production was always accompanied by a number of problems related to this sector. The Tunisian salt could not be sold, neither in France nor in Algeria because of the exorbitant customs taxes, nor to the remains of the Mediterranean countries which are also producers, Tunisian salt had to find outlets in the Scandinavian countries and became with time the biggest consumers of this product. And since most of the production was exported to these distant countries, the price of freight was an important and decisive factor in the contracts concluded. In addition, the competition was very harsh on the salt market, particularly with countries without any social legislation that can in case of crisis act more easily on their cost price. In addition, the exploitation of salines across the country has generated other types of ecological and land problems : the inhabitants of the Sahel (Sousse, Monastir and Mahdia), the farmers and the fishermen have lodged a complaint against the companies that exploited the salt works because of the pollution and the many damages that they endured. Added to this is the insecurity and vagrancy caused by the abuse of the powers of certain agents employed by saline dealers or salt smugglers. The saline workers, working in miserable conditions, have suffered injustice and oppression from their bosses. This situation prompted them to express very strong trade union demands, especially from the 1950s.

Rang-Ri PARK-BARJOT

Résumé

La Stratégie de la Société de Construction des Batignolles en Afrique du Nord : les Chemins de Fer de Bône-Guelma

La Société de Construction des Batignolles (SCB) et, à travers elle, les Goüin s'intéressèrent de près à la construction et à l'exploitation des chemins de fer français en Outre-mer. Leur principale réussite fut la Compagnie de Bône-Guelma, fondée en 1875 par la SCB avec le concours de Paribas et du Comptoir d'Escompte de Paris. Autorisée par la loi du 12 mars 1877, sa construction obéissait à un cahier des charges rigoureux. Pour faire face à l'importance des travaux, la Compagnie dut rapidement trouver des moyens financiers supplémentaires : augmentation de son capital et, surtout, émission d'obligations. Dès lors, à partir de 1879, la Compagnie connut un développement spectaculaire. De 1879 à 1886, elle donna la priorité à la constitution d'un réseau homogène. Toutefois, compte tenu de l'importance de ses chantiers, son équilibre financier demeurait fragile parce qu'étroitement dépendant de la garantie de l'État. Cependant, durant les années 1887 à 1914, elle devint de plus en plus prospère, grâce à la seule Tunisie. En définitive, les profits dégagés les Tunisie bénéficièrent tout autant à la Régence de Tunis qu'aux promoteurs de la Compagnie elle-même.

Abstract

The strategy of the Société de Construction des Batignolles in North Africa : the Bône-Guelma Railways

The Société de Construction des Batignolles (SCB) and, through it, the Goüins took a close interest in the construction and operation of French railways in overseas France. Their main achievement was the Compagnie de Bône-Guelma, founded in 1875 by the SCB with the help of Paribas and the Comptoir d'Escompte de Paris. Authorised by the law of 12 March 1877, its construction was subject to rigorous specifications. In order to cope with the scale of the work, the Company quickly had to find additional financial resources : an increase in its capital and, above all, a bond issue. From then on, from 1879 onwards, the Company underwent spectacular growth. From 1879 to 1886, it gave priority to the constitution of a homogeneous network. However, given the importance of its construction sites, its financial equilibrium remained fragile because it was closely dependent on the State guarantee. However, during the years 1887 to 1914, it became increasingly prosperous, thanks to Tunisia alone. In the end, the profits generated by Tunisia benefited both the Regency of Tunis and the promoters of the Company itself.

Régine PERRON

Résumé

La prospérité dans le cadre du multilatéralisme : sa mise en place institutionnelle après 1945

Le multilatéralisme est un système international mis en place au lendemain de la seconde guerre mondiale, dont le but est de répondre aux désordres de l'avant-guerre, eux-mêmes provoqués par la première guerre mondiale et par la crise financière et économique de 1929. Les États-Unis, alors nouvelle puissance, le conçoivent pendant la guerre et le concrétisent, sur le plan économique du multilatéralisme, par les accords de Bretton Woods signés en juillet 1944. Le volet économique est ainsi représenté par des institutions, soit le Fonds Monétaire Européen (FMI), le GATT chargé du commerce international, et qui deviendra l'Organisation mondiale du Commerce (OMC) en 1995, et la Banque Internationale de Reconstruction et de Développement (BIRD), qui sera englobée plus tard dans la Banque Mondiale (BM). Ratifiés par 44 pays, ces accords visent à établir un ordre monétaire international stable grâce à des règles de conduite acceptées par les signataires, à favoriser la libéralisation des échanges commerciaux, et à permettre la reconstruction et le développement économique rapides des pays touchés par la guerre. De cette manière, ces institutions favorisent la prospérité internationale et par conséquent nationale. L'interdépendance, ainsi créée entre les pays, les empêche de se faire la guerre, sous risque d'être tous ruinés, tel est le principe énoncé par le Secrétaire d'État de Franklin Roosevelt, Cordell Hull. Au départ, ces institutions fonctionnent sur la base d'un compromis entre le libéralisme de Smith et l'interventionnisme de Keynes, pour trouver un équilibre entre la sécurité et la paix, la prospérité et le bien-être -ces trois principes représentant les piliers du multilatéralisme. Au début des années 1970, la théorie économique de Keynes est remplacée par les théories économiques de Von Hayek et de Friedman, qu'on appelle communément le néolibéralisme. La prospérité est ainsi davantage mise en avant, alors que le bien-être perd de son importance, et que la sécurité et la paix se maintiennent.

Abstract

Prosperity in the context of multilateralism : its institutional establishment after 1945

Multilateralism is an international system set up in the aftermath of the Second World War whose purpose is to respond to pre-war disorders, themselves caused by the First World War and the financial and economic crisis of 1929. The United States, then a new power, conceives it during the war and concretizes it, at the economic level of multilateralism, by the Bretton Woods agreements signed in July 1944. The economic component is thus represented by institutions, namely the Fund. European Monetary Fund (IMF), the GATT in charge of international trade, which will become the World Trade Organization (WTO) in 1995, and the International Bank for Reconstruction and Development (IBRD), which will later be included in the World Bank (WB). Ratified by 44 countries, these agreements aim to establish a stable international monetary order through rules of conduct accepted by the signatories, to promote the liberalization of trade, and to allow the rapid reconstruction and economic development of countries affected by the war. . In this way, these institutions promote international and therefore national prosperity. The interdependence thus created between countries prevents them from waging war, at risk of being ruined, is the principle enunciated by Franklin Roosevelt's Secretary of State, Cordell Hull. Initially, these institutions operate on the basis of a compromise between Smith's liberalism and Keynes' interventionism, to strike a balance between security and peace, prosperity and well-being - these three principles representing the pillars multilateralism. In the early 1970s, Keynes' economic theory was replaced by the economic theories of Von Hayek and Friedman, commonly known as neoliberalism. Prosperity is thus further emphasized, as well-being loses its importance, and security and peace are maintained.

Hafsa SAÏDI

Résumé

La société Forces Hydro-électrique de Tunisie (1952) : enjeux et défis

Les autorités françaises réalisèrent après la Seconde Guerre Mondiale, que le développement de l'énergie électrique, afin de promouvoir les secteurs clés de l'économie tunisienne et de satisfaire les besoins sans cesse croissants de la consommation interne en Tunisie, devenaient une nécessité économique urgente compte tenu du manque d'autres sources d'énergie fossiles et du coût élevé de leurs importations. Elles étaient également conscientes du fait que l'augmentation de la capacité de production des centrales thermiques existantes augmenterait les coûts de production et obéraient les finances de l'État tunisien. Elles décidèrent alors à partir du second plan 1952-1957, de construire des centrales hydroélectriques sur les barrages mis en chantier dans le nord-ouest du pays. Cette nouvelle orientation économique a nécessité l'intervention de l'État et la création de la société « Forces Hydroélectrique de Tunisie » (F.H.E.T.) depuis 1952. Dans quel contexte cette société a vu le jour ? Quelles sont ses réalisations dans le domaine de la production et du transport d'énergie hydroélectrique ? Peut-on considérer que la création de cette société mixte et le recours à hydroélectricité étaient la meilleure option ou la « solution magique » du point de vue de la rentabilité économique pour la Tunisie ?

Abstract

The company Forces Hydro-électrique de Tunisie (1952): issues and challenges

The French authorities realized after the Second World War that the development of electrical energy, in order to promote the key sectors of the Tunisian economy and meet the ever-increasing needs of internal consumption in Tunisia, became an urgent economic necessity given the lack of other fossil fuel sources and the high cost of their imports. They were also aware that increasing the production capacity of existing thermal power plants would increase production costs and strain the finances of the Tunisian State. They then decided from the second plan 1952-1957, to build hydroelectric plants on the dams started in the Northwest of the country. This new economic orientation necessitated the intervention of the State and the creation of the company "Forces Hydroélectrique de Tunisie" (F.H.E.T.) since 1952. In what context did this company come about? What are its achievements in the field of hydroelectric power production and transport? Can we consider that the creation of this mixed company and the use of hydroelectricity were the best option or the "magic solution" from the point of view of economic profitability for Tunisia?

Mohamed SASSI

Résumé

Relations économiques Tunisie-UE : de la politique méditerranéenne rénovée au processus de Barcelone (1992-1995)

Depuis 1963, l'évolution de la coopération entre la Tunisie et la Communauté Économique Européenne (CEE), puis l'Union européenne (UE), a connu différentes étapes, jusqu'au lancement du processus de Barcelone en 1995, actif jusqu'à présent. Ces rapports ont été fortement dominés par les relations historiques entre la Tunisie et la France, par les exigences urgentes accompagnant la création de la CEE, par une géopolitique mondiale ayant une influence sur la construction européenne elle-même, mais aussi par les efforts pour trouver une cohérence entre la mise en place d'une Europe solide et d'une zone de proximité pro-européenne. La période de 1992 à 1995 a été cruciale dans les rapports Tunisie-UE, de même que pour les rapports économiques en Méditerranée de façon générale. En effet, la Tunisie est le premier pays sud-méditerranéen à avoir signé un accord de partenariat avec l'Union européenne. C'est ce qui a ouvert les portes à la possibilité d'une intégration régionale en Méditerranée, sans toutefois que le projet puisse aboutir. La convergence, au début des années 1990, s'est faite surtout grâce à l'ouverture de l'Europe sur les pays du Sud, dans le cadre de la « Politique européenne rénovée » de 1992, mais surtout après la chute du mur de Berlin et l'élargissement vers les pays de l'Est de l'Europe, d'une part. D'autre part, la volonté d'instaurer un régime libéral en Tunisie, initiée par l'avènement d'un nouveau pouvoir en 1987, lequel allait opter pour plus de privatisations et de concordance avec la situation géopolitique régionale a été déterminante.

Abstract

Tunisia-EU economic relations : from renewed Mediterranean policy to the Barcelona Process (1992-1995)

The evolution of cooperation between Tunisia and the European Economic Community (EEC), then the European Union (EU), since 1963, has gone through stages that have evolved until the launch of the Barcelona process in 1995, still active today. These relations were strongly dominated by the historical links between Tunisia and France, by the urgent requirements for the success of creating the EEC, by a global geopolitics having an influence on the European construction itself, but also by the efforts to find coherence between the creation of a solid Europe and a pro-European proximity zone. The period from 1992 to 1995 was crucial in the Tunisia-EU relations and the economic partnership in the Mediterranean in general. Indeed, Tunisia is the first South Mediterranean country to sign a partnership agreement with the European Union. That opened the door to the possibility of regional integration in the Mediterranean (but without any real outcome). Convergence in the early 1990s was largely due to the opening up of Europe to the South in the framework of the "Renovated European Policy" of 1992, mainly as a result of the fall of the Berlin

Wall and the expansion it to the Eastern European countries, on the one hand. On the other hand, thanks to the will of a liberal regime in Tunisia initiated by the advent of a new power in 1987, more privatization and concordance with the regional geopolitical situation were opted for.

Harm G. SCHRÖTER

Résumé

Du vilain petit canard au fier cygne ? L'histoire de la société allemande d'histoire des entreprises (GUG)

Pourquoi devrait-on s'intéresser à l'histoire des affaires et de l'économie ? Tout simplement parce que le bien-être - ou le moins grand bien-être - de notre société, de notre pays, de notre famille et de nous-mêmes y est directement lié. Nous passons presque tous la partie la plus active de notre vie à travailler dans des entreprises et des organisations. Notre bien-être est en fin de compte basé sur la réussite et l'échec économiques. Il s'agit donc d'une question importante dont nous pouvons et devons tirer des enseignements afin d'améliorer notre avenir. L'histoire des entreprises est promue non seulement dans les universités mais aussi par les sociétés respectives. L'Allemagne compte aujourd'hui dans le groupe des leaders mondiaux. Les lignes suivantes présentent comment cela a été réalisé en dépit d'obstacles importants. Ce faisant, l'accent n'est pas tant mis sur les progrès substantiels indéniables au niveau de la recherche, mais plutôt sur le développement organisationnel. Bien que des progrès scientifiques comparables aient été réalisés dans d'autres pays, le modèle organisationnel était unique. Notre thèse est que c'est ce modèle spécial qui a causé le succès particulier de l'histoire des affaires dans ce pays.

Abstract

From ugly duckling to proud swan? The history of the German society of enterprise history (GUG)

Why should one deal with business and economic history? Simply because the well-being - or the less well-being – of our society, country, family, and ourselves are directly related to it. Nearly all of us spend our most active part of their life-time in working in firms and organizations. Our well-being is ultimately based on economic success and failure. Thus it is an important issue of which we can and should learn in order to improve our future. Business history is promoted not only in universities but also through respective societies. The German one counts today into the group of world leaders. The following lines present how this was achieved against substantial obstacles. In doing so the stress is not so much at the undeniable substantial progress at the scholarly level, but rather at the organizational development. While comparable scholarly progress is to be found also in other countries, the organizational model was unique. It is our thesis that it was this special model which caused the special success of business history in that country.

Ridha SHILI

Résumé

Réflexions autour des fondements d'une histoire économique de la Tunisie (dans un contexte colonial et post-colonial)

La frontière entre l'économique et l'historique est aussi compliquée à définir que celle entre l'histoire et les autres disciplines (anthropologie, sociologie, politique, statistique, géographie, etc.). Il est vain de s'y attarder. Toutefois, il est primordial pour une spécialité de se donner des limites et de délimiter ses thématiques et sa méthodologie. C'est là un des aspects que nous allons essayer d'aborder dans les feuilles qui suivent pour le cas de la Tunisie et à travers l'angle chronologique de la période coloniale et postcoloniale. Un autre aspect est en rapport avec l'interrogation sur l'utilité de développer une réflexion académique autour de certaines thématiques définies comme étant l'objet de recherches sous l'angle de l'histoire économique. A-t-on besoin de cette discipline. Il est aujourd'hui plus récurrent que jamais que les questions autour de la vie économique préoccupent un plus grand public. Beaucoup de gens et d'instances interrogent l'histoire pour comprendre des questions d'actualité (la question des matières premières, conventions économiques de l'indépendance, sous-développement et néocolonialisme, etc.). C'est peut-être pour ça que les historiens doivent avoir le courage de participer à ce débat par leur savoir-faire et leur approche des sources et de la documentation. L'évolution économique vue à travers l'angle de l'histoire est aujourd'hui une approche incontournable pour comprendre, analyser et pour anticiper les événements.

Abstract

Reflections on the foundations of an economic history of Tunisia (in the colonial and post-colonial contexts)

The border between economics and history is too complicated to define than the one between history and other disciplines (anthropology, political, sociology, statistics, geography, etc.). It is futile to linger. However, it is essential for a specialty to set limits and to delimit its themes and its methodology. This is one of the aspects that we will try to address in the leaves that follow for the case of the Tunisia and through the chronological perspective of the period, colonial and postcolonial. Another aspect is related to the question about the usefulness of developing academic thinking around certain themes defined as the object of research from the perspective of economic history. This discipline is needed. It is today more recurrent that never the issues around the economic life concern to a wider audience. Many people and bodies question the history to understand current issues (the question of raw materials, economic agreements of independence, underdevelopment and neo-colonialism, etc.). It may be why historians must have the courage to participate in this debate by their know-how and their approach to sources and documentation. Economic developments through the angle of the story today is an essential approach to understand, analyze and anticipate events.

Tahar SIOUD

Résumé

Présentation de l'Accord d'association Tunisie-Union européenne de 1995

Dans sa communication, Tahar Sioud détaille l'accord d'association conclu entre la Tunisie et l'Union européenne en 1995 ainsi que les modalités de l'établissement d'une zone de libre-échange. Il rappelle que cet engagement de la Tunisie s'est fait dans le prolongement de la libéralisation économique amorcée dans le pays après la période du collectivisme et continuée sous l'ère du président Ben Ali.

Abstract

Presentation of the Tunisia-European Union Association Agreement of 1995

In his communication, Tahar Sioud details the association agreement concluded between Tunisia and the European Union in 1995 as well as the procedures for the establishment of a free trade area. He recalls that this engagement of Tunisia was made in the prolongation of the economic liberalization started in the country after the period of collectivism and continued under the era of President Ben Ali.

INDEX NOMINUM

TABLE DES ABREVIATIONS

AEF :	Afrique équatoriale française
AELE :	Association européenne de Libre Échange
AKKU :	Groupe de travail sur l'histoire critique de l'entreprise et de l'industrie (Arbeitskreis kritische Unternehmens- und Industriegeschichte)
ALECA :	Accord de Libre Échange Complet et approfondi
ALENA :	Accord de libre-échange nord-américain
AN :	Archives Nationales de France
ANT :	Archives Nationales de Tunisie
AOF :	Afrique-Occidentale française
ASEAN :	Association of Southeast Asian Nations (Association des nations de l'Asie du Sud-Est)
AUE :	Acte unique européen
BCEAO :	Banque Centrale des États d'Afrique de l'Ouest
BEAC :	Banque des États de l'Afrique Centrale
BEST :	Bulletin économique et social de Tunisie
BHC :	Business History Congress
BHSJ :	Business History Society of Japan
BID :	Banque Islamique de Développement
BIRD :	Banque Internationale pour la Construction et le Développement
BTP :	Bâtiment et Travaux Publics
CAO :	Conception assistée par ordinateur
CEE :	Communauté Économique Européenne
CFA :	Colonies Françaises d'Afrique
CNAM :	Conservatoire National des Arts et Métiers (Paris)
CNPF :	Clause de la Nation la Plus Favorisée
CNRS :	Centre National de la Recherches Scientifique
COTUSAL :	Compagnie Tunisienne des Salines
CPB :	Compagnie du Port de Bizerte
CTT :	Compagnie des Tramways de Tunis
DAO :	Dessin assisté par ordinateur
EDF :	Électricité de France
EEVB :	Énergie Électrique de la Ville de Bizerte
EGA :	Électricité et Gaz d'Algérie
EHESS :	École des Hautes Études en Sciences Sociales
ENA :	École Nationale de l'Administration
ESTP :	École Supérieure des Travaux Publics

FEMISE :	Forum euro-méditerranéen des instituts de science économique
FF :	Franc français
FHET :	Forces Hydro-Electriques de la Tunisie
FME :	Fonds de Modernisation et d'Équipement
FMI :	Fonds Monétaire International
FODEC :	Fonds de développement de la Compétitivité
GATT :	General Agreement on Tariffs and Trade
GTM :	Société des Grands Travaux de Marseille
GUG :	German society of enterprise history (*Gesellschaft für Unternehmensgeschichte*)
IDE :	Investissement Direct Étranger
ISHMN :	Institut Supérieur d'Histoire du Mouvement National
ITES :	Institut Tunisien des Études Stratégiques
MAE :	Ministère des Affaires Étrangères
MERCOSUR :	Marché Commun du Sud
NCM :	Négociations sur le Commerce Multilatéral
OCDE :	Organisation de Coopération et de Développement Économiques
OCM :	Organisation Commune Européenne du Marché
OMC (ou WTO) :	Organisation Mondiale du Commerce
ONEE :	Office National de l'Électricité et de l'Eau Potable (marocain)
ONH :	Office National des Huiles (Tunisie)
ONU :	Organisation des Nations Unies
OTE :	Ominium Électrique Tunisien
PAS :	Plan d'Ajustement Structurel
PCAM :	Programme d'appui à la Compétitivité des entreprises et de la facilitation de l'Accès aux Marchés
PLM :	Paris-Lyon-Marseille
PME :	Petites et Moyennes Entreprises
PMI :	Programme de Modernisation Industrielle
PMN :	Plan de mise à niveau
PMR :	Politique Méditerranéenne Rénovée
PTM :	Pays Tiers Méditerranéens
SAH :	Société Anonyme Hersent
SCB :	Société de Construction des Batignolles
SEREPT :	Syndicat d'Études, de Recherches et d'Exploitations Pétrolières en Tunisie
SGEM :	Société Générale d'Entreprises au Maroc
STEG :	Société Tunisienne d'Électricité et du Gaz
UE (ou EU) :	Union européenne

UGTT :	Union Générale des Travailleurs Tunisiens
UMA :	Union du Maghreb Arabe
UMOA :	Union Monétaire Ouest-Africaine
ZLE :	Zone de Libre-échange
ZUG :	*Journal de l'Histoire de l'entreprise* (*Zeitschrift für Unternehmensgeschichte*)

TABLE DES AUTEURS

Othman BARHOUMI

Othman Barhoumi, Enseignant-chercheur en histoire des institutions économiques modernes et contemporaines à l'Université de Sfax (Tunisie), depuis 2011. Auteur d'une thèse de Doctorat en Histoire des institutions économiques, sous la direction du Professeur Sadok Boubaker, à l'Université de Tunis (Faculté des Sciences humaines et sociales de Tunis). Il est actuellement Directeur-adjoint de la Rédaction de la *International Journal of Historical and Social Studies* (IJHSS), de l'International Historians Association. Il a publié un ouvrage qui s'intitule *Etat, Fiscalité et Société dans la Régence de Tunis 1705 – 1856*, Tunis 2019. Il a également publié plusieurs articles liés à l'histoire économique et l'histoire des institutions au Maghreb Moderne et contemporain.

Dominique BARJOT

Dominique Barjot est professeur émérite d'Histoire économique contemporaine à Sorbonne Université Lettres, professeur à la Renmin University of China. Ancien directeur adjoint des SHS du CNRS (1994-1997) et représentant de la France au Standing Committee de l'European Science Foundation (1994-1998), il a été aussi directeur scientifique des sciences humaines et des humanités au ministère de l'Enseignement supérieur et de la Recherche (2003-2007) et directeur de l'École doctorale d'histoire moderne et contemporaine (ED 188) de l'université Paris-Sorbonne (Paris-IV) (2002-2010). Président, depuis 2017 du Comité Français des Sciences historiques, ancien président de l'Association française des historiens économistes (1998-2001), il est l'auteur de nombreux ouvrages ou articles de revue, parmi lesquels : *La Grande entreprise française de travaux publics* (Paris, Economica, 2006) ; *Bouygues. Les ressorts d'un destin entrepreneurial* (Paris, Economica, 2013) ; (dir.), « Où va l'histoire des entreprises ? », *Revue économique*, 58, n° 1, janvier 2007 ; (dir.), *Deux guerres totales 1914-1918 1939-1945. La mobilisation de la nation* (Paris, Economica, 2011) ; avec Harm G. Schroeter (éd.), « Economic Cooperation Reconsidered », *Revue économique*, vol. 64, n° 6, novembre 2013 ; Barjot (Dominique) (ed.), "The Construction Industry in the XXth Century : an International Interfirm Comparison", *Revue Française d'histoire économique – The French Economic History Review*, n°1, septembre 2014, 178 p. (éd.), « Globalization, national patterns of development and strategies of firms (19th-21st centuries). Mondialisation, modèles nationaux de développement et stratégies d'entreprises (XIXe-XXIe siècles) », *Revue française d'histoire économique – The French Economic History Review*, n° 1, mai 2015 ; (dir.), "Local development and global strategies of two multinationals of two multinationals of the industry of the aluminium in the

XXth century : Alcan and Pechiney". « Développement local et stratégie globale de deux multinationales de l'aluminium au XXe siècle : Alcan et Pechiney », *Revue Française d'histoire économique – The French Economic History Review*, n° 4-5 (n°2, novembre 2015, n° 1, janvier 2016) (avec Jean-François Klein (dir.), *De l'Indochine coloniale au Viêt Nam actuel*, Paris, Académie des Sciences d'Outre-Mer, Éditions Magellan, 2017 ; (dir.), « Entreprises et entrepreneurs d'Asie », *Entreprises et Histoire*, n° 90, avril 2018.

Ahmed BELFAHMI

Lauréat du cycle de formation de l'École Nationale d'Administration de Rabat et titulaire du 2e certificat des études supérieures en sciences économiques. Monsieur Ahmed Belfahmi, marié et père de 3 enfants, a occupé pendant 22 ans différents postes de responsabilité au Ministère de l'Économie, des Finances et de la Réforme de l'Administration où il a acquis une expertise dans les finances publiques et les domaines du management, du contrôle et de la gouvernance des établissements et entreprises publics ainsi qu'en matière de relations internationales. Monsieur Belfahmi est actuellement doctorant à l'Université Abdelmalek Essaadi – Tanger.

Anis BEN ALI

Docteur en histoire contemporaine de l'Université de Nice-Sophia Antipolis, Anis Ben Ali est enseignant-chercheur de l'Université de Tunis. Il est également chef du département d'Histoire à la faculté des Sciences Humaines et Sociales de Tunis. Auteur d'un livre sur « le rapatriement des Français d'Afrique du Nord dans la presse des Alpes-Maritimes 1955-1962 », paru à l'Harmattan en 2013 et de nombreux articles. Ayant lui-même traversé la Méditerranée pour poursuivre des études en France, il pose un regard de « l'autre rive » sur les mouvements migratoires Nord-Sud et vice-versa. Il travaille actuellement sur l'histoire des relations internationales.

Ahmed BEN MUSTAPHA

Diplomate tunisien. Il a intégré le ministère tunisien des Affaires étrangères depuis 1975 en tant que diplomate où il a gravi tous les échelons jusqu'au grade d'ambassadeur et de ministre plénipotentiaire hors classe. Spécialiste du monde arabe et islamique et de la région méditerranéenne, il a exercé dans de nombreux postes à l'étranger et notamment en Libye, Arabie saoudite, Égypte et aux Émirats arabes unis. Au sein du ministère, il a exercé de hautes fonctions au cabinet du ministre et au sein de la direction générale du monde arabe et islamique. Activités récentes : Enseignant chercheur en histoire de la diplomatie et des relations internationales (Université Centrale), spécialiste des dossiers d'ordre stratégique dont en particulier les rapports Nord Sud et les relations de partenariat entre les deux rives de la méditerranée (Maghreb-Union européenne). Il est également chroniqueur et analyste politique, auteur depuis 2013 de plusieurs articles et études touchant aux évolutions et mutations politiques locales, régionales et internationales notamment dans la région méditerranéenne à la suite à la révolution tunisienne et ses répercussions à l'échelle arabe et mondiale. Ses écrits et ses publications dans les deux langues sont accessibles sur internet et dans la presse tunisienne notamment sur les sites Nawaat et Kapitalis (en langue française) et Echareh El Magharibi (en langue arabe).

Olfa BOUDAYA

Enseignante-chercheure en Histoire contemporaine à la Faculté des Lettres et des Sciences Humaines (Université de Sfax). Membre du Laboratoire Philab (Faculté des Sciences Humaines et Sociales de Tunis) et du Centre de recherches sur l'Histoire du XIXe siècle (Paris-Sorbonne). Ses recherches actuelles se focalisent sur : l'enfance, le corps, la sexualité juvénile, les filles, les femmes, durant les périodes du XIXe et du XXe siècle.

Dhafer BOUSSELMI

Docteur en histoire depuis 2016 dans le cadre de cotutelle entre les deux universités de Tunis et de Bordeaux. Membre de l'unité de recherche Histoire Économique et Dynamique Territoriale à la Faculté des Lettres, des Arts et des Humanités La Manouba. Il est chercheur dans le domaine de l'histoire économique et financière. Sa thèse s'intéresse aux questions financières de la Tunisie à l'époque coloniale. Ayant des participations dans des colloques internationaux en Tunisie ou au Maroc. Ses recherches actuelles portent sur les questions agricoles en Tunisie pendant la période coloniale notamment le financement de ce secteur.

Afif CHELBI

Ingénieur de l'école Centrale Paris (1978), Afif Chelbi a été président du Conseil d'Analyses économiques auprès de la Présidence du Gouvernement (2018-2019). Président du Think Tank « Cercle Khéreddine (2013 – 2016), il était également Conseiller du Premier ministre (2011) après avoir occupé le poste de ministre de l'Industrie (2004-2011) et de Directeur Général de l'International Maghreb Merchant Bank – IMBank (2002-2004), ainsi que de Directeur général de l'Agence de la Promotion des Industries (API) de 1998 à 2002.

Adel DABOUB

Mohamed Adel Deboub, licencié d'histoire contemporaine de la faculté des lettres et des sciences humaines de Tunis, CAR et DEA en histoire sous le thème : « L'opinion publique tunisienne pendant la Grande Guerre », Doctorat en histoire contemporaine, sous le titre « Crises et calamités naturelles en Tunisie 1943-1956 : désarticulations et solutions de rechange ». Il a participé à plusieurs colloques et publications d'articles se rapportant aux questions économiques et sociales en Tunisie pendant la période coloniale.

Ezeddine DRISSI

Enseignant-chercheur en Géographie urbaine et économique à l'Université de Tunis, Ezeddine Drissi est membre de l'UR 13ES11 « Régionalisation et Développement Régional et Urbain » à la Faculté des Sciences Humaines et Sociales de Tunis. Docteur en Géographie Université Louis Pasteur – Strasbourg Laboratoire « Image, Ville et Environnement ». Ses principales activités de recherches orientées vers : la dynamique des espaces et systèmes urbains ; le développement économique ; la gouvernance territoriale. E-mail : drissi.ezeddine@gmail.com

Tahar EL QOUR

Enseignant-chercheur à l'école Nationale de Commerce et de Gestion de l'université Abdelmalek Essaâdi de Tanger et professeur invité à L'EHESS - Paris. Tahar El Qour a de nombreuses contributions scientifiques dans le domaine des relations internationales économiques et la diplomatie économique, son dernier ouvrage s'intitule la diplomatie économique du Maroc. Il est aussi un acteur social et responsable d'organisation de plusieurs événements à caractère scientifique et culturel.

Olivier FEIERTAG

Olivier Feiertag est professeur d'Histoire économique et sociale à l'université de Rouen Normandie. Ses recherches portent sur l'histoire monétaire et financière du monde du XXe au XXIe siècle, notamment sur les faits coloniaux. Il a publié récemment : « L'organisation de Bank al-Maghrib de 1959 à nos jours », *Histoire, Économie et Société*, 4/2016, p. 21-35 ; « La politique du franc CFA (1959-1974) : le tournant de la décolonisation monétaire », in Jean-Pierre Bat, Olivier Forcade et Sylvain Mary (dir.), *Jacques Foccart : archives ouvert*es (1958-1974), Paris, PUPS, 2017, p. 287-307.

Safia HAMDI

Safia Hamdi est professeur d'histoire moderne occidentale à l'Université de Tunis. Auteur d'une thèse de doctorat en histoire à l'EHESS-Paris, en 2007, sur les officiers de la police économique à Paris sous le règne de Louis XIV sous la direction de Rober Descimon. Chercheuse associée au centre Roland Mousnier - Paris IV, professeur invitée à l'EHESS-Paris (mars 2013) et lauréate du programme d'accueil des chercheurs étrangers 'Research in Paris' (2012-2013). Ses travaux portent sur l'histoire sociale de la France de la 2e modernité, sur l'histoire de la fiscalité et des finances de l'Hôtel de Ville de Paris et sur l'histoire sociale, institutionnelle de Paris (XVIIe-XVIIIe siècle).

Chokri HOSNI

Chokri Hosni est diplômé de l'École Normale Supérieure de Sousse, Tunisie. Professeur principal émérite, classe exceptionnelle d'histoire et de géographie. Il enseigne depuis 28 ans dans des lycées. Il a obtenu un master en histoire contemporaine de la faculté des sciences humaines et sociales de Tunis avec mention très honorable. Il est actuellement un chercheur doctorant en politique étrangère de la Tunisie à l'égard de l'Europe 1956-1974. Ses intérêts de recherche portent sur les relations extérieures bilatérales et multilatérales de la Tunisie dans les domaines politique et économique et les questions de développement en général.

Zeineb MEJRI

Agrégée d'histoire et titulaire d'un doctorat en histoire contemporaine de la Faculté des Sciences Humaines et Sociales de Tunis et membre du Laboratoire de Recherche : Histoire des Économies et des sociétés Méditerranéennes, elle est actuellement maître-assistante à l'Université de la Manouba. Auteure de l'ouvrage : *Les marginaux à Tunis (1930-1956)*, publication de l'Institut Supérieur des sciences humaines, Jendouba, 2018, 496 p. (livre en arabe). Auteure également de diverses publications sur l'histoire sociale et économique de la Tunisie à l'époque coloniale.

Rang-Ri PARK BARJOT

Rang-Ri Park-Barjot est docteur en Histoire de l'Université Paris-Sorbonne (aujourd'hui Sorbonne Université). Chercheure associée à l'UMR 8596 Centre Roland Mousnier, elle a publié deux livres : *La Société de Construction des Batignolles : des origines à la première guerre mondiale (1846-1914)*, Presses de l'Université de Paris-Sorbonne, 2005, 542 p. ; *Samsung. L'œuvre d'un entrepreneur hors pair, Byung Chull Lee*, Paris, Economica, 2008, 266 p. Elle en a codirigé deux autres : (avec Dominique Barjot), « Aux origines du miracle coréen », *Conflits Actuels*, n° 22, 2008-2 ; (avec Flora Blanchon), *Le nouvel âge de Confucius*, PUPS, 2007, p. 367. Elle est l'auteur de nombreux articles, parmi lesquels, comme seule auteure : « Samsung : an original case of knownledge transfer in economic organizations », in Barjot (Dominique), Schröter (Harm G.), eds, "La circulation de l'information et des connaissances", *Entreprises et Histoire*, n° 75, 2014, p. 91-101 ; "Les conséquences économiques de la guerre : la Corée du Sud de 1950 à 1979, de l'économie assistée au Take-off", in Pierre Journoud (dir.), *La Guerre de Corée et ses enjeux stratégiques de 1950 à nos jours*, L'Harmattan, 2013, p. 303-318 ; « Samsung : Lee Byung Chull, créateur d'un modèle mondial (1938-1987) », Japon et Corée à l'époque contemporaine (1868-1970), *Les Cahiers de Framespa* (en ligne), 8/2011, mis en ligne le 21 décembre 2011, URL : http://framespa.revues.org/878 « Mondialisation et avantage concurrentiel. La percée internationale de Samsung (1953-1986) », *Revue Économique*, vol. 58, n° 1, janvier 2007, p. 231-258 ; « Les concessions des travaux publics en méditerranée : incontestables succès de la Société de Construction des Batignolles », *Entreprise et Histoire*, n° 31, 2002, p. 13-24. « La Société de Construction des Batignolles (1846-1914) », in Hubert Bonin (dir.), *Transnational Compagnies (19e-20e siècles)*, 2002, Plage, p. 913-928 ; « La Société de Construction des Batignolles : des origines à la première guerre mondiale (1846-1914) : premiers résultats », *HES*, n° 3, 2000, p. 361-386 ; avec Dominique Barjot : « L'industrie des constructions navales : un secteur stratégique pour le take-off économique de la Corée du Sud (1945-environs de 2000 », dans Dominique Barjot (dir.), « Les entreprises et entrepreneurs d'Asie », *Entreprises et Histoire*, n° 90, avril 2018, p. 51-75 ; « La Corée du Sud, un autre modèle rhénan ? Samsung ou l'héritage de Lee Byung Chull », dans Lamard (Pierre) et Stoskopf (Nicolas) (dir.), *L'Entreprise rhénane. Mythe ou réalité ? Hommage à Michel Hau*, Paris, Picard, 2015, p. 95-109. « L'émergence d'un leader asiatique de la sidérurgie : POSCO (1968-2010) », in Charles Barthel, Ivan Kharaba, Philippe Mioche (dir.), *Les mutations de la sidérurgie mondiale du XXe siècle à nos jours*, PIE Peter Lang, 2014, p. 299-319. « SPIE : de l'entreprise multidivisionnaire à l'ingénierie de haute technologie », *Les bureaux d'études, Entreprises et Histoire*, n° 58, avril 2010, p. 101-128.

Régine PERRON

Maître de Conférences HDR en histoire des relations internationales à l'université de Cergy-Pontoise et Chercheur du centre Roland Mousnier (UMR 8596) de l'université de Paris-Sorbonne (Paris-IV). Principales publications : Guido Thiemeyer and Régine Perron (eds), *Multilateralism and the « Trente Glorieuses » in Europe, New perspectives in European Integration History*, Neuchâtel, Éditions Alphil, 2011, 267 p. ; « De l'internationalisme au multilatéralisme : continuité et ruptures », in Pierre Melandri et Serge Ricard (dir.), *Les États-Unis entre uni- et multilatéralisme, De Woodrow Wilson à George W. Bush* », Paris, L'Harmattan, Collection L'Aire anglophone, 2008, p. 25-35. ; « L'Europe, actrice et moteur de la mondialisation depuis 1950 », *Revue relations Internationales*, Les mondialisations -2, n°124, Hiver 2005, p. 69-81. Régine Perron (Ed), *The Stability of Europe. The Common Market : Towards European Integration of Industrial and Financial Markets (1958-1968)?*, Paris, Presses Universitaires de Paris-Sorbonne, 2004, 198 p.

Email : Regine.Perron@u-cergy.fr

Hafsa SAIDI

Docteur en Histoire contemporaine à l'Université de Tunis (Faculté des Sciences Humaines et Sociales de Tunis). Archiviste et spécialiste de l'histoire de l'énergie, notamment l'énergie électrique en Tunisie pendant la période coloniale et postcoloniale. Auteur d'une thèse, intitulée : *L'éclairage public à Tunis et l'électrification de la Tunisie 1872-1962* (en 2019). Elle a publié plusieurs articles portant sur l'énergie électrique et sa gestion. Elle a également participé à des colloques internationaux d'histoire économique et du patrimoine, en Tunisie et en France.

Mohamed SASSI

Enseignant-chercheur en histoire économique contemporaine à l'Université de Tunis et directeur du Département des Sciences humaines et l'Institut Préparatoire aux Études Littéraire et des Sciences Humaines de Tunis (IPELSHT). Il est le fondateur et le Président de l'Association Tunisienne d'Histoire Économique (ATHE). Auteur d'une thèse de doctorat en Histoire économique à Paris-Sorbonne sur l'histoire pétrolière française et d'un post-doctorat à Paris IV en collaboration avec l'université de Genève (2006) sur le thème du climat des investissements en méditerranée. Auteur de l'ouvrage : *La politique pétrolière de la France de 1861 à 1974*, Paris, Éditions SPM, 2018, 641 p. Il a publié plusieurs articles liés à l'histoire des relations économiques en Méditerranée, l'histoire bancaire en Tunisie (Histoire de la banque publique, la STB, *Rawafid* n° 21, 2016) et l'histoire énergétique et pétrolière en France (plusieurs articles sur le développement l'organisation et la structure de l'industrie pétrolière française) et en Tunisie (Stratégie énergétique de la Tunisie depuis 1956, in Economie et Développement durable, Publications de la SFHOM, Paris, 2016). Il a récemment dirigé l'ouvrage intitulé *Espace méditerranéen : diversité et évolution*, Paris-Tunis 2020, favorisant le lancement de recherches croisées en histoire économique entre les deux rives de la Méditerranée. Il mène actuellement des recherches sur l'Histoire des relations économiques et diplomatiques entre le Maghreb et l'Union européenne. Email : msassi@live.com

Harm G. SCHRÖTER

Professeur d'histoire économique à l'université de Bergen, en Norvège. Après avoir étudié l'histoire, la géographie et la pédagogie, il a obtenu son doctorat en 1981 au département d'histoire de l'université de Hambourg et, en 1992, son habilitation au département d'économie de l'université libre de Berlin. Depuis lors, il a enseigné dans plusieurs universités en Allemagne, en Norvège et aux États-Unis dans les deux départements d'économie et d'histoire. Le principal projet de M. Schröter consiste à en savoir plus sur le profil et le caractère économique spécifique de l'Europe au cours des deux derniers siècles. Il s'est donc penché sur la relation entre l'État et l'économie, la coopération économique (cartels, coopératives, coopération entre le capital et le travail, etc.), l'entreprise multinationale européenne, l'innovation technologique, les (dés) avantages des petits États développés européens, les institutions et l'innovation, l'« entreprise européenne » et le transfert des comportements et des valeurs économiques (américanisation). M. Schröter a notamment été président de l'Association européenne d'histoire des affaires et a fait partie de plusieurs comités consultatifs et rédactionnels. Bibliographie choisie :

Schröter, Harm G., *Américanisation de l'économie européenne. Une étude compacte de l'influence économique américaine en Europe depuis les années 1880*, Springer, Dordrecht, 2005.

Schröter, Harm G., *Geschichte Skandinaviens*, C. H. Beck, München, 2007

Schröter, Harm G. (ed.), *The European Enterprise, Historical investigation into a future species, Springer*, Berlin & Heidelberg, 2008

Schröter, Harm G. (ed.), *L'américanisation en Europe au XXe siècle*, numéro spécial de la *Revue européenne d'histoire*, Vol. 15, No. 4, 2009.

Battilani, Patrizia et Schröter, Harm G. (ed.), *The cooperative business movement, 1950 to the present*, Cambridge University Press, Cambridge, 2012.

Clifton, Judith et Lanthier, Pierre et Schröter, Harm G. (eds.), *The Economic and Social Regulation of Public Utilities : An International History*, Routledge, Londres, 2012.

Barjot, Dominique et Schröter, Harm G., La coopération économique reconsidérée, numéro spécial de la *Revue économique*, 2013, vol. 64, n° 6.

Barjot, Dominique et Schröter, Harm G., La circulation de l'information et des connaissances, numéro spécial de la revue *Entreprises et Histoire*, 2014, vol. 75.

Ridha SHILI

Ancien élève de l'École Normale Supérieure de Tunis, Ridha Shili est docteur en Histoire économique et sociale (Université Reims-Champagne-Ardennes). Il a occupé le poste de Maitre-assistant en histoire à l'Université de Tunis (valorisation économique des ressources patrimoniales). Membre dans diverses commissions du MAC. Il est coordinateur du dossier d'inscription de la Table de Jugurtha sur la liste du patrimoine mondial. Auteur de divers articles sur l'histoire économique de la Tunisie, Ridha Shili est consultant expert en politique de développement alternatif et en stratégie d'aménagement du territoire (études diagnostiques, études d'impact, etc.).

Tahar SIOUD

Il est né à Mahdia en 1937. Licencié en Droit public à Paris, il est titulaire d'un mastère en Sciences Politiques et d'un 2e en Droit Administratif. Il a été Ambassadeur de Tunisie en Belgique, au Luxembourg 2 fois, aux Pays-Bas, au Danemark et aux Émirats Arabes Unis ainsi que Représentant permanent de la Tunisie auprès de l'UE. Il a été aussi Directeur Général pour l'Europe et l'UE au Ministère des Affaires étrangères (1991-1995), et a été à ce titre Chef de la délégation tunisienne qui a négocié l'accord d'association de la Tunisie avec l'UE. Parmi les charges gouvernementales qu'il a assurées, il y a lieu de citer :

– Vice Gouverneur de la BCT de 1980 à 1988,

– Secrétaire d'État au Ministère des Affaires étrangères de Tunisie de 1998 à 2001,

– Ministre du Commerce en 2001 et 2002.

En décembre 2004 à la fin de sa mission comme Ambassadeur de Tunisie à Bruxelles, il fit valoir ses droits à la retraite. M. Sioud est Commandeur de l'Ordre de la République de Tunisie et titulaire de plusieurs décorations étrangères (Égyptienne, Française, Néerlandaise, Espagnole et Belge).

TABLE DES MATIERES

Structures éditoriales du groupe L'Harmattan

L'Harmattan Italie
Via degli Artisti, 15
10124 Torino
harmattan.italia@gmail.com

L'Harmattan Hongrie
Kossuth l. u. 14-16.
1053 Budapest
harmattan@harmattan.hu

L'Harmattan Sénégal
10 VDN en face Mermoz
BP 45034 Dakar-Fann
senharmattan@gmail.com

L'Harmattan Cameroun
TSINGA/FECAFOOT
BP 11486 Yaoundé
inkoukam@gmail.com

L'Harmattan Burkina Faso
Achille Somé – tengnule@hotmail.fr

L'Harmattan Guinée
Almamya, rue KA 028 OKB Agency
BP 3470 Conakry
harmattanguinee@yahoo.fr

L'Harmattan RDC
185, avenue Nyangwe
Commune de Lingwala – Kinshasa
matangilamusadila@yahoo.fr

L'Harmattan Congo
67, boulevard Denis-Sassou-N'Guesso
BP 2874 Brazzaville
harmattan.congo@yahoo.fr

L'Harmattan Mali
ACI 2000 - Immeuble Mgr Jean Marie Cisse
Bureau 10
BP 145 Bamako-Mali
mali@harmattan.fr

L'Harmattan Togo
Djidjole – Lomé
Maison Amela
face EPP BATOME
ddamela@aol.com

L'Harmattan Côte d'Ivoire
Résidence Karl – Cité des Arts
Abidjan-Cocody
03 BP 1588 Abidjan
espace_harmattan.ci@hotmail.fr

Nos librairies en France

Librairie internationale
16, rue des Écoles
75005 Paris
librairie.internationale@harmattan.fr
01 40 46 79 11
www.librairieharmattan.com

Librairie des savoirs
21, rue des Écoles
75005 Paris
librairie.sh@harmattan.fr
01 46 34 13 71
www.librairieharmattansh.com

Librairie Le Lucernaire
53, rue Notre-Dame-des-Champs
75006 Paris
librairie@lucernaire.fr
01 42 22 67 13

www.ingramcontent.com/pod-product-compliance
Lightning Source LLC
LaVergne TN
LVHW021140061026
849535LV00002B/311